高等教育轨道交通"十三五"规划教材·交通运输类

交通政策法规、环境与可持续发展

（第2版）

主编 李宝文 雷 黎 黄爱玲

北京交通大学出版社
·北京·

内 容 简 介

本书包括交通运输政策法规和交通环境与可持续发展两部分。其中，交通运输政策法规的主要内容包括交通运输政策法规概论、交通运输政策的基本理论、交通运输政策实施的经济手段与方法、交通运输管理体制与法规体系、国外交通运输政策法规借鉴；交通环境与可持续发展的主要内容包括城市交通环境、各种交通方式的环境污染及防治措施、城市交通中的环境理论应用、城市交通可持续发展的技术保障体系、城市交通可持续发展的管理保障体系。

本书可作为高等院校交通运输类及环境工程类相关研究生和本科生的教材，也可供从事交通运输环境管理和科研工作的技术人员学习参考。

版权所有，侵权必究。

图书在版编目（CIP）数据

交通政策法规、环境与可持续发展/李宝文等主编. —2版. —北京：北京交通大学出版社，2020.11

高等教育轨道交通"十三五"规划教材. 交通运输类

ISBN 978-7-5121-3890-2

Ⅰ.① 交… Ⅱ.① 李… Ⅲ.① 交通政策-中国-高等学校-教材 ② 交通法-中国-高等学校-教材 Ⅳ.① F512.0 ② D922.14

中国版本图书馆 CIP 数据核字（2020）第 018331 号

交通政策法规、环境与可持续发展

JIAOTONG ZHENGCE FAGUI，HUANJING YU KECHIXU FAZHAN

责任编辑：吴嫦娥				
出版发行：北京交通大学出版社		电话：010-51686414		http://www.bjtup.com.cn
地　　址：北京市海淀区高梁桥斜街44号		邮编：100044		
印　刷　者：北京时代华都印刷有限公司				
经　　销：全国新华书店				
开　　本：185 mm×260 mm	印张：16.5	字数：422千字		
版　印　次：2012年9月第1版　2020年11月第2版　2020年11月第1次印刷				
定　　价：45.00元				

本书如有质量问题，请向北京交通大学出版社质监组反映。对您的意见和批评，我们表示欢迎和感谢。

投诉电话：010-51686043，51686008；传真：010-62225406；E-mail：press@bjtu.edu.cn。

高等教育轨道交通"十三五"规划教材·交通运输类

编 委 会

顾　　问：施仲衡
主　　任：司银涛
副 主 任：陈　庚　朱晓宁
委　　员：（按姓氏笔画排序）
　　　　　肖贵平　邵春福　赵　瑜
　　　　　钟　雁　秦四平　贾俊芳
　　　　　韩　梅　雷　黎

编委会办公室

主　　任：赵晓波
副 主 任：贾慧娟
成　　员：（按姓氏笔画排序）
　　　　　李　菊　吴嫦娥　郝建英　徐　琤

出版说明

为促进高等教育轨道交通专业交通运输类教材体系的建设，满足目前轨道交通类专业人才培养的需要，北京交通大学交通运输学院、远程与继续教育学院和北京交通大学出版社组织以北京交通大学从事轨道交通研究教学的一线教师为主体、联合其他交通院校教师，并在有关单位领导和专家的大力支持下，编写了本套"高等教育轨道交通'十三五'规划教材·交通运输类"。

本套教材的编写突出实用性。本着"理论部分通俗易懂，实操部分图文并茂"的原则，侧重实际工作岗位操作技能的培养。为方便读者，本系列教材采用"立体化"教学资源建设方式，配套有教学课件、习题库、自学指导书，并将陆续配备教学光盘。本系列教材可供相关专业的全日制或在职学习的本专科学生使用，也可供从事相关工作的工程技术人员参考。

本系列教材得到从事轨道交通研究的众多专家、学者的帮助和具体指导，在此表示深深的敬意和感谢。

本系列教材从2012年1月起陆续推出，除本书外还包括：《交通规划》《铁路运输经济学》《交通安全工程》《运输市场营销学》《集装箱运输与多式联运（修订本）》《管理信息系统》《铁路车站与枢纽》《铁路旅客运营管理》《铁路货运技术》。

希望本套教材的出版对轨道交通的发展、轨道交通专业人才的培养，特别是轨道交通、交通运输专业课程的课堂教学有所贡献。

编委会
2019年12月

总 序

我国是一个内陆深广、人口众多的国家。随着改革开放的进一步深化和经济产业结构的调整，大规模的人口流动和货物流通使交通行业承载着越来越大的压力，同时也给交通运输带来了巨大的发展机遇。作为运输行业历史最悠久、规模最大的龙头企业，铁路已成为国民经济的大动脉。铁路运输有成本低、运能高、节省能源、安全性好等优势，是最快捷、最可靠的运输方式，是发展国民经济不可或缺的运输工具。改革开放以来，中国铁路积极适应社会的改革和发展，狠抓制度改革，着力技术创新，抓住了历史发展机遇，铁路改革和发展取得了跨越式的发展。

国家对铁路的发展始终予以高度重视，根据国家《中长期铁路网规划》（2016—2030年），到 2020 年，中国铁路网规模达到 15 万 km，其中高速铁路 3 万 km，覆盖 80% 以上的大城市。到 2025 年，铁路网规模达到 17.5 万 km 左右，其中高速铁路 3.8 万 km 左右，网络覆盖进一步扩大，路网结构更加优化，骨干作用更加显著，更好地发挥铁路对经济社会发展的保障作用。展望到 2030 年，基本实现内外互联互通、区际多路畅通、省会高铁连通、地市快速通达、县域基本覆盖。

城市交通系统的快速发展在满足人们生产生活需求的同时，也带来了交通拥挤、事故频发、大气污染等一系列问题。在一些大城市和一些经济发达的中等城市，仅仅靠路面车辆运输远远不能满足客运交通的需要。城市轨道交通节约空间、耗能低、污染小、便捷可靠，是解决城市交通问题的有效方式之一。未来我国城市将形成地铁、轻轨、市域铁路构成的城市轨道交通网络，轨道交通将在我国城市发展中起着举足轻重的作用。

但是，在我国轨道交通快速发展的同时，解决各种管理和技术人才匮乏的问题已迫在眉睫。随着高速铁路和城市轨道新线路的不断增加以及新技术的开发与引进，管理和技术人员的队伍需要不断壮大。企业不仅要对新的员工进行培训，对原有的职工也要进行知识更新。企业急需培养出一支符合企业要求、业务精通、综合素质高的队伍。

北京交通大学是一所以运输管理为特色的学校，拥有该学科一流的师资和科研队伍，为我国的铁路运输和高速铁路的建设做出了重大贡献。近年来，学校非常重视轨道交通的研究和发展，建有"轨道交通控制与安全"国家级重点实验室、"城市交通复杂系统理论与技术"教育部重点实验室，"基于通信的列车运行控制系统（CBTC）"取得了关键技术研究的突破，并用于亦庄城轨线。为解决轨道交通发展中人才需求问题，北京交通大学组织了学校有关院系的专家和教授编写了这套"高等教育轨道交通'十三五'规划教材"，以供高等学校学生教学和企业技术与管理人员培训使用。

本套教材分为交通运输、机车车辆、电气牵引和交通土木工程四个系列，涵盖了交通规划、运营管理、信号与控制、机车与车辆制造、土木工程等领域，每本教材都是由该领域的专家执笔，教材覆盖面广、内容丰富、实用。在教材的组织过程中，我们进行了充分调研，精心策划和大量论证，并听取了教学一线的教师和学科专家们的意见，经过作者们的辛勤耕耘和编辑人员的辛勤努力，这套丛书得以成功出版。在此，我们向他们表示衷心的谢意。

希望这套系列教材的出版能为我国轨道交通人才的培养贡献绵薄之力。由于轨道交通是一个快速发展的领域，知识和技术更新很快，教材中难免会有诸多的不足和欠缺，在此诚请各位同仁、专家予以批评指正，同时也方便以后教材的修订工作。

编委会

2019 年 12 月

第2版前言

《交通政策法规、环境与可持续发展》,自2012年出版以来受到读者的好评,被各层次教学部门选为教材或教学参考书。

经过几年的教学实践,编者更深入地体会到如何将枯燥、空洞的内容结合到社会实际之中,同时便于读者理解是一本书是否成功的关键。由于政策法规内容为适应社会、经济、技术的发展而不断更新,所以本书重点在于介绍交通政策法规的框架、制定交通政策法规的基本理论以及环境理论在交通运输系统中的应用。

第2版对部分内容进行了修改和完善。

(1) 对各章的内容进行了全面的修订。梳理了全书的分析论述,对一些逻辑性不强的描述、含糊不清的表述进行修改,理论分析力求简单明了,语言描述注重深入浅出,更适合读者阅读和学习。

(2) 对各章中废、改、立的交通政策、法规、条例进行了更新,特别是对由于交通运输体制改革涉及的部门变更、组织结构变化相应的内容进行修改,使其更加符合实际。

(3) 对部分章节中的案例进行更新。交通运输政策法规、交通环境可持续发展问题与日常生活息息相关,本次再版更新了部分案例,采用近年相关的热点问题,便于读者理解相关概念。

第2版仍然是两部分内容。第一部分是交通运输政策法规,包括:交通运输政策法规概论(第1章)、交通运输政策的基本理论(第2章)、交通运输政策实施的经济手段与方法(第3章)、交通运输管理体制与法规体系(第4章)、国外交通运输政策法规借鉴(第5章)。第二部分是交通环境与可持续发展,包括:城市交通环境(第6章)、各种交通方式的环境污染及防治措施(第7章)、城市交通中的环境理论应用(第8章)、城市交通可持续发展的技术保障体系(第9章)、城市交通可持续发展的管理保障体系(第10章)。

第2版由北京交通大学李宝文负责统筹并审核全书。

感谢本书所引用的所有参考文献的作者,限于篇幅未能在书中一一标注,敬希谅解。

感谢北京交通大学出版社对本书再版工作的大力支持。

由于作者水平有限,书中错误在所难免,欢迎读者批评指正。

李宝文
2019年12月于北京交通大学

前 言

随着社会经济的快速发展,交通运输业取得了长足的发展。

交通运输如何为人们提供更多的舒适与便利,是否能促进经济更快发展,交通运输政策起到了决定性的作用。例如,经过多年酝酿"燃油税"的出台,以及各种交通工具运输价格的制定等,都是国家针对不同时期和不同经济发展阶段所面临的不同运输问题,提出解决问题的政策方案,并确认所提政策方案的合法性,制定相关法令,最终由政府立法提出实施措施。交通运输政策法规部分从交通运输业的产业特征入手,深刻剖析交通运输政策的内涵、内容与特征,提出交通运输政策法规的基本目标与表现形式。

交通运输在推动社会经济快速发展,为人们提供便利的同时,也带来了明显的负面影响,如环境污染、能源安全等问题。特别是城市机动车带来的大量的尾气排放,导致城市雾霾天气的增加,严重危害着人们的身体健康。因此,以可持续发展的理论和原则结合环境科学管理技术与手段指导交通运输业的规划与发展,从技术与管理多个方面对交通运输系统进行全面的管理与控制,解决交通运输引发的环境问题,实现交通运输与社会、经济,以及资源环境之间的协调发展。

本书分别介绍交通运输政策法规和交通环境与可持续发展。交通运输政策法规的主要内容包括交通运输政策法规概论、交通运输政策的基本理论、交通运输政策实施的经济手段与方法、交通运输管理体制与法规体系、国外交通运输政策法规借鉴。交通环境与可持续发展的主要内容包括城市交通环境、各种交通方式的环境污染与防治措施、城市交通中的环境理论应用、城市交通可持续发展的技术保障体系、城市交通可持续发展的管理保障体系。

本书由雷黎、李宝文、黄爱玲共同编著完成。编写的具体分工为:第1章至第5章由李宝文编写;第6章至第8章由雷黎编写;第9章由黄爱玲编写;第10章由祝翔、程维珍编写。全书由雷黎审校。

由于作者学识有限,研究的深度不够,书中难免有疏漏、错误,敬请读者批评指正。

编者
2012 年 8 月

目 录

第1章　交通运输政策法规概论 …………… 1
1.1　交通运输业的产业特性 ………… 1
1.2　交通运输政策法规的内涵 ……… 4
1.3　交通运输政策法规的目标和任务 …………………………… 7
1.4　交通运输政策法规的系统构架和表现形式 ……………… 11
习题 ……………………………………… 13

第2章　交通运输政策的基本理论 ……… 14
2.1　公共产品理论 ………………… 14
2.2　自然垄断理论 ………………… 19
2.3　外部性理论 …………………… 25
2.4　政府规制理论 ………………… 27
2.5　可持续发展理论 ……………… 33
习题 ……………………………………… 38

第3章　交通运输政策实施的经济手段与方法 ……………………… 39
3.1　交通运输价格政策 …………… 39
3.2　交通运输税收政策 …………… 48
3.3　交通运输投融资政策 ………… 57
习题 ……………………………………… 66

第4章　交通运输管理体制与法规体系 ……………………………… 67
4.1　交通运输管理体制的概念……… 67
4.2　我国交通运输管理体制 ……… 67
4.3　国外交通运输管理体制经验借鉴 ………………………… 75
4.4　交通运输法规概述 …………… 83
4.5　我国交通运输法规体系 ……… 84
4.6　我国交通运输部分法律规范简介 ……………………… 91
习题 ……………………………………… 99

第5章　国外交通运输政策法规借鉴 … 100
5.1　美国交通运输政策法规借鉴 … 101
5.2　欧盟交通运输政策法规借鉴 … 108
5.3　英国交通运输政策法规借鉴 … 113
5.4　日本交通运输政策法规借鉴 … 117
5.5　澳大利亚交通运输政策法规借鉴 …………………………… 121
习题 …………………………………… 123

第6章　城市交通环境 …………………… 124
6.1　环境管理概述 ………………… 124
6.2　城市交通环境影响因素分析 … 130
6.3　城市交通的大气污染及危害 … 134
6.4　城市交通的噪声与振动污染及危害 ……………………… 144
习题 …………………………………… 149

第7章　各种交通方式的环境污染及防治措施 …………………… 150
7.1　铁路运输造成的环境污染及防治措施 ………………… 150
7.2　水路运输造成的环境污染及防治措施 ………………… 153
7.3　公路运输造成的环境污染及防治措施 ………………… 157
7.4　航空运输造成的环境污染及防治措施 ………………… 160
7.5　管道运输造成的环境污染及防治措施 ………………… 164
习题 …………………………………… 167

第8章　城市交通中的环境理论应用 … 168
8.1　可持续发展的城市交通规划 … 168
8.2　城市交通环境监测 …………… 174
8.3　城市交通环境评价 …………… 181

习题 ·············· 186

第9章 城市交通可持续发展的技术保障体系 ·············· 187
9.1 机动车燃料改进控制体系 ······ 188
9.2 机内净化措施 ·············· 204
9.3 机外净化措施 ·············· 218
习题 ·············· 221

第10章 城市交通可持续发展的管理保障体系 ·············· 222
10.1 城市交通需求管理 ·············· 222
10.2 交通工具的内部优化选择 ······ 231
10.3 车辆污染控制管理体系 ·········· 241
习题 ·············· 246

附录A 模拟试题 ·············· 247
A.1 模拟试题一 ·············· 247
A.2 模拟试题二 ·············· 247

参考文献 ·············· 249

第 1 章 交通运输政策法规概论

【本章内容概要】

本章从交通运输业的产业特性入手,提出交通运输政策法规的内涵,并详细介绍交通运输政策法规的内容及主要任务,构建交通运输政策法规的系统构架,展现交通运输政策法规的表现形式。

【本章学习重点与难点】

学习重点:掌握交通运输政策的主体、客体、目标与手段;掌握交通运输政策法规的表现形式。

学习难点:深入理解交通运输业的第三产业、网络型产业的特性;理解交通运输政策法规的纵向结构和横向结构。

由于交通运输在国民经济中的基础性地位,以及在人们日常生活中所扮演的重要角色,交通运输政策历来就是世界各国政策体系中不可或缺的组成部分,而且越是经济发展成熟的国家,交通运输政策的地位就越重要。

交通运输法规是交通运输政策的具体表现。政策比较原则,常只规定行为的方向而不规定具体的行为规则,而法规具有规范的明确性,交通运输政策本身往往通过一系列的交通运输法规体现出来,而成文的交通运输政策有时也只是原则性的抽象决策,必须根据政策,制定可以具体实施的交通运输法规,以便实际贯彻落实。很多国家并无交通运输政策的正式文件,而是用法律的形式肯定一些重要的交通运输政策目标。

因此,交通运输法规已成为各国交通运输政策的重要组成部分。一些国家目前已越来越明确地用立法的形式制定和颁布其交通运输政策,包括具体时间期限内的交通运输建设规模、投融资方式和数额、政府补贴方式,以及专门负责机构等。本章将交通运输法规作为交通运输政策的一部分,使用"交通运输政策法规"这一名词来表达此含义。

在现实生活中,交通运输所包含的内容极为广泛,交通运输政策法规也是一个较为复杂的系统,本章将针对交通运输业的产业特性,交通运输政策法规的内涵、特性、影响因素,以及系统构架等问题进行论述。

1.1 交通运输业的产业特性

1.1.1 交通运输业的特点

交通运输过程是社会生产过程的一部分,其既具有一般生产的特征,又有自身的特点。

运输生产的特殊性主要表现在运输生产活动所处的领域、运输生产过程和运输产品都具有自己的特点，从而使运输业成为一个特殊的物质生产部门。

首先，运输生产是在流通过程中进行的。从整个社会再生产的角度来考察，运输业表现为生产过程在流通过程内的继续，并且为了流通过程而继续。也就是说运输产业虽然具有物质生产的一般性质，直接同一般商品过程相联结，但它确实是在流通过程内进行的，即在实现商品实体从生产地向消费地转移的过程中完成。所以，运输也直接构成了流通过程中使生产得以进行的物质条件和重要组成部分，并且成为社会生产的一般共同条件，具有线性的特征，这是与其他物质生产部门不同的。

其次，交通运输生产过程及其产品具有自己的特殊性。旅客和货物是和交通运输工具一起运行的，而交通运输工具的运行，其场所的变动，也就是它所进行的生产过程。不论是客运还是货运，运输结果都是场所的变动。运输对象空间的位移，是交通运输业的效用，也是交通运输业的产品。交通运输业的具体特点是：形态的非实体性、生产和消费的同时性，效用的同一性。

1. 交通运输不生产新的物质产品

货物作为劳动对象进入运输过程并不像一般商品生产那样，劳动对象经过物理或化学的变化取得新的使用价值形态。"运输不会增加被运输的商品的量，而且丝毫不改变商品作为独立的使用价值所固有的属性，而是使运输对象发生空间位置的变化，从而改变了它的使用价值的状态，完成消费的准备。"

2. 交通运输产品的生产和消费是同一过程

工农业产品的生产和消费，表现为在空间上和时间上相分离的两种行为：产品作为成品离开生产过程之后，作为和生产过程分离的商品转入流通，最后进入消费。而运输产品的生产和消费非常独特，交通运输业是特种产业，它不同于其他的产业，因为它的产品，即它创造的使用价值，不与它的生产过程相分离，因而不能像商品那样在整个生产过程本身之外流通。它只能在生产过程中被消费，在它被生产的同时被消费。换言之，交通运输业所创造的使用价值依附于它所运输商品使用价值的固有形态，与交通运输过程同始同终。因此，交通运输产品的生产和消费这两种行为是合二为一的，在空间上和时间上是结合在一起的。

3. 交通运输业生产的是同一种产品

各种运输方式具有不同的技术经济特征，使用不同的运输工具承载运输对象，在不同的运输线路上运行，进行运输生产过程，无论运输的对象是人还是物，也无论货物的种类如何繁杂，各种运输方式生产的是相同的产品——运输对象的位移，对社会具有同样的效用。而工农业生产部门则不同，其产品多种多样，千差万别，具有不同的效用。运输产品的同一性决定了在一定条件下各种运输方式的相互替代性。

此外，交通运输业还具有运输生产场所的广阔性、运输生产过程的波动性、运输对象的非选择性等特点。

1.1.2 交通运输业属于第三产业

交通运输业被列为第三产业，源于三次产业理论。三次产业是第一产业、第二产业和第三产业的总称。我国的产业划分标准是：第一产业包括种植业、畜牧业、林业、渔业和狩猎业等；第二产业包括采矿、制造业、煤气、供电、供水等；第三产业包括第一、第二产业以外的所有行业。鉴于第三产业行业多、范围广，根据我国的实际情况，又将其分为两大部门：一是流通部门，二是服务部门。两大部门具体又分为4个层次：第一层次是流通部门，包括交通运输业、邮电通信业、商业饮食业，以及物资供销和仓储业；第二层次是为生产和生活服务的部门，包括金融业、保险业、地质勘察业、房地产业、公用事业、居民服务业、旅游业、资讯信息服务业和各类技术服务业；第三层次是为提高科学文化水平和居民素质服务的部门，包括教育、文化、广播电视、科学研究、体育和社会福利事业等；第四层次是为社会公共需要提供服务的部门，包括国家机关、政党机关、社会团体，以及军队和警察等。

作为第三产业的交通运输业，其劳动与第一、第二产业劳动不同，表现出服务性的特点。这种"服务"是指以劳务活动形式而非实物形式提供某种使用价值，以满足人们需要的经济活动过程。交通运输所提供的劳动不是制造物质产品，而是通过提供服务直接去满足人们某种价值和货币价值的统一体，位移服务就是交通运输的产品。运输产品的使用价值是满足人们的空间位移需要，其价值也由提供服务产业所需要的社会平均必要劳动时间所决定。在一般情况下，运输服务与消费这种服务产品的过程同始同终，运输服务所创造的特殊使用价值和价值，也在消费过程中同时表现出来。与第一、第二产业劳动不同，第三产业劳动是服务劳动，其共同特征表现为服务性。经济学上的"服务"又称为"劳务"，是指以劳务活动形式，而不是以实物形式提供某种使用价值满足人们需要的经济活动过程。

服务的劳动特殊性，主要表现在以下几个方面。

（1）服务业中劳动者所提供的劳动不是去制造物质产品，而是通过提供服务直接去满足人们的某种需要。正如马克思指出："服务这个名词，一般来说，不过是指这种劳动所提供的特殊使用价值，就像其他一切商品也提供自己的特殊使用价值一样；但是，这种劳动的特殊使用价值在这里取得了服务这个特殊的产品，是因为劳动不是作为产物，而是作为活动提供服务的。"

（2）服务同样是价值和使用价值的统一体。马克思曾经论述过，服务劳动"以自己的物质规定定性给自己的买者和消费者提供服务。对于提供这些服务的生产者来说，服务就是商品。服务有一定的使用价值和一定的交换价值"。服务产品的使用价值同其他任何有形产品一样，是能够满足人们的某种需要，其价值也是由生产服务产品所需要的劳务支出的社会必要劳动时间所决定的。因此，服务于商品交换，或不同种类的服务产品之间的相互交换，都要以商品交换的统一尺度和流通手段为前提。不过，其特殊性表现为提供的劳务活动与货币的交换。

（3）服务业劳动者付出的劳动，即形成服务产品的过程，在一般情况下，是与需要者消费这种服务产品的过程同始同终；服务劳动所创造的特殊使用价值和价值，是在消费过程中同时表现出来的。

1.1.3 交通运输业是网络型产业

网络这一概念目前应用很广，从其内涵与外延的角度可分为三类：第一类是实体网络，即以物质网络作为实体的社会基础设施，包括交通运输、电力、邮电、供气等以实际的点线间连接组成的网络；第二类是虚拟网络，包括信息、管理、组织、关系、营销、资金等组成的网络；第三类是互联网，它与完全实体网络和完全虚拟网络都不一样，形成了依靠实体但又超越实体的特定信息网络。

交通运输业是以交通运输网络为基础的产业。交通运输网络从组成来讲,可分为三部分,一是由交通运输固定设施组成的运输实体网络,也是通常所指的交通运输基础网络;二是由交通运输线路与运输移动设备共同组成的交通运输运营网络;三是由各种交通运输资源信息组成的交通运输信息网络。从空间分布讲,交通运输网络是以城市为中心的交通运输枢纽和各种交通运输线路共同布局连接构成的网络系统,为社会经济提供客货运输服务,属于双向网络系统。因而交通运输网络具有网络与运输系统赋予的双重特性,既具有网络自身的一般性,又具有交通运输网络的系统特性。

对于实体网络而言,交通运输无疑是最重要和最复杂的网络之一。它主要由各种交通运输工具和其所依附的基础设施在空间通过各种组织方式所形成。从交通运输网络的服务对象来看,它是各种以实物形式存在的物质在空间内实现位移的载体。交通运输网络,同时也包含了虚拟网络的一些重要特征,如运输组织和管理上的协调。此外,交通运输网络服务对象众多,人员、原材料和制成品等都是运输的对象,这远远地超过了诸如电力、通信、供水和供气等只是单一服务与一种或几种物质组织形式的实体网络。这就使得交通运输网络表现出很强的经济属性,这种经济属性使得交通运输网络的供给、组织和管理变得相当复杂。

1.2 交通运输政策法规的内涵

按照《辞海》中的定义,政策是指国家或政党为实现一定历史时期的路线和任务而规定的行动准则。经济政策是指政府为实现一定时期内的目标而制定的具有鼓励或限制各经济主体活动,协调各个经济主体利益关系的行为准则。交通运输政策是指一国政府为实现一定时期的目标而制定的协调参与运输活动的各个经济主体之间利益关系的行为准则。作为国家宏观经济政策的一部分,交通运输政策不仅具有合理配置运输资源的作用,而且还与其他宏观经济政策共同影响和促进国民经济的合理产业布局及其他宏观总量的协调发展。交通运输法规是指国家立法机关为了加强交通运输管理而颁布的法律,是集行政法、民法和经济法为一体的调整交通运输关系的法律规范的总称。

对于交通运输政策法规而言,由于交通运输本身所涉及的内容及其经济特性十分复杂,不同的经济、社会、文化、制度背景下,对交通运输政策法规内涵的认识也各不相同,因此对交通运输政策法规进行明确的界定具有较大的难度。从理论角度上讲,当研究一项政策系统及政策过程时,首先碰到的问题是:政策由谁来制定和执行?政策作用的对象是谁?制定政策的目的是什么?政策的主要手段有哪些?这就是政策研究通常应包含的主体、客体、目的和手段4个组成部分。对于交通运输政策法规来说,在界定其内涵之前同样也需要明确对这4部分的认识。

1.2.1 交通运输政策的主体

交通运输的政策主体是指直接或间接地参与交通运输政策制定、执行、评估和监控的个人、团体或组织。交通运输具有准公共产品特征,作为公共利益的代表——政府,也就必然成为交通运输政策中最主要的主体。世界各国的政策主体由于社会政治制度、经济发展状况、文化传统和意识形态等方面的差异而千差万别,但都体现出多层次、多元化的特点。在西方发达国家,由于决策权力的分散性,政策主体较为多元化,政府内部的行政长官(总统、部长、州长、市长等)、咨询者、研究机构、议员及其助手,以及政府外部的利益团体和协会、委托人团体、公民团体和传播媒介都作为政策主体的一部分。交通运输政策的形成主要是各种政策主体相互妥协权衡的结果,而行政机构作为政策制定和执行的主导机构,仍是政策建议的主要来源。在发展中国家,交通运输政策的决策权力则更加集中在交通运输行政部门,行政部门的权力和影响往往大于发达国家。

1.2.2 交通运输政策的客体

交通运输政策的客体是指交通运输政策所发生作用的对象,包括政策所要处理的交通运输问题(事)和所要发生作用的交通运输相关参与者(人)两个方面。

从"事"的角度来看,交通运输政策问题是交通运输领域应达到的状态与观察到的状态的差距,这种差距导致社会上某一部分人的需要得不到满足,并为此寻求援助或补偿,这类问题就成为交通运输政策问题。在发达国家的政策体系中,交通问题是与税收、教育、福利等政策问题相并列的,用于处理交通领域问题的措施或方法就称为交通运输政策。

从"人"的角度来看,交通运输政策所发生的对象是各种交通运输活动的参与者,因而包括这一领域的企业、个人、政府机构和各类组织。交通运输政策主要调整的核心是这些个体之间的利益关系,鼓励人们从事某些活动,而禁止人们从事另一些活动,引导人们朝向政府所期望的目标前进。

交通运输政策客体的识别具有不可忽视的重要意义。了解交通运输政策作用领域问题的性质和特点,了解政策涉及的社会成员(目标群体)的需要、利益和心态,有助于制定出适应具体情况,能被政策对象普遍接受或理解的政策,有助于交通运输政策的顺利执行,充分发挥交通运输政策的作用,取得预期的政策效果。

1.2.3 交通运输政策的目的

交通运输政策不是无意识或偶然性的行为,而是一种行为准则和行为规范,具有明确的目标取向,在特定的历史时期内明确指出交通运输发展的方向。就交通运输在经济系统中所扮演的角色而言,交通运输政策的最终目标就是满足社会经济活动对于交通运输的需要,创造最大的空间及时间效用。在特定的历史阶段内,由于社会经济发展水平,资源要素的限制条件,以及国家或政党的任务与路线,交通运输政策的目标取向也有不同的侧重点,具有时间动态性。

1.2.4 交通运输政策的手段

政策是主体服务于特定目标而采取的一系列活动,是与谋略、措施、办法、规定密切相关的一系列政治行为。交通运输政策执行手段的恰当与否直接关系到交通运输政策目标能否顺利实现。研究交通运输政策手段是为了更好地运用这些手段更有效地完成政策执行任务。交通运输政策执行活动的复杂性,决定了交通运输政策手段的多样性。概括来说,交通运输政策手段主要分为以下几类。

1. 行政手段

行政手段是指依靠行政组织的权威，采用行政命令、指示、规定及规章制度等行政方式，按照行政系统、行政层次和行政区划来实施政策的方法。交通运输政策的行政手段主要体现在行政管理的隶属关系上。行政手段有着权威性、强制性、对象的有限性和时效性等特征，是交通运输政策执行必不可少的基本因素。行政手段具有较强的约束力，带有强制性，要求在政策规定的范围内，任何交通领域相关单位和个人都必须执行，否则就要承担一定的行政责任，受到一定的处罚。因此，在交通运输政策中使用行政手段容易做到协调统一、令行禁止。特别是用此方法便于解决一些特殊的、紧迫的、暴发性的交通问题。但行政手段对行政机关的上级机关的要求甚高，上级机关如有失误将会导致一系列不良后果。另外，执行过程中的无偿性和行政机关的下级机关的被动地位都不利于充分发挥下级机关的积极性和创造性。鉴于此，要把它限制在一定的范围内，谨慎使用。

2. 法律手段

法律手段是指通过各种法律、法令、规范、司法、仲裁工作，特别是通过行政立法和司法方式来调整交通运输政策执行活动中各种关系的方法。在交通领域，法律手段除《中华人民共和国铁路法》《中华人民共和国公路法》《中华人民共和国港口法》《中华人民共和国民用航空法》等国家正式颁布的法律外，同时还包括国家各交通管理机构制定的具有法律效力的各种规章、制度等规范。法律手段除了与行政手段一样具有权威性和强制性外，它还具有稳定性和规范性的特点。法律手段是交通运输政策执行活动得以进行的根本保障，依法行政、依法管理不仅具有权威性而且具有科学性和客观性。法律手段使用的范围比较广泛，尤其适用于解决那些共性的问题。但是，在处理特殊的、个性问题时，还需要与行政手段等相互补充。

3. 经济手段

经济手段是指根据交通经济的一般规律和物质利益原则，利用各种经济杠杆，调节政策执行过程中的各种不同经济利益之间的关系，以促进交通运输政策顺利实施的方法。交通运输政策中的经济手段多运用价格、税收、投资、金融、利润、罚款，以及经济责任、经济合同等来组织、调节和影响交通运输政策对象的活动。经济手段不同于行政手段和法律手段，它的主要特性在于间接性、有偿性和关联性3个特征。交通运输政策的经济手段往往会引发社会多方面经济关系的连锁反应，而且会导致其他各种政策手段的相应调整，往往影响十分深远。因此必须深入研究交通经济运行的客观规律，调整各方面的经济利益，以责、权、利相统一的形式确定下来，充分调动人们按照交通运输政策目标行事的积极性和主动性，增强政策的效力。同时，应注意把经济手段与行政手段、法律手段有机地结合使用，这样可以取得更好的效果。

4. 思想诱导手段

思想诱导手段是一种人本主义管理方法，它通过运用非强制性手段，诱使交通运输政策执行者和政策对象自觉自愿地贯彻执行政策，而不从事与政策相违背的活动。交通运输常用的思想诱导手段有：制造舆论——交通运输政策形成之时就大力动员相关媒体宣传，使政策内容深入人心；说服教育——对少数不按交通运输政策执行或抵触的对象做深入细致的思想教育工作，做到以理服人；协商对话——在交通运输政策执行出现困难的情况下，决策者和执行者应就交通运输政策深层次问题进行商谈，通过听证会、座谈会等方式征询群众的意见，尽可能对交通运输政策作适当补充调整；奖功罚过——通过奖励或惩罚手段来诱发人们的动机、激励人们的积极性。思想诱导手段在对象上具有多元性，在方式上具有协调性，在作用上具有宏观控制性，对这种手段越来越多的运用正在成为当今各国的一个共同趋势。

综合以上的论述，可以得出交通运输政策法规应具有如下的内涵：在有限资源条件的制约下，为实现交通运输创造最大空间及时间效用的目标，政府作为社会公共利益的主要代表，按照一定时期内经济与社会发展对交通运输的需求，选择综合交通运输体系的目标和重点，综合运用行政、法律、经济，以及思想诱导等手段，为调节交通运输参与者的行为而制订的前瞻性决策方案。

1.3 交通运输政策法规的目标和任务

1.3.1 交通运输政策法规的目标

1. 交通运输政策法规的基本目标

交通运输政策法规是国家对交通运输业实施调控的重要手段。政府通过制定和实施交通运输政策法规，实现资源配置、产业布局、环境保护，以及运输业与其他产业的协调发展。交通运输政策法规是为实现政府的经济社会目标服务的，具有明确的倾向性。综合来讲，交通运输政策法规的基本目标如下。

1）资源的合理配置

资源的布局是大自然赋予的，是无法人为改变的，有些国家自然资源匮乏，而有些国家的资源分布分散。资源的分布往往与国民经济的发展不相适应。由于自然和经济的原因，原材料产地不一定适合建立生产基地，而产品的生产地又往往不是消费者集中的所在地，这就需要通过运输来克服资源在生产和使用上的空间障碍。合理的交通运输政策往往鼓励和支持在原材料产地和生产基地之间建立大型的运输干线，以保证资源配置的及时性和合理性。而对产品与消费者之间的联系，各国亦给予了高度的重视。为了使某些偏僻地区与外界社会联系起来，多数国家都不惜斥巨资建立公路或铁路等运输通道。这样做一方面是为了政治、社会和文化的需要，另一方面客观上也非常有利于促进资源在地区间的合理配置。

2）产业的合理布局

各国的产业布局往往优先考虑将重工业布置在原材料产地（或供应地），而将与人民生活密切相关的轻工业和服务业布置在城市或人口比较稠密的消费地区。这种布局经济上往往是合理可行的，但是有些国家由于某种资源的匮乏，一些工业原材料主要依靠进口，这种理想化的工业布局就无从谈起。然而，由于政府交通运输政策的作用，那些本来不能依靠本国（或本地区）原材料而建立的工业，在有些国家或地区却也得到了大力发展。例如，日本几乎没有铁矿石的蕴藏，但它之所以能够成为世界主要的钢铁出口国，完全得益于其政府贸易立国和海运立国的政策。

3) 交通运输的合理化

交通运输的合理化是各国交通运输政策追求的最主要目标之一。交通运输的合理化主要包括交通运输布局的合理化、交通运输结构的合理化和交通运输组织的合理化。

交通运输布局应服从于资源分布和工业布局。但是多数交通运输方式（除航空以外）的运输线路均需依靠一定的自然地理条件，因而交通运输布局则又受到不同地形构成的影响。因此，为了满足工农业生产和国民经济发展的需要，以及广大人民群众出行的需要，我国交通运输布局就必须在给定的自然地形条件下合理地规划。

交通运输结构是指各种交通运输方式的运输能力和实际运输量在总运输能力和运输量中所占的比重。交通运输结构的合理化不仅是运输资源合理配置的要求，更是国家经济发展的要求。交通运输政策对交通运输结构在宏观上的管理，可以充分有效地利用各种交通运输方式的优势和地理地形优势，最经济地为国民经济和人民生活提供服务。

交通运输组织的合理化是指在现存的交通运输布局的基础上最有效地利用各种交通运输方式，减少或避免交通运输的不合理性，如对流运输、迂回运输、重复运输和过远运输。在过去计划经济体制下，我国曾经利用国家计划的手段来实行交通运输组织的合理化，而现在在社会主义市场经济体制下，政府对交通运输组织的合理化并不是无能为力，只是其手段应该转变到利用建立合理高效的市场机制和指导性政策上来，而不是靠唯一使用行政命令和计划手段。

4) 交通环境保护

随着交通运输业各种污染压力的增加，以及人们环保意识的普遍增强，各国政府在制定交通运输发展政策时制定了相应的环境保护政策。交通运输发展程度与各国经济发展水平有关，而在相当长的时间里交通运输带来的环境污染又与交通运输发展程度成正比，因而在经济发展程度不同的国家或在同一国家的不同经济发展阶段，对交通运输环保的重视程度是不同的，采取的政策也是不同的。一般来说，经济发展水平越高，交通运输就越发达，对环境保护的要求就越高，国家和民众对环境重视程度也就越高，环保投入也越多；相反，经济发展水平越低，交通运输就越不发达，从而交通运输造成的环保压力就越小，政府对环保的要求也就越低，投入也越少。但另外一种情况也是比较普遍的，即在经济不发达的发展中国家，由于经济对交通运输的需求高，而经济和技术条件又差，因而被迫使用技术性能差、污染严重而价格便宜的交通运输方式和交通运输工具，由此造成的污染得不到及时有效的治理。

政府对交通运输环保政策的实施主要是通过一系列的环保法规来实现的。有些国家已经通过各种政策来限制某种交通运输方式在某些地区的发展，或引导企业和个人使用节能、无污染或少污染的交通运输方式。例如，欧盟现在出台的种种与交通运输相关的政策都相对有利于铁路和内河运输而不利于公路运输的发展，这在很大程度上是从环保的角度考虑的。在城市交通中，为了减轻城市中心地区的环保压力，不少国家的市政府规定城市中心地区限制某些车辆的运行，不惜花费巨额财政资金来补贴城市公共交通，并且通过燃油税收等制度来调整促进能源节约。这样一方面是为了能够向一般市民提供交通运输福利；另一方面也是为了抑制小汽车的发展，保护城市环境。

5) 抑制交通运输业中垄断势力的形成和增长

交通运输业容易形成垄断，这种情况在经济发展的初期尤其明显。例如，从 1830 年至

1930年,铁路几乎垄断了英国的主要交通运输业务。又如,班轮公会为避免在同一航线上相互间的竞争或排除外来竞争,通过制定统一费率或最低费率,以及在经营活动方面签订协议垄断了国际航运。由于垄断会导致社会资源的不合理配置和社会净效益的损失,因而许多国家都制定了相应的交通运输政策法规来抑制交通运输业中垄断的形成和增长。

6) 规范交通运输市场,减轻交通运输带来的社会公害

交通运输业在促进国民经济发展的同时,也具有污染、拥堵、易发交通事故等严重的负外部性。这种负外部性造成的危害是巨大的,但早期往往不为交通运输业者或交通运输生产经营者所重视,造成的损失更无法得到补偿。例如,汽车尾气的排放已经严重污染了众多大城市的空气,难以用看不见的手来解决,解决的办法往往也会造成社会财富的巨大浪费。因此,各国政府都把规范交通运输市场、减轻交通运输带来的社会公害作为政府干预交通运输的一个重要目标。

7) 有利于交通运输业公共服务性更好的体现

交通运输业在很大程度上具有公共产品的性质,即个别消费者在进行这些产品的消费时无法排除其他消费者的消费。道路、航道、引航设施等交通运输基础设施都具有明显的公共产品的性质,一般都需要极高的投资成本,因而在没有政府的干预下,这些基础设施无法由私人企业提供。因此,世界上几乎没有一个国家的政府不通过各种方式,不同程度地直接投资和提供这些交通运输设施,或者间接补贴这些设施和服务的提供者。

2. 我国交通运输政策法规的长期目标

根据国家宏观发展和战略,到2020年,我国要全面建成小康社会,从2020年到2035年,在全面建成小康社会的基础上,再奋斗十五年,基本实现社会主义现代化,国家经济实力、科技实力将大幅跃升,跻身创新型国家前列……从2035年到本世纪中叶,在基本实现现代化的基础上,再奋斗十五年,把我国建成富强民主文明和谐美丽的社会主义现代化强国。未来我国交通运输发展的长期战略目标,要服务于我国经济社会发展的总体战略目标,与综合发展战略目标相协调,因此,我国交通运输总体要达到适应国民经济和社会发展需求的水平,按照这个总体标准,从交通运输政策法规的角度来讲,交通运输体系发展的长期目标可概括为以下几方面。

(1) 基本形成健全的基础设施供给机制,网络系统基本形成,交通运输方式结构合理,基本实现高效率、高质量协调运转。交通运输系统整体的快速发展,不仅使各个交通运输方式基本实现通达、畅通,同时各方式的优势也得到发挥,交通运输结构合理,符合我国资源、环境的客观条件。

(2) 交通运输体系布局基本实现区域协调与普遍服务。从空间布局来看,随着中国区域开发战略的实施,对跨区域通道、城市群交通运输系统将产生更大的需求,同时对边远地区、农村地区的普遍服务也将成为未来我国交通运输的战略重点之一。

(3) 交通运输市场趋于成熟,交通运输业具备参与国际竞争的能力。交通运输为社会提供能力足够、质量良好的交通运输服务,除了良好的基础设施之外,还要有一大批能力足够、服务优质的交通运输企业群体提供相应的服务产品。

(4) 交通运输自主创新能力大大增强,技术水平与国际接轨,部分领域装备技术水平国际领先,智能型综合体系基本建立。技术进步与创新是交通运输发展的不竭动力,也是实现交通运输现代化、提高效率与效益、提升服务水平的关键。高速化、物流化的交通运输系统

是集先进的通信技术、计算机技术、信息技术、微电子技术、自动控制技术等为一体的系统,通过产、学、研体制的改革和融合,加快交通运输从传统产业向现代化产业的转变,形成智能化的全新综合交通运输系统。

(5) 为全面建设小康社会、适应人民群众的出行需求,提供更快速、更便捷、更安全、更舒适的交通条件。作为人类日常衣、食、住、行的重要一部分,交通运输的"以人为本"在未来将不仅定位于单纯解决居民的位移问题,而是在于为使用者提供一种效用,在实现空间效用的基础上获得舒适性、方便性与安全性,将"以人为本"切实体现出来。

(6) 综合交通运输体系基本满足可持续发展的要求。由于交通运输的可持续发展目标本身具有长期性特征,即使未来我国经济有了较快的发展,短时间内仍难以达到目前发达国家人均国民生产总值的平均水平,加上交通运输发展需要占用大量的土地、能源,还会破坏环境。因此,交通运输既要实现跨越式发展,又要循序渐进和保持可持续性战略的实施。

1.3.2 交通运输政策法规的主要任务

目前,我国交通运输业仍存在一定的问题,必须制定相应的交通运输政策法规来规范。首先,运输能力尤其是通道运输能力不足,对国民经济的瓶颈制约作用突出,综合运输整体效率仍有待提高。其次交通运输市场秩序有待完善,高效健全的监管体系尚未完全形成。而且,大城市交通拥堵日益严重,主要经济圈城际交通运输系统尚在建设。所以,交通运输政策法规任务巨大。

1. 推动综合交通运输体系的协调发展

铁路、公路、水运和民航等运输方式由各自的技术经济特征所决定,有其各自的适用范围。根据发达国家发展交通运输的先行经验,要想经济有效地满足经济社会的多种交通运输需求,一方面必须使各种运输方式之间展开市场竞争,以充分发挥各自的优势;另一方面还必须促进各种运输方式的合理分工和协调发展,以形成一个有机整体。

2. 促进交通运输系统的可持续发展

环境和发展是当今国际社会普遍关注的重大问题。保护生态环境,实现可持续发展,已经成为全世界紧迫而艰巨的任务。保护环境和发展经济关系到人类的前途命运,影响着世界上每一个国家、每一个民族乃至每一个人。全世界对此十分关心,我国政府对此也极为关注。

我国是发展中国家,要提高社会生产力、增强综合国力和不断提高人民生活水平,就必须毫不动摇地把发展国民经济放在首位,各项工作都要紧紧围绕经济建设这个中心来展开。同时,我们也必须看到我国的基本国情——人口众多、资源相对不足、生态环境承载能力弱。特别是随着经济快速增长,能源、水、土地、矿产等资源不足的矛盾越来越尖锐,生态环境的形势日益严峻。因此,必须高度重视资源和生态环境问题,增强交通运输系统可持续发展的能力。

3. 适应社会经济发展的需求

交通运输作为国民经济的流动载体,沟通生产和消费,是经济发展诸多影响因素中非常重要的一个。考察交通运输的发展历程,可以发现,交通的发展与经济的发展密不可分。所以,交通运输政策法规的制定必须适应社会经济发展的需求。

1.4 交通运输政策法规的系统构架和表现形式

交通运输政策法规是由一系列政策要素所构成的具有一定内在结构的有机整体。由于交通运输政策法规涉及对象的复杂性，以及交通运输与其他经济活动密不可分的性质，交通运输政策法规的政策元素之间、元素与结构之间，以及结构与环境之间的复杂与协调特性十分明显，因此交通运输政策法规的系统构架必然是由各单项政策所构成的一个有机整体。单项政策是构成交通运输政策法规体系的元素，在各自的范围内相对独立地发挥对交通运输的导向、约束和协调功能。各单项政策整体效果的发挥是以一定的结构为基础的。交通运输政策法规的系统构架即是指各项政策在时间和空间上的排列顺序和组合方式，这种排列顺序和组合方式决定了各单项政策相互联系、相互作用，而形成交通运输政策法规的整体合力。

1.4.1 交通运输政策法规的系统总体构架

交通运输政策法规的系统总体构架如图1-1所示，可以从纵向子系统和横向分系统两个角度划分。所谓子系统，是指构成交通运输政策法规体系的要素，包括总政策、基本政策、具体政策、法律规范4个等级，它说明了政策之间的纵向关系。所谓分系统，是指各交通运输政策法规子系统按具体内容划分的有关领域，包括投融资政策、有效供给政策、市场规制政策、技术促进政策、安全政策、可持续发展政策等，它说明了交通运输政策法规之间的横向关系。

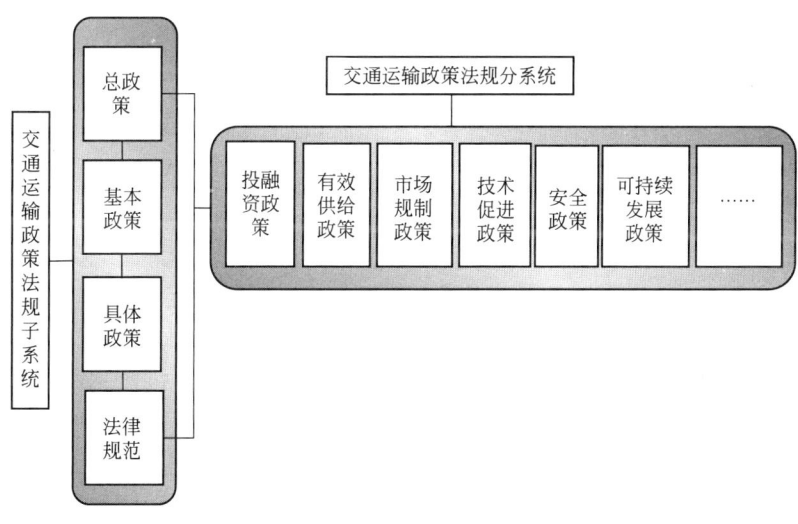

图1-1 交通运输政策法规的系统总体构架

1.4.2 交通运输政策法规的纵向结构

交通运输政策法规系统的纵向结构为一种塔形结构。交通运输政策法规各部分之间的关系体现等级结构形式，由下至上政策层次水平逐级提高，它的框图由一个处于高等级的具有最高控制作用的层次逐层向下分化。交通运输政策法规体系的纵向结构可分为总政策、基本政策、具体政策、法律规范4个层次，它们构成交通运输政策法规体系的4级子系统。

1. 总政策

总政策是交通运输政策法规的制定主体在一定历史阶段为实现一定的交通发展任务而规定的指导全局的总原则。其构成要素主要包括总目标和实现总目标的途径与保证。总目标是政策主体在一定历史阶段总的发展方向，是对该历史阶段结束时整个交通运输发展状况的总体构想。总目标的内容不是单一的，而是表现为多个方面，这几个方面构成交通运输总政策的若干重心。总政策的内容具有高度的概括性和综合性，因此在实际贯彻过程中，需要把总政策的要素逐步分解，在空间上，分解为各个方向的目标和原则；在时间上，分解为不同发展阶段。总政策处于政策体系的最高级，是基本政策和具体政策制定和运行的基础，具有提纲挈领、总揽全局的指导地位和较长历史时期内的稳定性。

2. 基本政策

基本政策是政策主体用于指导某一领域或某一方面工作的指导原则，它是总政策在某一领域或某一方面的具体化，构成交通运输政策法规的主轴。基本政策与总政策的区别主要在于总政策是跨领域的、指导全局的综合性政策，在一定历史阶段内是稳定不变的，基本政策则只具有局部性和阶段性的特点。所谓局部性，是指基本政策的效力领域仅限于某一方面。例如，有效供给政策、技术促进政策只适用于解决交通供给问题和技术进步问题。所谓阶段性，是指基本政策的目标具有阶段性，根据总政策的目标和当时条件而具有不同的阶段性政策重点。

基本政策在交通运输政策法规体系中处于总政策和具体政策之间，是承上启下的环节，一方面基本政策是总政策的具体化，从属于总政策，是构成交通运输政策法规体系的基本要素；另一方面基本政策又以自己为基础，以若干具体政策为要素，构成从属于交通运输政策法规体系的分体系。

3. 具体政策

具体政策是交通运输政策法规主体针对某一具体问题而制定的具体措施、准则、界限性规定等。具体政策在交通运输政策法规体系中居于最低层次，它是基本政策的具体化。在本书的分析框架中，其基本形式体现为政策主体为实施某一基本政策而制定的实施细则或针对某一特殊问题而制定的行为准则。在有关文献中，地方和部门的交通运输政策法规主体为实施上一级政策或为解决所属区域的具体交通问题而制定的具体规定、实施办法、政策界限等也纳入具体政策的范畴内。具体政策的地位也是十分重要的，总政策、基本政策的内容最终要靠具体政策得到体现、落实。在交通运输政策法规体系中，具体政策数量较多、涉及面广。由于它所涉及的都是较为具体的问题，因此在政策目标、政策对象、行为界限等方面的规定必须是明确、具体、易操作的。

4. 法律规范

交通运输方面的法律规范，是指通过国家的立法机关制定或者认可的，用以指导、约束人们交通运输的行为规范。交通运输法律规范包括立法部门直接针对各种交通运输方式制定的法律和其他间接相关的法规、管理规定等内容，它是交通运输政策确立和政策实施的保障。

1.4.3 交通运输政策法规的横向结构

交通运输政策法规体系的横向结构是指政策体系内投融资政策、有效供给政策、市场规制政策、技术促进政策、安全政策和可持续发展政策各分系统之间的关系。如前所述，政策体系内不同领域和方面的政策是相互联系、相互作用的分系统，每一分系统内又有若干等级的子系统，它们各有不同的调控对象，功能各异，在实际运行过程中，应当彼此协调、相互配合，形成合力，才能促进整个综合交通运输体系的协调发展。

各分系统政策之间的协调、配合关系主要表现在以下 3 个方面。

1. 政策目标的协调

各分系统政策目标应是按照交通运输政策法规的总目标在各个领域分解而形成的，分系统政策所规划问题的未来解决程度，必须从总目标出发而不能与之相悖。各分系统目标之间也应彼此相互协调，并与更低等级的政策目标相互配合。

2. 政策功能的配合

政策功能是指由交通运输政策法规的行为规范性质所决定的解决问题的方式。各分系统的政策在实际运作过程中具有不同的功能，因此在解决某交通问题时，要根据问题的性质，使各分系统政策的功能相互配合。不仅各分系统政策的功能要相互配合，一个分系统内政策的功能也要相互配合。

3. 政策地位主次的配合

在一定时期内，各项交通运输政策法规分系统必然存在当期解决的重点，当主要政策制定和实施时，也不能忽视相对次要政策的制定和实施。因此，必须统筹兼顾、综合平衡。

1.4.4 交通运输政策法规的表现形式

交通运输政策法规总体上属于上层建筑，它直接或间接地表达对当前或未来交通的某种意图，可以用很多种表现形式出现。例如，国家集团文件（国家集团（联盟）的议定书、内部协议、备忘录形式）、国际会议文件（国际有关会议文件对交通政策做出的规定）、国家文件（国家的法律、法案、法规、国家综合开发计划等形式）、地方政府文件（地方政府的文件形式）、交通部文件（政府交通部门的法令、法案或白皮书的形式）、相关部委共同制定的文件（由政府各相关部门共同制定的文件，以方针、标准、措施、纲要、建议等形式出现）、专家组文件（政府决策部门委托的专家组的报告形式）等。

习　题

1. 如何理解交通运输业的产业特性？
2. 交通运输政策法规的概念和内涵是什么？
3. 交通运输政策法规的基本目标是什么？
4. 我国交通运输政策法规的长期目标是什么？
5. 如何理解交通运输政策法规的系统总体构架？
6. 交通运输政策法规的表现形式有哪些？

第 2 章 交通运输政策的基本理论

【本章内容概要】

本章介绍与交通运输政策制定相关的基础理论。公共产品理论、自然垄断理论、外部性理论为交通运输政策的制定提供了经济学理论依据，政府规制理论为交通运输政策路径的选择提供了理论支撑，可持续发展理论为交通运输政策的制定指明了方向。

【本章学习重点与难点】

学习重点：掌握纯公共产品的市场失灵现象；掌握运用自然垄断理论分析交通运输市场的方法；掌握利用"庇古"税解决交通运输外部性问题；掌握可持续发展的行动规范。

学习难点：理解公共产品的分类；利用公共产品理论分析交通运输市场；充分理解外部性的内涵。

交通运输活动与国家经济、国防、人民生活息息相关。交通运输业是国民经济中的重要子系统，交通运输业的发展必须服从国民经济发展的总要求。交通运输政策的制定应采用科学方法。首先，制定交通运输政策必须重视调查研究的方法。调查研究的方法是制定政策的基本方法，只有通过调查研究才可能了解问题的现状，在调查的基础上，进行系统分析，掌握事情的真相和发展规律，才能识别出需要政策解决的问题。其次，交通运输政策制定需要科学的理论基础。在识别出交通问题后，应该对这些问题做进一步分析，找出现象背后的真正原因。对交通问题的分析需要科学的理论工具，这样才能保证政策的初步方案的科学性和针对性，为政策预评估和政策的最终形成打下良好的基础。最后，要有科学的政策评估方法。交通运输政策的制定涉及动辄数亿甚至数百亿的投资，并且其影响延续时间很长，达几十年甚至上百年，这要求对交通运输政策进行审慎研究，科学地分析其经济、社会效益。

交通运输产品具有准公共产品属性、外部性、规模经济性等产业特性，公共产品理论、自然垄断理论、外部性理论为交通运输政策的制定提供了经济学理论依据。我国的制度改革采取了渐进式改革路径，制度变迁理论为交通运输政策路径的选择提供了理论支撑。同时，交通运输政策也是公共政策的一个子系统，公共政策制定需要遵循一定的程序，现代公共管理已经对政策制定进行了科学化、程序化、规范化的界定，并上升到了系统论、方法论的高度。

2.1 公共产品理论

运输产品的准公共属性是运输业的核心属性，也是制定交通运输政策的重要理论基础。

2.1.1 公共产品的定义和特征

1. 公共产品的定义

依靠市场机制作用进行交易的普通商品在消费上具备两个基本特征。第一，消费的竞争性，某消费者已经消费的给定数量的某种商品不能同时被其他人消费，减少了其他人使用该商品的机会；第二，消费的排他性，通过某种条件或手段可以阻止其他人使用该商品，商品归某位消费者或某类消费人群所拥有或控制，就可以把其他消费者排斥在获得该商品的利益之外。另外，普通商品还具有效用上的可分割性，商品可以分割为许多能够买卖的单位，其效用只对为其付款或其他手段获得控制权的人提供。经济学上把具备这些特征的商品称为私人产品，私人产品的特征使得其生产和消费可以分开，使明确界定产品的所有权有了可能，从而为市场经济的价格机制运行创造了条件。

与私人产品相对应，社会中还存在着公共产品，不论个人是否愿意购买，都能使整个群体成员获益，如国防、天花疫苗、公共基础设施、防洪堤坝等，公共产品也可以说是整个社会或某一范围内所有成员能够共同享用的各种服务和设施的总称。

萨缪尔森对公共产品进行了比较严格的经济学定义。他认为某种私人产品的总消费量等于消费者对私人产品消费的总和，用公式表示为：

$$X_j = \sum_{i \in I} x_j^i (j = 0, 1, 2, \cdots, J)$$

其中：x_j^i 是第 i 个消费者消耗第 j 类私人产品的量，X_j 是第 j 类私人产品的总消费量，J 是私人产品种类。

而对于公共产品来说，其消费总量等于任何一位消费者的消费量，用公式表示为：

$$X_k = x_k^i$$

其中：X_k 为第 k 类公共产品的消费量，x_k^i 为第 i 个消费者对第 k 类公共产品的消费量。上述公式也意味着一个人对公共产品消费的增减并不会影响其他人的消费量的变化。

因此，根据萨缪尔森的分析，公共产品可以定义为：公共产品是所有成员都可以免费享用的产品，社会全体成员可以同时享用该产品，而每个人对该产品的消费都不会减少其他社会成员对该产品的消费，无论每个人是否愿意购买它们，它们带来的好处都会不可分割地散布到整个集体中。

2. 公共产品的特征

公共产品的两大特征为非竞争性与非排他性。所谓非竞争性，是指一个人对公共产品消费不会影响其他人对此产品的消费；所谓非排他性，是指一个人无法维持对一件物品独享使用的控制。由于公共产品的非竞争性和非排他性，使得公共产品还具有不可分特性，即公共产品的产权难以界定，或者界定产权的交易成本很高。

公共产品的非竞争性和非排他性及不可分性特征，使公共产品的供求很难通过价格机制来实现均衡。从理论上说，消费者根据支付能力，为公共产品支付一定的费用，就可以实现公共产品的有效供给。但是，一方面由于公共产品没有既定的市场价格体系，消费者难以描述自己的需求曲线，另一方面由于非排他性，消费者可以搭便车，这两个原因使公共产品很难通过市场机制实现有效供给。

此外，公共产品的需求经常出现拥挤性。由于负外部性的存在，某个人对一种物品的消费可能会提高他人消费该物品的边际成本，从而使消费的边际成本超过私人边际成本。由于消费者根据私人边际成本等于边际收益的原理来决定消费水平，如果产品存在负外部性，消费的私人边际成本小于社会边际成本，就会造成私人对产品的过度需求。比较常见的拥挤型例子是道路的使用，由于每个人均是根据私人边际成本等于边际收益来决定对道路的使用，而不考虑自己对道路的使用对其他人的影响，致使道路经常出现拥挤现象。

2.1.2 公共产品的分类和范围变化

满足非竞争性和非排他性两个特征的产品是纯粹的公共产品，实际上纯粹的公共产品非常少，很多产品可能具有其中的一个特征，这也造成了公共产品分类的多样性。

1. 公共产品的分类

按照日本经济学家植草益的观点，私人产品具有消费上的竞争性和排他性，公共产品具有消费上的非竞争性和非排他性，将上述两种产品的4个属性列成矩阵组合可以得到公共产品的分类，如表2-1所示。

表 2-1 公共产品的分类

	竞争性	非竞争性
排他性	私人产品	俱乐部型准公共产品
非排他性	拥挤型准公共产品	公共产品

从表2-1中可以看出，准公共产品还可以再划分为两类：拥挤型准公共产品和俱乐部型准公共产品。

拥挤型准公共产品的消费具有非排他性，但当消费者的数量达到一定程度时便产生消费上的竞争性，也就是说这类产品是拥挤的。例如，不收费但拥挤的公路就是一种竞争性产品，一个人使用公路就会限制其他人对该公路的使用，同时，由于对这类公路没有收费，该公路又具有非排他性特征。

俱乐部型准公共产品的使用可以通过收费而将不愿付费者排除在对该产品的消费之外。同时，在该产品的使用者范围内，由于消费具有非竞争性，多增加一个使用者的边际成本是微不足道的。一些自然垄断行业的产品就具有这种性质。例如，有线电视就是这样的一种产品，拒绝为有线电视付费的人将不能收看其节目，但有线电视具有非竞争性，在其覆盖范围内为新增的一个用户提供节目的额外成本是很低的。

2. 公共产品范围的变化趋势

公共产品的范围不是一成不变的，而是动态的，具有一定的灵活性和可选择性。某些物品因为具有公共产品、准公共产品的特征而由私人物品加入公共产品行列中来，相反，如果失去了公共、准公共产品特征，也可能由公共产品变为私人产品。改变产品特征的影响因素主要包括以下几方面。

(1) 科学技术。科学技术是公共产品范围变化的根本原因，科学技术水平的进步和提高可能会改变某些产品的消费方式，还可能扩大公共产品的容量，变拥挤型的公共产品为非拥挤的公共产品。

(2) 经济发展水平。经济发展水平是影响公共产品范围的重要实现因素，随着收入水平的提高,人们会改变消费方式,从而使公共产品的范围发生变化。例如,随着人们生活水平的提高,公共浴池的需求会越来越小,甚至会完全消失;另外,随着经济发展,国家可能会加大对某些行业的投入,扩大其供给能力,同时,采取转移支付手段使私人产品转变为公共产品,如某些福利国家推行的免费医疗服务,在经济不发达的国家就有可能是私人产品。

(3) 政府和公众的公共选择。政府出于一些目的,对居民可选择的消费方式做出限制,这亦会对公共产品的范围产生一些影响,如冬季取暖,可以采取集中供热,这种政策就扩大了这个产品的范围。

(4) 居民的文化素质和消费习惯。居民的文化素质和消费习惯也有可能改变公共产品的范围。

公共产品范围变化的动态性,要求在分析公共产品范围的时候,必须考虑上述因素,做出较为科学的分析。

2.1.3 公共产品市场失灵分析

1. 纯公共产品的市场失灵分析

纯公共产品由于具有非排他性和非竞争性,会产生"搭便车"现象,消费者不愿意单独为这类产品付费,从而使市场失去了提供这种产品的前提和基础。因此,这类产品应该由政府提供,否则会造成社会福利损失。市场提供公共产品的效率损失如图2-1所示。

在图2-1中,实线部分是生产可能性曲线,虚线部分是消费无差异曲线。如果没有政府干预,社会将把用于生产公共产品的资源全部用于私人产品生产,由此形成产品组合点B,而社会最优的资源配置点在E,B点和E点处于同一生产可能性曲线上,由于B点处得到的社会福利低于从E点处得到的社会福利,说明市场供应公共产品会造成社会福利损失。

由于公共产品的非排他性,导致公共产品的消费经常是过度消费,纯公共产品经常出现拥挤现象。在出现拥挤现象时,有可能导致使用非排他性技术是经济可行的,从而使拥挤性公共产品转变为拥挤状态的收费准公共产品。

2. 非竞争性、排他性公共产品市场失灵分析

非竞争性、排他性的准公共产品,对这类产品应该考虑由市场方式提供,即使用者只有购买才能对其消费,因为如果这类产品采用公共提供方式,就会产生过度消费问题。但是,由市场方式提供这类设施,仍然会产生两个问题:一是供给者不能有效地定价;二是设施供给一般不会使社会剩余价值最大化。非拥挤公共产品正价位的效率损失如图2-2所示。

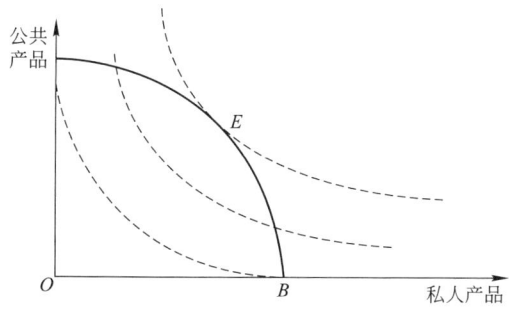

图2-1 市场提供公共产品的效率损失

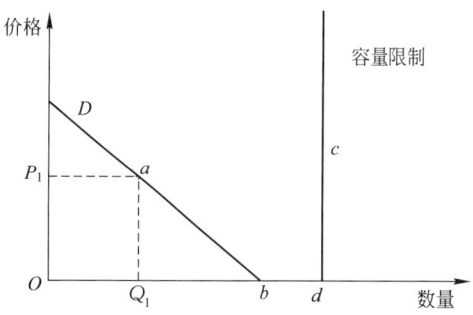

图2-2 非拥挤公共产品正价位的效率损失

图 2-2 中，D 表示需求曲线，c 表示容量限制水平。在非拥挤状态即需求数量小于 d 情况下，由于消费的边际社会成本为 0，任何一种正的价格都会抑制准公共产品的使用，使得社会福利不能达到最大化。例如，价格定为 $P_1 > 0$，这就限制了一些人使用，只有那些得到边际效益大于 P_1 的人才会使用，在价格 P_1 下，需求数量为 Q_1，而根据边际社会成本等于边际收益所决定的需求数量应该为 b，产生了 abQ_1 面积的福利损失。

这种准公共产品如果由私人供给，由于他们追求利润最大化，企业的收费定价会高于边际社会成本，企业会把价格限制在 P_1，使得企业所得的租金 P_1OQ_1a 最大。

3. 竞争性、非排他性准公共产品市场失灵分析

由于任何人都可以使用这种产品而不妨碍他人使用，因此，在非拥挤状态下，则被称为开放性进入资源。

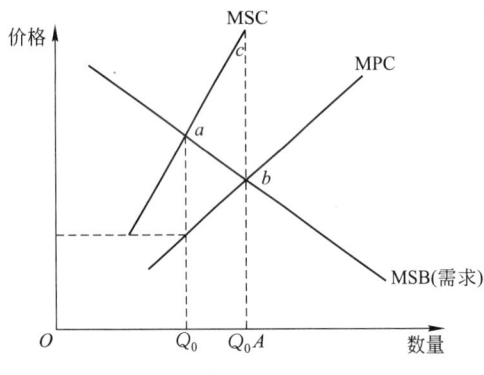

图 2-3 开放性进入资源过量消费的效率损失情况

非排他性会导致竞争产品的过量消费，因为每个消费者都会意识到，如果自己不消费，则它会被其他人消费掉。图 2-3 给出了开放性进入资源过量消费的效率损失情况。

当边际社会成本（MSC）等于边际社会收益（MSB）时，产生了消费量的经济有效水平 Q_0。然而，每个人在消费时，均只考虑个人直接承租的成本，即边际私人成本（MPC），如果边际社会成本由所有消费者平均分摊，该边际私人成本就是所有需求者的平均成本，但对于开放性进入资源来说，边际私人成本要小于平均成本。结果会出现均衡消费量 Q_0A，它会大于 Q_0，△abc 的面积就是由于过量消费造成的社会剩余损失。

2.1.4 交通运输产品的公共性分析

很多学者对交通运输产品的公共性进行了研究，王惠臣认为：运输产品的拥挤临界点对运输产品的私人性和公共性有重要影响，所谓的拥挤临界点，有具体而明确的定义。对列车来说，是指吨位或者额定载客量，而对运输线路来说是指通行能力。运输产品未达到拥挤点之前，运输产品具有非竞争性、非排他性特点，是公共产品；运输产量在达到或者超过拥挤临界点时，运输产品的"公共性"开始弱化，私人产品的特性开始加强。因此，运输产品具有公共产品和私人产品的复合特征；运输产品的属性因需求函数的不同在公共产品和私人产品之间呈动态变化趋势。

世界银行在 1994 年的发展报告中对包括交通在内的基础设施的性质进行了详细分类。认为城市公交既具有排他性又具有竞争性，是属于私人产品；农村道路属于公共产品；铁路货运和客运服务属于私人产品；港口与机场设施属于准公共产品；港口与机场服务属于私人产品。各类交通基础设施的公共性分析如表 2-2 所示。

表 2-2 各类交通基础设施的公共性分析

部门和子部门	竞争潜力	商品或服务特点	向用户收费补偿的可能性	公共服务的责任	外部环境性	市场化指数
铁路路基与火车站	低	俱乐部产品	高	中等	中等	2.0
铁路货运与客运	高	私人产品	高	中等	中等	2.6
城市公交	高	私人产品	高	中等	低	2.4
城市地铁	高	私人产品	中等	中等	中等	2.4
农村道路	低	公共产品	中等	很少	高	1.0
一级、二级公路	中等	俱乐部产品	中等	很少	低	2.4
城市道路	低	公共产品	中等	很少	高	1.8
港口与机场设施	低	俱乐部产品	高	很少	高	2.0
港口与机场服务	高	私人产品	高	很少	高	2.6

注：市场化指数是指各种设施的商品化程度：1.0=不适宜在市场出售；2.0=基本适宜在市场上出售；3.0=最适宜在市场上出售。

另外，还有一些学者针对具体的运输产业分析其特性，如我国的铁路运输业属于准公共产品。

2.1.5 公共产品理论对交通运输业政策制定的启示

不同运输方式和不同设施的公共性是不同的，公共产品理论要求在分析交通运输业的特性时，要针对具体运输方式，以及我国的经济发展状况、技术发展状况，进行比较科学的分析。在制定交通运输政策时，应该针对具体产品的特性制定政策，做到既消除市场失灵又要消除政府失灵，从而实现社会福利的最大化。

2.2 自然垄断理论

2.2.1 自然垄断的基本理论及其发展

自然垄断是经济学中一个传统概念。早期的自然垄断概念与资源条件的集中有关，主要是指由于资源条件的分布集中而无法竞争或不适宜竞争所形成的垄断，现代这种情况引起的垄断已不多见。而一般意义上的自然垄断则与规模经济紧密相连。自然垄断理论是现代产业经济学理论中发展较为迅速的一个组成部分。自然垄断理论的发展演进导致了20世纪70年代以来西方发达国家对自然垄断产业的放松规制，许多过去被认为必须加以规制的产业部门都取消或放松了规制。在这一规制改革的背后，实质上隐含着自然垄断理论的革新与进步。总体来说，自然垄断理论的发展可以分为以下几个阶段。

1. 第一阶段：建立在自然条件下的规模经济自然垄断理论

英国古典经济学家约翰·穆勒最早提出自然垄断理论，他在《政治经济学原理》中提出"地租是自然垄断的结果"。显然穆勒是从自然资源的稀缺性角度来理解自然垄断的，这和后来对自然垄断的说法大相径庭。穆勒将自然垄断定义为市场中形成的一家供应商对市场的独占，他是最早从技术经济角度提出自然垄断的概念。亚当·斯密把自然垄断的定义简化为产业的规模技术经济状况，认为对规模收益递增的产业要实行政府规制。

法罗是最早从经济特征的角度来理解自然垄断的学者之一，他认为自然垄断是那些从来没有发生竞争，以及即使发生过竞争但最终走向垄断的产业，法罗将自然垄断产业归纳为5个特征，其中就包括自然条件优势和规模经济特征。

伊利将自然垄断分为3类：依赖于独特的资源形成的自然垄断、依赖信息独占形成的自然垄断，以及依赖产业特殊性形成的垄断，并认为自然垄断源于生产的规模经济状况。

从早期的自然垄断理论来看，古典经济学家已经开始认识到规模经济性在决定自然垄断中的重要作用，但自然条件在自然垄断理论中仍占有重要的地位。

2. 第二阶段：从规模经济的角度来理解自然垄断理论

克拉克森和穆勒认为：如果规模经济足够大，长期成本曲线在相应范围内向下倾斜，那么，就只有一家工厂能够生存下来。这个幸存者就会把产出扩张到最大，并因而达到平均总成本最大的下降，它可以用廉价出售的方法来竞争，最终把对手挤出该行业。这种情况形成的垄断就是自然垄断。

格林沃尔德在《现代经济词典》中是这样界定自然垄断的：自然垄断是一种自然条件，它恰好使市场只能容纳一个有最适度规模的公司。自然垄断是否存在的决定性标志是：市场需求只要有一家成本不断降低的公司就能满足。其基本特征是生产的规模经济性，平均成本随产量的增加而递减，由一家企业来提供产品更有效率。克拉克森还从规模经济的角度构建了说明自然垄断的经济特征的模型。在他看来，自然垄断的基本特征是：生产函数一般呈现规模报酬递增状态。

竞争和巨大成本优势的垄断如图2-4所示。

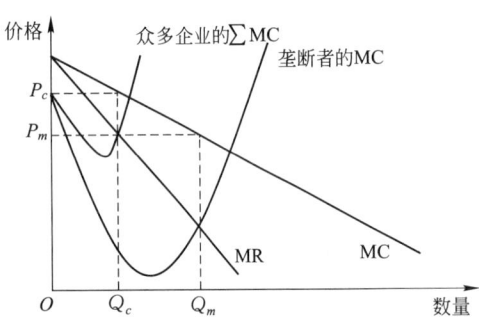

图2-4 竞争和巨大成本优势的垄断

在图2-4中，其产品在竞争条件下的市场供应曲线是众多企业的$\sum MC$，它是这几家企业在其平均可变成本曲线最低点的水平加总线：P_c是均衡价格，Q_c是均衡产量。若假设这几家企业被一家垄断企业所替代，如果确实存在成本优势，新的边际曲线（垄断者的MC）将全部落在原来的产业供给曲线之下。垄断者若以边际收益等于边际成本的价格确定产量Q_m，并制定相应的价格P_m就能以较低的价格提供更多的产品，从而增进社会福利。

萨缪尔森和诺德豪斯认为，自然垄断最明显的特征是企业产出规模扩大到整个产业的产量时，平均成本仍在下降，因此由一个厂商垄断经营比多个厂商提供全部产品更有效率。

规模经济之所以导致自然垄断，还因为在边际成本递减条件下，一方面，原先进入该产业部门的企业，生产规模越大，边际成本持续下降，因而必然把生产规模扩大到独占市场的程度；另一方面，在垄断企业已经存在的情况下，任何新企业进入该产业，其初始成本必然很高，无法与垄断者展开竞争，即规模经济成为新企业进入该产业的壁垒。

从上述理论可以看出，现代经济学家主要是从经济特性角度来讨论自然垄断的，并将自然垄断归结为规模经济的技术特征，但是，这不能解释现实生活中很多自然垄断产业处于规模不经济阶段。

3. 第三阶段：以"成本劣加性"重新定义自然垄断

正是认识到上述规模经济角度定义自然垄断的缺陷，鲍莫尔、潘扎和夏基重新定义了规模经济和范围经济，并用"成本劣加性"重新定义了自然垄断。

1) "成本劣加性"

为了便于分析起见，这里考虑单一产品的情况。

q_i 表示第 i 个企业的产量；$C(q_i)$ 为所需的总成本；假定所有企业均采用同样的技术，因此成本函数适用于所有的企业；n 表示该产业中生产相同产品的企业数；Q 表示市场需求量，则有：

$$Q = \sum_{i=1}^{n} q_i$$

如果 $C(Q) < \sum_{i=1}^{n} C(q_i)$ 成立，那么成本函数 $C(Q)$ 满足成本劣加性。也就是说，所谓"成本劣加性"，是指由一家企业生产该产品市场全部需求量的成本，低于由两家或两家以上的企业共同生产所花费的成本。显然，"成本劣加性"是自然垄断存在的条件。

2) 规模经济

众所周知，规模经济性是指伴随产量增加而平均成本递减的状况。即对于两个不同的产量 q_i 和 $q_j (q_i > q_j)$，若平均成本成立的话，那么该产业存在规模经济。

$$C(q_i)/q_i < C(q_j)/q_j$$

由于
$$q_i < Q = \sum_{i=1}^{n} q_i \ (i=1, 2, \cdots, n)$$

则
$$C(q_i)/q_i > C(Q)/Q$$

由此可见当一个产业存在规模经济时，必然满足"成本劣加性"条件，即规模经济是自然垄断存在的充分条件。但需要指出的是，规模经济性不是自然垄断的必要条件。当一个产业规模经济性不成立时，仍然可能存在着"成本劣加性"。

如图 2-5 所示，AC_1 是一家企业独占市场时的平均成本曲线。当产量 $Q > Q_0$ 时，平均成本递增，规模不经济。而 AC_2 是两家企业共同分享市场时的平均成本曲线（两家企业各分担 $Q/2$ 时，总成本最小）。从经济性角度出发，图中 Q' 是由一家独占市场还是由两家企业共同分享市场的分界点。当市场需求 Q 大于 Q_0 小于 Q' 时，虽然平均成本递增，出现了规模不经济，但仍然是一家企业独占市场比两家企业共同分享市场成本要低，即存在着"成本劣加性"。

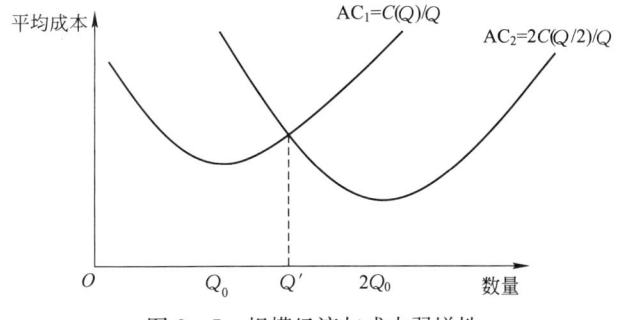

图 2-5 规模经济与成本弱增性

3) 范围经济

"成本劣加性"还可推广到传统的规模经济性观点所不能解释的存在联合生产的经济性，即范围经济性的多种产品生产中。在多产品生产中，规模经济对于"成本劣加性"来说既不必要也不充分。其原因在于多产品生产中，产品间的相互依赖非常重要。衡量这种相互依赖性的方法就是范围经济概念。

1981年，鲍莫尔、潘扎和威利格在《美国经济评论》上发表了《范围经济》一文，在"成本劣加性"基础上首次提出了范围经济的概念。他们认为产生范围经济的主要原因包括以下几个方面。

① 生产技术设备具有多种功能，可以用来生产不同的产品；
② 某些生产要素投入后可重复使用；
③ 零部件或中间产品具有多种组装性能；
④ 企业的无形资产，如企业的经营管理知识和技术在生产经营多种产品时同样可以使用，不会增加多少额外费用。

规模经济通常是按照不断下降的平均成本函数来定义的。而范围经济通常是以一个企业生产多种产品和多个企业分别生产一种产品的相对总成本来定义的。因此，多产品自然垄断的"成本劣加性"主要表现为范围经济性，即在某一多产品的企业中，只要一家企业生产所有产品的总成本小于多家企业分别生产这些产品的成本之和，该产业就是自然垄断。

自然垄断的一个新的进展就是认识到自然垄断特性不是一成不变的。沃特森认为，一个产业不仅仅可以通过改变技术基础，也可以通过改变需求而成为自然垄断企业。尤其是如果需求不断增长，一个企业可以从自然垄断状况中脱离出来。企业是否为自然垄断不是永久不变的，技术和需求是最基本的影响因素。当它们改变时，最适宜的产业组织形式也会改变，曾经在自然垄断名单中的产业也可能从中移除，新的产业也可以变为自然垄断。沃特森举了两个例子，当英国周围的低成本电力传送在技术上变得可行，带有自然垄断特点的国家电力网概念就形成了，地区系统最终变为由国家控制。另外，如果两个地区间的航空服务需求大增，这类服务的提供就会从一个自然垄断产业转变出来（也许会变成寡头垄断）。

2.2.2 自然垄断的类型

建立在"成本劣加性"和范围经济的基础上的自然垄断新定义扩大了自然垄断的范围。

在图2-6中，产量q点是边际成本MC和平均成本AC的交点，也是平均成本AC的最低点。传统定义的自然垄断中包括q点左边的平均成本持续下降的情况，而现代观点的自然垄断则包括了q点左边和右边的平均成本上升的情况。但在q点的左右两边，自然垄断的性质略有不同。位于q点左边的情况被称为强自然垄断，位于q点右边的情况则被称为弱自然垄断。

维斯库兹、维纳和哈瑞顿利用单一产品的例子从自然垄断变迁的角度提出了"永久自然垄断"和"暂时自然垄断"的概念。

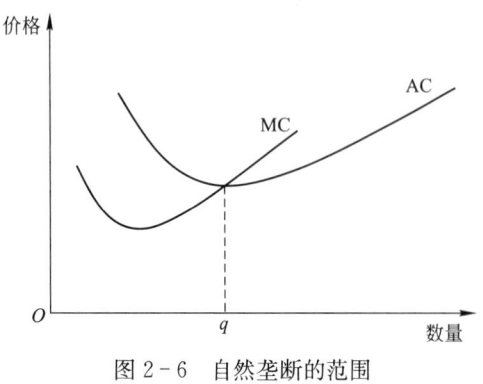

图2-6 自然垄断的范围

1. 永久自然垄断

所谓永久自然垄断，是指长期成本（LRAC）随产量的增加持续下降。不论市场需求有多大，单个企业都能以最低的成本生产出来价格与产量的关系如图2-7所示。

2. 暂时自然垄断

暂时自然垄断是指长期平均成本下降至产量某一点之后就变为常数。因此，随着需求增加，自然垄断就变成了完全竞争市场。图2-8阐释了暂时自然垄断。可以看到，LRAC下降至某一产量（假设为Q^*点）之后变成常数。因此，随着需求增加，需求为D时的自然垄断变成了需求为D_1时的自由市场竞争。

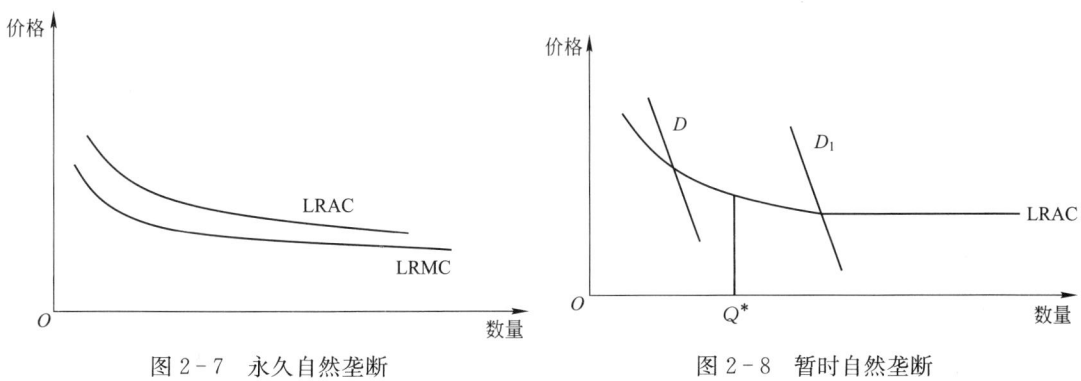

图2-7　永久自然垄断　　　　　　图2-8　暂时自然垄断

现实生活中这种情况很常见。例如，20世纪40年代纽约和费城间的长距离电话服务仅需要800条线路。在这种容量下，单位成本持续下降，形成自然垄断状态。到了20世纪60年代后期，线路的数目增至79 000条（很大程度上起因于对电话的需求增加），在这一使用量下，单位成本基本持平，暂时自然垄断消失。又如，铁路运输在19世纪具有相当的成本优势，而到了20世纪20年代，这些优势随着卡车的使用而大量消失。这就说明，随着技术进步，在一段较长时间内，成本函数会因生产中新知识的引入而发生转变，从而产生自由竞争。从长期来看，永久自然垄断很可能越来越少。

2.2.3　自然垄断产业的特征——以铁路运输为例

1. 具有传输产品或服务的网络系统

铁路运输具有传输产品或服务的传输网络系统，生产企业必须借助于传输网络才能将其产品或服务传递给用户，用户也必须借助于传输网络使用企业生产的产品或服务。自然垄断与规模经济是高度一致的。铁路行业是典型的网络系统，其规模（使用者数量和距离）越大，需要的固定资本投入越大。这种固定成本在总成本中所占比重很大的基础设施产业，在一定程度内，其需求量越大，固定成本就越可能分散到每一需求中，因而越能收到规模经济效益。

2. 存在大量沉没成本

自然垄断产业的固定资本由于有很强的长期使用性质，这就需要时间，同时又很难将这些设备转用于其他用途，因此固定成本的沉淀性很大。铁路路网的基本建设投资额巨大，往往私人企业无力承担，资金一旦投入就很难为其他所用。如果有两家或两家以上的企业进行重复投资，不仅会浪费资源，而且会使每家企业的网络系统都不能得到充分利用。

3. 具有公共产品的特征

大多数自然垄断商品是公共所需要的基本服务，商品和服务的需求弹性较小，且具有较强的公共性，因而普遍服务特征也是自然垄断产业的基本要求。

铁路具有公共产品特征，在达到拥挤点之前，明显符合公共产品的非竞争性的特征。对于一列尚未满员的火车来说，增加一位旅客并未减少其他旅客所得到的运输效用。另外，铁路运输的正外部性也使铁路表现出公共产品的特征，对经济发展具有巨大的促进作用，当某一地区的经济因交通便利程度的提高而繁荣起来的时候，要想使该地区的居民不享受到运输促进经济繁荣所带来的好处，几乎是不可能的。

4. 生产具有极大的范围经济效益

在大部分自然垄断产业领域，由于存在着生产和配送方面巨大的规模经济效益，如果企业各自进行单独生产和销售的话，将会形成在生产设备和配送系统上的巨额重复投资，造成资源的巨大浪费。因此，只有通过联合生产或联合销售，才能使固定的生产设备和配送装置得到充分利用，从而极大地节省生产和销售费用。

5. 生产或服务的基本技术经济标准具有统一性

由于存在着生产和配送方面的网络经济效益和范围经济效益，因此在大多数自然垄断产业领域内，其产品和服务的基本技术经济标准必须实现统一；否则，联合生产、联合销售及配送势必会遇到不可逾越的技术障碍。

线路是列车运行最重要的基础设施，而且一条线路在一个时间段里只有一条运行线，因此线路构成了铁路运输系统的有线网络，线路的布局和管理对铁路的运输效率起着决定性的作用。铁路运输的这一特性客观上要求有一个权威的机构对铁路线路网进行统一调度管理。

2.2.4 自然垄断理论对交通运输政策制定的启示

交通运输业具有规模性和范围经济性，同时运输业存在大量的"沉没"成本。交通运输业必须先期在基础设施的建设上投入大量资本，而这些资本，如果退出经营，是无法抽回的。因此，交通运输业仍属于自然垄断产业。对各种自然垄断的管制对策如表2-3所示。

表2-3 对各种自然垄断的管制对策

垄断类型	进入有障碍	进入无障碍	
弱自然垄断	管制，使价格高于边际成本以消除企业亏损，同时避免垄断价格	不管制，借助潜在竞争者的进入威胁，迫使垄断者制定盈亏相抵的价格	管制，①使价格高于边际成本以消灭亏损，同时避免垄断价格；②不允许潜在竞争者进入市场
强自然垄断	管制，使价格等于边际成本，允许企业盈利	不管制，借助潜在竞争者的进入市场威胁，迫使垄断者制定边际成本价格	管制，①使价格高于边际成本，允许企业盈利；②不允许潜在竞争者进入市场

尽管从总体上看，交通运输业是自然垄断产业，但并不是交通运输业中的所有业务都具有自然垄断性，因此需要对这些业务的具体特点进行细致的分析，使自然垄断业务和非自然垄断业务相分离，对不同业务分别核算，并使之成为交通运输政策制定的一种目标导向。

2.3 外部性理论

2.3.1 外部性理论的基本内容

从经济学的角度来看,外部性是由英国经济学家马歇尔和庇古在 20 世纪初提出和完善的,是指一个经济主体(生产者或消费者)在自己的活动中对旁观者的福利产生了一种有利影响或不利影响,这种有利影响带来的利益(或者说收益)或不利影响带来的损失(或者说成本),都不是生产者或消费者本人所获得或承担的,是一种经济力量对另一种经济力量"非市场性"的附带影响。简单地说,外部性是某个经济主体对另一个经济主体产生一种外部影响,而这种外部影响又没有通过市场获得收益或承担成本。

马歇尔率先提出了"外部经济"的概念,但当时马歇尔并没有对外部性进行比较明确的定义。另一位剑桥经济学家,马歇尔的学生庇古在其名著《福利经济学》中,通过对边际社会净产值和边际私人净产值,以及两者之间的差异分析,丰富了外部性,补充了"外部性"可正可负这一重要思想。庇古认为在经济活动中,如果某厂商给其他厂商或整个社会造成不需付出代价的损失,这时,该厂商的边际私人成本小于边际社会成本,那就存在负的外部性(外部不经济);如果该厂商的边际私人收益小于边际社会收益,这时存在正的外部经济。无论是正的还是负的外部经济性的存在,都不能使资源配置达到最优,针对这种情况,庇古提出了著名的"庇古税"的外部效应内部化的政策建议,即对存在负外部经济的厂商征税而对存在正外部经济的厂商实施奖励和津贴。

庇古曾经用外部不经济理论来论述"道路拥挤"的问题,奈特于 1924 年对庇古的意见进行了反驳,认为过度拥挤虽然与"外部不经济"有关,但产生"外部不经济"的原因是对资源的产权缺乏界定,若将稀缺资源界定为私人所有,"外部不经济"将得以克服。奈特"外部不经济"的认识,已经注意到了其产权的原因,扩大了对"外部性"研究的视野。

长期以来,关于外部效应内部化的问题一直被"庇古税"理论所支配。在《社会成本问题》一书中,科斯认为庇古是在错误的思路上讨论外部性问题。科斯认为庇古等福利经济学家对外部性问题没有正确的结论,其原因在于福利经济学的方法中存在根本缺陷:福利经济学强调私人产品与社会产品之间的差异性,只是从外部性的表象上考虑和解决问题,没有从整个社会总产品或总效应的角度解决问题。科斯解决外部性的思路,是把外部性问题转变为产权问题。然后讨论什么样的产权才能达到最优。科斯认为,外部性的产生并不是市场制度的必然结果,而在于产权没有界定清晰,有效的产权界定可以降低甚至消除外部性。

由此科斯定理认为:如果交易费用为零,无论权利如何界定,都可以通过市场交易和自愿协商达到资源的最优配置;如果交易费用不为零,那么制度安排与选择是重要的。这就是说,解决外部性问题可以用市场交易形式即自愿协商代替"庇古税"手段。但是,科斯定理也存在一定的局限性,科斯在《社会成本问题》中是在产权界定基础上讨论问题,而产权界定本身是有成本的,特别是像环境资源这样的公共产品产权很难界定或者界定成本很高,这就使科斯定理中的自愿协商失去了前提。

张五常认为外部性概念是模糊不清的,应该从交易费用和合约结构着手研究私人和社会成本问题。在张五常看来，所有的经济活动都可以看作是一种合约安排，问题的实质是交易费用，即界定产权节省的外生"交易费用"和因产权界定不清而引起的外部性之间的两难冲突问题。

对于外部性的概念，如果按照经济学术语来说，当个人或企业的福利要依赖于其他人的行为，而这些"其他人"在他们的决策过程中又不会考虑这种相互影响的关系时，"外部性"就出现了；或者说，企业或者个人向市场之外的人强加的成本或利润。在理解外部性概念时，要注意三个问题：其一，外部性是对交易以外的个人或企业的福利的影响；其二，影响已经通过市场行为得到了消除，也不能算作外部性；其三，主体行为故意影响他人福利的情况不能计为外部性。

2.3.2 交通运输外部性

对运输外部性的研究主要有以经济实体即交通运输业为界、以系统即"运输交易活动"为界和以运输活动中的个体为界3种主要观点。比较系统地研究运输外部性的国外学者是德国的维尔纳·罗森加特，其1993年的研究结论是，交通运输外部性可以分为3个层次：运输与环境、人力资本等非再生资源相互作用产生的外部性，如环境污染、交通事故等；运输系统内部的相互作用而产生的外部性，如交通拥挤等；运输与政府、私人生产者和消费者相互作用而产生的外部性，如政府对运输业的价格管制，要求其以低价提供服务，使用户得到额外收益，这属于制度外部性。其1996年的研究结论是，交通运输系统外部性效应有以下4种类型。

（1）消耗自然和人力资源而未支付任何费用。

（2）将运输设施延伸到边缘地区的项目所产生的协同效应。

（3）由于运输设施同时大量使用产生的拥挤效应，这种相互作用的所有受影响方均在运输部门内部。

（4）运输对生产和消费模式的正影响。

而其2000年的研究结论则是运输外部性包括4个层次。

（1）基础设施供给产生的正负影响。这些影响无法通过市场发生。

（2）运输系统内部使用者之间的相互影响，即通过无意的交互作用导致的非效率。

（3）由不应该付费的群体错误地支付了基础设施费用而产生的"现金流"错置，即纳税人支付了比他们享有的公共服务价值多的费用，而私人使用者则多支付了比他们实际使用的基础设施能力价值多的费用。

（4）运输设施的行为影响到运输部门以外的第三群体，这在一定程度上产生错误信号从而降低市场效率。

分别从运输设施供给和使用方面来看，运输设施供给的正外部性主要体现为交通运输基础设施的公共产品性质，包括：消费的增加和生活水平的提高；收入效应和增加就业机会；拉动经济增长，优化产业结构；促进地区间商品流通；开发边远落后地区。交通基础设施的正外部性是政府供给运输设施的主要原因。而交通基础设施的负外部性则主要表现为环境污染、生态破坏及人类沟通的隔离等。

交通运输设施使用的正外部性可以分为金钱正外部性和技术正外部性。金钱正外部性主要是由于运输成本降低所带来的一些额外收益，如劳动力市场扩大、产品市场扩大等；技术正外部性主要是指由于运输设施提供了诸如便捷快速的运送病人的条件而使病人减少痛苦和伤残程度等。运输设施的负外部性主要包括 4 个层面：交通拥挤带来的额外时间和运营成本；运输设施供给中没有包含的费用，即纳税人与使用者的现金流错位；运输活动带来的对环境的影响；交通事故造成的人力损失。

正是由于交通基础设施供给和使用具有比较明显的正外部性，使得交通基础设施具有社会公益性，很多国家对交通基础设施的供给并不仅仅是从经济效益方面来考虑，而是在项目评估时将其社会效益也计算在内，特别是一些带有区域开发性质的交通基础设施项目更偏重其社会效益。在一些国家的交通运输政策与发展战略、规划中也体现了对社会公益性的重视。例如，美国《交通运输部战略规划（2003—2008）》在战略目标中就提出，为人口和货物的流动提供可靠、高效、联合的交通运输，建设一个能够推动经济增长与发展的、更有效的国内国际交通运输体系。在英国《交通运输政策白皮书》中提出的交通运输政策的方针包括促进郊区和边缘地带的经济发展，通过较好的交通规划来提高地方经济活力，促进地方经济复兴。

由于交通基础设施具有的社会公益性，一些发达国家对交通基础设施特别是公路实行政府投资、统一归国家所有、全社会无偿使用等政策，即使财力短缺也会实行管制比较严格的特许经营政策，即在"特许经营权"期间按政府核定的费用率收取费用，用以偿还建设投资本息和支付养护、管理费用，在特许经营期满后，不再收取费用而变为免费设施。

2.3.3　外部性理论对交通运输政策制定的启示

按照庇古的理论，通过征收"庇古税"即可解决外部性问题；按照科斯的外部性理论，通过界定产权在交易成本比较低点的情况下可以解决外部性问题。

中国运输外部性的主要原因之一是制度缺位。某些稀缺资源没有建立有效的产权制度，使得这些资源的使用价格难以确定，如运输设施，由于其是廉价的稀缺资源，这就造成了对交通基础设施的过度消费和供给不足。

其次，中国交通运输外部性产生的直接原因是没有建立合理的价格体系来反映外部性，造成私人净收益和社会净收益的背离，这种背离使资源无法得到有效配置和合理利用。

以上两点启示我们，交通运输外部性问题必须通过组合政策来解决。首先要以市场化为导向，建立有效的产权制度；其次要利用市场机制的作用，建立合理的价格体系，并且通过征收燃油税、排污费及许可证交易等经济手段来解决交通外部性问题。

2.4　政府规制理论

2.4.1　政府规制理论的内容和发展

政府规制（管制），特指立法或政府部门对经济部门的活动进行的某种限制或规定，如市场进入、价格、数量限制或经营许可等。政府规制一般包括经济性规制和社会性规制。乔治·施蒂格勒于 1971 年发表了《经济规制论》，首次尝试用经济学的基本范畴和方法来分析规制的产生，从而开创了经济学的重要分支——规制经济学。但随其发展，规制经济学因观点不同而存在不同的分支。比较典型的分支有"社会公共利益"学说、"规制俘获"理论、信息不对称下的"规制失效"和规制的滞后效应等理论。一般认为，政府规制理论主要包括规制公共利益理论、规制俘获理论、规制需求理论、利益集团理论、规制博弈理论等内容。

1. 规制公共利益理论

在政府规制理论发展的早期，围绕规制目的的讨论分为两派，即公共利益理论和规制俘获理论。

规制公共利益理论实质是政府作为公共利益的代表者，当公众要求对市场失灵进行纠正时，政府就应该出面对相关经济领域进行干预。该理论认为，规制的目的是增加公众的福利，即弥补市场缺陷带来的效率损失，并得到更为社会认可的收入分配状况。公共利益学说是一种规制的规范分析框架，主要解决应该怎样规制的问题。规制就是解决生产有效性和配置的有效性的矛盾，这也是规制者追求的主要目标。虽然自身存在缺陷，但可以通过改进规制过程，增加规制者在法律上对垄断的监督程度，让消费者参与听证等手段提高规制水平。它主张政府规制对市场失灵的回应。

公共利益学说在一个很长的时间内一直以正统的理论而在规制经济学中居于统治地位。这一理论假定政府规制的目的是通过提高资源配置效率增进社会福利，并假定规制者专一地追求这一目标。它把政府规制看作是政府对一种公共需要的反应。它包含着这样一个前提，即市场是脆弱的。政府规制是对社会的公正需求所做出的无代价、有效和仁慈的反应。政府规制是针对私人行为的公共行政政策，是从公共利益出发而制定的规则，目的是防止受规制的企业对价格进行垄断或者对消费者滥用权力，具体表现为控制进入、决定价格、确定服务条件和质量及规定在合理条件下市场做出一定理性的计算，使这一规制过程符合了帕累托最优原则。这样，不仅能在经济上富有成效，而且能促进整个社会的完善。

作为一种经济规制理论，公共利益理论本身是不完善的，因此，一些学者对规制的公共利益理论提出了严厉批评。第一，它缺乏这样一种机制——无法清楚解释一旦市场失灵出现，是通过什么而成为修正性的对象的。维斯卡西、维纳和哈瑞格指出，规制的公共利益理论缺乏对立法行动和规制完成机制的分析，且对规制发生的论断没有进行实证检验。第二，施蒂格勒和佛瑞兰德通过对1912—1937年间美国电力事业价格规制的效果研究表明，规制仅有微小的导致价格下降的效应，并不像公共利益理论所宣称的那样规制对价格下降有较大的作用。第三，对该理论规范分析的最严厉批判来自现实世界的大量被规制的产业既不是自然垄断产业，也不具有外部性这一事实。维斯卡西、维纳和哈瑞格认为，在现实生活中存在大量能够驳斥公共利益理论的事实依据，如许多既非自然垄断也非外部性的产业一直存在价格与进入规制，规制并不必然与外部性和垄断市场结构相关。第四，阿顿不仅指出了公共利益理论市场失灵和福利经济学为基础的狭隘性，而且用次优理论从根本上批判了公共利益理论。次优理论的核心结论是：在某些重要部门（如自然垄断或必须提供公共产品的部门）中经济受到某些竞争方面的限制，那么零星地制定一些能够确保竞争得以运行的规制政策，可能并不一定会使资源配置达到最优，实际上这些政策会使经济背离而不是区域竞争限制下的优化。克瑞和克雷道佛认为公共利益理论中"公共利益"属于本身就是模糊的，通过规制来实现竞争的功能，只是一个虚无缥缈的幻想。还有学者认为，该理论最大的缺陷在于其天然的假定了政府制定和执行政策的过程是没有成本的，这显然与事实不符。

2. 规制俘获理论

规制俘获理论认为，政府规制是为满足产业对规制的需要而产生的，即立法者被产业所俘获；而规制机构最终会被产业所控制，即执法者被产业所俘获。

施蒂格勒在1971年发表的《经济规制论》一文中提出，规制通常是产业自己争取来的，规制的设计和事实主要是为规制产业自己服务的。他用经济学方法分析了规制的产生，指出规制是经济系统的一个内生变量，规制的真正动机是政治家对规制的供给与产业部门对规制的需求相结合，以各自谋求自身利益的最大化。施蒂格勒的理论与规制的公共利益理论形成了鲜明的对照，他认为，规制主要不是政府对社会公共利益的一种努力，规制过程被个人和利益集团利用来实现自己的欲望，政府规制是为适应利益集团实现收益最大化的产物。1976年，佩尔兹曼在对市场失灵、对政府规制结果的预测，以及进而推断政府规制在经济性的3个层次上进一步发展了规制俘获理论。他认为无论规制者是否获得利益，被规制产业的产量和价格并没有多大差异，其主要差别只是收入在各利益集团之间的分配。

规制俘获理论建立在以下3个假设基础上。

（1）所有的利益相关者都是纯粹的经济人，都是效用最大化的追求者。

（2）所有利益相关者都具有理性的预期。

（3）规制是没有成本的。

该理论认为，政府进行规制仅代表社会的某一特殊利益集团，规制使整个过程最终将变成是为被规制产业服务，规制者被规制的对象所俘获。政府规制与其说是为了社会公共利益的目的，毋宁说是特殊的利益集团寻租的结果。

政府规制俘获理论的总体影响是增强了反政府规制的倾向。英美国家出现的放松规制运动，不能说与此无关，但这一理论也为政府科学地制定和实施规制政策敲响了警钟，因为在政府规制过程中确实存在着寻租与创租的情形。

实践证明，公共利益理论和规制俘获理论都不全面，过于片面化，从而出现了其他的一些证明规制。

3. 规制需求理论

施蒂格勒于1971年提出了规制需求理论，他认为规制的存在是社会对规制有需求和供给，在这种关于是否规制的经济中，各个利益集团要求政府做出符合他们各自利益的结果，被规制的垄断企业与消费者集团争夺对政府的影响。施蒂格勒研究的中心思想是，作为一种制度，政府规制是产生所需并为其利益服务而设计和实施的。它使用标准的经济供求分析来解释政府规制的存在，确立了一个以工商企业或消费者为需求方，政府为供给方的供求分析框架，从供求条件的变化就可以观察到规制政策究竟是为谁服务的。他还观察到，在美国，政府规制在很多场合并不符合各个利益理论，许多产业总是试图谋求政府的强制力。

佩尔兹曼认为，施蒂格勒将规制上升到一个在一般政治运作过程框架下决定最优政治联合体的问题，规制从而不再是一个免费商品。佩尔兹曼对规制需求理论进行了发展，提出了施蒂格勒-佩尔兹曼模型，该模型可以用来预测哪个产业会受到规制，也就是说，立法者得到的民众和企业的支持，与市场价格和企业的利润相关。佩尔兹曼从以下3个方面阐释了对规制活动本质的认识。

（1）政府规制的实质，是将垄断利润的最终归属的决定权授予政府规制当局。

（2）政府规制条件下，受规制者往往能够对规制结果做出价位准确的预测，只是一个理性的产业显然会花光所有的垄断利润而只保留政府认可的利润。

（3）在政府规制条件下，较之不加以规制而言，真正发生明显变化的不是受规制产业的产量和价格，而是收入在各相关利益集团之间的分配。

佩尔兹曼最优规制理论的重要意义在于，最优规制政策是以立法或规制机构为中介，消费者和厂商利益调和的结果。

4. 利益集团理论

贝克尔从另一个角度探讨了规制经济理论。他的规制模型强调利益集团之间的竞争，由此得出的理论是规制倾向于增加具有较大影响力的利益集团的福利。

贝克尔在强调利益集团之间竞争的同时，取消了立法的中介在模型上的地位。贝克尔认为政客政党和选民无非是传递各利益集团的压力，而规制理论的根本所在，无非是规制被用来增加最有影响力利益集团的福利；贝克尔模型的独特之处在于，它的结论更能解释经济规制的公共利益理论的合理性，因为它的结论使能够改善社会福利的规制政策更能得到实施；贝克尔模型的设置有一个福利转移中的死角损失，利益集团最佳回应的相互作用，决定了均衡向福利改善多、死角损失小的方向移动。

利益集团理论假定，政治家受到的激励是赢得选举，为此，他要采取迎合选民的政策，以赢得选民的选票，或争取到选民的捐助，以募集参加竞选所需要的资金。政治家面临的问题是，单个选举者事实上对选举几乎没有影响，所以鼓励一个选民去参加选举或了解一个官员拥护什么政策是困难的。但是，为了各种非政治目的组织起来的民间组织、贸易协会、工会和其他按照经济利益组织起来的组织，不仅对厂商有明显的影响，而且能够很轻易地、廉价地与政治家们讨价还价。双方讨价还价的基础是：经济组织支持政治家，而政治家赞成经济组织所偏好的公共政策。对经济组织中的成员来说，个人的收入对个人生活是非常重要的，政府经济政策实际上影响着个人收入，所以，经济组织愿意参加政治选举。作为利益组织的成员，公民们不再是对政治无能为力的普通选民了，他们的选票和捐助有力地影响着选举。总之，所有关系集团利益和公民流动的因素都会影响公共政策，经济规制改变了市场规则，市场规则的改变给经济组织带来了利润，但不利于非经济组织，非经济组织对政策制定几乎没有影响力。受规制的服务和产品之间有交叉补贴，交叉补贴通常有利于组织起来的消费者，而不利于无组织的消费者。受到规制的寡头产业的厂商比垄断产业有更多的创造和重新分配利润的机会。所以，利益集团理论认为，确立政府规制的立法机关或政府规制机构代表某一特殊利益集团的利益，而非一般公众的利益。

由此可见，与公共利益理论不同，利益集团理论没有表明规制仅产生于市场失灵之时，其认为决定规制活动的利益集团的相对影响，这种影响不仅由规制的福利效应所决定，而且由利益集团向立法者和规制者动用压力的相对效应所决定。而事实上，规制立法者不可能完全是利益集团的傀儡，规制立法者也不能完全控制规制者。所以该理论也在一定程度上受到了质疑。

5. 规制博弈理论

李立威从博弈论的角度看待规制，认为规制的产生可以是一个增值的博弈，在这个博弈中，各方都是赢家，因为具有强制性权力的政府能够迫使各方合作，监督合同的履行。因为政府具有特殊的法律权力和税收手段，可以用非常小的成本促成这个联盟的形成。这样，在这个博弈中，消费者因为价格降低获得了好处，而垄断厂商则因此避免了残酷的竞争，由国家保护了他的专营权而不受竞争的困扰，他所获得的利益远大于对消费者降低一点价格而带来的损失。该理论意味着由政府来监督私营法人之间的合同的执行，可以给他们节省非常多的成本。

2.4.2 政府规制类型、目标和执行机构

1. 政府规制的类型

政府规制为了分为直接规制和间接规制。

1) 直接规制

直接规制是为了防止自然垄断、信息不对称、外部性和"非价值物品"有关的经济活动而产生的，并且这些规制的特点是：依据由政府机构认可和许可的法律手段，直接由经济主体决策。直接规制又分为经济性规制和社会性规制。就经济性规制而言，它是在存在着自然垄断或信息不对称现象的行业，以保证服务供给的公平性和防止资源配置低效为主要目的，通过认可和许可等，对企业的进入、退出、价格、服务的质量和数量等方面的活动进行规制和限制。维斯卡西等学者认为，经济性规制是以保障劳动者和消费者的安全、健康、卫生，以及保护环境和防止灾害为目的，对产品和服务的质量及伴随着提供这些产品和服务过程而产生的各种活动制定一定的标准，并禁止、限制特定行为的规则。与经济性规制相比，社会性规制是一种较新的政府规制。

2) 间接规制

间接规制不直接介入经济主体的决策，仅制约阻碍市场机制发挥职能的行为，并且是以有效地发挥市场机制职能而建立完善的制度为目的的规制。间接规制的主要内容包括以反垄断为中心的竞争促进政策和以解决信息不对称为目的的政策，如保护消费者利益、公开信息等。

2. 政府规制的目标

在市场经济国家，由于市场机制存在着失灵现象，因此政府规制是必不可少的。一般来说主要包括以下 4 个目标。

（1）社会资源的有效配置。如果企业凭借其市场势力采取垄断价格、差别定价等措施，将会损害社会资源配置的帕累托最优效应。因此，政府通过价格规制手段去限制企业定价，就会实现资源的有效配置。

（2）保持企业财务状况稳定。政府必须采取各种规制手段为企业提供一个良好的发展环境，为企业募集一定的外部资金和内部资金提供渠道，实现企业的健康发展，避免发生供给不足的情况。

（3）确保企业内部效率。垄断企业由于缺乏外部竞争压力，没有动力去提高内部效率，其积极进取的精神会逐步衰退。因此，政府必须采取各种规制政策，以确保企业持久的经营动力。

（4）避免收入的再分配。垄断价格将会把一部分消费者剩余转化为企业利润，从而损害了消费者的利益。因此，垄断企业的差别定价行为、内部交叉补贴行为具有收入再分配的效果。所以，政府规制对于保护消费者利益是不可或缺的。

3. 政府规制的执行机构

规制机构拥有自己的特殊的职责。第一，规制机构存在与否取决于政府的法令，因此其

组织具有时效性。第二，规制机构是根据某项法规执行某些特殊领域的任务而存在，它的职能具有相对独立性和局限性。第三，规制机构只拥有政府赋予的部分权利，规制力度取决于规制范围，因此它有很强的伸缩性。规制机构具有"半司法半立法"的功能，这表明它在一定程度上代替了法律系统对经济活动的监督职能。根据福利经济学的标准，规制机构的目标应该是最大化社会福利，但现实中的规制机构既可能以公共利益为目标，也可能服从于政府，某些问题上规制确实可以提高经济效率；另外，政府得到某些利益集团的支持，不可避免地会在一定程度上为这些利益集团服务。

2.4.3 自然垄断产业规制及其改革的理论基础

1. 自然垄断产业规制理论

传统的自然垄断理论认为，从整个社会的利益出发，政府有必要对自然垄断产业进行规制。一方面，自然垄断产业具有规模经济性，这需要政府对市场的进入进行规制，以便让一家企业独家垄断经营，以获得规模经济效益。另一方面，由于企业处于垄断地位，如果政府对企业定价不加控制，企业就会按照边际成本等于边际收益的利润最大化原则将价格定在高于边际成本的水平上，以获得垄断利润。根据微观经济理论，只有当价格等于边际成本时，社会资源才实现了最有效配置。但是，由于自然垄断行业是成本递减行业，如果按边际成本定价，此时的价格低于平均成本，企业处于亏损状态。这就是自然垄断理论中的定价矛盾，该矛盾使得政府必须出面进行价格规制，以便在社会资源配置效率和企业效益之间取舍。

而现代自然垄断理论则认为，一方面，由于自然垄断产业具有"成本劣加性"，需要政府对市场实行进入规制，以保证整个产业以最低成本进行生产；另一方面，自然垄断理论中的定价矛盾不再成为必然。根据现代自然垄断理论，在平均生产成本上升的产业中，边际成本定价既保证了企业不亏损，又实现了资源的有效配置，定价矛盾不复存在，但其垄断地位可能会受到潜在进入者的威胁。此时，潜在进入者会发现以稍低于该产业中企业的定价但高于最低成本点的某一个价格输出产品会获利，这样能够长期维持企业的垄断地位则成为新的问题。一般来说，此时仍需要政府进行规制。但对于平均生产成本下降的产业，定价矛盾依然存在，"价格规制"仍有存在的理由。

2. 自然垄断产业规制理论的改革

西方国家自 20 世纪 70 年代末开始了以"放松规制"为主要内容的规制改革运动，应该说这是当代规制理论不断创新的必然结果。这些理论中主要有：以施蒂格勒为代表的经济学者在研究规制的设计效果并考虑信息约束基础上提出的"规制失效"理论；伯格和奇尔赫特在重新审视自然垄断的基础上提出的"自然垄断弹性规制"理论。

1) 规制失效理论

正如市场不是万能的，政府同样也有失效的时候。政府规制失效就是说明"政府在推行改革规制政策时，经济效率未能完全改善或规制实施后的经济效率低于未实现规制前的效率"的现象。"规制失效"理论是一系列关于规制失效观点的总称，不同的学者从不同的角度论述了这一问题。其核心思想可总结为：在不完全竞争市场上，政府对企业规制的目的最终与实际结果偏离，政府的规制并没有提高市场效率，使消费者免受损害，增加社会福利，反而造成企业内部的低效率，配置效率和动态效率都低下。当不完全规制的成本高于不完全竞争的成本时，与其召唤政府"有形的手"进行干预，不如听任市场"无形的手"发挥作用。相应地，必须放松和取消政府对自然垄断产业的规制。在这种理论的指导下，从20世纪70年代末开始，西方国家要求放松和取消规制的呼声愈发强烈。

2）自然垄断弹性规制理论

"强自然垄断"的突出特点是产品定价存在两难选择。这是因为"强自然垄断"边际成本低于平均成本，既没有达到社会福利最大化，又存在亏损；而弱自然垄断却不存在定价矛盾，但是其垄断地位可能会受到潜在进入企业的挑战，能否长期维持垄断地位是个问题，这就引出可维持力问题。因而，新观点认为，由于平均成本可能上升也可能下降，对自然垄断的固执就不能一概而论了，需要根据自然垄断的强弱、进入市场有无障碍和企业的承受能力分别采取不同的管理对策。伯格和奇尔赫特1988年在其专著《自然垄断规制》中明确提出了不同情况下对自然垄断的智力对策。他们认为，对自然垄断的规制，主要包括价格规制和对市场进入的规制。当垄断价格减少社会福利或当边际成本使企业亏损时，为了保护社会成本价格或以盈亏相抵价格维持生存，需要对潜在竞争者的进入进行规制。

2.5 可持续发展理论

2.5.1 可持续发展思想的由来

现代可持续发展思想的提出源于人们对环境问题的逐步认识和热切关注。其产生背景是人类赖以生存和发展的环境及资源遭到越来越严重的破坏，人类已不同程度地尝到了环境破坏的苦果。尤其是人类自从进入后工业时代以来，经济、技术不断发展和进步，创造了灿烂的物质文明，但同时也带来了许多非常严重的问题，如人口爆炸、环境恶化、能源和其他资源消耗巨大等，地球已经开始不堪重负。

把经济、社会和环境割裂开来，只顾谋求自身的、局部的、暂时的经济性，带来的只能是他人的、全局的、后代的不经济性甚至灾难。伴随着人们对公平作为社会发展目标认识的加深，以及范围更广的、影响更深的、解决更难的一些全球性环境问题开始被认识，可持续发展的思想在20世纪80年代逐步形成。

1. 对世界发展观的几种典型思考

1）增长的极限

关于"增长的极限"，早在19世纪就有学者穆勒进行过分析。1960年，福伊斯特（Forester）等在《科学》杂志上发表了《世界末日：公元2026年11月23日，星期五》的论文，可惜的是，这篇论文发出的警告当时被认为是危言耸听的奇谈而被打入冷宫。

1972年，以美国麻省理工学院丹尼斯·梅多斯（Dennis L. Meadows）教授为首的来自美国、德国、挪威等国约30位西方科学家、企业家和学者组成的罗马俱乐部提出了关于世界趋势的研究报告"增长的极限"，认为：如果目前的人口和资本的快速增长模式继续下去，世界就会面临一场"灾难性的崩溃"。而避免这种前景的最好方法是限制增长，即"零增长"。其主导思想从该书的副书名"罗马俱乐部关于人类困境的报告"上一目了然。"零增长"是罗马俱乐部发展观的核心。该报告在全世界引起极大的反响，人们就此进行了广泛的争论。此外，1980年美国"公元2000年的地球"等报告也支持"增长的极限"的观点。"增长的极限"曾一度成为当时环境保护运动的理论基础。

2）第三次浪潮

另有一些乐观主义者，或称为"技术至上者"则认为科学的进步和对资源利用效率的提高，将有助于克服人类发展过程中的这些困难。典型的乐观派著作有朱利安·西蒙（Julian L. Simon）的《没有极限的增长》（也译作《最后的资源》，1981年出版）、《资源丰富的地球》（1984年出版）等。他们认为：生产的不断增长能为更多的生产进一步提供潜力。虽然目前人口、资源和环境的发展趋势给技术、工业化和经济增长带来了一些问题，但是人类能力的发展是无限的，因而这些问题不是不能解决的。世界的发展趋势是在不断改善而不是在逐渐变坏。

美国未来学家阿尔温·托夫勒于1980年3月出版了《第三次浪潮》一书，书中提出的一种认识当今社会的观点被称为"第三次浪潮"。托夫勒认为，人类迄今已经历了两次大变革的浪潮：第一次是由"农业革命"开始的"农业文明浪潮"，历时数千年；第二次是由"工业革命"开始的"工业文明浪潮"，历时不过300年。目前，人类正面临着第三次浪潮，即现今正在进行着的新文明浪潮，预计几十年即可完成。托夫勒认为，第三次浪潮在美国开始于1955年后的10年期间，此后出现在英国、法国、瑞典、联邦德国、苏联、日本等其他工业化国家。第三次浪潮以电子技术、生物工程等新兴工业为基础，主要特点是多样化、小型化和个人化。新兴工业主要由4个相互关联的工业群组成：第一是电子学和计算机工业群，预计20世纪80年代后期将成为仅次于钢铁、汽车、化工之后的第四大工业；第二是宇航工业群，先进的电子学和空间计划相结合，使生产大大超出了地球的范围；第三是海洋工业群，未来世界将出现在半水上和完全在水中的水乡，以及水上工厂，它将大大超过陆地上的建设；第四是生物工程技术工业群，新生物学可能有助于解决能源问题、粮食问题，生物工程技术将治愈和预防现在不能治愈的许多疾病。

上述对人类发展观的几种思考都有其合理性，但也有其片面性。世界未来学会主席爱德华科林斯（Edward Collins）就认为："乐观主义者和悲观主义者都以不同形式暗示我们放弃努力，我们不能上当。世界的好坏要靠我们自己的努力。"

3）可持续发展

人们为寻求一种建立在环境和自然资源可承受基础上的长期发展的模式，进行了不懈的探索，先后提出过"有机增长""全面发展""同步发展""协调发展"等各种构想。在综合各种发展观点的基础上，逐渐出现了可持续发展（sustainable development）的思想，并在挪威首相布伦特兰夫人（G. H. Brundland）任主席的世界环境与发展委员会（WECD）所做的报告《我们共同的未来》中正式提出。

"可持续发展"这一词语一经提出即在世界范围内逐步得到认同并成为大众媒介使用频率最高的词汇之一，这反映了人类对自身以前走过的发展道路的怀疑和抛弃，也反映了人类对今后选择的发展道路和发展目标的憧憬和向往。人们逐步认识到过去的发展道路是不可持续的，或至少是持续不够的，因而是不可取的。唯一可供选择的道路是走可持续发展之路。

2. 可持续发展思想的正式提出和形成

1972年6月16日联合国在瑞典的斯德哥尔摩通过了《人类环境宣言》，大大加深了公众对人类环境脆弱性的认识和理解。1980年3月5日，联合国向全世界发出呼吁："必须研究自然的、社会的、生态的、经济的，以及利用自然资源过程中的基本关系，确保全球持续发展。"1983 年 11 月，联合国成立了世界环境与发展委员会，挪威首相布伦特兰夫人任主席。成员有在科学、教育、经济、社会及政治方面的 22 位代表，其中 14 人来自发展中国家，包括中国的马世骏教授。联合国要求该组织以持续发展为基本纲领，制定全球的变革日程。

1987 年，该委员会把长达 4 年研究，经过充分论证的报告"我们共同的未来"（*Our Common Future*）提交给联合国大会，正式提出了可持续发展的模式。该报告对当前人类在经济发展和环境保护方面存在的问题进行了全面和系统的评价，一针见血地指出，过去我们关心的是发展对环境带来的影响，而现在我们则迫切地感到生态的压力，如土壤、水、大气、森林的退化对发展所带来的影响。在不久以前我们感到国家之间在经济方面相互联系的重要性，而现在我们则感到在国家之间的生态学方面的相互依赖的情景，生态与经济从来没有像现在这样互相紧密地联系在一个互为因果的网络之中。

可持续发展同上述其他几项构想相比，具有更确切的内涵和更完善的结构。这一思想包含了当代和后代的需求、国家主权、国际公平、自然资源、生态承载力、环境与发展相结合等重要内容。可持续发展首先是从环境保护的角度来倡导保持人类社会的进步与发展的，它号召人们在增加生产的同时，必须注意生态环境的保护与改善。它明确提出要变革人类沿袭已久的生产方式和生活方式，并调整现行的国际经济关系。这种调整与变革要按照可持续性的要求进行设计和运行，这几乎涉及经济发展和社会生活的所有方面。

总的来说，可持续发展包含两大方面的内容：一是对传统发展方式的反思和否定；二是对规范的可持续发展模式的理性设计。就理性设计而言，可持续发展具体表现在工业应当是高产低耗，能源应当被清洁利用，粮食需要保障长期供给，人口与资源应当保持相对平衡等许多方面。

2.5.2 可持续发展的概念和内涵

1. 可持续发展的概念

在可持续发展概念的表述上，不同机构和专家曾作出过许多关于可持续发展的定义，这些定义大体方向一致，但表述有所不同。总的来说，主要表述内容和关注点着眼于以下几个方面：经济增长与发展之间的关系如何；公平是由哪些部分构成的；究竟由哪些因素决定着涵容能力；涵容能力如何随时间和空间而变化；如何定义"过度开发"；如何定义和测量"自然资源总量"；自然资源的现有水平是怎样的。

比较普遍接受的是在世界环境和发展委员会于 1987 年发表的"我们共同的未来"的报告中对可持续发展的定义："既满足当代人的需要，又不对后代人满足其需要的能力构成危害的发展。"英文原文是"Sustainable development is development that meets the needs of the present without compromising the ability of future generations to meet their needs."。这个定义鲜明地表达了两个基本观点：一是人类要发展；二是发展要有限度，不能危及后代人的发展。

1992 年，联合国环境与发展大会的《里约宣言》中对可持续发展进一步阐述为人类应享有以与自然和谐的方式过健康而富有成果的生活的权利，并公平地满足今世后代在发展和环境方面的需要，争取发展的权利必须实现。

2. 可持续发展的内涵

可持续发展包含以下内容。

（1）可持续发展肯定需要发展，只有发展才能摆脱贫困，提高生活水平。特别是对于发展中国家，生态环境恶化的根源是贫困。只有发展才能为解决生态危机提供必要的物质基础，才能最终打破贫困加剧和环境破坏的恶性循环。因此，承认各国的发展权十分重要。

（2）可持续发展显示了环境与发展的辩证关系，即环境和发展两者密不可分，相辅相成。环境保护需要经济发展所能够提供的资金和技术，环境保护的好坏也是衡量发展质量的指标之一；经济发展离不开环境和资源的支持，发展的可持续性取决于环境和资源的可持续性。

（3）可持续发展从伦理角度提出了代际公平的概念。人类历史是一个连续的过程，后代人拥有与当代人相同的生存权和发展权，当代人必须留给后代人生存和发展所需的必要资本，包括环境资本。虽然不能确切判定后代人需要什么，但后代人肯定还将生活在这个地球上。因此，保护和维持地球生态系统的生产力是当代人应尽的责任。

（4）可持续发展还包括代内公平，这是在全球范围内实现向可持续发展转变的必要前提。发达国家在发展过程中已经消耗了地球上大量的资源和能源，对全球环境变化的影响最大，并且至今仍然居于国际经济秩序中的有利地位，继续大量占有来自发展中国家的资源，继续大量排放污染物，造成一系列的环境问题。因此，发达国家应对全球环境问题承担主要责任，理应从技术和资金方面帮助发展中国家提高环境保护能力。

（5）可持续发展要求人们改变高投入、高消耗、高污染的生产和消费模式，提高资源利用效率，从思想到行动都要有改变。

2.5.3 可持续发展与清洁生产

"清洁生产"这一术语虽然直至1989年7月由联合国环境规划署首次提出，但其相关概念最早出现在1974年美国企业提出的3P（pollution, prevention, pays）计划中，其意义是"借由执行污染预防可以获得多方面的利益"，其基本观念可归纳为："污染物质"加上"创新技术"就可变为"有价值的资源"。

对清洁生产的概念，世界各国同时用着一些同义术语，如"污染预防""废物最少化""清洁技术""源控制"等。联合国环境规划署于1989年首次提出"清洁生产"术语，其定义为：清洁生产是对生产过程与产品采取整体预防性的环境策略，以减少其对人类及环境可能的危害；对生产过程而言，清洁生产包括节约原材料与能源，尽可能不用有毒原材料并在全部排放物和废物离开生产过程以前就减少它们的数量和毒性；对产品而言，则是借由生命周期分析，使得从原材料取得至产品最终处置过程中，都尽可能将对环境的影响减至最低；为实现清洁生产则必须借由专门技术、改进工艺流程或改变企业文化（管理）。

根据上述定义，清洁生产的观念主要强调以下3个重点。

（1）清洁能源。常规能源的合理利用；尽量利用可再生能源；新能源的开发；各种节能技术的开发等。

（2）清洁生产过程。尽量少用、不用有毒有害原料/中间产品；减少生产过程中的具有高风险性因素的加入，如高温、高压、易燃、易爆、噪声等；采用高效率设备；改进操作步骤；回收再利用原物料/中间产品；改善工厂管理等。

（3）清洁产品。节约原物料和能源；少用贵重/稀有原料；产品制造过程中及使用后，以不危害人体健康和生态环境为主要考虑因素；易于回收再利用；减少不必要功能；强调使用寿命等。

上述定义概括了产品从生产到消费的全过程中为减少风险所应采取的具体措施，但比较侧重于企业层次上。

根据巴西环境与发展大会通过的《21世纪议程》的文字和精神，《中国21世纪议程》也对清洁生产作出了定义："清洁生产是指既可满足人们的需要又可合理使用自然资源和能源并保护环境的实用生产方法和措施，其实质是一种物料和能源消费最少的人类活动的规划和管理，将废物减量化、资源化和无害化，或消灭于生产过程之中。同时对人体和环境无害的绿色产品的生产亦将随着可持续发展进程的深入而日益成为今后产品生产的主导方向。"

清洁生产包括清洁的生产过程和清洁的产品两方面的内容，不仅要实现生产过程的无污染或少污染，而且生产出来的产品在使用和最终报废处理过程中也不对环境造成损害。在清洁生产的概念中不但含有技术上的可行性，还包括经济上的可盈利性，体现经济效益、环境效益和社会效益的统一。

清洁生产的概念具有相对性，是与现行的技术和产品相比较而言的。对产业的发展而言，随着经济发展与技术更新，推行"清洁生产"，其本身即是一个不断完善的过程。

综上所述，清洁生产可定义为：为保持经济-社会-自然复合系统的持续化，持续地对工艺、产品及服务采取整合性及预防性的环境策略，以提高生产效率，并减低人类及环境受到危害的机会。对工艺而言，清洁生产节约资源与能源，避免使用有毒有害原料，降低排放物的量与毒性；对产品而言，清洁生产降低从原材料取得至最终处置整个生命周期中产品对环境、健康及安全的冲击；对服务而言，清洁生产降低从系统设计、应用到资源消耗的生命周期过程中服务对环境的冲击。

2.5.4 可持续发展与可持续消费

在《我们共同的未来》中，根据可持续发展概念而制定的主要政策目标包括：恢复增长；改变经济增长的质量；满足就业、粮食、能源、水和卫生的基本需要；保证人口的可持续水平；保护和加强资源基础；重新调整技术和控制危险；把环境和经济融合在决策中。

在上述目标中，实际上已经开始反映出改变消费模式的观念，如改变经济增长的质量。可持续发展包含着比传统的经济增长更丰富的内容，它要求改变经济增长的内容、降低原料和能源的密集程度，以及更公平地分配发展所带来的收益；此外，还包括减少工业化国家目前的高消费，满足发展中国家最低标准所需的消费量的增加等。

联合国环境署在1994年于内罗毕发表的报告《可持续消费的政策因素》中提出了对于可持续消费的定义："提供服务及相关的产品以满足人类的基本需求，提高生活质量，同时使自然资源和有毒材料的使用量最少，使服务或产品的生命周期中所产生的废物和污染物最少，从而不危及后代的需求。"该报告指出，可持续的消费并不是介于因贫困引起的消费不足和因富裕引起的过度消费之间的折中，而是一种新的消费模式，它适用于全球各国各种收入水平的人们。按照这个观点，需要改变全球的消费模式，无论是北方的"奢侈型"消费还是南方的"生存型"消费，它们都造成了相应于各自水平和类型的环境影响。可持续消费的概念涉及产品和服务的完全混合，这种混合遍及整个社会，包括产生该产品和服务的过程，以及对使用了上述产品或服务的附加的或独立的产品的消费和制造。例如，对汽车的使用暗含了在生产和使用汽车本身所造成的环境影响，还暗含了汽油的生产和使用、高速公路的建设、停车场地，以及交通阻塞等问题，它还涉及国与国之间的贸易模式。

联合国环境署曾组织专家进行过研究，认为以下3个主要的并有内在联系的因素对于影响消费起着十分重要的作用：一是技术因素，包括设备、材料、使用相应设备的工业实践；二是社会与心理因素；三是法律、经济和学术因素。

2.5.5 可持续发展的行动规范

现阶段实现可持续发展的行动需要遵循3R规范。

1. 减量化（reduce）

减量化要求用较少的原料和能源投入来达到既定的经济目的或生活目的，从而在经济活动的源头就注意节约资源和减少污染。在生产中，减量化表现为要求产品体积小型化和产品质量轻型化；要求产品的包装应该追求简单、朴实，而不是豪华、浪费。

2. 再利用（reuse）

再利用要求制造产品和包装容器能够以初始的形式被多次使用和反复使用。如美国一本课本至少被8个学生使用，平均使用期为5年；在德国、日本、俄罗斯等国也实行课本反复使用。而我国的课本使用期仅半年。如果也能使用5年，可节约528万吨文化纸，相当于节约300万亩树木、5.28亿吨水和633万吨煤。

3. 再循环（recycle）

再循环就是使物品完成其使用功能后重新变成可以利用的资源。包括两种情况：原级再循环，即废品被循环用来生产同种类型的新产品，是可持续发展追求的理想境界；次级再循环，即废物循环成为其他产品。

可持续发展问题已经成为当今世界各国所共同面临的重大课题，从经济学的角度看，可持续发展是发展和持续两个概念的有机结合，但又不是简单相加。可持续发展的核心是发展，而发展的前提则是保持"可持续性"。从世界范围看，可持续发展战略越来越受到各国政府的高度重视，特别是发达国家已经将可持续发展思想纳入具体的政策中。目前，我国交通运输发展的主要问题是能力短缺，但在土地资源有限、能源极为缺乏与生态环境薄弱的现实条件下，应该开始重视扩大能力与可持续发展之间的协同问题。因此，按照可持续发展的原则，指标与路径设计综合交通体系的可持续发展是交通运输发展政策的重要组成部分。

习 题

1. 公共产品理论的基本原理和主要内容是什么？
2. 外部性理论的基本原理和主要内容是什么？
3. 自然垄断理论的基本原理和主要内容是什么？
4. 政府规制理论的基本原理和主要内容是什么？
5. 可持续发展的概念和内涵是什么？实现可持续发展应遵循的行动规范是什么？

第 3 章 交通运输政策实施的经济手段与方法

【本章内容概要】

本章介绍具体的交通运输经济政策。交通运输价格政策体现了交通运输资源的合理配置和生产要素的有效组合；交通运输税收政策体现了国家对交通运输产品和国民收入进行的一种强制性分配；交通运输投、融资政策是运输企业简单再生产和扩大再生产的一个重要环节，也是交通运输企业维持自身存在与发展的一个基本条件。

【本章学习重点与难点】

学习重点：掌握交通运输价格的三个组成部分；掌握交通运输税收制定的原则；掌握交通运输的投资、融资方式。

学习难点：理解交通运输定价的基本理论。

3.1 交通运输价格政策

交通运输价格是运输劳务价格，是商品销售价格的重要组成部分。在市场经济条件下，交通运输资源的合理配置和生产要素的有效组合，是在国家宏观调控下，通过交通运输价格机制的作用来实现的。与一般商品价格相比，交通运输价格有其自身的特点。交通运输价格的制定取决于多种因素，而其中不同类型的交通运输市场模式对其形成有极其重要的影响。交通运输价格的结构形式主要有距离运价和线路运价两种。从理论上看，采用线路运输运价形式更符合其形成规律。同时，为保证交通运输价格市场运行，国家必须十分重视对交通运输价格实施有效管理。

3.1.1 交通运输价格及其职能

1. 运价的定义

所谓交通运输价格，是指"交通运输企业"对特定货物或旅客所提供的交通运输劳务的价格。

交通运输价格能有效地促进交通运输产业结构的优化配置。交通运输产业结构主要包括交通运输工具和其他与之相关的基础设施，如港口、码头、机场、车站，以及航道、道路设施等。无论是国家对交通运输产业结构进行统一规划还是交通运输企业的自行调整，交通运输价格的高低将会在其中起着至关重要的作用。其中，交通运输企业对此尤为敏感。如果市场上交通运输价格上涨，交通运输企业认为有利可图，就会增加交通运输能力的投入；反之，则会减少交通运输能力的投入，甚至退出交通运输市场。交通运输产业结构通过交通运输价格进行调整，其结果将有利于促进各种交通运输方式之间的合理分工。

交通运输价格能有效地调节各种交通运输方式的运输需求。这主要体现在：在总体交通运输能力基本不变的情况下，交通运输价格的变动会导致交通运输需求的改变，交通运输总需求的大小一般取决于社会经济活动的总水平。交通运输价格作为商品价格的组成部分，它的变动直接影响商品的需求，也就影响了对各种交通方式的运输需求。

2. 交通运输价格的特点

1）交通运输价格是一种劳务价格

交通运输企业为社会提供的效用不是实物形态的产品，而是通过交通运输工具实现的货物或旅客在空间位置上的移动。在交通运输过程中，交通运输企业为货物或旅客提供了运输劳务，交通运输价格就是运输劳务产品价格。劳务产品与有形商品最大的区别是，它是无形的，既不能储存，也不能调拨，只能满足一时一地发生的某种服务需求。交通运输企业产品的生产过程亦是其产品的消费过程。因此，交通运输价格就是一种销售价格。换言之，交通运输价格只有销售价格一种表现形式，而不像其他有形商品有出厂价、批发价、零售价之分。同时，由于交通运输产品的不可储存性，所以当"交通运输需求"发生变化，只能考虑调整交通运输能力来达到交通运输供求的平衡。而在现实生活中交通运输能力的调整一般具有滞后性，故在市场机制下"交通运输价格"因供求关系而产生波动的程度往往较一般有形的商品大。

2）货物运输价格是商品销售价格的组成部分

社会生产过程不仅表现为劳动对象形态的改变，也包括对象的空间转移，这样才能使物质产品从生产领域最终进入到消费领域。在很大程度上，商品的生产地在空间上是与消费者相隔离的，这就必须经过交通运输才能满足消费者对商品的实际需要。在此过程中，又必须通过价格作为媒介来实现商品的交换。货物运价占商品价格的比重一般为1%～30%，大宗货物可达30%～50%。货物运价的高低会直接影响商品销售价乃至实际成交与否。

3）交通运输价格具有按不同运输距离或不同航线（线路）而有区别的特点

货物或旅客按不同运输距离规定不同的价格，称为"距离运价"或"里程运价"。这是因为，交通运输产品也就是运输对象的空间位置移动是以周转量来衡量的。货物周转量一般以 t·km 为计量单位，旅客周转量一般以人·km 为计算单位。运价不仅要考虑所运货物或旅客数量的多少，还要依据运输距离的远近。这种按运输距离制定的价格，货物表示为 t·km 运价，客运则表示为人·km 运价。距离运价是我国沿海、内河、铁路、公路运输中普遍采用的一种运价形式。

货物或旅客按不同航线规定不同的运价，称为"航线运价"或"线路运价"。采用这种运价是基于交通运输生产的地域性特点。交通运输工具在不同航线（或线路）上行驶，因自然条件、地理位置、方向不平衡性等有显著差别，即交通运输条件各不相同，即使货运（或客运）周转量相同，交通运输企业付出的劳务量及供求关系等却相差很大。因此，有必要按不同航线（或线路）采用不同的运价。目前，这种运价同样广泛地使用于远洋运输和航空运输中。

4) 交通运输价格具有比较复杂的比价关系

货物或旅客运输有时采用不同交通运输方式或交通运输工具实现，最终达到的效果也不同。具体表现为所运货物的种类，旅客舱位等级，运载数量大小、距离、方向、时间、速度等都会有所差别。而这些差别都会影响到交通运输成本和供求关系，在价格上必然会有相应的反映。例如，北京、上海两地的旅客运输，可供选择的运输方式主要为铁路和航空。京沪高铁二等座席的舒适程度与航空运输经济舱基本相仿，乘坐高铁运行时间是 4 小时 30 分左右，飞机的运行时间是 2 小时，但是由于用于机场到市区的衔接以及航空运输安全检查等需要的时间较长，所以在京沪这条线路上航空运输的时间优势无法得到体现，航空运输只有通过降低票价才能与铁路运输进行竞争。

3. 运价的职能

价格是经济运行的重要经济杠杆，也是影响资源配置的重要因素。价格作为一种指路牌，能够指出哪里最需要资源，价格本身也决定着资源配置的效率。通常情况下，价格具有传递信息、引导资源供给和引导资源消费的功能。

很多经济活动中的无效率都与价格上的不适当有关。价格是引导消费者和供给者的最有效信号：过低的价格会导致某些产品或服务的需求过于旺盛，但生产者却没有兴趣增加供给；而过高的价格又会引起生产者在缺少足够社会需求的产品或服务上投入过多资源。

定价的重要性是由于价格因素在交换中所处的重要地位决定的。在商品经济条件下，价格是实现再生产过程中的重要因素之一，任何商品的交易都不可能没有价格。

定价水平往往成为商品交换成功的关键，交换条件由企业提供、由消费者进行选择。交换条件一般由商品功能、商品质量、商品类型、交货期限、售后服务、商品价格组成。从整体上看，不同的产品、不同的服务必然伴随不同的价格水平。交换条件各方面统一，才能增强交换条件的整体吸引力。

从消费者的购买行为考察，通常情况下，只要满足了消费者侧重关心的主要方面，交易就能成功。不同的时间、地点，不同的购买对象，往往对各个因素的评价的取舍很不一致，有些因素可能排除在外。但是价格作为影响交易成败的关键则是普遍的情况，与其他因素相比，价格的影响最为直接。

在我国社会主义市场经济条件下，运价具有以下几方面的功能。

1）交通运输收入分配

运价能够调节交通运输业与国民经济其他行业间的收入分配。运价是社会综合价格体系的重要组成部分，运价的变化会引起交通运输需求的相应变化，从而决定社会收入从交通运输消费者手中转向交通运输供给者手中的比例，也就是说，运价的高低决定了国民生产总值和国民收入在交通运输业与其他行业之间的分配比例。

运价能够调节交通运输业内不同交通运输方式、企业的收入分配比例。运价的任何一次变动，都会引起交通运输需求的相应变动，引起运量的变化。一种交通运输方式或一个交通运输企业改变运价，必然引起不同交通运输方式、不同交通运输企业间运量结构和运量比例的变化，从而引起各自运输收入的变动。因此，运价的局部调整就意味着运输收入在交通运输业内部的重新调整。

2）社会收入再分配

这里所说的社会收入再分配，是指运价对不同的交通运输需求者收入分配的调节作用。

每个交通运输需求者都要以运价为基础计算并向交通运输供给者支付费用。同样的运输，如果对不同的交通运输需求者制定不同的运价，就意味着对他们社会收入分配的调节，亦即对他们社会收入的再分配。例如，客运部门的各种优惠票价，货运部门对长期固定用户的运价优惠等。

3) 交通运输资源配置

运价能够调节交通运输业与其他行业，以及交通运输内部各种交通运输方式之间资源的配置。市场是调节资源分配的有效手段，市场调节资源分配的职能，很大程度上取决于价格因素。经济资源是有限的，有限的资源在各生产部门的分配取决于投资报酬率。投资报酬率高，会导致较多经济资源的注入；反之，投资报酬低，会使经济资源投入减少。交通运输业的投资报酬率在很大程度上取决于运价与运输需求量的综合作用，运输需求量通常又随运价的变动而变动。因此，运价是配置和调节交通运输资源的重要杠杆。运价在一定程度上决定社会对交通运输业投资的积极性，决定社会对各种交通运输设备的利用程度。

4) 促进企业加强经济核算、提高经济效益的职能

加强运价管理是强化经济核算的重要内容，也是提高经济效益的基础。在市场经济条件下，最高运价未必就是最优运价，运价本身也应随运输需求变化而相应变化，这就需要建立灵活的运价机制，使运价能够随市场的变化而变化，从而保证交通运输企业经济效益最大化。

运价是国民经济价格体系的重要组成部分，它在整个价格体系中占有重要的地位和作用。运价与物价有着极为密切的关系，它们相互影响、相互制约。运价上升可能会导致物价的上涨，又会推动成本的上升，还会导致交通运输企业利润的减少，甚至造成亏损，由此运价又必须做出相应调整。保持物价与运价的平衡关系，解决它们之间的联动是一个十分重要的问题。

3.1.2 交通运输价格的形成机制

运价的形成机制，是指依据一定的价格形成原理，通过价值规律的作用而形成的价格决策制度。运价的形成机制主要包含两个方面的内容：一是运价形成的主体，即运价制定、运价调整及运价管理的主体；二是运价形成的方式。在两方面中，运价形成的主体起着决定性作用。在交通运输市场不断完善的情况下，运价的形成机制决定着运价的发展与变化。

一定时期的运价管理体制决定于当期的宏观经济管理体制，经济体制的性质决定运价形成机制的性质。在市场经济条件下，市场是资源有效配置的主要手段，通过市场使资源达到最优配置，反映到价格上就要求以市场变化为基础制定运价，从而形成较为灵活的运价形成机制。

随着我国市场经济的发展，交通运输市场的建立与完善，运价的形成机制应当得到进一步的理顺与调整。运价的形成应更多地依据价值规律和市场运行原则。政府应放松对制定运价的管制，给交通运输企业比较多的、相对较为灵活的定价权利，使交通运输业在保证国民经济迅速发展的同时，自己也能得到长足的进步。建立我国交通运输业新的运价形成机制，应解决好以下几个问题。

(1) 明确运价形成的基础。运价的形成，应当充分反映交通运输价值，反映市场供求关系，制定运价应建立在价值规律基础上。

(2) 调整和改变运价形成主体。应改变过于集中的运价形成主体，给交通运输企业一定

的定价权利，政府由对运价的直接管理变为依靠经济和法律手段实现对运价的宏观监控。

（3）转变运价形成方式。减少运价形成过程中的行政行为，增加经济行为，使运价的形成以市场为依托，以交通运输需求变化为依据，自觉遵循市场运行规则。

（4）完善运价形式。改变运价形式过于单一的状况，使运价向多元化、多层次化方向发展。

交通运输价格改革的目标是建立符合交通运输市场体制的运价形成机制。改革的思路是：以市场形成价格为主，与政府指导价格相结合，分类指导，分类管理。对于竞争性交通运输价格，由交通运输企业根据市场自行确定；对于垄断性交通运输价格，由政府价格部门发布指导运价或最高限价，具体价格水平又由企业根据市场确定。收费价格方面，如收费公路的收费标准等，由政府价格部门确定最高限价，允许企业向下浮动。交通运输企业要充分利用市场机制，建立多种价格形式组成的价格结构。在客运价格方面，可以实行多种形式的浮动价、折扣价。

以市场形成为主的价格形成机制建立后，政府要减少监督和管理，制定反不正当竞争的具体措施，创造公平竞争的环境。为了更好地发挥价格机制的作用和有效管理，政府可以把一些监督工作委托相应的行业协会等组织承担。

未来，随着我国交通运输的发展，统一运输市场的建立，各交通运输方式之间及内部竞争格局的形成，必将使得交通运输价格管理及定价机制趋于市场化，政府定价的职能将弱化，企业定价的机制将进一步强化，推动我国交通运输的定价机制更趋完善。

在各种运输方式中，铁路运输的公共性较强，其价格受政府的管制较严格。目前，铁路运输价格在政府定价、政府指导价、市场定价三种运价情况下，逐步由政府定价向市场定价转变。例如，2017年4月21日起，依据《国家发展改革委关于改革完善高铁动车组旅客票价政策的通知》，将我国东南沿海高铁的部分车票进行调整，拉开了铁路车票按市场需求调价的序幕。东南沿海高铁执行票价是根据各车次的客流状况，呈现差异化，有涨有降。这不仅有利于铁路企业改善经营状况、提高服务水平，也有利于促进综合运输体系发挥作用，更好地服务区域经济社会发展和人民群众出行。国铁集团将严格依据国家法律法规，指导相关铁路企业逐步建立和完善票价体系，采用多样化的运价模式，适应市场需要。如采用季节运价、多车运价、限制区段上浮运价、优质优价、浮动运价、合同运价、车种运价等模式。

3.1.3 交通运输价格制定的理论与方法

1. 运价制定的依据

运价是交通运输产品的价格，运价的制定既体现交通运输产品的内在价值，同时也要考虑交通运输市场的供求状况、交通运输企业的盈利水平、不同交通运输方式间的比价关系、社会承受能力等因素。

运价是凝结在交通运输产品中的一般人类劳动，是交通运输劳动者在实现客货位移过程中所耗费的物化劳动和活劳动的总和。与这两部分劳动相适应，交通运输价值由以下两部分组成。

一是过去创造的劳动价值，即已消耗的生产资料价值，也称转移价值。

二是劳动创造的价值，即新创造的价值。这其中包括两部分内容：一是生产者为个人所创造的劳动价值；二是生产者为社会所创造的劳动价值。

因此,运价一般由以下3个部分组成。
(1) 交通运输生产过程中转移的物化劳动价值 C。
(2) 交通运输生产者为自己所创造的劳动价值 V。
(3) 交通运输生产者为社会所创造的劳动价值 M。

交通运输价值是交通运输价格的基础,交通运输价格是交通运输价值的货币表现。由于市场供求关系的变化,交通运输价格并不总是等于交通运输价值,而是围绕交通运输价值上下波动。交通运输价格与交通运输价值之间在量上的不一致现象是客观存在的,因为在交通运输生产过程中,劳动耗费经常变动,而要求作为交通运输价值变现形态的运价随时变动是不可能的,同时运价的形成也受交通运输市场供求关系变化、国家宏观价格政策等因素的影响,所以在一段时间内运价与交通运输价值不等是正常的。当然运价背离交通运输价值不应当是长期的,它应当是价值规律自觉作用的结果。交通运输业产品价值的构成和实现,与工农业生产相比有其特点:一是交通运输业的产品不具有实物形态,只是货物和人在空间位置上的转移,构成交通运输产品价值的材料,不是用于制造产品本身,而是用于设备的维修和养护;二是交通运输生产的特点决定了对交通运输设备的投资比较大,因此固定资产损耗的价值补偿对交通运输价值的影响较大;三是交通运输产品的生产过程同时也是消费过程,因此交通运输价值的存在过程也就是交通运输价值的实现过程。

交通运输价值是交通运输价格形成的客观经济基础。交通运输价格作为交通运输价值的货币表现,可以划分为以下3个组成部分。
(1) 物化劳动的消耗支出,表现为设备的磨耗(固定资产折旧)、材料、燃料、油脂等方面的支出。
(2) 劳动报酬(工资)支出,即为自己劳动所创造价值的货币表现。
(3) 盈利,视为社会劳动所创造的价值的货币表现,如利润。

市场供求关系也会影响运价制定。根据经济学一般原理,通常情况条件下,交通运输需求增加,运价应相应提高,而交通运输需求减少,运价则相应降低。

2. 运价制定的基本理论——以货物运输为例

1) 生产价格论

生产价格论这种观点主要依据是马克思的"劳动价值论"。它认为货物运输与其他有形商品一样,具有价值和使用价值的二重性。交通运输产品的价值表现为货物在发生位移过程中所消耗的社会必要劳动;它的使用价值则表现在货物发生位移后使商品潜在的使用价值转变为现实的使用价值。而交通运输价格的制定是对交通运输价值量的测算。由于当今社会生产力的高度发展,各经济部门的利润平均化趋势已客观存在,这就为"生产价格论"提供了依据。作为社会必要劳动的货币表现,交通运输价格具体体现为交通运输成本与社会平均盈利之和。

2) 边际成本论

所谓"边际成本",是指生产过程中每增加或减少一个单位产量而引起的总成本的变动。以边际成本论定价是指在交通运输供求发生变动时,交通运输企业必须增加或减少交通运输数量,并以此增加或减少交通运输数量而引起的总成本的变动为基础确定交通运输价格。

边际成本与单位总成本、单位可变成本、单位固定成本之间的关系如图3-1所示。

图 3-1 中横坐标表示货物运量 Q，纵坐标表示各单位交通运输成本 C。交通运输成本按其是否受货物运量的变化而改变可分为固定成本与可变成本两部分。在一定条件下，因固定成本不受运量变化的影响，故交通运输成本的变化只受可变成本的影响，这时边际交通运输成本与单位可变成本相当，图 3-1 中运量为 Q_1 以内时；如实际方式的货物运量低于交通运输工具的交通运输能力，边际成本将低于单位总成本，图 3-1 中运量为 Q_2 以内时。反之，交通运输企业必须投入新的运输能力，这时的边际成本将高于单位总成本。

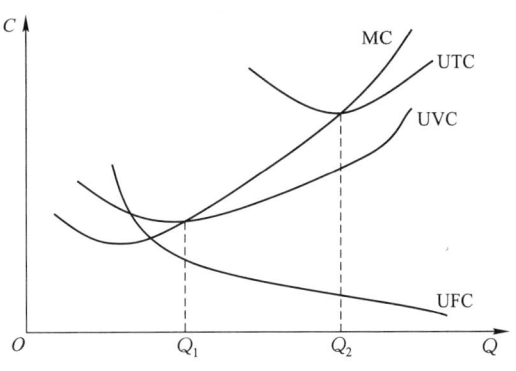

图 3-1 各单位成本关系图
MC 为边际成本；UTC 为单位总成本；
UVC 为单位可变成本；UFC 为单位固定成本

从上述可知，边际交通运输成本与单位交通运输总成本之间的相对关系，可以反映交通运输工具的交通运输能力是否被充分利用，即边际成本论定价的实质也就在这里。

我国国内货物和旅客运输已经存在边际成本论定价的例子。例如，有关部门规定，在新开辟的铁路和水运线路上采用"新线定价"。由于新的交通运输线路资本投入较原运输线路多得多，其边际成本达到或超过原运输线路的单位总成本，而且一般都是在交通运输需求量大于交通运输能力供给的情况下开辟的交通运输线路。所以，目前采用的"新线定价"均高于其他交通运输线路的价格。这也符合交通运输市场价格对交通运输需求进行反向调节的客观规律。但从总体上看，交通运输需求的大小受到国民经济发展规模等因素的制约，因为它毕竟是一种派生需求。它在一定空间和时间内对交通运输价格的影响极其有限，因此不能过分高估这种定价理论的作用。另外，在交通运输需求严重不足的地区或航线，由于其边际成本长期低于单位总成本，以边际成本论定价，会导致交通运输企业长期大面积亏损。

3）均衡价格论

在货物运输中，交通运输企业和货主经过讨价还价，使交通运输供求数量达到一致时的价格称为均衡交通运输价格，如图 3-2 所示。

在图 3-2 中，D 为需求曲线，S 为供给曲线，供求数量平衡为 Q_0，此时的均衡交通运输价格为 P_0，若价格偏高（如 P_1），会造成交通运输供给大于需求；相反，若价格偏低（如 P_2），则会造成交通运输供给小于需求。在供求关系的作用下，前者的价格逐步下降而后者的运价逐步上升，最终达到均衡点 A 点。

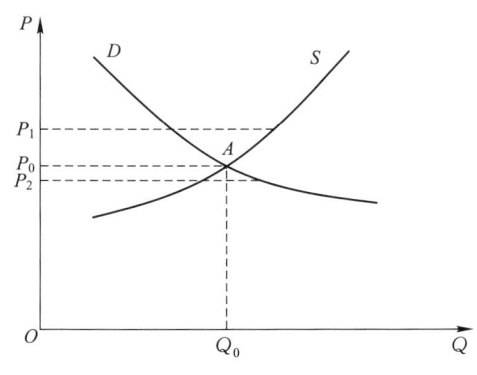

图 3-2 均衡交通运输价格示意图

以均衡价格作为运价的制定理论，很显然只是注重交通运输供求关系对价格的决定因素，而没有考虑其他各种因素对价格的影响，因此，它只适宜在完全竞争的交通运输市场结构模式中采用。同时，需求和供给的价格弹性系数测算比较困难，又有较强的时间性，故在现实中，该理论尚无法得到广泛运用。

4) 拉姆齐定价理论

拉姆齐定价，也称为"从价理论""货物对运费的负担能力理论""服务价值定价"，是指以所运货物本身的价值高低为基础确定交通运输价格。高价值商品制定较高运价，而低价值商品则制定较低运价。这种方法是以交通运输需求，而不是以交通运输成本为基础定价的。高价商品实行高运价的原因是价值高的商品对高运价的承受能力大，另外交通运输部门对它承担的责任也更大。

"从价理论"实质是在货物交通运输供求双方进行价格竞争的条件下，按需求弹性高低来确定货物运价的一种转化模式。在一般情况下，本身价值较高的货物，其交通运输需求对运价的弹性较小，这时可提高货运价格。同样，本身价值较低的货物，其需求对价格的弹性较大，此时应降低货运价格。按"从价理论"定价，交通运输企业存在一个对货运价格的具体选择问题。其基本原则应该是：在考虑各种货物交通运输需求量的前提下，交通运输企业应该选择货主能提供更多抵偿固定费用的货物运价。

从价格形成上分析，"从价理论"是属于"市场竞争决定论"范畴的；而从市场营销角度看，它又是一种需求差异定价模式。虽然该理论在国际海上货物运输中具有悠久的历史，而且从交通运输市场竞争规律，以及从市场营销的角度分析均有可取之处，但不可否认，该理论在实际应用中也遇到过一定的困难，具体表现在以下两个方面。

（1）对高价值货物的运价与低价值货物的运价之间如何确定一种客观的合理比例关系，目前尚无规律可循。利用拉姆齐定价，交通运输企业应根据有关数学模型，结合不同航线货物运输需求交易弹性和市场商品销、产地价格差等因素，合理确定不同航线高、低价值货物之间的运价比例关系。这就为日后新辟航线的定价提供了一定的参考依据。

（2）持有高价值货物的货主对拉姆齐定价常有抵触情绪，交通运输企业在具体实施中会遇到阻力。他们会提出质疑并认为这是对运输高价值货物的一种"歧视"，因为他们依据的恰恰是签署的生产价格定价理论，即无论什么货物，只要交通运输成本一样，就应该实行相同的运价。但应该看到，在同一航线上，若高、低价值货物实行同一运价，所谓的运价"歧视"却最终没有消除，而只不过将其转嫁到低价值货物上去罢了。因为持有低价值货物的货主会明显感到货物运价太高，而不堪承受。如果货物运价超过其销售地与生产地价格之差，他们会陷入困境。因此，交通运输企业应认真分析研究并确定各类货主均能接受的交通运输价格。这样，既有利于拉姆齐定价在实际中的贯彻实施，也可促进交通运输业的发展。

3.1.4 我国交通运输价格政策

1. 交通运输价格政策的目标

交通运输价格政策是指政府对交通运输业价格制定的引导、限制和规范等方面的政策。制定价格政策的主要目标如下。

1) 合理配置资源

价格是企业投资所参照的重要信号之一，价格的高低导致投资在各个不同产业间的分配。交通运输业是国民经济中最重要的部门之一，优先发展交通运输业不仅成为各国政府的共识，事实上也是多数经济发达国家的成功经验。为了优先发展交通运输业，一方面，政府不能过多地限制交通运输价格，这是因为如果政府过多地干扰会导致交通运输企业的亏损和资源的不合理配置，进而影响到整个运输业的发展。另一方面运输价格还是资源在各种不同交通运输方式之间配置的重要信号。由于多数交通运输方式之间存在一定的竞争性和可替代性，因此错误的价格信号会导致某种交通运输方式的过度发展或过度萎缩。

2）稳定交通运输价格，维护消费者权益，促进经济和贸易的发展

交通运输业在国民经济中的特殊地位及其重要作用，政府和广大交通运输服务的消费者都迫切需要长期稳定和优质的交通运输服务。所以，稳定市场价格就更具有重要的意义。然而稳定价格并不意味着政府必须要求企业降低价格，而是应要求交通运输企业将交通运输价格维持在一个合理又稳定的水平上。政府希望交通运输企业提供低价服务，如要求公共交通企业为居民提供最为便宜的价格。这种做法主要是为了达到政府的福利目标。然而，这种做法的结果往往比较复杂。一方面减少了交通运输企业的收入，造成了亏损；另一方面，政府为了维护这种交通运输服务又不得不对其进行长期的补贴，而长期的补贴又会造成很多国家公共交通面临更严重的问题。

2. 交通运输价格制定趋势

1）反对无序竞争和垄断

一方面，出现在交通运输市场中的无序和恶性竞争将会导致一些企业倒闭或转向其他产业。由于交通运输业具有固定投入大、投资报酬低等特点，企业的倒闭和转向必然会导致社会资源的巨大浪费；同时也由于市场无序和不规范竞争可能使消费者无法得到稳定和高质量的服务，因此在市场出现价格战的情况下，政府往往加以干涉并对市场进行整顿，使之趋于平息。另一方面，交通运输市场也有可能造成垄断。造成运输垄断的原因主要是由于运输投资规模巨大、运输生产过程中潜在的规模经济性等，加之有些交通运输部门如港口、机场、车站存在着地理位置的垄断，因而交通运输业者就有可能借机提高交通运输价格以实现其超额利润。政府为防止这种状况则会制定一定的运价对其进行限制。

2）建立运价与物价联动机制

在市场经济条件下，每种商品的价格都不是孤立的，通过社会分工与商品交换的纽带，便会在不同的价格之间发生一定的联动作用，即价格运动的一系列相关性。实行运价与物价联动机制，实行以市场形成价格为主的价格形成体系，补偿因物价上涨而引起的成本增长，是建立我国市场经济体制的内在要求。而在计划经济条件下，这种客观联系是通过国家物价主管部门审批，实行阶段性调价实现的。

制定运价必须遵循的基本原则是以市场经济为指导，合理规定运价水平。一个国家的价格管理，首先要考虑的是国民经济整体水平和市场的供需关系等重要因素。对一些关系国计民生的特殊行业和垄断行业，国家可通过实行政府定价或者政府指导价来平抑物价，稳定社会和满足老百姓的基本生活需求。

客运价格的制定，要在充分考虑经济发展水平和供求关系的基础上，由国家确定以交通运输成本、合理收益、税金等为主要内容的客运基准价；由国家根据不同地区的发展水平、不同时期、不同的供求关系和不同车次（航次、班次）的服务质量等为主要内容制定一个上下浮动的范围作为政府指导价；交通运输企业根据不同时期、线路的供需关系和不同车次（航次、班次）的服务标准，在政府定价和指导价的范围内，自主确定客运价格。政府指导价在制定的过程中，要使客运价格制定具有公开性和透明性。

要深化我国交通运输企业运价的改革，必须改变依靠国家进行系统性、周期性、一次性调价的做法，逐步建立运价与物价联动的科学体系，使运价与物价同升同降，从而使运价适

应市场变动，促进我国市场经济的健康发展。

3）制定多层次的运价体系

随着管理体制改革的深化和转换经营机制的发展，多样化的交通运输企业管理体制与多样化运价模式已经形成。多种模式的运价机制是社会主义市场经济条件下的交通运输企业深入转换经营机制的产物。

4）实行地区性的区域运价政策

交通运输企业的运价改革正在孕育着一种新的运价模式——区域运价。这种从统一运价制度中分离出来的新运价模式将在我国一批先行改制的交通运输公司实行。因为这是公司自主经营、独立核算、自负盈亏、自我发展的必要条件。区域运价的制定原则是使地方财政和企业基本上都能承受，同时在补偿运营成本基础上能满足还贷与发展资金积累的需要。

5）推行协议运价政策

交通运输行业改革应坚持走向市场的目标取向，围绕这个目标已提出逐步开展协议运输的举措。协议运输是通过承托双方按照《经济合同法》自愿缔结运输合同来体现的。运输合同中的运费条款要同双方的权责条款相适应。其形式可能采取统一运价，也可能采取另订双方都能接受的标准。交通运输企业推行协议运输与协议运价，需要在经营管理与运输组织方面做相应的改革，做好准备工作，并在实践过程中发现问题和解决问题，逐步完善实施办法。

6）贯彻优质优价原则

交通运输企业推行改革，必须把着眼点放在加强经营管理上，强调管理与改革的有机结合。经营管理的一个重点要落实到提高客货运输服务质量上。提高客货运服务质量是市场经济的客观要求，因此实行优质优价符合增进社会效益的原则。优质优价的客运服务，对客运运价结构和形成机制带来重要的变革。在货运领域里优质优价原则应体现在快运无损服务等方面。

7）实行财政补贴政策

从理论上讲，财政补贴是一种转移性支付，是影响经济活动的一种手段。从政府角度看，为了实现某一目的，通过转移性支付实现对某一经济活动或是某一经济主体的经济补偿或支持，这种支付是无偿的。从受补贴的角度看，这意味着实际收入的增加，也意味着受补贴经济活动的意义。一般来说，政府对那些涉及社会公众利益、无法获得足够收益的经济活动或者经济主体进行补贴。

财政补贴是政府调控经济的一种手段，它经常与某些产品、服务或资源价格的变动联系在一起，具有影响和改变资源配置结构、产品供给和需求结构的作用。它是一种影响相对价格结构从而可以改变资源配置结构、产品或服务的供给和需求结构的政府无偿支出。

3.2 交通运输税收政策

税收是国家对社会产品和国民收入进行的一种强制性分配，是国家财政政策的最主要工具。

交通运输业主要涉及的税种有增值税、城市维护建设税、教育费附加、企业所得税、个人所得税、印花税、车船使用税、车辆购置税、车辆消费税、使用牌照税、汽油消费税、船舶吨位税、土地增值税等。

3.2.1 交通运输税收职能

政府税收对经济的影响可以分为收入效应和替代效应。收入效应是指由于税收的增加降低了纳税人的实际收入，从而使其境况变坏的效应。替代效应是指由于增税影响了相对价格，而使纳税人选择某种企业、交通运输工具的效应。交通运输行业的税种有增值税、消费税、关税和船舶吨税、车辆购置税、车船税和印花税、企业所得税等，这些税种的增收不同程度地产生了收入效应和替代效应。例如，车船税的征收和税率的提高将会直接影响这些交通运输业者的收益；而燃油税税率的提高可能导致消费者由消耗汽油较多的私人小汽车的消费向公共交通消费转变，对高能耗车加大征收力度，可以引导资金转向节能减排、技术进步等有利于可持续发展的交通运输领域。

政府通过税收不仅可以增加财政收入而且可以通过税收的增免、税目、税率和纳税人这些税收政策主要变量的变化，实现资源在不同行业之间的分配。

交通运输税收可以成为交通运输发展基金的组成部分。交通运输发展基金是由各种交通专项税费、用于交通支出的一般性财政性资金、政府债券、政府投资收益等组成，有别于向公民、法人和其他组织征收的、新设税费来源性质的政府性基金，是现有资金来源组成的资金池。主要安排用于：交通基础设施建设、养护管理、交通运输基本公共服务支出、交通转型升级战略性引导支出等。为促进综合运输协调发展，可从中安排部分资金，设立专门的综合交通运输发展子基金。

预期的税收作用，是借助于正确的税收政策，优化的税收制度，以及严格执行税法等具体措施得以实现的。税收的作用主要表现为筹集财政资金、调节经济、反映与监督。

3.2.2 交通运输税收政策的原则

在制定正确的税收政策时必须考虑以下因素。

1. 保证财政收入、有利于促进经济的发展

制定税收政策的出发点应当有利于生产的发展，促进经济的繁荣。在生产发展、经济繁荣的条件下，从实际出发，考虑到国家主体财力的可能，以及纳税人的纳税能力和心理承受能力，确定一个适度合理的主体税收负担水平。

2. 要有利于建设和发展社会主义市场经济体制

税收政策的制定，要坚持公平税负的原则，同时要有利于平等竞争环境的形成；要结合财政政策的实施，有利于对经济宏观总量的调节，有利于多种经济成分和多种经营方式的公平竞争和发展；还要有利于产业结构的优化等。

3. 要在政企分开的基础上制定税收政策

要有利于企业建立现代企业制度，就要做到产权清晰、权责明确，实现自主经营、自负盈亏、自我积累和自我发展，形成真正独立的经济实体，在竞争中求得生存和发展。

4. 有利于调动中央和地方两个积极性

要理顺中央与地方的分配关系，通过税收政策的制定，逐步提高税收收入占国民生产总值的比重，合理确定中央财政收入与地方财政收入的分配比例，以便调动中央和地方的积极性，增强中央财政的宏观调控能力。

5. 要与其他经济政策协调配合

税收政策是整个国家经济政策的一个重要组成部分，但不是全部。税收政策的制定必须与其他经济政策相配套、相衔接，才能更好发挥其应有的功能。特别是在体制转换的过程中，情况复杂、政出多门，更应该注意税收政策的制定和出台，要有步骤、有计划地进行。

6. 要适时地进行政策调整

税收政策作为一项重要的经济政策，必须根据国际政治、经济形势的变化，配合我国改革开放的需要，结合国际税收政策调整的趋势，对税收政策进行及时的修正，以利于促进对外开放和我国经济的发展。

3.2.3 我国税收政策的发展与完善

1. 新中国成立初期的税收政策

新中国成立之初，起临时宪法作用的《中国人民政治协商会议共同纲领》规定："国家的税收政策，应以保障革命战争的供给，照顾生产的恢复和发展及国际建设的需要为原则，简化税制，实行合理负担。"该税制总的政策是统一税政、平衡财政支出。这一政策是通过"多种税、多次征"的复税制来实现的。多种税是指统一商品流转额的同时，征收几种税；多次征是指有的税种要在商品流通过程中多次征收。"多种税、多次征"的税收制度，使国家从生产、流通各个环节取得财政收入。

2. 改革开放初期的税收政策

改革开放前，中国的税制已经支离破碎，极端简化，对国民经济主体的国有企业只征收一个工商税，对集体企业只征收工商税和工商所得税，和市场经济体制要求的税制大相径庭。改革开放后随即进行了局部性改革，特别是通过 20 世纪 80 年代初的两次"利改税"，基本上恢复了原有的税种，对国有企业开征了企业所得税，增加了涉外税种，进行增值税的试点。

但随后不久，刚刚重建起来的税制实际上被全面的承包制所取代，对国有企业实行承包经营责任制，对地方财政实行财政包干制。承包制的基本原则是确定上缴基数、多收多留，一家一户通过协商签订承包合同，原本上的强制征税成为协商办税。承包制运行的后果，从微观的角度上说，是一户一率，企业的负担水平在相当程度上取决于企业的谈判能力，形成企业负担不公，违背市场经济的公平竞争原则；从宏观的角度上说，导致财政收入占 GDP 的比重逐年下降，中央财政收入占全部财政收入的比重逐年下降，社会财力和财权分散，政府财政收入低，财政赤字不断增加，这也是改革开放开始阶段长时间内通货膨胀难以治理的一个制度性原因。1992 年 10 月中国共产党十四大报告中正式提出"我国经济体制改革的目标是建立社会主义市场经济体制"。要建立和完善社会主义市场经济体制，税收体制也必须进行改革，及早结束承包制，代之以符合市场经济运行规律的新税收制度。

3. 1994 年分税制改革

针对改革开放十几年税收政策存在的问题，我国政府在 1994 年同时进行了税收制度与财政体制改革。税制改革的基本原则是：强化税收法制，公平税负，简化税制，合理分权，理顺分配关系。财政体制改革确定借鉴国际通行的分税制替代财政包干制，改革的基本指导思想是：合理调整中央与地方的利益关系，促进整体财政收入的正常增长；合理调节地区间的财力分配，既要保护发达地区快速发展的势头，也要扶持不发达地区的发展和老工业基地的改造；坚持统一政策和分级管理相结合、整体规划和逐步推进相结合的方针。1994年的财政体制改革和分税制改革是新中国成立后的一次具有全面性、创新性和前瞻性的税制改革，奠定了市场经济税收体制和财政体制的基本模式，确立了我国的税收基本政策：统一税法、公平税负、简化税制、合理分权。1994年的分税制改革的重要成果主要在以下几个方面。

(1) 确立了社会主义市场经济税制的基本框架，形成了以流转税和所得税为主，辅之以若干辅助税种的较规范较完整的税制体系。在流转税方面，以全面推行生产型增值税为核心，配之以消费税和营业税。在所得税方面，统一了内资企业所得税，不再执行企业承包制；对个人所得税，在总结历史经验和借鉴外国有益做法的基础上进行了重大改革，体现了公平税负、合理调节，高收入者多征、中低收入者少征或不征的原则。

(2) 确立了具有中国特色的分税制，合理调整了中央与地方的分配关系。中央与地方收入划分改变过去的基数法，按税种划分中央固定收入、地方固定收入和中央地方共享收入，将税源最为广泛的增值税作为主要共享收入，采取"维持存量、调整增量"办法；将原税务机构一分为二，分设国税局和地税局；逐步完善转移支付制度，加大转移支付力度。这种分税制保证了中央集中适当的财政收入，又有利于激励地方政府加强税收征管的积极性。

(3) 避免了大幅度税制改革可能带来的负面影响。税制改革后，1993—1995年GDP同比分别增长13.5%、12.6%、10.6%，固定资产投资分别增长18.6%、36.8%、17.5%，零售物价指数分别上涨13.2%、21.7%、18%，符合当时政府控制经济增长过热和通货膨胀的预期目标，税制改革没有产生扭曲效应，促进了国民经济按预期目标发展。

(4) 实现了"两个比重"的回升和持续增长。我国自改革开放以后，财政收入占GDP的比重呈现逐年下降的趋势，由1978年的31.2%下降到1993年的12.6%。税制改革后，1994年下降幅度减缓，1995年开始回升，而后则持续上升。中央财政收入占全部财政收入的比重收到同样的效果，1993年这一比重仅为22%，改革的当年即上升为55.7%，而后基本上维持在50%左右，中央财政掌握了更大的主动权和调控余地。

4. 营业税改征增值税改革

营业税和增值税，是我国分税制改革后的两大主体税种。营业税改增值税（简称"营改增"），是指以前缴纳营业税的应税项目改成缴纳增值税。分税制改革后，我国的税收体系经过了多次局部的调整，进行了具体内容的优化。为了进一步优化税制，提高税制效率，建立健全科学的税收制度，支持现代服务业发展，促进经济结构调整和国民经济健康协调发展，2011年我国财政部、国家税务总局联合下发营改增试点方案，从2012年1月1日起在上海部分行业开展试点工作，我国"营改增"这一税制的结构性改革正式开始。

"营改增"的最大特点是减少重复征税，可以促使社会形成更好的良性循环，有利于企业降低税负。增值税只对产品或者服务的增值部分纳税，减少了重复纳税的环节，是党中央、国务院根据经济社会发展新形势，从深化改革的总体部署出发作出的重要决策。此次改革目的是加快财税体制改革，进一步减轻企业赋税，调动各方积极性，推动服务业尤其是科技等高端服务业的发展，促进产业和消费升级、培育新动能、深化供给侧结构性改革。

我国营业税改征增值税改革主要经历了以下3个阶段。

(1) 第一阶段：少数行业，开始试点。2011年，经国务院批准，财政部、国家税务总局联合下发营业税改增值税试点方案，2012年1月1日率先在上海交通运输业和部分现代服务业实施了"1+6"营改增试点；2012年9月1日至2012年12月1日，"营改增"试点由上海市分4批次扩大至北京、江苏、安徽、福建、广东、天津、浙江、湖北8省市。

(2) 第二阶段：多个行业，全国试点。2013年5月24日，财政部、国家税务总局发布《财政部 税务总局关于在全国开展交通运输业和部分现代服务业营业税改征增值税试点税收政策的通知》，规定自2013年8月1日起，在全国范围内开展交通运输业和部分现代服务业"营改增"试点工作。交通运输业（不包括铁路运输）和部分现代服务业"营改增"试点在全国范围内推开，同时将广播影视服务纳入试点范围；2014年1月1日，铁路运输业和邮政业在全国范围实施"营改增"试点；2014年6月1日，电信业在全国范围实施"营改增"试点。

(3) 第三阶段：所有行业，全国实行。2016年3月5日，国务院政府工作报告中明确提出2016年全面实施"营改增"改革。同年3月24日，财政部、国家税务总局向社会公布了《营业税改征增值税试点实施办法》《营业税改征增值税试点有关事项的规定》《营业税改征增值税试点过渡政策的规定》《跨境应税行为适用增值税零税率和免税政策的规定》，所有的"营改增"实施细则及配套文件全部出台。2016年5月1日起，建筑业、房地产业、金融业、生活服务业等全部营业税纳税人纳入试点范围，并将所有企业新增不动产所含增值税纳入抵扣范围，营业税改征增值税试点全面推开。这是自1994年分税制改革以来，财税体制的又一次深刻变革。

3.2.4 我国交通运输业营业税改征增值税改革实践

1. 营业税和增值税的内涵

1) 基本概念

(1) 营业税。

营业税，是指对提供应税劳务、转让无形资产和销售不动产的单位和个人，就其所取得的营业额征收的一种税。营业税属于流转税制中的一个主要税种。我国从事水路运输、航空运输、管道运输或其他陆路运输业务并负有营业纳税义务的单位，为交通运输业的纳税人。计税营业额是指纳税人提供应税劳务、转让无形资产和销售不动产向对方收取的全部价款和价外费用，价外费用包括向对方收取的手续费、基金、集资费、代收款项及其他各种性质的价外收费。营业税税率按照行业、类别不同分别采用不同的比例税率。

营业税具有以下特点。

① 征税范围广。营业税的征税范围包括在境内提供应税劳务、转让无形资产和销售不动产的经营行为，涉及国民经济中第三产业这一广泛的领域。第三产业直接关系着城乡人民群众的日常生活，因而营业税的征税范围具有广泛性和普遍性。

② 计算方法简单。营业税的计税依据为各种应税营业额，税收收入不受成本、费用高低影响，收入比较稳定，营业税实行比例税率，计征方法简便。

③ 税率多样化。营业税与其他流转税税种不同，它不按商品或征税项目的种类、品种

设置税目、税率,而是从应税劳务的综合性经营特点出发,按照不同经营行业设计不同的税目、税率。

(2) 增值税。

增值税是以商品(含应税劳务)在流转过程中产生的增值额作为计税依据而征收的一种流转税。从计税原理上说,增值税是对商品生产、流通、劳务服务中多个环节的新增价值或商品的附加值征收的一种流转税。它是价外税,由消费者负担,有增值才征税,没增值不征税。按照我国增值税相关管理办法的规定,增值税是对在我国境内销售货物或者提供加工、修理修配劳务、应税服务以及进口货物的企业单位和个人,就其货物销售或提供劳务的增值额和货物进口金额为计税依据而课征的一种流转税。

在实际中,商品新增价值或附加值在生产和流通过程中是很难准确计算的。因此,我国也采用国际上普遍采用的税款抵扣的办法,即根据销售商品或劳务的销售额,按规定的税率计算出销售税额,然后扣除取得该商品或劳务时所支付的增值税款,也就是进项税额,其差额就是增值部分应交的税额,这种计算方法体现了按增值因素计税的原则。

根据对外购固定资产所含税金扣除方式的不同,增值税可以分为以下 3 种。

① 生产型增值税。生产型增值税指在征收增值税时,只能扣除属于非固定资产项目的那部分生产资料的税款,不允许扣除固定资产价值中所含有的税款。该类型增值税的征税对象大体上相当于国内生产总值,因此称为生产型增值税。

② 收入型增值税。收入型增值税指在征收增值税时,只允许扣除固定资产折旧部分所含的税款,未提折旧部分不得计入扣除项目金额。该类型增值税的征税对象大体上相当于国民收入,因此称为收入型增值税。

③ 消费型增值税。消费型增值税指在征收增值税时,允许将固定资产价值中所含的税款全部一次性扣除。这样,就整个社会而言,生产资料都排除在征税范围之外。该类型增值税的征税对象相当于社会消费资料的价值,因此称为消费型增值税。

2) 营业税与增值税的区别

"营改增"即将应缴纳营业税的部分行业或企业变为缴纳增值税进行税费征收。增值税和营业税都归结于流转税,是我国重要的税收组成部分。但两者的征收依据不同,征税范围不同,征收税率也不同。两者相比较,用增值税进行抵扣更科学、更合理。

增值税自 20 世纪 50 年代在法国开征以来,迅速被世界其他国家采用。目前,已有 170 多个国家开征了增值税,主要原因是增值税有效地解决了营业税重复征税问题。营业税与增值税的区别可以从以下几个方面来分析。

(1) 从计税依据上看,营业税以收入全额征税(部分差额计税的除外),没有成本费用的扣除,流转环节越多,税负就越重;改征增值税后,商品在以前生产流通环节所缴纳的税款允许抵扣,可以有效缓解重复征税问题,有利于增值税中性作用的发挥,促进企业的专业化分工和服务外包,避免企业的"大而全"和"小而全"。

(2) 从对外贸易看,营业税与增值税的不同征税方式对我国服务性出口企业在国际竞争中的态势有一定影响。我国的服务业主要缴纳营业税,而营业税属于价内税,不能进行出口退税,从而导致服务含税出口,相比于那些对服务业征增值税的国家,我国的服务出口价格会比同类服务价格高,在国际竞争中没有价格优势,因而不利于第三产业的发展和产业结构的优化。

(3) 从征收复杂性来看，随着经营形式的多样化，有时候难以判定一项复杂的经济业务是应适用增值税还是营业税。营业税改征增值税后，可以避免混合销售中该征收营业税还是增值税的难题，这样有利于简化征管，实现税收的统一管理。在新形势下，逐步将增值税征税范围扩大至全部的商品和服务，将营业税改为增值税，符合国际惯例。

3) 增值税的制度优势

传统的营业税对流转所有过程征收，流转环节越多，重复征税的程度越严重。增值税通过引入扣除机制，解决了重复征税问题。增值税仅对商品（含应税劳务）在流转过程中产生的新增价值额征收税款，它的核心特征是抵扣机制，在本环节征收税款时，允许扣除上一环节购进货物或者接受加工修理修配劳务、应税服务已征税款。增值税消除了传统的间接税制在每一个环节按销售额全额道道征税所导致的对转移价值的重复征税问题。概括起来，增值税具有以下几大制度优势。

(1) 实行税款抵扣制度，避免重复征税。在计算纳税人应纳税款时，要扣除商品在以前生产经营环节已负担的增值税税款，可以有效避免重复征税。世界上各国普遍实行凭购货发票抵扣制度。

(2) 保持税收中性，有利于平衡税负。根据增值税的计税原理，流转额中的非增值因素已经在计税时被扣除，因此，对于同一商品而言，无论流转环节的多少，只要增值额相同，税负就相同，不会影响商品的生产结构、组织结构和产品结构。从制度上解决了同一种货物由全能厂生产和由非全能厂生产所产生的税负不平衡问题，为在市场经济下的公平竞争提供良好的外部条件。

(3) 实行价外税制度，税收负担由最终消费者承担。增值税为价外税，作为计税依据的销售额中是不含增值税税额的。增值税虽然是向纳税人征收，但是纳税人在销售商品的过程中会通过价格杠杆将税收负担转嫁其他人，只要商品实现销售，税收负担最后会由最终消费者负担，纳税企业只是代收代付性质，增值税不应该构成其税收负担，只是影响其现金流和发生遵从成本。

2. 交通运输业"营改增"政策实施过程

2011年11月16日，经国务院批准，财政部、国家税务总局联合印发了营业税改征增值税试点方案的相关文件《财政部 国家税务总局关于印发〈营业税改征增值税试点方案〉的通知》，提出了我国营业税改征增值税的指导思想、基本原则，之后又印发了《财政部 国家税务总局关于在上海市开展交通运输业和部分现代服务业营业税改征增值税试点的通知》，明确提出2012年1月1日起在上海市交通运输业和部分现代服务业开展营业税改征增值税试点改革。交通运输业主要包括陆路运输服务、水路运输服务、航空运输服务、管道运输服务。

2012年7月，财政部和国家税务总局根据国务院第212次常务会议决定精神印发了《财政部 国家税务总局关于在北京等8省市开展交通运输业和部分现代服务业营业税改征增值税试点的通知》，明确将交通运输业和部分现代服务业营业税改征增值税试点范围由上海市分批扩大至北京市、天津市、江苏省、浙江省（含宁波市）、安徽省、福建省（含厦门市）、湖北省、广东省（含深圳市）等8个省（直辖市）。

2013年4月10日，国务院常务会议决定，一方面扩大地区试点，自2013年8月1日起，将交通运输业（不包括铁路运输）和部分现代服务业"营改增"试点在全国范围内推开；另一方面，力争 2013 年下半年将铁路运输和邮电通信等行业纳入"营改增"试点范围。随后财政部和国家税务总局联合印发《财政部 国家税务总局关于将铁路运输和邮政业纳入营业税改征增值税试点的通知》，明确从 2014 年 1 月 1 日起，将铁路运输和邮政业纳入"营改增"试点范围。从区域试点到全国推进，铁路运输业被纳入进来，交通运输业"营改增"进入全国实施的新阶段。

2016 年 3 月 24 日，财政部、国家税务总局向社会公布了《营业税改征增值税试点实施办法》《营业税改征增值税试点有关事项的规定》《营业税改征增值税试点过渡政策的规定》《跨境应税行为适用增值税零税率和免税政策的规定》，至此，"营改增"政策的所有实施细则及配套文件全部出台。

2017 年 10 月 30 日，国务院常务会议通过《国务院关于废止〈中华人民共和国营业税暂行条例〉和修改〈中华人民共和国增值税暂行条例〉的决定（草案）》，标志着实施 60 多年的营业税正式退出历史舞台。2019 年 3 月 5 日，发布《国家税务总局关于做好 2019 年深化增值税改革工作的通知》，提出提高认识，加强领导，汇集改革合力，突出重点，有序推进，做实改革举措，压实责任，严明纪律，确保改革成效，进一步深化推进增值税改革。

3. 我国交通运输业增值税政策的部分内容

1）关于纳税人界定和应税服务范围

（1）纳税人界定。纳税人分一般纳税人和小规模纳税人。应税服务的年应征增值税销售额超过财政部和国家税务总局规定标准（目前为 500 万元）的纳税人为一般纳税人，未超过规定标准的纳税人为小规模纳税人。

（2）应税服务范围。交通运输业应税服务为有偿提供的交通运输服务，非营业活动中提供的运输服务不属于提供应税服务。其服务范围主要包括陆路、水路、航空和管道运输服务，产业应税服务范围还涉及物流辅助服务。

2）关于税率、征收率和计税方式

（1）增值税税率。2013 年交通运输业增值税税率为 11%，物流辅助服务税率为 6%，国际运输服务（具体包括在境内载运旅客或者货物出境、在境外载运旅客或者货物入境和在境外载运旅客或者货物）为零税率。小规模纳税人增值税的征收率为 3%。2018 年 3 月我国政府将交通运输业增值税税率由 11% 下调到 10%，2019 年进一步深化增值税改革，将交通运输业增值税税率由 10% 降至 9%，进一步降低了交通运输行业的税负水平，2020 年仍保持 9% 不变。

（2）计税方式。交通运输业增值税计税采用一般计税方法和简易计税方法。一般纳税人提供应税服务适用一般计税方法计税（当期销项税额抵扣当期进项税额后的余额）；小规模纳税人提供应税服务适用简易计税方法计税（按照销售额和增值税征收率）。另外，试点纳税人中的一般纳税人提供的公共交通运输服务，具体包括轮客渡、公交客运、轨道交通（含地铁、城市轻轨）、出租车、长途客运、班车等，可以选择按照简易计税方法计算缴纳增值税。

3）关于增值税进项税额抵扣政策

进项税额是指纳税人购进货物或者接受加工修理修配劳务和应税服务，支付或者负担的增值税额。进项税额准予从销项税额中抵扣的范围包括：从销售方或者提供方取得的增值税专用发票上注明的增值税额；从海关取得的海关进口增值税专用缴款书上注明的增值税额；

购进农产品,除取得增值税专用发票或者海关进口增值税专用缴款书外,按照农产品收购发票或者销售发票上注明的农产品买价和13%的扣除率计算的进项税额。

4. 交通运输业"营改增"政策的必要性

交通运输业作为国家基础服务行业,不仅对一国的经济起到推动作用,并且关系着一个国家的民生问题,它的发展对其他产业的发展有着不可替代的推动作用;交通运输业"营改增"的实施也会间接影响到其他产业。交通运输业征收营业税的方式存在着重复征税、不利于公平税负,交通运输全环节税负高、不利于打通产业链形成规模化效益,不利于税收征管等问题。"营改增"不仅有效避免了营业税本身的一些弊端,而且也有利于完善税制建设,促进交通运输企业优化资产,促进经济发展方式的转变。当前,我国正处于加快转变经济发展方式的攻坚时期,大力发展第三产业,发展交通运输业,对推进经济结构调整和提高国家综合实力具有重要意义。"营改增"是深化财税体制改革的重要内容,是以结构性减税促进"稳增长、调结构、促转型"的"关键点",既是重大的改革举措,也是有效的发展措施。

1)征收营业税时存在着重复征税的现象

运输过程是生产过程在流通领域的继续,也是货物增值的过程。而交通运输业被纳入营业税的征税范围时是就收入的全额征收营业税,不能抵扣外购材料和劳务等所含的进项增值税额,从而造成了重复征税,加重了交通运输业纳税人的负担。

2)完善增值税,进一步消除重复征税

我国流转税税制在探索的实践中发现,增值税征税的范围越广,其税款征收的链条就越紧,进而就越有利于消除重复征税。增值税专用发票在交通运输业的使用,使其成为增值税链条中的一环,这样在运输中的上下环节都得到了正常抵扣,完善了增值税链条,进一步消除了重复征税。

3)促进社会分工的专业化,推动交通运输业发展

对交通运输业的征税由营业税改成征收增值税,一方面避免了企业重复征税的问题,有利于减轻企业的税收压力;另一方面,即使商品的生产形式、组织机构形式不同,征收增值税的税率还是一样的,不会因为商品流通增加一个环节就要增收一道营业税,使相关产业的运营越来越专业化,促进了产业的融合,这不仅可以提高企业竞争力,还促进了社会分工的专业化发展,适应我国经济结构调整的需要,加快了交通运输业发展的步伐。

4)促使交通运输企业的财务核算规范,深化行业体制改革

增值税税法中规定,对于不能正确核算进、销项税额或不能按税法规定进行纳税申报、提供纳税资料的纳税人,税务机关有权取消其进项税额抵扣,并按销售收入全额征税。这样,必然会促使交通运输企业认真建账、设账,完善会计核算,加强财务管理,增强企业竞争力。

5)有助于促进我国公共交通行业及民航业的发展

燃料价格的波动和高企会使交通运输行业面临巨大的成本压力,特别是公共交通行业和民航业对燃料价格更加敏感。交通运输行业的营业税征收就不能抵扣油价中已含的增值税进项税额。如果改征增值税,运输企业就可以抵扣燃料成本及新增固定资产所含的增值税进项税额,减轻企业税负。

6)有助于促进交通运输业技术改造,减少能源消耗和环境污染

交通运输业隶属于营业税征税范围时,新增固定资产的增值税进项税额不能抵扣,大大

降低了企业技术改造和设备更新的动力,一定程度上造成了交通运输行业的设备陈旧、技术落后,造成运输设备燃料消耗量大、污染物排放高。所以,改征增值税不仅有利于交通运输业技术改造和设备更新升级,同时也可以减少能源消耗、降低环境污染,提高我国运输企业的国际竞争力。

3.3 交通运输投融资政策

交通运输企业是社会主义市场经济中从事交通运输服务活动的基本经济单位,是独立的交通运输服务经营者。交通运输企业按市场需求提供交通运输劳务,在满足社会需要的同时,维持自身生存和增强自我发展的能力。交通运输企业投资是运输企业简单再生产和扩大再生产的一个重要环节,也是交通运输企业维持自身存在与发展的一个基本条件。

从宏观和微观两个方面来研究交通运输企业投资,具有重要的意义。从宏观方面说,交通运输企业投资对交通运输基础设施建设与发展水平的依赖性较大,因此必须密切关注我国投资体制改革的进程、成效、存在的问题和未来发展。从微观方面说交通运输企业经营的直接目标是价值增长,即盈利,因而必须实现投资决策的科学性、系统性和效益性。由于交通运输需求属于派生性需求,因而交通运输企业投资一般都有较大的不确定性和风险,因此必须对交通运输企业投资项目评价的不确定性分析给予特别的重视。

3.3.1 交通运输投资和融资的概念与方式

1. 交通运输投融资的含义及分类

交通运输投融资政策是在交通建设领域投资、融资、补偿等政策与法规的总称,它可以分解成交通基础设施建设投资政策、融资政策和补偿政策3个方面。融资与投资总是相对而言的,投资的主体是融资的主要对象,而融资设施建设则是投资的对象。

1) 投资的含义与分类

投资是经济主体为获取经济效益而垫付货币或其他资源用于某种事业的经济活动。实际上,投资的含义比较广泛,有形资产的建造和购买、无形资产购买,以及对人力资本的投资都属于投资的范畴。

投资有不同的类型和用途。按照形成资产的性质,投资可以分为有形资产投资和无形资产投资。有形资产投资是指投资资本用于形成实物资产的投资。实物资产是企业生产经营活动的载体,如果没有或者实物资产不足,企业的生产经营活动就没法进行。无形资产投资是指投资资本用于形成无形资产的投资。无形资产包括知识产权、契约权利、关系、商誉等。

按照投资主体不同,投资可以分为政府公共投资与社会民间投资。政府公共投资是指政府作为主体而进行的投资,资金主要投入公益性事业中。社会民间投资是指非政府经济组织或个人进行的投资,资金主要投向以经济效益为主的营利性项目。

按照投资者与生产经营者的关系,投资可分为直接投资和间接投资。直接投资是指投资者将资本直接用于企业的生产经营活动,以获得直接的生产经营收益的投资。它包括固定资产投资和流动资产投资。间接投资是指投资者通过购买有价证券,以获得企业生产经营活动间接收益的投资,它包括股票投资和债券投资。

2）融资的含义与分类

交通运输企业融资是交通运输企业根据自身的资金运用状况和资信能力，经过科学的预测和决策，通过可能的渠道，采用一定的方式，适量、适时、适价地取得或筹集到生产经营所需的资金，从而保证企业正常运作，实现企业一定时期的经营目标的一种经济行为。

所谓融资，是指货币的借贷与资金的有偿筹集活动。具体表现在银行贷款、金融信托、融资租赁、有价证券的发行和转让等。融资是资本的投机与融通行为，是资金的需求者即融资主体通过某种方式，运用金融工具，从某些储蓄者手中获取资金的过程。

融资的分类形式如下。

按照融资过程中形成的资本产权关系，融资可以分为股权性融资和债权性融资。股权性融资是企业向股东筹集资金的主要融资方式，也是企业创办或增资扩股时采用的融资方式；而债权性融资则是利用发行债券、银行贷款等方式向资金所有者筹集资金的融资方式。

按照投资过程中企业是否借助金融中介机构（如银行），融资可以分为直接融资和间接融资。直接融资是指企业直接通过证券市场向金融投资者出售股票、债券等而获得资金的一种融资方式。间接融资是指企业通过金融中介获得资金的一种融资方式，主要是在证券市场不发达的情况下发挥作用。

按照是否有追索权，融资可以分为无追索权的融资和有追索权的融资。无追索权的项目融资成为纯粹的项目融资，在此种融资方式下，贷款的还本付息完全依靠项目的经营效益。贷款银行为保证自身的利益必须从项目拥有的资产取得物权担保。如果该项目由于种种原因未能建成或经营失败，其资产或收益不足以清偿贷款时，贷款银行无权向项目的主办人追索。除了以贷款项目的经营收益作为还款来源和取得物权担保外，贷款银行还要求有项目实体以外的第三方提供担保。贷款银行有权向第三方担保人追索。但担保人承担债务的责任，以他们各自提供的担保金额为限，这是有追索权的项目融资。

2. 交通运输业的投资方式

我国交通运输项目过去大多采用政府直接投资的方式，该种投资存在着许多弊端。但改革开放以来，我国对原有的投资体制进行了一系列改革，打破了传统计划经济体制下，高度集中的投资管理模式，初步形成了投资主体多元化、资金来源多渠道、投资方式多样化、项目建设市场化的新格局。

从投资形态上分，交通运输业投资方式大致分为以下3种类型。

（1）企业投资，即交通运输企业作为投资主体，这类企业投资又可以分为私营企业投资和国有企业投资。

（2）行政投资，即由中央政府或地方政府进行的投资，行政投资和国有企业投资两者之和就是公共交通投资。

（3）社会投资，即工商企业、社会团体、群众组织等各类组织和个人为满足自身的需要而发生的交通投资。

3. 交通运输业的融资方式

不同的融资方式成本是不同的，风险也不同。应当对可能的融资方式进行对比分析，选择恰当的融资方式并确定他们之间的比例，以降低综合成本，并降低可能出现的风险。

1）交通运输业的债券融资

所谓债券融资，是指通过债券的方式进行融资，债券融资所获得的资金，企业首先要承担资金的利息，另外在借款到期的时候要向债权人偿还资金的本金。

债券融资主要有银行贷款、发行债券等形式。发行企业债券在我国是被严格控制的，不但对发行主体有很高的条件要求，并且需要经过严格审批，铁路已经分批发行了规模不同的债券，一定程度上积累了这方面的经验。融资租赁也是融资的一种有效方式，采用融资租赁可以节约资金成本，分散融资风险。

2) 交通运输业的股权融资

股权融资是指企业的股东愿意让出部分企业所有权，通过企业增资的方式引进新股东的融资方式。股权融资所获得的资金，企业无须还本付息，但新股东将与老股东同样分享企业的盈利与增长。股权融资的特点决定了其用途的广泛性，既可以充实企业的营运资金，也可以用于企业的投资活动。

3) 交通运输业的项目融资

项目融资是指以一个特定的建设项目作为融资对象，以项目的现金流量和收益作为偿还所筹资金的来源，以项目资产作为融资的安全屏障的一种融资方式。它依靠项目本身的资产和未来现金流量作为所筹资金的偿还保障，原则上发起人对项目之外的资产没有追索权或仅有有限追索权。

项目融资的方式包括以下几种形式。

(1) BOT (build-operate-transfer，建设—运营—转让) 融资方式。BOT 融资方式的基本思路是交通基础设施建设项目的直接投资者和经营者从项目所有人（主要是政府）获得基础设施建设和经营的特许权，负责组织项目的建设和生产经营，提供建设和运营所需要的股本资金和技术，安排融资，承担风险，并从基础设施的运营中获得利润，最后根据协议将该基础设施无偿转让给项目所有人。

BOT 项目融资作为政府基础设施项目融资的一种重要方式，其显著特点就是政府赋予项目公司对某一项目的特许权，由该公司对项目的建设和经营全权负责，政府无须投资，通过特殊的方式，由项目的承包人完成一些重大基础设施的建设，达到吸引社会资本参与公共设施建设的目的。BOT 的另一个特点即是有限追索权，它完全依靠 BOT 项目本身的优势而非项目所有人的信用能力，将归还借款的资金来源限定在项目收益上，贷款人是针对特许权项目提供贷款，贷款清偿效果和保障依赖于项目产生的收益及其他股东和生产者在合同中约定的业务。一般情况下 BOT 方式的投资及其风险应全部或大部分由投资人承担，但按照国际惯例，哪一方更有能力控制的风险，就由哪方承担，若双方都无法控制或不适于任何一方控制的风险，就由双方共同承担。西安地铁"莲湖路—五路口—长乐路"是全长为 20 km 的轨道交通，该项目采用 BOT 方式，建设期为 3 年，投资 25 亿元，投资公司经营时间为 20 年，之后交由西安市政府经营和管理。

(2) TOT (transfer-operate-transfer，移交—经营—移交) 融资方式。TOT 融资方式是指为了筹建更多的交通基础设施建设资金，项目所有人将部分交通基础设施经营权有限转让给经营者，收回资金用于其他项目的建设和开发。这种融资方式与 BOT 相似，但转让的不是建设经营特许权，而是转让已建成的项目的部分经营权，转让期满后将项目无偿移交回项目所有人。TOT 项目融资的特点是，项目所有人以已经建成并投入使用的基础设施为基础，与有关公司签订特许经营协议，把这一基础设施项目经营权移交给公司，该公司根据协议对该基础设施进行经营；经营期满后，该公司再把这项设施无偿移交给项目所有人。产生 TOT 项目融资方式的动因在于：项目所有人可以凭借该设施在未来若干年内的收益，一次性地从经营者手中融得一笔资金，用于新的基础设施项目的建设。南京长江第二大桥经营管理采用的是 TOT 方式。2004 年，南京市交通集团与深圳中海投资有限公司签署了"关于南京长江第二大桥有限公司的股权转让合同"，将所持有的二桥公司 65% 股份转让给深圳市中海投资有限公司，特许其二桥的收费经营权，以及与收费经营密切相关的二桥养护、维修等的相关权利和义务，特许经营期限为 26 年，待 2031 年经营期满，将长江二桥资产无偿移交给南京市政府或政府指定的接收机构。

（3）PPP（pubic-private-partnership，公共私营合作制）融资方式。PPP 融资方式是指公共政府部门与民营企业合作模式。PPP 模式是交通等基础设施建设中发展起来的一种优化的项目融资与实施模式，其典型的结构为：政府部门或地方政府通过政府采购形式与中标单位组成的特殊目的公司签订特许合同，由特殊目的公司负责筹资、建设及经营。采用这种模式的实质是：政府通过给予私营公司长期的特许经营权和收益权来换取交通等基础设施加快建设及有效经营。1992 年英国最早应用 PPP 模式，英国政府管理者认为 PPP 模式下的工程达到和超过价格与质量关系的要求，可节省 17% 的资金，80% 的工程按规定工期完成，而常规招标项目按期完成的只有 30%。智利在为平衡基础设施投资和公用事业急需改善的背景下于 1994 年引进 PPP 模式，结果是提高了基础设施现代化程度，并获得充足资金投资到社会发展计划中。我国交通 PPP 项目典型案例是北京地铁 4 号线。北京地铁 4 号线是北京市道路交通网络中一条贯穿市区南北的轨道交通主干线，正线全长约 28.2 km，项目总投资额约 153 亿元。整个项目分为 A、B 两部分，A 部分主要为土建工程部分，投资额约为 107 亿元，约占总投资额的 70%，由北京基础设施建设投资有限公司的子公司 4 号线公司负责投资建设；B 部分主要包括车辆、信号、自动售检票系统等机电设备，投资额约为 46 亿元，约占总投资额的 30%，由京港地铁有限公司负责投资建设。北京市政府以京港地铁有限公司租赁 A 部分资产的租金作为调节机制，给予京港地铁特许经营 30 年期限，期满后，京港地铁有限公司将 A 部分项目设施归还给 4 号线公司，将 B 部分项目设施完好地移交给北京市政府指定部门。

（4）ABS（asset-backed securitization，资产证券化）融资方式。ABS 融资方式是以项目资产可以带来的预期收益为保证，通过一套提高信用等级计划在资本市场发行债券来募集资金的一种项目融资方式。资产证券化是指将缺乏流动性但又能够产生可以预期的稳定现金流的资产汇集起来，通过一定的结构安排对资产中风险和收入要素进行分离与重组。再配以相应的信用担保和信用升级，将其转变成可以在金融市场上出售和流通的证券的过程。从技术上看，被证券化的资产必须达到一定的规模。如果规模较小，就需要找到预期性质相类似的资产，共同组建一个可证券化的资产池，从而达到规模经济。被证券化的资产收益率具有可拆分的经济价值，即资产必须具有可重组性，资产证券化的本质要求为：组合中的各种资产的期限、风险、收益水平等基本接近，能在未来生产稳定的现金流的资产比较适合以 ABS 方式进行融资，它既可以解决增量投资问题，也可以盘活存量资本。ABS 大体上可分为项目贷款资产证券化和项目收益资产证券化。

4. 交通运输业的融资渠道

1）使用国家财政资金

同世界上许多国家一样，为了支持本国交通运输企业的发展，我国政府也先后在不同程度上向企业进行了投资并给予资助。

（1）财政投资。财政投资是财政杠杆体系中主要用以调整和添置固定资产的重要手段。它从促进整个国民经济的协调发展出发，以投资数量、投资方向和投资构成来影响国民经济建设规模和建设结构。国家的财政投资一直是交通运输企业资金的主要来源之一，20 世纪 80 年代中期起实行预算内基建投资拨款与贷款双轨制，对没有偿还能力的交通运输企业实行拨款制，以及对基础性设施项目给予拨款等做法，仍然体现出投资对交通运输企业的重要影响。

（2）财政补贴。财政补贴是国家出于宏观的考虑，调节地区或部门经济、社会需求和社会经济生活，在经常性的财政分配之外，以直接或间接的方式对特定对象所给予的额外财务支持。对交通运输企业的财政补贴主要是利息补贴，如在实行"拨改贷"时，国家除了对交通运输企业采用"差别利率"和"宽限期"的办法外，还对交通运输业的某些投资项目的贷款率给予贴息。

（3）加速折旧。折旧费是反映补偿生产过程中消耗了固定资产的价值，国家可以在财力允许的范围内利用折旧率的弹性来对国民经济产生资助的作用。

（4）税收倾斜。税收是国家为了实现其职能，按法律规定强制地、无偿地向纳税义务人征收的实物或货币，是国家对国民经济进行调节和监督管理的一个重要经济杠杆。国家对交通运输企业的税收倾斜政策体现在营业税上是低税率及免税，体现在所得税上也是分别减征和免征，以达到减税让利的目的。

（5）利润分配。利润分配是国家作为投资者参与国有企业经济效益的分配以调整国家与国有企业之间分配关系的一个重要经济手段。按理说，交通运输企业的税后利润在提留公积金和公益金之后就要上缴给国家。但近年来，国家仍然让这部分税后利润留在企业里，以供企业继续资助使用。

2）利用金融机构融资

为了改变由国家向交通运输企业无偿拨款而产生种种弊端的局面，国家从 1980 年决定凡是由国家预算安排的基建投资全部由财政拨款改为银行借款。从此，我国交通运输企业的长期资金的来源主要就是从银行、信托投资公司和其他金融机构获得的借款期限长短不一的各种借款。

（1）政策性贷款。政策性贷款是指为了满足国家宏观经济发展战略决策的特殊需要，由国家确定特定投向、投量和利率的贷款。政策性贷款既是特需的贷款，也是特定的贷款，它的贷款期限比较长、宏观效益较好、微观效益较差。我国交通运输企业目前取得的固定资产投资贷款主要就是这类贷款。

政策性贷款主要有国家专项储备方面的贷款、重点基建方面的贷款、经济开发方面的贷款、重点技术改造方面的贷款，以及其他重点支持方面的贷款等。

（2）基本建设"拨改贷"。我国从 1985 年起对经营性国家投资项目由国家预算内拨款投资改为用银行信贷（委托建设银行以贷款的方式提供）的方式进行管理，简称"拨改贷"，"拨改贷"的利息率比较低，国家还根据不同行业实行差别利率和财政贴息的办法。

（3）吸收社会资金。交通运输企业可以通过各种方式将暂时或较长时期内闲置在社会（主要指企业职工和城乡居民）的资金吸收而成为企业的资金来源，具体方式有以下几种。

① 发行股票。由交通运输企业作为发起人并以自身的部分资产改制组建为股份制企业，

再经国家证监会批准以后向社会发行股票以筹集资金。如上海海运（集团）公司改制成立的控股子公司——上海海兴轮船股份有限公司在香港发行 H 股，上海国际港务集团在上海整体上市公开发行 A 股。

② 发行债券。交通运输企业经过申请批准后向社会公开发行债券筹集资金，如某些地区发行的专项债券。

③ 内部集资。交通运输企业通过有关部门的批准，可以向企业职工进行内部集资，以解决资金不足的问题。

④ 委托银行专项吸储。交通运输企业可以与有关银行签订协议，委托银行为解决企业的资金问题而实行吸储，专款专用，并由企业承担还本付息的责任。

（4）利用外国资金。随着我国对外开放的不断深入，交通运输企业进一步有计划、有重点、积极有效地利用外国资金，以弥补企业资金的不足。交通运输企业利用外资的形式主要有以下几种。

① 世界银行贷款。这是属于国际金融组织贷款的一种，贷款利率随国际金融市场的变化而变化，一般比市场利率低一些。世行贷款大多由国家统借统还，然后再由国家财政贷款单方实行优惠政策而给予一定的利息补贴。若借款人不是政府，则要政府担保。借款手续烦琐，要求严格。贷款期限较长，一般为 20～30 年。

② 外国政府贷款。交通运输企业从 1987 年开始出现直接向国外政府借入固定资产贷款。这种贷款的利率比较低，一般只有 3% 左右；贷款的期限也比较长，常在 10～20 年间；贷款企业最终还可以免缴进口税项。

③ 外国"卖方信贷贷款"。这是运输企业直接向外国买入固定资产（如船只）时获得的贷款。这种贷款的利率也比较低（因为可得到其所在国政府的额外补贴）。

④ 外国银行贷款。外国银行贷款指的是交通运输企业直接从外国的商业银行或金融机构取得的各种贷款。

（5）其他单位投资。交通运输企业的资金来源中有一部分是其他单位的投资，这是指其他法人单位或法人（包括外商）依法将其可支配的资金投向交通运输企业。各企业在其生产经营过程中，往往都会有部分暂时甚至比较长时期闲置的资金，可以在各企业间相互调剂使用。目前，交通运输企业与其他单位进行联合、合作、中外合资的情况已越来越多。

（6）融资租赁。我国交通运输企业进行融资租赁主要是船舶的融资租赁，它能集"融资"与"融物"于一体。根据租赁合同，全部租金在租赁期内按约定的方式分期支付，租赁期满后是续租、购买或是退租可由交通运输企业选择确定。融资租赁可以解决交通运输企业需要经营资产而资金不足的问题；企业可以将购置资产的资金留作他用；企业的融资租赁的租金也可作为抵税项目；企业在租赁期内对租赁资产享有使用支配权，而且所用资产在技术上和运营上也都由承租企业来决定以满足生产需要。因此，融资租赁方式已被许多交通运输企业广泛采用。

3.3.2 我国交通运输业投融资发展与创新

1. 我国交通运输业投融资发展

我国投资体制改革大体经历了以下 3 个阶段。

（1）1979—1987 年，投资体制改革的探索阶段。改革首先是以提高政府投资建设的效益为目标而展开的,这一阶段的改革使得企业与政府开始初步分离。简政放权、缩小指令性计划和投资项目建设实施的市场化是这一阶段的基本特点。

(2) 1988—2003年,市场经济型投资体制框架形成阶段。通过实行建设项目业主责任制、法人责任制、投资项目资金责任制,国有企业逐步成为市场投资主体。项目投资实施过程的组织管理权全部从政府行政部门分离出来,由政府行为变为企业行为,国有企业初步成为市场投资主体。"拨改贷"资金转为资本金后,政府作为投资者由企业债权人变为企业所有人,并逐步演变为股东,从而演变为真正的金融投资主体。

(3) 2004年至今。2004年,经国务院批准的投资体制改革方案以《国务院关于投资体制改革的决定》名义颁布,此次改革的核心内容就是改革投资领域中的行政审批制度,对企业不再进行审批管理,代之以政府核准和登记备案制。这对于实现"谁投资,谁决策,谁受益,谁承担风险"的原则,建立"市场引导投资、企业自主决策、银行独立审贷、融资方式多样、中介服务规范、宏观调控有效的新型投资体制"具有重要的促进作用,使我国的投资体制改革进入了新阶段。

我国投融资体制改革虽然已经取得了一定的进展,许多制度性、时空性的传统观念被打破,但由于涉及国有企业、国有资产经营管理、金融体制等许多层次的问题尚未解决,市场体系的发育还很不充分,政府职能转变也还不到位,有关法律法规也不健全,致使现行投资体制仍然不能适应发展社会主义市场经济的要求,投资领域存在的问题依然严重。政府主导、争项目、拼投资、拼速度的势头没有改变,企业有效投资不足与盲目扩张依然存在,长期存在的投资结构矛盾并没有得到缓解,国民经济总体效益仍不理想。

投资体制存在的问题主要有以下几方面。

(1) 以投资风险约束机制为核心的法律体系尚未建立起来。

(2) 有效的投资宏观调控体系没有建立起来。

(3) 投资管理不规范,投资监管体系不完善。

(4) 核准制和备案制不完善。

(5) 无视企业投资自主权,仍然受到政府单方面、强制性行政许可管理的制约,企业投资主体地位仍未真正建立。

国有企业的融资机制——生产经营资金取得和筹集的方式,是与国家实行的经济体制,以及财务管理体制紧密联系在一起的。在传统的计划经济体制下,交通运输企业的融资机制只能是财政拨款型。改革开放后我国进入双重体制并存时期,银行贷款融资机制开始实际运行并发挥作用。随着社会主义市场经济体制的建立和完善,一种反映商品等价交换关系的新型融资体制——市场调节型融资机制必将逐步形成并且居于主导地位。

交通运输业是国民经济的基础部门,长期以来其基础设施的建设主要由国家投资。经济发达国家的发展经验表明,在工业化过程中,大都经历了一个对交通运输业大量投资的阶段,这期间用于发展交通运输的投资占有较高的比重,从而形成超前发展的强大的综合交通运输体系,为工业现代化和经济腾飞创造先决条件。世界银行专家提出的"中国与国际运输指标研究"报告中指出:发展中国家为实现工业化,交通运输投资一般应占总投资的20%~28%。

改革开放以来,中国的经济社会发生了历史性的变化,社会主义市场体制逐步完善,综合国力大幅度提升,人民生活从温饱不足发展到总体小康。同时,交通运输业作为国民经济的基础性、先导性产业和服务型行业，也取得了举世瞩目的成就，基础设施规模快速扩大，交通运输服务水平明显提高，安全保障能力显著增强，综合运输体系建设扎实推进，为促进经济社会发展和提高人民生活水平做出了重要贡献。

2. 21世纪初期中国交通运输业投融资的经验教训

1) 交通运输业投融资瓶颈没有完全消除

改革开放以来，尽管对交通运输投融资体制改革进行了诸多尝试性的探索，其主要目的是鼓励多元化投资，多渠道吸收各种资金，努力解决交通运输业发展中资金短缺的瓶颈问题。但总体上看仍然不能适应国民经济和社会发展的需要，交通运输基础设施覆盖面偏低，建设资金缺口巨大，直接导致主要交通运输大通道运输能力十分紧张。

2) 投资单一

交通运输业投融资做法基本上还是传统的计划经济模式，国家交通建设项目大多数仍由国家各级政府部门直接负责筹措资金，组织建设，并承担还贷责任。企业的投融资主体地位尚未确立起来，长期计划经济体制造成的交通投融资决策权高度集中、亏损没有得到有效补偿，制约了国有资本对社会资本的引导和带动作用，影响到投融资渠道和方式。这种情况无疑造成了交通建设发展的财力紧张，致使交通投融资严重不足，制约着发展步伐，严重不适应"跨越式"发展要求。

3) 筹资渠道单一

交通建设资金来源主要依靠财政性资金和银行贷款。除了政府财政性投资为最重要的筹资渠道之外，融资渠道主要来自国家开发银行贷款，满足不了加快交通建设的需要。尤其是各类交通建设贷款进入还本付息高峰期后，每年征收的交通建设基金已低于当年还本付息总额，还贷压力进一步增大。

4) 融资方式单一

融资方式包括直接融资和间接融资两大类。中国交通运输业虽然在这两方面都进行了一些有益的探索，但力度不够，投融资渠道单一，难以满足大规模建设的融资需求。尽管投融资体系已经打破了计划经济体制的束缚，经过事业投资、道路收费等一系列的制度尝试，直到出现了一些交通资本化、市场化等形式的创新和试点，但是从总体上看，中国交通建设除了银行贷款以外，国际上一些常用的金融工具和产品，如资产证券化、信托投资、企业债券等在我国都尚未成熟，可供融资主体选择的融资方式极其有限，这使得交通建设项目中的资金使用效率不高，且项目中存在的各种金融风险得不到有效的防范和管理。

5) 交通投融资体制与经济发展的要求不协调

经过多年的改革实践，公路、水路、民航等行业都已不同程度的实行了政企分开的投融资管理体制，但铁路行业长期政企合一，铁路建设以政府投资为主，基本上是由原铁道部规划和进行建设的格局。因此，在铁路建设速度不断加快、资金缺口较大的情况下，不但社会资金大规模进入铁路领域存在体制性障碍，从整体上看投融资体制也难以适应铁路持续、快速、健康发展的需要，资金"缺位、越位、错位"问题突出。

6) 投融资管理方式落后

交通建设项目大多数仍由国家政府直接负责筹措资金、组织建设，并承担还贷责任。企业的投融资主体地位尚未确立起来，缺乏内在的投资控制机制和资金滚动发展机制，不能充分发挥国有资本对社会资金的引导和带动作用。此外，政府直接投入交通建设的弊端显而易见：其一不利于调动市场、政府两个一方面的积极性。其二不利于吸引民间资金进入交通建设、经营领域。政府利用行政职权开征交通建设基金无偿投入交通建设，客观上制约了民间资本和外资的进入。其三不利于交通多元化建设、运营步入良性循环的轨道。其四不利于提高交通投融资的使用效率。由于交通建设基金作为政府财政性资金投入各类交通建设，建成运营后，在计算交通运输成本时，就不需要再计算这部分资本的本金和回报，这从客观上导致了交通运输价格与实际运输生产成本的大幅度偏离，导致部分国企盈利水平较低，无法吸引民间资本和外资进入交通建设、经营领域，交通建设所需资金又不得不由政府承担。

交通投融资体制改革必须分清政府与市场的责任，调动政府、市场两方面建设的积极性。政府不再投资营利性、竞争性线路的建设，应通过市场融资吸引民间资本；政府财政性资金、国债，应投入国土开发性、国防、少数民族地区、贫困地区、经济欠发达地区的线路和保证公益服务的线路。政府主要负责解决交通建设的公共问题，市场主要解决交通建设的效率问题，这样才能促进路网合理布局和资源优化配置。

3. 交通运输业投融资手段的创新与发展

交通运输业是国民经济的基础产业，它的发展关乎其他产业的发展，且需要大量的资金投入。为了给交通运输业的发展提供充足的资金，必须进行金融创新。结合中国的实际，从国内可实施的环境来看，可供尝试借鉴的投融资模式主要有以下几种。

1）股份制筹集

股份制改革和股票上市，既能转变经营机制，又是一种好的投融资方式。中国股市需要有高质量资产的企业注入，以改善中国股票市场的状况。交通设施是高质量的资产，只要运价改革等措施跟上，对一些较好的交通运输企业尽快包装上市，可为更新改造筹措资金。中央政府在必要时可实行对某些国土规划型或社会效益型关键交通运输环节实行运价补贴政策，以放松对运价的管制，逐渐向市场定价的方向过渡。地方政府可以通过参股、控股、购买、租赁等方式参加国家允许的交通线路的建设和运营管理。同时，地方政府还要积极主导或支持地方铁路建设。

2）发行政府贴息的交通建设债券

把政府财政用于交通建设投资中的部分资金，用于交通建设债券的贴息基金。选择一些投资回收期短的建设项目（如技术改造项目），政府以贴息的方式，鼓励企业发行债券向社会筹资。贴息期限根据建设进度或投资回报期来确定。本金和贴息期以后的利息由筹资企业偿还。通过这种投资方式，有限的财政基金可起到引导作用。

3）实行资产证券化，组建投资公司

为对现有交通设施特别是铁路进行改造和资产证券化，建议组建交通资产证券化投融资公司，以用现有交通资产进行投融资。从国际经验和我国的实践看，交通基础设施很适合资产证券化的投融资方式。ABS通过发行和资产收益商品化的投融资产品筹资，是银行和企业有效和低成本进入国际资本市场的一个重要的投融资工具。ABS是出售资产预期收入（应收账）而不是负债，因此获得了所需投融资，而未增加负债率。即通过ABS投融资获得了资本，但又不改变原有股东结构，不是收购股权。

4）建立交通产业投融资基金

交通产业投融资基金，类似于美国资本市场上的共同基金。这种基金通过契约或公司的形式，将个人或机构投融资者的资金聚到一起，并委托专家进行投融资经营与管理，为投融资者获取相应的资本收益与增值。

目前，中国居民存款高达数万亿元以上，并有大量的社会资金，但是由于普通居民缺乏投资意识、专业知识和投资渠道，因而投资谨慎或投资盲目，致使资金闲置或投资失误，未能发挥其应有的效用。为聚集社会闲散资金，使分散资金的投向能与国家政策相吻合，并能获得较可靠的投资收益，发展交通基础设施的产业投融资基金十分必要。

为了使投资基金发挥效率，应成立专门的投资管理公司，一方面国家赋予必要的职能，实现完成国家赋予的筹集基金、加强建设的任务；另一方面公司要严格按公司法运作和管理，确保资金的正确运用，对投融资者负责，即把政府的导向、规划与投融资者的收益相结合起来。

交通建设项目是建设周期和投资回报期均较长的基础产业建设，发行短期债券尽管是一种筹集方式，但长期封闭式投融资基金可能是一种更好的选择。

5) 合理利用外资

从国际经验来看，无论是发达国家还是发展中国家，在建立现代化的交通运输产业过程中无不借助于外资。当前利用外资的主要形式是中国政府对外借款、国际金融机构的转贷款和中央政府担保的对外债务，外国投资者对交通建设的直接投资数量很少。这主要是因为在这些领域还存在一些制度、制衡及约束因素。为了加快交通建设，吸引更多的国际资本进入中国的交通运输业，需要制定相关政策和进行相关的投资体制改革，国外常用的项目融资或BOT、TOT等开发模式，国外投资者容易接受，中国也取得了一定经验。在项目融资中，涉及复杂的金融、法律、市场和行政管理方面的问题，需要经过反复磋商才可能达成协议，但相对风险比较小，成功率比较高。利用外资，要有一个合理的界线，一些重要的交通干线的建设，国家或境内企业必须掌握控制权。

习　　题

1. 交通运输政策实施的经济手段有哪几种？
2. 交通运输价格定义及职能各是什么？
3. 交通运输税收的职能是什么？
4. 简述交通运输的投资方式与融资渠道。

第4章 交通运输管理体制与法规体系

【本章内容概要】

本章介绍交通运输资源配置、组织机构、责权划分、利益分配、运行机制,以及相互间关系的管理体制;我国交通运输管理体制的现状及未来的发展趋势;交通运输法规体系的内容。

【本章学习重点与难点】

学习重点:掌握交通运输管理体制包含的内容;掌握我国交通运输法规体系的构成;掌握我国交通运输法规体系规范的途径。

学习难点:理解国外交通运输管理体制对我国的启迪。

4.1 交通运输管理体制的概念

管理体制是指管理单位的决策权限、隶属关系、机构设置、调控机制和监督方法等方面的结构体系和组织制度。我国目前的交通运输行政管理部门是交通运输部,主管铁路运输、公路运输、水路运输和航空运输。中国石油天然气总公司下属的管道局负责管理管道运输。各类运输行政组织行使的管理职能表现在运输法规建设、培育和完善运输市场体系、促进运输市场信息的畅通和进行间接的经济调控。

交通运输管理体制是指国家为发展交通运输业而建立的一种管理体制,是交通运输资源配置、组织机构、责权划分、利益分配、运行机制相互间关系的总和。管理体制实质上是生产关系的反映。我国是社会主义国家,经济制度是"以公有制为主体,多种所有制共同发展"。这也就决定了我国交通运输业始终要保持公有制的主导地位。随着我国社会主义市场经济体制的确立和逐步完善,在国家宏观调控下,市场对交通运输业资源配置和在组织交通运输经济活动中的作用将进一步增强。

在这样一个变革的时代里,总结我国交通运输经济管理体制改革的经验,借鉴国外先进经验,研究我国交通运输业管理体制改革的方向和措施,建立适应和促进我国交通运输经济健康发展的管理体制成为整个经济体制改革的一项重要任务。

4.2 我国交通运输管理体制

新中国成立以来,我国交通运输管理体制经过多次改革逐渐发展完善,交通运输部门管理职能得到了大幅度优化,不论是过去政企合一管理体制问题,还是与地方权责不明晰的问题,都得到了很大程度上的解决;同时,由于交通运输行业的复杂性,很多历史遗留问题仍然存在继续改革的空间。当前,我国经济发展形势进入了新的阶段,从原来的高速增长阶段进入了更注重发展质量的中速增长阶段。交通运输行业发展越来越成熟,今后交通运输管理将逐渐由原来的以规划建设为重点发展到以行业规划运行管理职能为重点。另外,我国各地区发展仍然不平衡、不充分,对交通运输管理体制也提出了挑战,东部发达地区交通拥堵、尾气排放等问题日益凸显,西部地区还处在完善交通运输网络的阶段,同时网约车、共享汽车、自动驾驶等新业态、新形态迅速发展,要求交通运输管理体制要深化改革,适应发展新形势,不断与时俱进。

4.2.1 我国交通运输管理体制改革发展过程

改革开放后,我国交通运输行业快速发展,交通运输管理体制也相应发展变革,总体上可以分为4个阶段。

1. 第一阶段(1978—1991年)

从1978年12月中国共产党十一届三中全会确立改革开放政策开始,我国对于市场化的看法逐步放开。1984年10月十二届三中全会通过了《中共中央关于经济体制改革的决定》,突破了把计划经济同商品经济对立起来的传统观念,明确指出社会主义经济是在公有制基础上的有计划的商品经济。在此基础上,交通运输行政管理职能以"简政放权、放权让利"为主要特征,开始向行业管理转变,逐步脱离微观管理和直接管理的职能。铁路方面,在试点放开部分路局自主经营权限的基础上,试水企业化运营模式;公路方面,人、财、物及生产经营管理权逐步下放企业,政府逐步减少直接干预;水运方面,对长江航道管理体制进行改革,在港航分管基础上,实行政企分离;民航方面,组建民航管理地区局,在各省建立省局,承担管理地方机场职能。在这一阶段,中央和地方在部分管理领域的关系得到进一步明晰。1987年《中华人民共和国公路管理条例》正式颁布,将国、省干道修建管养职能下放到省,县道下放到县,乡道下放到乡,确立了公路管理"条块结合"的模式。同一阶段,港口确立了中央和地方政府双重领导、以地方管理为主的管理体制,除秦皇岛外的沿海和长江干线港口全部下放地方管理。

2. 第二阶段(1992—2001年)

这一阶段是适应社会主义市场经济体制环境下,交通运输管理体制进一步改革的阶段。1992年党的十四大提出了建设社会主义市场经济体制的重大方针,交通运输管理中行政对市场的干预进一步降低,中央和地方分工进一步明确,交通运输企业经营机制加快转换。铁路方面,1994年铁道部确定了铁路市场化改革的基本框架,随后在部分路局实行管理体制创新试点,地区铁路局开始直接管理铁路站段。1998年开始,14个铁路局逐步实行资产经营责任制。2000年,中铁工程总公司、中铁建、中车、中铁通信信号总公司等从铁道部剥离。地方政府开始正式参与铁路投资。公路方面,从1995年开始,公路养护逐步推进"管养分离、事企分离"。1999年交通部全部直属企业实现全面剥离,大部分省级层面交通运输主管部门实现了与直接管理企业的全面脱钩,2000年开始,交通部决定将一部分行政直接管理职能下放到行业,由行业自行管理,进一步突出了交通部的行业管理功能。港口在上一轮下放基础上，全面实现港口的地方管理，实行政企分离，地方政府承担属地港口的行政管理职能。航道管理方面，地方在交通部的指导下，开始航道管理事企分开试点，并在航道管养中探索引入市场化运营。在海事管理方面，合并原船舶检验局和安全监督局的水上安全监管职责，成立国家海事局，界定了中央和地方的水上监管界限，建立"一水一监、一港一监"的水上安全监管体系。民航管理方面，率先将上海虹桥机场下放至上海市直接管理。在这一阶段，交通运输企业发展束缚得到进一步解放，发展步伐进一步加快。

3. 第三阶段（2002—2013年）

这一阶段，交通运输行政管理职能逐步向行业管理和公共服务职能聚焦。2003年党的十六届三中全会召开，进一步强调了市场作用，加强市场在资源配置中的基础性作用，同时不断健全各级政府进行宏观管理的机制，不断完善各级政府的社会管理、公共服务职能。2008年3月11日公布的国务院机构改革方案标志着我国大部制改革揭开了新的历史篇章，其中正式提出新组建交通运输部。在此次大部制改革中交通运输部在原交通部的基础上组建，同时国家民用航空局、国家邮政局也纳入交通运输部的管理之下，交通运输部还接手了原建设部的指导城市客运的职责。这一轮的改革不仅初步建立了"大交通"的格局，确立了交通运输部是国家综合交通运输管理的主要政府部门的地位，同时还在交通运输部的职责中明确了"由交通运输部牵头，会同国家发展和改革委员会、铁道部等部门建立综合运输体制协调配合机制"。由此，交通运输部作为"大交通"体系顶层设计者的重要地位进一步稳固。改革还对地方交通运输管理体制的建立起到了推动作用，各地方政府在机构改革过程中，按照大部制改革的设计，推进落实一级政府仅设立一个交通运输管理部门。按照行政级别的划分，省、市、县三级行政管理体制逐渐形成"一省一厅""一市一局（委）""一县一局"的组织模式和管理模式。在各级交通主管部门的职能设定方面，将原来各个职能部门统筹结合在一起，从系统性的角度对交通运输进行统一规划，并在部分地区将城市交通的基础设施建设等职能移交给交通运输主管部门。随着不断成熟的"大部制"管理方式，在这一阶段，我国交通运输管理体制已经能够适应综合交通运输发展的基本需求。

这一阶段，在铁道部指导下成立了中铁建投公司，成为铁路投资的融资平台。2005年，铁道部撤销了全部分局，全面实行直接管理站段的管理方式。公路方面，按照分级管理原则和事权统一的要求，对高速公路、国省干道、县乡道路等各类路网管理职责进行了更加精细、更加精准的界定。民航方面，2002年开始推进机场属地化管理，民航总局直属机场全部转交地方管理，民航行政管理体制进行深度调整，形成了总局—地区管理局—省市区监管办的三级行政管理体系。民航企业的多种所有制发展开始起步，2004年，国家出台政策允许民营资本进入民航产业，春秋等多个民营航空公司正式成立进入航空运输市场。2003年，港口企业改制全面完成，全国各地港口开始按照市场经济规律，自负盈亏。由于我国铁路建设政企合一的历史原因和部分现实原因，这一阶段的大部制改革没有将铁道部的有关职能划入"大交通"体制，但是民航、邮政以及城市客运的划入，使得交通运输部行业管理的职能更加完整。

4. 第四阶段（2013年至今）

这一阶段，交通运输大部制改革深入推进，交通运输行政管理职能进一步向行业管理、监管功能集中，充分体现了尊重市场规律、改进审批制度、加强行政监管的改革方向。2013

年党的十八届三中全会召开,通过了具有划时代意义的《中共中央关于全面深化改革若干重大问题的决定》,继十一届三中全会后,对全面深化各领域改革发展做出了新的部署。同年3月,十二届全国人大一次会议通过了《国务院机构改革和职能转变方案》,按照建立中国特色社会主义行政体制目标的要求,以职能转变为核心,继续简政放权、推进机构改革、完善制度机制、提高行政效能,加快完善社会主义市场经济体制。《国务院机构改革和职能转变方案》中对铁路政企改革做出了明确的规定,实行铁路政企分开,完善综合交通运输体系。改革方案明确提出,撤销铁道部,组建国家铁路局、中国铁路总公司,将铁道部拟订铁路发展规划和政策的行政职责划入交通运输部;交通运输部统筹规划铁路、公路、水路、民航发展,加快推进综合交通运输体系建设;组建国家铁路局,由交通运输部管理,承担铁道部其他行政职责,负责拟订铁路技术标准,监督管理铁路安全生产、运输服务质量和铁路工程质量等;组建中国铁路总公司,承担铁道部的企业职责,负责铁路运输统一调度指挥,经营铁路客货运输业务,承担专运、特运任务,负责铁路建设,承担铁路安全生产主体责任等;国家继续支持铁路建设发展,加快推进铁路投融资体制改革和运价改革,建立健全规范的公益性线路和运输补贴机制,继续深化铁路企业改革。

在这一阶段,管理体制变化后,铁路经营改革的活力得到释放,铁路总公司也不断深化企业改革。根据《国家发展改革委关于改革完善高铁动车组旅客票价政策的通知》,从2016年1月1日起,放开高铁动车票价,改由铁路总公司自行定价,并给予根据市场竞争状况和客流分布等因素实行一定的折扣票价的权力。这意味着市场化转型的铁路企业拿到了"高铁定价权"。中国铁路总公司股份制改造工作也快速推动,截至2017年11月15日,中国铁路总公司所属18个铁路局均已完成公司制改革工商变更登记,此后几天各自正式挂牌,各铁路局均更名为中国铁路局××集团有限公司,铁路企业开始从传统运输生产型企业向现代运输经营型企业转型发展;2019年6月18日,经国务院批准同意,中国铁路总公司改制成立中国国家铁路集团有限公司。管道运输方面,2019年3月,中央全面深化改革委员会第七次正式会议通过了《石油天然气管网运营机制改革实施意见》,提出组建国有资本控股、投资主体多元化的国家石油天然气管道公司,推动油气管线独立,实现"输配分离",这是对天然气管网和液化天然气接收站实施第三方公平准入的前提,也意味着我国油气体制改革向前迈出重要一步。

2013年开始的改革中,形成了由交通运输部负责管理国家铁路局、中国民用航空局、国家邮政局的交通运输大部门管理架构格局,初步建立起与综合交通运输体系相适应的大部门体制机制。新建立的交通运输部负责组织拟定综合交通运输战略、政策、法律法规草案、标准等职责以及组织编制综合交通运输体系规划和统筹衔接平衡铁路、公路、水路、民航和邮政规划方面的职能,促进了各种交通运输方式的有效衔接和服务一体化。2013年11月26日,经国务院和中央编委批准,《中央编办关于交通运输部有关职责和机构编制调整的通知》正式印发,明确了交通运输部有关调整和加强的职责,理顺了与有关部门单位的职责分工,调整优化了机构设置和人员编制。2014年3月12日,交通运输部官网发布消息显示,交通运输部有关职责和机构编制调整已基本到位,标志着交通运输大部制顶层机构改革落实工作顺利完成。同时,地方交通运输大部门制体制机制改革也不断深化,兼顾地方特点,各省(区、市)逐步建立起综合交通运输协调机制。

4.2.2 我国交通运输管理体制存在的问题

1. 从纵向看职权界限还存在模糊现象

现阶段我国交通管理体制仍然存在直线制、职能制等多种模式。在水运中多模式并存尤其突出，国家层面有交通运输部水运局，各省设港口局、航道局（部分省一级为港航局），分别隶属本级交通运输主管部门，水上执法国家层面设国家海事局，并在部分省份设有省一级国家海事局，为直线管理，省以下设地方海事局，分别隶属各地交通运输部门管理。此外，交通运输部还单独设立了长江、珠江两个航务管理局。如长江上航行的船只将同时受水运局、长江航务管理局、国家海事局三家同等级别、互不隶属单位的管辖，一旦驶入相邻的地方水域，还要接受地方航道管理机构、海事部门的管理，这种管理方式会造成交叉管理、交叉执法，导致管理效率低。在道路运输管理方面，地方交通运输部门负责路权路产的保护、运输安全的监管，在道路上有公安部门行使执法权，而高速公路方面有公安、高速公路管理两支执法力量，普通国省干道存在公安、路政、运政三支执法力量，其中很多执法功能是交叉的。比如对于超载超限，既是公安执法内容，也是路政执法内容，缺少对于职权划分的顶层设计依据，可能造成地方实际操作过程中的混乱。

2. 从横向看决策效率还不是很高

我国交通运输行政管理部门承担的重要决策职能是对全国交通运输行业发展的规划引领。从实际操作中看，这种决策职能受制于多方面因素，决策过程中包含大量的跨部门协调工作。如具体交通项目的规划审批，除交通运输部外，还涉及自然资源、生态环境、住房和城乡建设等多个国家部委，最终决定权在国家发改委手中。对具体项目的审批，往往交通运输管理部门不能在第一时间决断，需要横向协调因素较多，手续烦琐、时间冗长，增加了决策成本，降低了决策效率。虽然国家不断简政放权，将一些规划项目的审批权下放到省一级，但是地方交通运输主管部门操作决策程序同样要协调同级发展改革、自然资源、生态环境等部门。从决策效率来看，需要改进决策模式。

3. 从内部看机构职能整合还不够

经过大部制改革，交通运输部的"大交通"管理格局已经初步形成，但是部分职能整合还有待深入。在大部制改革前，国内铁路、航空运输管理分别由铁道部和民航总局管理；改革后，铁道部撤销，成立国家铁路局承担行业管理职责，国家民用航空局、国家铁路局成为受交通运输部领导的部门。但是，从运行来看，民用航空局独立性还是很强，融合度不高；铁路方面国家铁路局承担的工作有限，铁路企业承担了大部分工作，特别是地方上发展铁路事业，不论是规划制定还是具体建设，都要和国铁集团及各铁路局集团公司做大量的沟通协调。这种初级阶段的整合，难以从根本上解决长期以来各种运输方式各自为战、缺乏有效衔接的状况，各交通运输方式主管部门在长期发展规划中各自按照自身的资源状况制定单一运输方式的内容，缺乏对整体综合运输发展战略的全盘考虑，难以形成各种运输方式间的协调配合、设施的统筹规划及运营管理，交通运输管理机构职能整合优化仍有待完善。

4. 从外部看发挥市场作用还不够

交通运输领域某些方面市场化程度仍较低。交通运输领域作为国家的重要战略行业，某些方面确实不适宜过于市场化。但是某些行业市场化程度低带来的问题是单一垄断市场，行业发展活力不够。从运输方式层面看,目前市场化程度相对较高的是公路运输和航空运输,特别是航空客运,近年来受到来自高铁发展和民营廉价航空的双重压力,航空客运越来越普遍化,市场化运行逐渐完善。而铁路运输目前还是一家独大,从安全等角度出发,铁路民营化短期内还不可能实现,但是,仍然可以逐步引入社会资本,推进市场化改革,也可以扩大地方铁路事业的发展,鼓励地方建设地方铁路、成立地方铁路管理公司,逐步改变一家独大的局面。

5. 从地方上看,改革推进还存在不平衡、不充分的情况

由于我国国土面积较大,各地发展情况差异较大,所面临的具体情况有所不同,因此在地方交通运输改革方面还存在着不平衡、不充分的情况。虽然大部分省份已经建立了比较集中的交通运输统一管理模式,但是仍然有部分省份、部门职能还是分散管理,有的公路、港口等部门独立性还很强。在城市交通方面,城市客运交通的指导职能已经划入交通运输部,相应的地方管理功能也基本都划入地方交通运输管理部门;但在具体执行层面,很多地方具体的城市客运站点建设等功能还分布在城市建设部门,也存在职能整合不充分的情况,可能造成地方交通运输发展城乡不平衡、不协调。当前国家层面交通运输主管部门已经不承担具体工程建设工作,但是地方交通运输部门,特别是省以下交通运输部门在交通运输工程建设中仍占主导地位,一些应该交还给市场的功能还在地方政府行政职能中。

4.2.3 我国交通运输管理体制改革的原则

1. 坚持统筹兼顾

交通运输管理体制改革本身具有深远的影响。在深化的过程中既要注重顶层设计,又要对实践积极探索总结;既要保障各方面的合法利益,又要保证改革的逐步推进,充分发挥中央和地方的改革合力,统筹兼顾是改革稳中求进的必然选择。

2. 坚持市场决定作用

在交通运输发展的长时间实践探索过程中,人们逐渐认识到市场规律在深化改革过程中的重要作用,所以在逐步深化交通运输管理体制改革的过程中,既要把握交通运输本身的基础性、先导性、服务性作用的特性,又要结合市场发展规律,将政府与市场的界限逐步明确,做到既要保证市场对交通运输建设相关资源的优化配置,又能不断提升政府对交通运输体系宏观调控的能力。

3. 坚持依法推进

依法治国是我国的基本治国方略,交通运输管理体制改革需要国家法律予以授权,法律是改革实施和推进的基本依据,依法推进改革是交通运输管理体制改革的基本要求。

4. 坚持注重实效

改革的目的是推动发展,交通运输管理体制改革的目的是为广大人民群众带来更高质量的服务,所以在深化改革的过程中应注重改革的实效,为争取更大的实效对实际问题进行优化解决。

4.2.4 我国交通运输管理体制改革经验

随着交通运输管理部门的几次机构改革,我国交通运输管理体制改革总体上不断聚焦行业管理，突出宏观性和整体性，与我国的经济社会发展水平相适应，与国民对交通运输事业发展的需求相适应。

1. 管理体制改革符合国家战略发展要求

交通运输管理体制服务国家战略发展的作用非常明显，特别突出的是民航和铁路行业的体制改革过程。1954年民航局成立之后，隶属关系几经变更，这与民航发展战略在国家整体战略体制中的地位紧密相关。最初是军管机制，当时我国处于社会主义建设起步阶段，从大力整合资源、加快实现从无到有方面考虑，军管机制可以充分发挥部队管理体制下集中力量办大事的优势。随后大段时间由国务院直接管理，则是为了统筹发展，实现从有到大的需要。在民航局将民用机场的建设和管理职能下放地方后，民航局的规划和监管职能更加突出，从各类交通运输手段协同发展的角度出发，由交通运输部统一领导也成了必然趋势。铁路作为重要的战备设施，最早由铁道部军事管制委员会领导，其后随着军事职能逐步减弱，民用运输需求不断增长，管理关系由军委转入国务院。为适应社会主义市场经济发展，1994年国务院明确"铁道部兼负政府和企业双重职能"。后期的铁道部政企分开、铁路企业股份制改造等，也充分反映了铁路运输管理体制服务国家发展战略的规律。

2. 管理体制改革促进机构统筹能力不断增强

随着改革开放后各类运输方式的快速发展，交通运输的管理范畴也在不断变大，从最初的水、陆交通管理，到后期铁、公、水、航空和物流业的统筹管理，交通运输管理体制改革的总体趋势向"大部制"逐步迈进，实现"大交通"管理。从机构设置上看，已经基本上完成了对各类交通运输方式的协同管理，并且通过简政放权，下放行政审批职能，逐渐脱离具体事务，突出行业规划管理主要职能，实现了主责主业突出、监管职能全面。通过集中管理模式，我国交通运输发展已经从过去的低水平向目前的综合交通运输体系迈进，从单纯的建路建桥向枢纽建设迈进，整个行业发展更加注重体系化、科学化、精细化、协同化。同时，围绕新业态、新常态，比如共享单车、网约车等新时代的运输方式，也在不断跟进完善规划管理。2019年9月，《交通强国建设纲要》印发，提出要统筹推进基础设施规模质量、技术装备、科技创新能力、交通智能化、安全化和绿色化等方面的建设，全面提升交通治理能力，建设人民共享的美好交通。

3. 管理体制改革激发行业市场活力

计划经济年代，我国由政府主导的各领域的政企合一现象非常普遍，虽然政企合一最初加快了部分产业的孵化和初始发展速度，但这与市场经济规律是相背离的，不利于长远发展。顺应社会主义市场经济发展趋势，交通主管部门从20世纪90年代开始不断推行政企职责分离制度，交通主管部门权力下放，将经营管理的主体责任交给企业，减少对企业市场行为的直接干预。水运和民航在20世纪90年代就初步实现了政企分离，港口和机场都已经实行比较成熟的企业化运营，并且大部分都在地方政府监管之下，中国国际航空公司等几大骨干航空公司从90年代开始实现自主经营、独立核算、自负盈亏。港口目前则是多种所有制并存，畅通了融资、经营渠道。公路方面，各地高速公路成立高速公路管理公司，采用市场化模式，开展运营，自主融资、自主发展，通过经营偿还建设债务。市场化程度进度落后的铁路运输也实现了政企分开，规划和监管的功能与建设运营的功能进行了分离。在管理体制改革的过程中，多种所有制经济逐步加入交通运输行业发展中来，市场活力显著增强。

4. 管理体制改革促进地方交通运输事业发展

在不断完善机构设置和职能分配的过程中,通过交通运输管理体制改革,中央和地方的管理关系得以理顺,中央重点转向对交通运输总体规划的统筹把握,地方的自主权利不断得到加强,地方的交通运输市场化水平也在不断提升,基础设施建设发展完善,运营管理水平逐步提高,交通运输事业得到了质和量的双重飞跃发展。

4.2.5 我国交通运输管理体制深化改革的思路

1. 围绕提升决策能力、决策效率深化改革

在交通运输管理领域,对交通运输发展的规划指导必须依托交通运输行政管理部门。从进一步做好规划计划、加强顶层设计的层面,探索如何落实"大规划"的概念,将规划和规划审批职能统一放置,丰富交通规划部门的职能,逐步整合公路、铁路、水路、航空、管道的协同发展,实现一个部门管规划。将各种因素统筹考虑,作出优化决策。充分发挥我国集约式管理的优势,提高决策效率,分步实施推进,先理顺决策环节设置不顺畅的地方,再逐步加强管理职能横向和纵向整合。同时,建立交通运输管理跨行政部门及中央与地方的协调机制,建立并不断完善交通运输部门内外协调机制。

2. 围绕释放具体事务、加强行业监督深化改革

从行业管理角度,对行业发展的具体事务,政府管理部门逐步以监管代替直接管理。目前交通运输部已经下放了大量的具体管理和审批权限,但是从当前情况来看,还不够彻底。以长江、珠江航务管理为例,交通运输部直接管理虽然可以统筹全流域的管理和建设工作,但当前各项设施建设已经相对完善,地方作为实际使用者,各省内部难以统筹各流域的发展。在这种管理体制下,长江、珠江航务管理在中央,和长江、珠江交汇的分支河流的管理职能在地方,在日常管理过程中,在河流交汇处很可能出现管理的混乱,要么重合,要么形成中央和地方"两不管"的真空地带。在交通运输管理体制改革中,可以把具体的管理和行政执法权力下放,交通运输部负责监管,统筹管理、协调各地方利益和各行业发展。

3. 围绕优化部门设置、提高整合程度深化改革

目前我国铁路、民航和邮政都是交通运输部管理的副部级建制的国家局,借鉴国外经验,为了更好地实现协同发展,可以逐渐将铁路、民航和邮政演变成交通运输部的内设机构,更好地实现扁平化管理,实现"决策归决策、执行归执行"的管理模式。当前我国高铁、民航、邮政事业发展势头强劲,在一定的发展时期拥有一定的独立地位,但是从交通运输基础设施建设的长远发展规律看,进入平稳发展期后,协同发展的必要性更加突出,应该根据发展实际情况适时考虑部门再整合。

交通运输管理部门和职能具体整合的过程中,一方面要避免中央和地方管理的脱节。我国地域大、要素全,各地交通运输事业发展程度相差较大,需要中央发挥统筹协调和总体规划的作用,缩小各地交通运输发展的差距。另一方面,要避免重复合并,未来部门的重构将呈现多元化和碎片化,整体划转越来越少,更多的是部分功能、部分机构的重组,需要增强管理体制改革的规划性、前瞻性,从长远的角度出发,避免反复进行高成本的机构重组。

4. 围绕突出市场主体、释放市场活力深化改革

进一步开放市场经济进入交通运输体系建设的通道。我国现在处于经济转型和政府职能改革时期，必须正确处理好政府与市场的关系，把政府对经济的宏观调控作用与市场对社会经济运行和资源配置的基础性作用结合起来，转变政府职能，协调优化政府与社会、市场及内部各职能部门之间的关系，减少政府部门对经济的微观干预，突出市场主体，释放交通运输市场活力。对一些政府主导的经营性交通运输基础设施的建设和运行，应当降低民营资本进入的门槛，制定合理的政策和模式，吸引优质民营资本参与投资、运营和管理，只有充分融入市场经济，才能进一步推动体制机制的改革。

5. 完善交通运输法律法规，以法律手段保障深化改革

为了保障交通运输领域的有序发展，保障交通运输管理体制改革的顺利推进，有关立法机构应着重强调对交通运输相关法律法规的完善，不断推进规范交通运输综合执法程序，加快法治政府部门建设，降低政府管理成本，加强政府对市场的监管。同时政府部门可以借鉴提高管理效率的成功经验，对执法队伍进行有效整合，缩减行政层次，提高交通运输部门的执法能力。拓展沟通渠道，鼓励民众参与完善政府部门执法程序；推行交通运输部门法律顾问制度，改革执法手段，建立重大决策责任追究制度、责任倒查机制等，促使综合交通运输系统发展中的重大决策更加科学完善，保障交通运输管理体制改革顺利推进。

4.3 国外交通运输管理体制经验借鉴

目前发达国家交通运输管理体制大多是"大交通"体制，即中央政府对交通运输规划发展进行集中管理。由于经济发展起步早，交通运输业发达，发达国家在交通运输管理方面有很多创新之处，管理理念先进，技术化水平高，政府机构设置较为合理，突出了公共服务的功能，充分发挥了交通运输对国家社会政治经济发展的作用，改善了人们的出行生活。了解发达国家交通运输管理体制，对我国交通运输管理体制改革具有重要的参考作用。

4.3.1 国外部分国家交通运输管理体制

1. 美国

美国作为发达国家在经历了罗斯福新政之后拥有了世界上规模最大的公路运输系统，之后凭借自身雄厚的经济和科技实力，航空、水路、铁路等交通运输方式也得到充分发展，实现了现代交通运输综合协调发展。美国交通运输管理对象分为两部分，一是对于各种交通运输的基础设施建设的管理，二是对于运输行业进行管理，两部分管理的权责分属于不同的部门，各自有监督和制约体系，法治化水平比较高。

1）交通运输管理机构

美国实行的是大交通管理体制，联邦运输部是综合管理水、陆、空交通的政府机构，在州政府层面均设有交通运输厅，在州以下地方政府层面也都有承担有关职能的交通运输主管部门。1966年以《美国运输部法案》的形式正式确立了联邦运输部门的法律地位。联邦运输部正式成立于1967年，是主管交通事务的最高行政机构。联邦运输部有13个职能机构，分别为部长办公室、公路交通安全管理局、公路管理局、汽车运输安全管理局、公共交通管理局、铁路管理局、海运管理局、航空管理局、管道和危险产品办公室、圣劳伦斯河道开发公司、地面运输委员会、监察办公室、研究与科技创新管理局。

运输部部长是交通运输最高行政首长，负责规划、指导和管理运输部的全部活动。作为内阁成员，运输部部长是美国总统在联邦运输管理的主要负责人。运输部的各个专业行政机构分别管理不同的专业运输领域，专业管理机构在各大区设置办事机构，与地方政府联系，具有较大的独立性和自主性。同时，美国联邦运输部在六大区分别设有部长代表处，其任务就是代表运输部在各州区的利益，保证联邦运输战略顺利实施。

2) 独立运输管理机构

在完善的行政管理体系之外，美国还分设两个独立的运输管理机构，即联邦海事委员会和交通运输安全委员会，分别负责航运法规执行监督以及交通运输事故调查、交通运输市场运行监督的职能。联邦海事委员会是独立的航运法律法规的执行部门，交通运输安全委员会负责交通安全事故及国际交通安全事故的调查，负责对交通运输市场进行经济和安全管理。

3) 地方交通管理

美国各个州都有独立的立法、司法和行政管理制度，由于各州的管理制度不同，根据州行政管理制度制定的交通运输管理制度也有所不相同，各个州的交通运输管理模式也不完全一样。但是各州必须遵循联邦政府制定的对各州的规定，组织必要的交通运输管理机构来负责执行相关管理任务。各州的实际情况不同，对于交通运输方式的需求和管理也不尽相同，对于美国的大多数州而言，交通运输管理机构的职能主要体现在对于以公路为主的交通基础设施的建设和养护方面，对于实际的交通运输方式的管理不多，州以下的地方政府对交通运输的管理因地制宜，联邦政府没有规定明确的管理模式，对在州内从事运输的企业进行管理一般是由独立的管理委员会负责。

在交通运输管理方面，美国各州具有的自主性非常高，虽然各州有建设管理本州公路等交通基础设施的职能，但是联邦运输部和各州交通运输管理机构并没有直接的隶属关系，当联邦运输法律和各州地方法规相冲突时，需要联邦政府和州政府协商解决。同时，地方政府对于交通运输的发展重点不一样，各地区的发展均衡性相差很大，受限于联邦政府和地方政府的明确界限，这种现象在美国仍将长期存在。

2. 日本

日本对交通运输的行政管理以中央部门管理为主，地方机构管理为辅。日本于1943年成立运输通信省，1945年改为运输省，开始进行交通运输集中管理变革。最初的运输通信省组成部门主要包括铁道总局、海运总局、航空局、汽车局、港湾局等，对有关交通运输方式进行初步的集中管理，不同运输方式之间的管理并没有实现完全的协调统一。从1955年开始，日本开始提出"综合交通运输体制"概念，进一步促成了交通运输体制改革向协同化转变。2001年的政府机构改革中，将运输省、国土资源开发厅、北海道开发厅与建设省合并为国土交通省，对全国范围内的5种运输方式进行统一协调管理。

1) 交通运输管理机构

国土交通省是日本主管交通运输的中央部门，在内阁12个省中规模最大，主要负责水陆空运输事务管理、国土整治开发和利用、建筑、旅游及气象等，大致相当于中国的交通运输部、住房和城乡建设部、文化和旅游部、生态环境部、海关总署、气象局等的全部或部分职能。国土交通省包括本省和外局，其中拥有行政管理职能的部局主要有本省"内部部局"下设的13个部门和外局下设的4个部门。本省内部部局的13个部门为：综合政策局、道路局、铁路局、道路运输局、航空局、海事局、港湾局、河川局、北海道局、土地和水资源局、城市和地区整备局、住宅局、国土规划局。外局下设的4个部门为海上保安厅、气象厅、海员劳动委员会、海难审判厅。本省和外局在内部又有各种部局。值得一提的是，本省内部的许多局也是合并而成的，如综合政策局是由原运输通信省的运输政策局和建设省的建设经济局合并而来。

2）主要运输管理部门及职能

（1）综合政策局。主要负责制定国土交通省的基本政策；负责生活环境和公共运输系统的畅通，采取各种措施提高公共运输系统的便利性，促进交通需求管理；促进居民住宅的供应；解决环境保护问题；发展旅游业；促进海事发展；处理国际事务，解决全球化带来的问题，帮助其他国家提高基础设施和运输水平。

（2）道路局。主要负责规划并建设主干道网络，建设信息社会的基础，重建城市，促进联合运输，建设一个畅通无阻的社会。

① 铁道局。主要负责扩展城市铁路，改善城市基础设施建设，减少运输障碍。

② 道路运输局。解决环保问题，提高安全性，建立安全、环保、有吸引力的运输系统。

③ 海事局。主要负责发展海洋运输，把日本创造为世界级船舶建造和海洋运输地区工业。

④ 港湾局。主要负责组建海洋运输效率和船舶交通安全并重的"海上高速公路网络"，形成有全球竞争力的物流网络；努力创建环保的港口环境。

⑤ 海上保安厅。主要职责是维护海洋秩序安全；海难事故救助；防止海洋灾难，保护海洋环境；国内与国际协作。

⑥ 海难审判庭。是专门处理海难事故的法律审判机构。通过法律审判澄清海难事故，预防海难事故的发生，由高等海难审判厅、8个地方海难审判厅、海难审判事务所和8个地方海难审判事务所组成。

日本将交通、土地、住宅、水利、气象、旅游等多项政府管理职能都归于国土交通省来管理，这种集约式、扁平化的机构设置方式，能够较好地解决政府部门之间的沟通协调问题，降低管理成本，提高行政效率。不过，国土交通省是在2001年日本政府机构改革中由多个机构合并而成的，属于突变式改革，改革后所需要的配套政策及监督措施很难在短期内完善，整合难度较大。

3. 英国

英国在行政改革的各个领域实行中央"大部制"模式。1970年英国将原来的房屋与地方行政部、公共建筑部、交通部等合并增加职能，成立了环境部，负责统一领导、协调城乡规划、公共建筑、交通运输、土地规划与利用、污染防治与环境保护工作。2002年6月，英国将交通运输管理、环境保护和地方事务3个部门合并为运输部，由运输国务大臣领导，专门负责交通运输事务，并主管健康与安全事务，其中包括道路交通、铁路运输、民用航空运输和航海运输的安全事务。运输部的宗旨是为每一个公民提供运输服务。在运输部下，英国政府设立了若干执行机构，专司行政执行职能，负责向社会提供高质量的服务。

1）交通运输管理机构

英国的交通运输管理机构主要有运输部、运输部资助的交通运输非政府机构和其他执行机构。各种非政府机构在英国交通运输管理中起着非常重要的作用。运输部制定了4个战略计划专注于运输部的核心业务领域,分别是:通过发展可靠和高效率的交通运输网络来支持保障经济增长和提高劳动生产率;促进运输效率的提升,改善交通环境;完善交通运输安全保障系统的建设;扩大就业机会,提高服务水平和扩大服务社会网络,服务对象包括社会的最弱势群体。运输部下设7个执行机构,分别是车辆标准局、驾驶员和车辆牌照局、车辆认证局、车辆和运营服务局、高速公路局、海事和海岸警卫局、政府车辆和派遣局,它们都是运输部的核心运输管理机构。

2)运输部下的非政府公共管理机构

运输部资助的一些非政府管理机构和其他执行机构,为公民提供更具体、更便捷的交通运输服务。主要有英国综合运输委员会、运输警察管理局、民用航空管理局、主干道评估常设咨询委员会、城市交通委员会、残疾人士交通咨询委员会、客运委员会、铁路遗产保护委员会、铁路委员会(备用)有限公司、北部航标委员会、三项职能合一的航标服务局等。

4. 法国

法国的政府部门架构是典型的大部制,行政组织划分为中央、大区和地方省市区县各级,其职能根据法律严格划分,但并不限制多样化的合作方式。在交通运输管理体制发展过程中,法国在加强对运输、海洋、渔业的管理职能整合的基础上,于2013年成立了生态、可持续发展和能源部,这种设置理念在世界上都属于先进的。而法国运输管理所属部门自成立以来多次更名,并先后多次与其他政府部门合并、分离,如公共工程部、住房部、旅游部、国土整治部、海洋部等都先后被整合或划出。1944年法国政府设立公共工程、运输部,此后经历了城市规划、住宅和运输部(1983年),装备与运输部(1991年),运输、装备、旅游和海洋部(1996年),装备、运输、住房、旅游和海洋部(2001年),装备、运输、国土整治、运输和海洋部(2005年),运输、装备、旅游和海洋部(2006年),生态、可持续发展和整治部(2009年),生态、可持续发展、运输和住房部(2011年)。

1)法国主要交通运输管理机构

2013年开始的奥朗德执政时期,把能源放在突出位置,跟运输相关的中央政府部门更名为生态、可持续发展和能源部。该部包括:总秘书处,可持续发展委员会,环境与气候总局,基础设施、运输与海洋总局,民事航空总局,海洋渔业及水产总局,发展、住房和自然资源总局,风险防范总局等8个机构。在基础设施、运输与海洋总局下又进一步设立运输基础设施局、运输局、海事局、行政管理与战略服务部门。目前法国生态、可持续发展和能源部的机构重组和职能理顺还在进行之中。

从运输管理所属部门名称的变化上明显可以看出,法国政府部门架构是典型的大部制,在政府的部门设置中将那些职能相近的部门、业务范围趋同的事项相对集中,由一个部门统一管理,最大限度地避免了政府职能交叉、政出多门、多头管理,从而提高行政效率,降低行政成本。法国政府的这种大部制的架构也不是固定的,随每一届政府机构的更迭而不断发生变化。当前法国的交通运输部门设置类似于日本,而且管理职能更加集中。在中央层面,全国交通运输相关工作由生态、可持续发展和能源部负责,该部门不仅搭建了"大交通"的管理框架,将多种运输方式都进行按门类分类管理,更是利用大部制管理手段,将住房、城市规划、交通、能源、环境、设备、生态、海洋等多个部门的职责进行整合,提高了行政管理效率。在地方层面,各省设有交通局行使交通管理职能,市级以下不再专设交通局,具体交通事务由市级单位负责实施。法国交通管理部门除了行使行政管理职能外,也具有雄厚的技术管理职能，制定具体的技术规范标准等，交通执法由警察实施。

2）法国交通运输管理体制的特点

（1）设置了部委间的协调机构。在机构设置中，在海洋、可持续发展、道路安全、国土规划，环境保护等几个部门中设置了协调代表处，以便能够快速解决各部门之间出现的需要沟通和协调的问题。

（2）实行陆上、水上运输综合管理，将各运输领域的交通政策统一起来，实现各种交通运输方式联合可持续发展。实践证明，其综合了公路、水运、铁路及公共交通运输管理模式，加强了运输方式之间的有效衔接，促进了法国运输业的快速发展。

（3）强调交通与环境资源可持续发展的关系

法国在发展交通运输时，非常重视环境资源的可持续发展，采取相应的措施，促进"软"交通的发展，如发展联合交通、可持续发展交通、改善公共交通、鼓励合伙搭车和使用自行车、把交通运输作为土地规划与管理的一部分等，通过联合环境和可持续发展的相关部门，履行各自职责，共同促进交通运输可持续发展。

法国政府在变革中推动交通运输不断发展的做法值得借鉴。法国交通运输管理经历了从侧重公路交通到重点发展公共交通和铁路交通，再到发展综合运输、实现交通运输可持续发展等几个阶段。法国的市场经济比较完善，政府能够直接行使与市场经济要求相一致的公共行政职能，法国政府在适应本国国情的前提下，出台一系列法律，不断改革交通运输管理体制，不断调整交通运输政策；同时也要理性地看待法国交通运输的大部制管理体制。法国交通运输的大部制管理体制的特点就是大且综合，优点在于将需要部际协调的事宜变成部内裁决，缺点是一些重要决定可能避开总理进行，不利于监管。从法国交通运输管理体制变革的经验来看，生态、可持续发展与能源是交通运输管理体制改革的重点方向，目前法国的交通运输管理已经完全置于生态、可持续发展和能源的大框架下。

4.3.2 发达国家交通运输管理体制的基本发展规律

交通运输作为经济社会发展的基础产业，在国民经济中具有先导性作用，对其认知上也经历了不断深化的过程，从最初的为少部分上层阶级服务，逐渐扩大到为大众化服务，从国家控制行业逐渐转变为社会基础服务行业。其相应的管理方式、政府机构设置、行政职能及组织架构等也不断调整，以期适应这种转变。

1. 行政管理突出公共服务职能，关注运输服务能力提升

从西方发达国家的行政管理发展过程来看，政府的管理理念日益向"服务型"管理转变，在强调政府行政机构对中央政府负责和为地方政府服务的同时，突出实现社会公众利益。从世界各国交通行政建设的理念来看，政府应该充分认识到自身的公共服务职能，提高政府机关的办事效率，关注交通运输与自然、人类和谐共生等目标。从世界各国政府管理机构设置来看，各国在强调专业职能建设的同时，更加重视为公众服务职能的建设。从世界各国制定的国家战略来看，发达国家的交通运输宗旨向交通自身的外部性效应优化转变。例如，促进国民经济的增长、加强运输通行的机动性、保障交通运输安全、减少交通事故发生、减轻交通运输带来的环境污染和破坏等。

2. 职能设置加强宏观调控，强调监督作用

政府职能设置是管理体制在完成顶层设计后，进一步设计并妥善处理部门权责职能间的相互关系,是体制设计的更深入要求。在调整职能设置的同时,强调通过绩效管理考核政府自身行为,体现出政府自我监督的建设导向。随着经济社会的发展,发达国家政府交通运输管理职能呈现出由分散到集约的发展趋势,行政权力也由专一集权向互相制约转变,其本质就是政府交通运输管理部门决策权、执行权和监督权之间相互独立又相互制约,加强宏观管理作用,突出市场基础性作用,减少对经济的干预,重视自我监督和社会监督。

3. 组织结构设置倾向扁平化,重视管理效能

分析国外政府交通部门行政组织结构变化趋势,可以看出政府职能一直在不断调整,政府机构设置上倾向于大部门,拓宽管理广度,减少纵向层级,重视机构之间的协调,杜绝臃肿的办事机构和人浮于事的办事作风。从交通运输管理机构的设置上来看,扁平化的组织结构是大势所趋;从效能上看,有效利用行政资源,科学设计办事流程,在降低行政成本的基础上不断提高管理效率是各国交通运输体制改革的目的。

4.3.3 发达国家交通运输管理体制分析

1. 发达国家交通运输管理体制的优点

1) 采用大部门体制,实现综合运输管理

从各国交通运输行政管理机构设置来看,大多数经济发达国家在横向部门设置上实行大部制,推行综合运输管理,将公路、铁路、水路、航空、管道等各种运输方式集中统一协调管理,加强运输方式之间的衔接,避免了各种运输方式发展不平衡。日本、法国等为了实现更广范围内的综合管理,将城建、国土开发等部门与交通运输部门进行整合,保障交通运输事业的发展与其他方面发展的协调。

2) 中央和地方管理权限明确

各国在对中央和地方交通运输管理权限的划分上并不一样,但总的特点是中央适当向地方放权,通过法律法规明确规定中央和地方政府的职责和权限,根据情况实行适合本国国情的管理模式。如英国、日本交通运输管理以中央部门管理为主,地方管理为辅;美国、法国行政区划多,实行中央与地方分级管理,以地方管理为主,地方可自行制定本地交通运输发展政策,但必须与国家交通运输政策和发展战略保持一致。

3) 交通运输法律法规完善,法治化程度高

交通运输法律法规是调整各种交通运输关系的重要手段,交通运输发达的国家无论是国家的运输政策,还是政府管理机构的设置和变更、权利义务的划分以及资金的来源和分配,大多以法律形式来体现,通过法律法规来规范限制政府、社会、运输企业以及个人的行为,各行为主体均按照法律要求行使职能,享受权利并履行相应的义务。完善的法律法规使得政府在执行交通运输事务时有法可依,执法规范;运输企业在法律的保护下自由竞争,用户的合法权利受到保护。在交通执法手段上普遍采用综合执法,由专门的执法部门对交通运输进行行政执法处罚,而不是各个交通运输管理部门分别执法。综合执法的优势在于可精简政府机构和行政人员,提高权力运行效率,节约执法成本,避免执法扰民现象。

4) 重视交通安全管理和环境保护

国外发达国家政府在对交通运输的管理上非常重视安全管理,在各国交通运输管理机构设置和职能划分上体现得比较明显,比如美国设有联邦公路交通安全管理局、联邦汽车运输

安全管理局、管道和危险材料办公室；日本设有海上保安厅、海难审判厅，各国都把维护安全作为交通运输管理的重要职能。随着全球气候环境日益恶化，西方国家认识到环境保护的重要性，出台相应的法律法规和制度来保护环境，期望实现可持续发展。各国政府部门也把环境保护作为交通运输管理的一部分，如法国的交通运输部门为生态、可持续发展和能源部，从政府机构设置上就不难看出法国交通运输对环境保护的重视程度；日本综合政策局的一项重要任务就是解决环境问题，改善建筑工地环境条件，促进建筑副产品和汽车的循环利用，研究汽车、环保住宅和基础设施建设等。

5）鼓励行业协会和非政府组织参与交通运输管理，减轻政府负担

受公共管理理念的影响，发达国家认识到由政府提供的公共物品和公共服务不一定全部由政府来直接供应，可以通过政府管制委托给公共企业、私人企业、非政府组织或者行业协会来提供，这样不但能够减轻政府的压力，更好地发挥政府对行业的宏观调控作用，还能促进社会治理能力的提高，激发市场活力。国外部分国家在交通运输的市场化改革中，将政府部门承担的一些专业技术含量较高的职能，通过委托或签订合同等方式，移交给非政府组织、行业协会和委员会来承担。如在英国运输部下设有非政府公共管理机构，政府资助一些非政府执行机构来管理交通事务，美国对州内运输企业的经济管理大都有独立的管理委员会负责。非政府组织可弥补政府机制与市场机制的缺陷，在政府与市场之间发挥独特作用。

2. 发达国家交通运输管理体制的局限性

1）政治体制变革频繁导致交通运输政策多变，政府管理制度和机构设置不稳定

资本主义制度具有多政治派别轮流执政的政治特性，这会引起公共政策的变化。如日本在1943年成立运输通信省，1945年改组为运输省，1945—2001年期间虽然运输省的基本框架不变，但管理体制也进行了多次调整，2001年又成立了国土交通省，由运输省、国土资源开发厅、北海道开发厅和建设省四个部门合并而成；法国在2007年5月前，交通运输由法国运输、装备、旅游和海洋部来管理，在2007年6月成立了新的交通运输部门即生态、可持续发展和整治部来管理，后期新政府又进行了部门调整。

2）市场化程度高，地方权力大，容易出现各自为政的局面

西方国家普遍实行市场经济体制，崇尚自由竞争，国家法律法规也较为完善，政府治理能力、社会自治水平、法治水平都比较高，其所采用的交通运输管理模式实现了集中统一、综合管理、协调发展，符合社会经济发展规律，政府把很多管理权力都移交于地方政府、非政府组织去行使，可以在一定程度上促进地方经济的发展，但不利于国家从整体上对市场进行宏观调控、对行业进行引导和管理，有时候会降低交通运输在国民经济发展中的作用。

4.3.4 国外交通运输管理体制的借鉴与启示

1. 从分散到融合再到深度融合的管理体制发展路径

发达国家的交通运输管理体系经历了多轮变革。在国家实力较弱时，各种运输方式管理职责散落在各个职能部门，这种管理体制有利于集中资源发展某一项业务；但是日趋成熟后，多种运输方式发展的不协调性暴露出来，促使交通运输管理体制走向大部门统一管理的格局。许多国家交通运输管理体制的发展都揭示了这样的趋势，从分散走向融合，从融合走向深度融合。这对我国的交通运输管理体制改革路径有很大的借鉴意义。我国交通运输管理

体制实行大部门制时间较短，还处于综合交通运输管理的初期阶段。从发达国家经验来看，"大交通"管理体制的集中化程度越来越高，从美国的交通部门管交通，到日本的国土交通统筹管理，再到法国的与生态、环境、能源紧密相连的交通运输管理体制，体现了从"大部制"到更深度融合"大部制"的发展方式。这对于我国今后发展大部制的交通运输管理体制有一定的参考借鉴价值。

2. 交通运输行政管理中决策和执行相分离

大多数发达国家的决策和执行是分开的，决策有决策部门，执行有具体业务部门，避免了可能的重复投资和资源浪费，也一定程度上避免了寻租行为。以美国为例，基本上规划工作由联邦运输部直接负责，委托专业协会或研究机构进行规划研究，运输部负责综合交通运输顶层决策工作，而其他内设部门职责主要集中在运行调度和安全监督；在地方层面，以加州为例，其交通运输管理部门的主要规划职能也是集中在规划处一个部门，决策和执行层面界限清晰。对于我国目前的交通运输管理体制来说，决策层和执行层还存在一定程度上的交叉重合，可以借鉴国外经验进行机构设置方面的科学重组。

3. 交通运输管理功能逐渐从内部完善向外部效率延伸

发达国家已经走过了交通运输基础设施的大规模建设阶段，当前对于交通运输科学管理的需求相比于我国更大。国外发达国家交通运输管理的职责内容已经从单纯的交通系统管理转向了交通运输的外部影响，如交通安全和交通运输的环境影响。美国在交通运输部中设立了联邦汽车运输安全管理局、联邦公路交通安全管理局、管道和危险品办公室3个部门负责交通运输安全监管。各国大都在交通运输管理职能中突出控制交通运输污染的职能。我国目前的交通运输管理功能主要集中在交通系统内部，这与我国目前的经济社会发展阶段有关，交通运输基础设施建设依然是重要任务。发达国家的这种发展趋势，应该是今后我国进一步优化交通运输管理职能可借鉴的方向。

4. 充分尊重市场、开放市场

发达国家的交通运输领域经营活动高度市场化。日本从国营铁路转向民营铁路，进一步减少了政府对铁路运营的干预，减少了政府对铁路运营的补贴负担。民营化之后，劳动生产率大幅度提高，运营公司利润增长显著，国家财政补贴大幅减少。我国交通运输管理体制进行了几轮改革，但政企分离、职能完善还有待进一步深化。当前，我国公路、水路、航空领域的市场化改革正在深入推进，铁路领域股份制改造工作也在快速推动，逐步探索建立引进社会资本的企业经营模式，在2017年各铁路局集团有限公司改制的基础上，2019年6月中国铁路总公司也正式改制成立中国国家铁路集团有限公司。在市场化改革的过程中，应该充分借鉴国外的经验教训。

借鉴国外先进经验的同时，交通运输管理体制改革必须紧密结合国情，根据我国国土实际、发展实际及国家和地方分工实际进行，不能单纯套用其他国家的模式。综合国外各个国家的交通运输管理体制发展过程来看，"大部制"发展的趋势是大势所趋，我国的"大部制"发展应该借鉴吸收国外交通运输集中管理国家的先进经验，充分立足我国国情实际，科学规划，有序推进，逐步融合形成符合中国国情的交通运输大部制管理体制。

4.4 交通运输法规概述

4.4.1 交通运输法规的概念

交通运输法规是指国家立法机关为了加强交通运输管理而颁布的法律，以及国家行政机关依照宪法和法律的有关规定制定和发布的行政法规、规章，是集行政法、民法和经济法为一体的调整交通运输关系的法律规范的总称。交通运输法律关系包括交通运输管理法律关系、交通运输建设法律关系，以及交通运输合同法律关系。交通运输管理法律关系是交通主管部门对交通运输活动实行领导、组织和管理所产生的行政管理法律关系；交通运输建设法律关系是指在交通运输建设中的规划、设计、施工、监理、咨询等方面形成的法律关系；交通运输合同关系是交通运输企业与托运人或旅客之间所产生的货运合同法律关系和客运合同法律关系。

交通运输法规是调整交通运输主管部门行政权力的创设、行使，以及监督交通运输过程中发生的各种社会关系的法律规范。制定交通运输法规的目的是维护国家利益，规范交通运输秩序，保护公民、法人和其他组织的合法权益。

4.4.2 交通运输法规的特点

交通运输法规具有以下特点。

(1) 管理性。交通运输法规的主要功能是对交通运输相关的公共事务进行管理，即对交通运输工具，以及与交通运输相关的公民、法人和其他组织进行管理，对违反交通运输法律规范的公民、法人和其他组织进行行政法律处罚。

(2) 强制性。交通运输法规是国家意志的体现，由国家强制保证实施。如果不能有效地实施交通运输法规，交通运输法规公布之后依然属于一纸空文，就得不到贯彻执行；如果不对违反交通运输法规的人加以处罚，交通运输法规就形同虚设，没有任何约束力。因此，必须通过国家强制保证交通运输法规的贯彻实施。

(3) 普遍性。交通运输法规是由国家意志单方面规定了行政行为相对人的权利和义务，任何行政行为相对人都必须严格履行义务，且不得以任何借口违反。也就是说，交通运输法规具有普遍约束力，违反交通运输法规要受到制裁和处罚。

(4) 分散性。交通运输法规是一个总的名称，它分散在各个有关交通运输的法律规范之中，并由法律、行政法规、部门规章、地方法规和地方政府规章组成。

(5) 复杂性。交通运输活动的广泛性和复杂性决定了交通运输法律规范具有复杂性。交通运输法律规范包括横向的民事法律规范和纵向的行政法律规范，以及各种技术法律规范，表现出交通运输法规本身的多样性。即使在同一类法律规范中，不同的运输方式、不同的运输主体，其权利、义务和责任都不相同。交通运输活动参与者的多样性也使得交通运输法律关系变得复杂。随着国际运输的发展，跨国运输活动会涉及很多国家，将会受到各个国家法律的规范，以及国际公约和国际惯例的约束和调整，从而使交通运输法律规范呈现出复杂性的特点。

(6) 变动性。由于社会关系、经济关系经常处于变动之中，交通运输管理权力，以及因交通运输管理权力形成的交通运输行政管理关系也必须随之变动。因此，交通运输的法律规范也要具有较强的变动性,需要适时地废、改、立。

4.4.3 交通运输法规的作用

1. 维护交通运输秩序

交通运输法规是规范交通运输行政管理权力的法律规范。首先,它通过规范交通运输行政权力来源、行使方式,达到维护交通运输秩序,保障社会公共利益的目的。在社会主义市场经济条件下,交通运输行政管理机关解决管理中的各种问题的手段就是交通运输行政法律规范。各种交通运输行政管理机关依照各自的职权通过行政立法、行政执法和行政裁判等手段,能够有效地规范、约束行政行为相对人的行为,促使其履行法定义务,制止行政行为相对人危害他人利益和公共利益的违法行为。交通运输行政管理机关通过建立和维护交通运输秩序,确保充分、有效地实施行政管理。

2. 监督行政权力主体、防止违法滥用行政职权

法律赋予交通运输行政管理机关和其他管理主体行政权力,用于维护交通运输秩序和社会公共利益。然而,由于行政权力客观上存在着对个人权力的侵犯性,这就必须对行政权力加以监督和制约。在各类监督方式中,最为有效的监督就是法制监督。通过法规规定交通运输行政管理权力的范围、行使方式及法律责任等,可以有效地防止行政主体违法滥用行政权力。诸如行政复议、行政诉讼、国家赔偿等法律制度对于防止和纠正行政机关超越职权、失职渎职、滥用职权等具有十分重要的作用。

3. 保护公民、法人和其他组织的合法权利

由于行政管理权力具有强制性、自我扩张性等特点,交通运输行政管理机关在行使行政管理权力的过程中,容易侵犯公民、法人和其他组织的合法权利,给行政行为相对人造成损失。为了保障公民、法人和其他组织的合法权利不受侵犯,并及时为受到侵害的公民、法人和其他组织提供补救,必须建立一系列的法律制度来保护公民、法人和其他组织的合法权利。例如,交通行政复议制度就为受到侵害的公民、法人和其他组织提供了交通行政机关内部监督的机会;行政诉讼制度为公民、法人和其他组织提供了司法救助的手段,人民法院对违法行为有权作出撤销判决;交通行政处罚制度则通过规定行政处罚权的设定、行政处罚实施程序等方式,为受处罚人提供申辩、听证等多项程序;国家赔偿法为受到国家行政机关违法行为损害的公民、法人和其他组织提供了获取赔偿的途径。这一系列的制度都是用来保护公民、法人和其他组织权利的。由此可见,交通运输法规不仅能够起到维护公共利益、维持交通运输秩序、监督行政权力的作用,而且还能够为在交通运输行政管理中处于弱势的公民、法人和其他组织提供有效的权力保障。

4.5 我国交通运输法规体系

4.5.1 我国交通运输法规体系的构成

新中国成立以来,特别是改革开放以来,我国交通运输事业取得了很大的发展,交通运输管理正逐步走向法制化、规范化，国家先后制定了大量管理交通运输的法律规范。这些法律法规和行政规章的颁布实施，对保障交通运输安全，强化运输生产管理，维护运输生产秩序起到了积极作用。尤其是全国人大及其常委会专门针对交通运输领域相继通过立法发布实施的《中华人民共和国铁路法》《中华人民共和国海商法》《中华人民共和国民用航空法》《中华人民共和国公路法》等基本法，为交通运输行业法规体系的建立确立了基础。

我国现行交通运输法规体系的基本框架是：以《中华人民共和国宪法》为基础，以交通运输基本法律为龙头，以交通运输行政法规为骨干，以交通运输行政规章为补充的纵横相结合的系统，我国交通运输法规体系如图4-1所示。

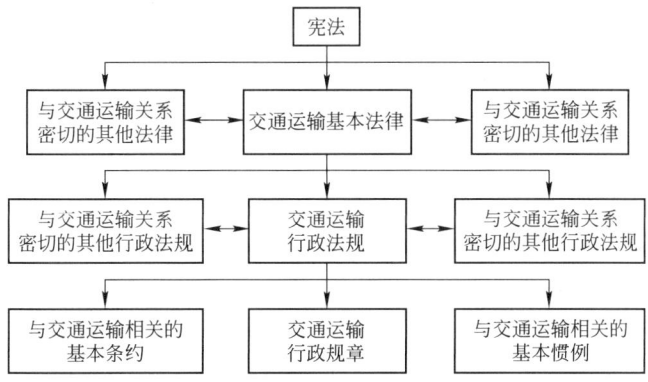

图4-1 我国交通运输法规体系

在这个结构中，横向构成包括与交通运输运营关系密切的各种法律规范，如《中华人民共和国民法典》《中华人民共和国铁路法》等一些基本法律；纵向构成则按照我国现行的立法权限、效力层次，分为交通运输法律、交通运输行政法规、交通运输行政规章3个层次。

我国交通运输法规体系的纵向构成具体为以下3个层次。

第一个层次是全国人大及其常委会制定的管理交通运输的基本法律，以及相邻的其他法律。例如，《中华人民共和国铁路法》《中华人民共和国公路法》《中华人民共和国民用航空法》等都是管理交通运输的基本法律，它们也是交通运输法规体系的基本法律。交通运输行业的一切法规、规章都应当以此为基础，其内容不得与之相违背。这里所谓相邻的其他法律，是指与交通运输关系比较密切的、其具体规定同样适应交通运输的部分法律，如《中华人民共和国民法典》《中华人民共和国环境保护法》《中华人民共和国大气污染防治法》等法律，它们也是交通运输法规体系的第一个层次中必不可少的组成部分。

第二个层次是由国务院制定或经国务院批准由交通行政主管部门发布实施的行政法规。按照国家宪法的规定，国务院有权根据有关交通运输法律和行政管理的需要，制定一些交通运输方面的行政法规，以保证交通运输行政管理活动能够顺利进行。这方面的法规在交通运输法规体系中占有很重要的位置。例如，为保障铁路运输安全，国务院于2013年8月发布了《铁路安全管理条例》。为确保公路运输的顺利进行，国务院于2004年4月发布了《中华人民共和国道路运输条例》，2016年2月进行了第二次修订。这些条例的颁布实施对保证交通运输安全畅通起到了重要作用。

第三个层次是由国务院交通运输各主管部门制定的行政规章，包括各种实施细则、规程、规则、办法和规定等。根据《中华人民共和国宪法》的规定，国务院各部委有权根据法律和行政法规制定在本部门适用的行政规章。例如，原铁道部在几十年的铁路管理实践中，制定了大量的行政规章，对加强铁路的管理起到了一定的作用。在这个层次中，还包括一些交通行政主管部门与其他部委办联合发布的一些交通运输管理方面的规章制度。如《铁路道口管理暂行规定》就是由原国家经委、铁道部、交通部等七部委联合发布实施的。必须指出的是，这个层次的法律规范其法律效力最低，所有规章都不得与法律、法规规定的内容相抵触，或者说，所有规章的制定都必须以法律、行政法规为依据。

4.5.2　21世纪初我国交通运输法规中存在的问题及改进实践

从中华人民共和国成立到21世纪初，经过几十年的发展实践，我国交通运输行业的法规体系基本框架初步确立，但从当时经济和社会发展的需要来看，交通运输法制建设仍然还存在着不少问题。为了解决这些问题，我国也不断对相关交通运输法规进行了修改和完善。主要表现在以下几个方面。

1. 交通运输立法相对落后于经济社会发展的要求

在计划经济时代，我国交通运输行业逐步制定了一系列法律法规和规章，它们基本上反映和适应了计划经济发展的要求，为当时的交通运输生产的顺利进行做出了贡献。随着经济体制的转轨，到21世纪初，我国逐步建立了许多适应市场经济发展要求的法律法规，而交通运输部门原有的许多法律法规和规章已不适应发展的要求，有的甚至发生冲突。例如，1991年5月1日实施的《中华人民共和国铁路法》（以下简称《铁路法》），由于国家经济体制发生了根本性变化，与之相适应的许多基本经济关系也发生了相应变化，迫切需要在法律上做出具体而明确的要求，如铁路与国家的关系、铁路运输企业的市场主体地位、合资铁路、外商投资建设经营铁路等问题都需要在《铁路法》中做出明确规定等。为此，根据2009年8月27日第十一届全国人民代表大会常务委员会第十次会议《关于修改部分法律的决定》对《铁路法》进行了第一次修订，2015年4月24日进行了第二次修订。2010年以来，我国实现了铁路政企分开，"政"的管理职能由交通运输部下属的国家铁路局负责，"企"的运营职责由中国铁路总公司（2019年6月更名为中国国家铁路集团有限公司）负责，铁路的规划建设、运营管理、投融资模式又发生了很大的变化。随着社会主义市场经济体制的不断健全和改革开放的不断深化，铁路成网、高铁的快速发展，《铁路法》中的不少内容又出现了不适应的情况。2019年7月，国家铁路局发布《中华人民共和国铁路法（修订草案）》（征求意见稿），在全社会公开征求意见，以期新的《铁路法》能更好地指导和规范我国铁路行业的发展。

2. 法律规范的层次低、效力不强

在实践中，对于交通运输活动具有直接操作性的法律规范大多集中在各部委和地方政府制定的法规及规章上。这部分法律规范数量繁多，且很多效力不强，与法律相比，其法律约束力即效力层次较低，普遍适用性较差，多数只适宜作为交通运输活动主体进行运输活动的参照性依据。例如在铁路法规体系中，据铁路管理部门初步统计，1949—2005年，国家有关部门共发布有关铁路运输管理的法律法规和行政规章达千余件。在21世纪初使用的500余件铁路法律规范中，经全国人大及其常委会以正式立法程序产生的铁路法律只有《铁路法》,经国务院批准由铁道部发布的行政法规仅有约 30 件,其余大量的是由铁路主管部门制定发布的行政规章。显然,这种局面不利于从宏观上引导交通运输业的正确发展,也缺乏对运输活动主体的必要制约。为此,随着我国交通运输行政管理体制的改制,交通运输部也开始进行规范性文件清理工作,相关机构也积极推进有关铁路法律法规修订征求意见进程,推动基础性、重要性法律法规在全国人大及其常委会、国务院、交通运输部等层面的建立和完善,提高法规规范的层次和效力。

3. 各项法律规范之间的协调性不够

21 世纪以前,由于我国各种运输方式分别隶属于不同的主管部门,各部委大都从本部门的角度制定和发布相关规章,从而造成多头而分散的局面,以至在交通运输法规体系中有些法规、规章的内容存在着交叉重叠的现象,有的相互之间还存在着矛盾,规章形式上也不规范,在一些交通运输管理工作方面还存在着无章可循的状况。为解决这方面的问题,我国不断深化行政管理体制改革,变交通运输多头管理为统一管理,在 2008 年 3 月成立了交通运输部,整合了原交通部、中国民用航空总局、建设部中的指导城市客运职责、国家邮政局等行政部门的职责;2013 年 3 月进一步将铁道部实行政企分开改革,将其行政职责划入交通运输部。随着交通运输行政管理体制改革的不断深化,交通运输法律规范制定和完善过程中的宏观管理体系更加合理,法律规范之间的协调更加顺畅。

4.5.3 建立和完善交通运输法规体系

1. 建立和完善交通运输法规体系的必要性

随着我国市场经济体制改革的不断完善,对外开放进一步深化,"一带一路"倡议得到更多国家的支持,中国与世界的联系更加密切,经济与贸易的交往更为频繁,交通运输企业正全面走向市场,走向国际化。而交通运输企业要走向市场,按市场化规律运作,必须从根本上变革其经营管理体制。然而,经营管理体制的变革必须要有法律的规范与保障。纵观世界各国交通运输企业改革可以看到,发达国家和部分发展中国家都有立法的保证。例如美国铁路的改革,是以国会通过的《国家铁路客运法》《地区铁路改组法》《铁路复兴及管理改革法》《斯塔格斯铁路法》等一系列法律为基础的;德国铁路改革的具体措施之一就是修改《德国基本法》(即《德国宪法》)中有关铁路的条款,变铁路的国有性质为股份制、民营性;日本、英国的铁路改革也是在议会通过改革法以后才开始实施的。社会主义市场经济也是法制经济,一切社会经济关系也应该靠法律来调整。

在新的历史条件下,交通运输要适应社会主义市场经济的发展,就必须高度重视法制建设,加强立法工作,抓紧建立和完善交通运输法规体系,这是交通运输适应经济体制转轨以及满足自身快速发展的迫切要求。

1)交通运输企业在运营活动中产生的各种基本经济关系需要法律规范来确认

交通运输企业走向市场,自然会与各类市场主体产生经济活动,由此产生的各种基本经济关系需要法律来确认和调整。

2)交通运输主体的权益需要法律的确认与保障

交通运输主体多元化,要求确立保护各类主体的合法权益、确立处理主体之间相互关系及主体地位的法律制度。只有对这些市场主体和政府机关及个人的权利义务明晰化,才能为交通运输经营、管理体制完善提供健全的法律环境。

　　3）维护运输市场的公平竞争和良好的秩序需要法律的规范与保障

　　由于运输市场是一个极易产生垄断和不公平交易的领域，为规范交通运输企业的竞争行为、维护运输市场的公平竞争、保障各类主体的合法权益，必须健全交通运输法规体系，适应市场制度和市场法制。

　　4）交通运输企业经营机制的转换、政府职能的转变，必须依法实施

　　我国改革的目的是要建立社会主义市场经济体系。交通运输企业走向市场既是新的经济体制的重要方面，又对新体制的建立起到重要作用，因而交通运输企业改革不能滞后。而交通运输企业要走向市场，必须转换其经营机制，这就需要法律强制力的促进，使之进入市场后的一切经营活动具有法律的保护。政企分开，政府对交通运输企业的管理，需要法律来规范，需要在法律规定下依法进行；另外，国家管理交通运输业的行政、经济和其他手段，也只有建立在法制基础之上才能充分发挥其作用。

　　5）交通运输建设的投融资，必须有法律规范的保障

　　交通运输要快速发展，筹集建设资金是一个关键。随着运输市场的全面开放及交通运输企业走向市场，吸引国内外资金投资建设交通运输事业成为可能，这就涉及各种经济关系的调整。因此，必须建立合理、稳定、既符合国际惯例又符合我国交通运输实际情况的法律制度，以保障交通运输行业吸引内、外资的健康发展。

2. 建立和完善交通运输法律规范的基本原则

　　交通运输法规体系是我国社会主义经济法规体系的一个组成部分，是调整交通运输领域内各方面社会关系的法律规范的有机组合，是按照一定规律组合起来的、内部有机联系的、门类齐全、干支分明、互相协调的统一整体，是一个由法律法规和规章组成的完整系统。建立和完善我国交通运输法规体系应当遵循以下原则。

　　1）坚持以马克思主义法学理论为指导的原则

　　交通运输法规体系是我国社会主义经济法规体系的一个组成部分，是马克思主义法学思想和理论在我国交通运输法制实践中的具体应用。因此，在建立交通运输法规体系的时候，必须坚持以马克思主义法学理论为指导的原则，坚持在研究交通运输法规体系中的社会主义方向，运用马克思主义的法学研究方法，深入细致地研究交通运输法律问题，以便建立有交通运输特点的法规体系。

　　2）坚持理论联系实际的原则

　　交通运输法规体系的研究与建立，是加强我国交通运输立法工作和交通运输法制建设的一项重要任务。因此，在研究交通运输法规体系的过程中，应当把理论与实际紧密结合起来。从我国交通运输实际情况出发，进行科学总结分析、合理归纳，使交通运输法规体系具有一定的实际意义。既要使现有的交通运输法律、法规和规章在实际应用中发挥应有的作用，最大限度地发挥法律规范的功能，又要通过交通运输法规体系的建立，促进我国交通运输立法工作的发展，使交通运输的立法计划、立法项目能够充分反映交通运输的实际，切实可行，具有一定的可操作性。

　　3）坚持从全局出发，维护国家法制统一的原则

　　从全局出发，一方面要从交通运输建设事业发展的全局出发，使交通运输法规体系的内容与交通运输建设事业做到协调一致；另一方面，又要使交通运输法规体系本身能够协调一

致，自成体系，完整、系统、协调、科学和合理，使交通运输法律法规和规章能够覆盖交通运输行业的各个领域，做到各个方面有法可依、有章可循。在此基础上，还要考虑到交通运输法规体系是国家法规体系的一个组成部分，其法律原则不能违背国家法规体系的一般精神。要适应国家现行的立法体制的需要，既处理好交通运输法规体系与国家法规体系的关系，又要处理好交通运输法规体系与其他部门法规体系的关系。由于交通运输行业是国民经济的一个部门，它要与其他经济部门、管理部门发生各种各样的联系，因此，在法律上很可能出现交叉的情况，所以要做好交通运输部门与其他部门的法律协调工作。只有处理好这些方面的关系，才能保证整个国家法制的协调统一。这也是建立交通运输法规体系的一项重要任务。

4）借鉴国外和国内有益经验的原则

国外交通运输立法比较完善，交通运输管理基本上实现了法制化。因此，借鉴国外交通运输立法的有益经验，可以提高我国交通运输法制建设的工作效率，可以使建立的交通运输法规体系更有可行性，更切合交通运输现实的、将来发展的情况；同时也应借鉴我国其他经济部门的立法经验，分析这些部门法规体系的结构、内容，使我们在交通运输法规体系立法过程中少走一些弯路。

3. 建立和完善我国交通运输法律规范的建议

1）以立法方式推进和完善运输管理体制改革

我国运输管理体制改革的关键就是要深入贯彻实施政企分开、规范运输市场、建立现代企业制度。为此，政府应以立法的方式全面推进运输管理体制改革的步伐。我国实行市场经济体制以来，运输管理体制改革在各种运输方式之间的进程存在较大差距，尤以铁路运输管理体制改革的进程最为缓慢。在欧美发达国家的铁路改革中，为确保改革的顺利进行，无不是通过立法程序、依靠法律来加以保障的。我国铁路已经完成了政企分开改革，进入了公司制改革的关键阶段，要建立与市场经济相适应的管理体制和运行机制。因此，为确保改革的顺利进行，更加迫切需要建立与之相配套的法律体系，形成与之相适应的法制环境。

2）建立和完善适应市场经济要求的交通运输法律规范体系

从我国目前交通运输发展的实际来看，建立适应市场经济体制的交通运输法律规范体系主要应从以下几方面着手。

（1）交通运输主体法，主要指确立交通运输主体资格，明确交通运输活动各类主体的法律规范。交通运输主体包括投融资主体、建设施工主体、运营主体等，重点是确立各类主体的市场准入方面问题。

（2）交通运输行为法，主要指调整交通运输主体从事交通运输活动的行为的法律规范。

（3）宏观调控法，主要指调整国家与交通运输主体之间，以及各个运输主体之间特殊市场关系的法律规范。

（4）交通运输技术标准法，主要指确立与国际技术和管理标准体系接轨的我国交通运输技术与管理标准法规。

3）建立、完善适应交通运输一体化和国际物流化发展需要的技术标准和法律规范体系

为适应交通运输一体化和国际物流化发展的要求，必须大力推广和普及国际标准体系，并在此基础上制定和完善与国际标准接轨的通用的国家标准，以实现交通运输和现代物流活

动的合理化和现代化。从我国的实际情况来看，主要应在各种运输方式中建立与国际标准中的基础标准、安全标准、卫生标准、环保标准和贸易标准相吻合的标准体系，并依照相应的行业技术标准，把重点放在技术标准的制定与推行上。例如，对集装箱、托盘、各种搬运和装卸设施等通用性较强的运输设施和装备的标准进行全面梳理、修订和完善，并形成系统的标准法律规范体系，以满足交通运输一体化和物流国际化发展的需要。

4）完善运输行业协会组织的职能

重视和加强运输行业协会组织的功能与作用，将政府过多的管理职能逐步交由行业协会行使。为此，应加强运输业发展中的行业协调和行业自律的作用，并从法律规范上加以支持。对运输行业协会组织的功能、作用、职权以及与政府相关部门的联络和沟通作用做出法律规定，使对运输行业协会的管理逐步与国际惯例接轨，以发挥民间组织所固有的协调功能和专业作用。

4. 我国交通运输法律规范的发展途径

1）清理现有的交通运输法律规范

根据市场经济发展要求，对我国现有的交通运输法律规范进行整理，并在此基础上，将现有法律规范中不符合市场经济体制改革、行政管理体制改革方向，不符合深化改革对外开放要求的有关法律规范予以修改或废止；将不利于建立社会主义市场经济体制和培育公平、公正运输市场秩序的部分予以修改或废止。同时，在清理现有交通运输法律规范的基础上，针对运输市场中出现的新情况和新问题，有步骤、有计划地进行系统的交通运输立法，逐步健全和完善我国目前交通运输法律体系。

2）建立适应公平竞争要求的运输市场法律环境

运输市场公平竞争环境的建立，需要适宜的法律环境的支持。只有通过法制的规范和约束，才能打破条块分割的行业管理格局和地方保护格局，推进我国交通运输业管理体制的改革，在全国建立一个公平、有序的运输市场。这里所谓公平的竞争环境，是指对任何进入到运输领域中的主体要适用相同和无歧视规则。为此，要废除原有的内外有别的规定，从法律上阻止不平等竞争，要加快与交通运输企业的资质、融资政策、产权转让规定、人事制度安排、市场进入和退出机制、社会保障制度等有关的立法进程，为各类运输企业创造一个开放、公平、竞争、有序的市场环境。

3）建立政府对运输经营活动的有效监管体制

随着交通运输市场经济体系的完善，政府应当转变职能，逐步放开运输市场，特别是要合理放开以前运输管制比较严厉的铁路运输市场。随着政府机构改革的逐步到位和完成，政府主管部门应在淡化行政干预的基础上，强化对运输市场的监管职责，并通过制定运输产业发展政策，鼓励公平竞争，制止不正当的行为，保护合法经营，引导交通运输企业良性发展。

4）利用WTO规则，维护国家利益和运输企业的利益

一方面要遵守WTO规则和约定，履行相应的义务；另一方面，要充分利用WTO规则，通过立法，在国民待遇的原则下，合法保护交通运输行业。为此，要加快推动综合性、跨行业、跨部门的运输法规和配套规章的制定，为我国交通运输企业的一体化经营，为综合运输体系的健全创造有利的条件。

4.6 我国交通运输部分法律规范简介

随着交通运输业的不断发展，交通运输法律法规发挥的作用越来越重要，相关部门根据实际情况，围绕加强交通基础设施建设管理、规范运输市场和促进安全管理等方面制定并清理了一批法律规章制度。目前，我国已经基本建立了合理的交通运输法规体系，为交通改革与发展创造了有法可依和依法发展的法制环境。

4.6.1 与交通运输直接有关的部分法律

1. 中华人民共和国铁路法

《中华人民共和国铁路法》是为了保障铁路运输和铁路建设的顺利进行，适应社会主义现代化建设和人民生活的需要而制定的法律。1990年9月7日第七届全国人民代表大会常务委员会第十五次会议通过《中华人民共和国铁路法》（以下简称《铁路法》），于1991年5月1日起施行。《铁路法》包括总则、铁路运输营业、铁路建设、铁路安全与保护、法律责任、附则共6章74条。2009年8月27日第十一届全国人民代表大会常务委员会第十次会议对《铁路法》进行了第一次修正。2015年4月24日第十二届全国人民代表大会常务委员会第十四次会议通过了对《铁路法》的第二次修正，对铁路运价的权限等进行了修改。2019年7月，交通运输部国家铁路局发布《中华人民共和国铁路法（修订草案）》（征求意见稿），由现行铁路法的6章74条修订为8章93条，拟对铁路运输、铁路建设、铁路安全管理等进行大幅度修改，包括鼓励社会资本投资建路、禁止强占座位、缺陷产品召回、行政约谈信用规制监管等方面，将进一步报请全国人大常委会审议。

2. 中华人民共和国公路法

《中华人民共和国公路法》是为了加强公路的建设和管理，促进公路事业的发展，适应社会主义现代化建设和人民生活的需要而制定的法律。1997年7月3日第八届全国人民代表大会常务委员会第二十六次会议通过《中华人民共和国公路法》（以下简称《公路法》），自1998年1月1日起施行。该法适用于在中华人民共和国境内从事公路的规划、建设、养护、经营、使用和管理，其中所称公路包括公路桥梁、公路隧道和公路渡口。《公路法》包括总则、公路规划、公路建设、公路养护、路政管理、收费公路、监督检查、法律责任、附则共9章87条。1999年10月31日、2004年8月28日、2009年8月27日、2016年11月7日、2017年11月4日，全国人民代表大会常务委员会先后五次对《公路法》进行了修正。

3. 中华人民共和国民用航空法

《中华人民共和国民用航空法》是为了维护国家的领空主权和民用航空权利，保障民用航空活动安全和有秩序地进行，保护民用航空活动当事人各方的合法权益，促进民用航空事业的发展而制定的法律。1995年10月30日，第八届全国人民代表大会常务委员会第十六次会议通过《中华人民共和国民用航空法》（以下简称《民航法》），自1996年3月1日起正式施行。《民航法》包括总则、民用航空器国籍、民用航空器权利、民用航空器适航管理、航空人员、民用机场、空中航行、公共航空运输企业、公共航空运输、通用航空、搜寻援救和事故调查、对地面第三人损害的赔偿责任、对外国民用航空器的特别规定、涉外关系的法律适用、法律责任、附则共16章215条。2009年8月27日、2015年4月24日、2016年11月7日、2017年11月4日、2018年12月29日，全国人民代表大会常务委员会先后五次对《民航法》进行了修正。

4. 中华人民共和国海上交通安全法

《中华人民共和国海上交通安全法》是为加强海上交通管理，保障船舶、设施和人命财产的安全，维护国家权益所制定的法律。1983年9月2日第六届全国人民代表大会常务委员会第二次会议通过了《中华人民共和国海上交通安全法》（以下简称《海上交通安全法》），自1984年1月1日起施行。该法适用于在中华人民共和国沿海水域航行、停泊和作业的一切船舶、设施和人员以及船舶、设施的所有人、经营人。《海上交通安全法》包括总则，船舶检验和登记，船舶、设施上的人员，航行、停泊和作业，安全保障，危险货物运输，海难救助，打捞清除，交通事故的调查处理，法律责任，特别规定，附则共12章53条。2016年11月7日，全国人大常委会对该法律作出修正，将第十二条修改为："国际航行船舶进出中华人民共和国港口，必须接受主管机关的检查。本国籍国内航行船舶进出港口，必须向主管机关报告船舶的航次计划、适航状态、船员配备和载货载客等情况。"

5. 中华人民共和国港口法

《中华人民共和国港口法》是为了加强港口管理，维护港口的安全与经营秩序，保护当事人的合法权益，促进港口的建设与发展而制定的法律。2003年6月28日中华人民共和国第十届全国人民代表大会常务委员会第三次会议通过了《中华人民共和国港口法》（以下简称《港口法》），自2004年1月1日起施行。该法适用于从事港口规划、建设、维护、经营、管理及其相关活动。《港口法》包括总则、港口规划与建设、港口经营、港口安全与监督管理、法律责任、附则共6章62条。2015年4月24日、2017年11月4日、2018年12月29日，全国人民代表大会常务委员会先后三次对《港口法》进行了修正。

6. 中华人民共和国海商法

《中华人民共和国海商法》是为了调整海上运输关系、船舶关系，维护当事人各方的合法权益，促进海上运输和经济贸易的发展而制定的法律。1992年11月7日中华人民共和国第七届全国人民代表大会常务委员会第二十八次会议通过了《中华人民共和国海商法》（以下简称《海商法》），自1993年7月1日起施行。《海商法》包括总则、船舶、船员、海上货物运输合同、海上旅客运输合同、船舶租用合同、海上拖航合同、船舶碰撞、海难救助、共同海损、海事赔偿责任限制、海上保险合同、时效、涉外关系的法律适用、附则共15章278条，对海上行商的各项活动进行了法律规范。2018年11月，交通运输部关于《中华人民共和国海商法（修订征求意见稿）》公开征求意见，对于：是否将内河运输纳入《海商法》调整范畴，是否增补船舶污染损害赔偿专章，是否将受承运人委托、受货方委托在港区内从事货物作业的人纳入《海商法》范畴，是否需要将航次租船合同调整到租船合同予以定性和规范，以及赔偿责任限额的提高等问题，开展积极讨论，进一步由全国人大常委会审议。

7. 中华人民共和国石油天然气管道保护法

《中华人民共和国石油天然气管道保护法》是为了保护石油、天然气管道，保障石油、天然气输送安全，维护国家能源安全和公共安全而制定的法律。2010年6月25日中华人民共和国第十一届全国人民代表大会常务委员会第十五次会议通过了《中华人民共和国石油天然气管道保护法》（以下简称《石油天然气管道保护法》），自 2010 年 10 月 1 日起正式实施。该法适用于中华人民共和国境内输送石油、天然气的管道的保护；城镇燃气管道和炼油、化工等企业厂区内管道的保护，不适用该法。《石油天然气管道保护法》包括总则、管道规划与建设、管道运行中的保护、管道建设工程与其他建设工程相遇关系的处理、法律责任、附则共 6 章 61 条。《石油天然气管道保护法》实施以来，对规范油气管道规划建设和运行保护，督促相关部门、单位依法履职，保障油气管道安全运行发挥了重要作用。2018 年国家能源局在京召开《石油天然气管道保护法》修订工作专家研讨会，标志着修法工作开始启动。根据 2017 年 5 月中共中央、国务院印发的《关于深化石油天然气体制改革的若干意见》，加快修订管道保护法，切实加强管道保护法治建设，是深入油气领域改革发展，建立健全油气全产业链安全生产责任体系，进一步落实管道企业安全主体责任和政府部门监管职责，完善安全风险应对和防范机制的根本性举措。

8. 中华人民共和国邮政法

《中华人民共和国邮政法》是为了保障邮政普遍服务，加强对邮政市场的监督管理，维护邮政通信与信息安全，保护通信自由和通信秘密，保护用户合法权益，促进邮政业健康发展，适应经济社会发展和人民生活需要而制定的法律。1986 年 12 月 2 日，第六届全国人民代表大会常务委员会第十八次会议通过了《中华人民共和国邮政法》（以下简称《邮政法》），自 1987 年 1 月 1 日起施行。2009 年 4 月 24 日，第十一届全国人民代表大会常务委员会第八次会议修订通过了新的《邮政法》，自 2009 年 10 月 1 日起施行。新的《邮政法》包括总则、邮政设施、邮政服务、邮政资费、损失赔偿、快递业务、监督检查、法律责任、附则共 9 章 87 条。2012 年 10 月 26 日第十一届全国人民代表大会常务委员会第二十九次会议对《邮政法》进行了第一次修正，2015 年 4 月 24 日第十二届全国人民代表大会常务委员会第十四次会议对《邮政法》进行了第二次修正。

4.6.2　与交通运输直接有关的部分法规条例

1. 铁路安全管理条例

为了加强铁路安全管理，保障铁路运输安全和畅通，保护人身安全和财产安全，2013 年 7 月 24 日国务院第 18 次常务会议通过《铁路安全管理条例》，2013 年 8 月 17 日中华人民共和国国务院令第 639 号公布，自 2014 年 1 月 1 日起施行。铁路安全管理坚持安全第一、预防为主、综合治理的方针，《铁路安全管理条例》是在 1989 年国务院制定公布的《铁路运输安全保护条例》基础上，结合我国铁路发展实际和行政管理体制改革，重新制定和发布的。《铁路安全管理条例》包括总则、铁路建设质量安全、铁路专用设备质量安全、铁路线路安全、铁路运营安全、监督检查、法律责任、附则共 8 章 108 条。

2. 中华人民共和国道路运输条例

为了维护道路运输市场秩序，保障道路运输安全，保护道路运输有关各方当事人的合法权益，促进道路运输业的健康发展，2004 年 4 月 14 日国务院第 48 次常务会议通过《中华人民共和国道路运输条例》，2004 年 4 月 30 日中华人民共和国国务院令第 406 号公布，自 2004 年 7 月 1 日起施行。该条例适用于道路运输经营及道路运输相关业务，其中道路运输经营包括道路旅客运输经营和道路货物运输经营，道路运输相关业务包括站（场）经营、机动车维修经营、机动车驾驶员培训。《中华人民共和国道路运输条例》包括总则、道路运输经营、道路运输相关业务、国际道路运输、执法监督、法律责任、附则共7章83条。2012年11月9日国务院令第628号对其进行了第一次修正，2016年2月6日国务院令第666号对其进行了第二次修正，2019年3月2日国务院令第709号对其进行了第三次修正。

3. 收费公路管理条例

为了加强对收费公路的管理，规范公路收费行为，维护收费公路的经营管理者和使用者的合法权益，促进公路事业的发展，2004年8月18日国务院第61次常务会议通过《收费公路管理条例》，2004年9月13日中华人民共和国国务院令第417号公布，自2004年11月1日起施行。《收费公路管理条例》包括总则、收费公路建设和收费站的设置、收费公路权益的转让、收费公路的经营管理、法律责任、附则共6章60条。随着新条件的不断变化，原制度设计已不能完全适应保障公路可持续发展的需要，2018年12月交通运输部对外发布了《收费公路管理条例（修订草案）》，向社会公开征求意见，拟分别在以下几方面进行修订：提高收费公路设置门槛，建立收费公路发展刚性控制机制，明确政府收费高速公路偿债期限，经营性公路项目经营期限，完善政府收费公路"统借统还"制度，建立养护管理收费制度，明确车辆通行费收费标准及动态评估调整机制，取消省界收费站设置，进一步加强对收费公路的监管等。

4. 民用机场管理条例

为了规范民用机场的建设与管理，积极、稳步地推进民用机场发展，保障民用机场安全和有序运营，维护有关当事人的合法权益，依据《中华人民共和国民用航空法》，2009年4月1日国务院第55次常务会议通过《民用机场管理条例》，2009年4月13日中华人民共和国国务院令第553号公布，自2009年7月1日起施行。条例适用于中华人民共和国境内民用机场的规划、建设、使用、管理及其相关活动。《民用机场管理条例》包括总则、民用机场的建设和使用、民用机场安全和运营管理、民用机场安全环境保护、法律责任、附则共6章87条。2019年3月2日国务院令第709号《国务院关于修改部分行政法规的决定》对《民用机场管理条例》进行了修正。

5. 中华人民共和国民用航空安全保卫条例

为了防止对民用航空活动的非法干扰，维护民用航空秩序，保障民用航空安全，1996年7月6日中华人民共和国国务院令第201号发布《中华人民共和国民用航空安全保卫条例》，自发布之日起施行。条例适用于在中华人民共和国领域内的一切民用航空活动、与民用航空活动有关的单位和个人，以及在中华人民共和国领域外从事民用航空活动的具有中华人民共和国国籍的民用航空器（中华人民共和国缔结或者参加的国际条约另有规定的除外）。《中华人民共和国民用航空安全保卫条例》包括总则、民用机场的安全保卫、民用航空营运的安全保卫、安全检查、罚则、附则共6章40条。2011年1月8日国务院令第588号对《中华人民共和国民用航空安全保卫条例》进行了修正。

6. 中华人民共和国内河交通安全管理条例

为了加强内河交通安全管理，维护内河交通秩序，保障人民群众生命、财产安全，2002年6月19日国务院第60次常务会议通过《中华人民共和国内河交通安全管理条例》，2002

年 6 月 28 日中华人民共和国国务院令第 355 号公布，自 2002 年 8 月 1 日起施行。《中华人民共和国内河交通安全管理条例》包括总则，船舶、浮动设施和船员，航行、停泊和作业，危险货物监管，渡口管理，通航保障，救助，事故调查处理，监督检查，法律责任，附则共 11 章 95 条。《中华人民共和国内河交通安全管理条例》是在修订 1986 年发布的《中华人民共和国内河交通安全管理条例》的基础上形成的。《中华人民共和国内河交通安全管理条例》规定了国务院交通主管部门在中央管理水域设立的海事管理机构和省、自治区、直辖市人民政府在中央管理水域以外的其他水域设立的海事管理机构依据各自的职责权限，对所辖内河通航水域实施水上交通安全监督管理。2011 年 1 月 8 日国务院令第 588 号对其进行了第一次修正，2017 年 3 月 1 日国务院令第 676 号对其进行了第二次修正，2019 年 3 月 2 日国务院令第 709 号对其进行了第三次修正。

7. 国内水路运输管理条例

为了规范国内水路运输经营行为，维护国内水路运输市场秩序，保障国内水路运输安全，促进国内水路运输业健康发展，2012 年 9 月 26 日国务院第 218 次常务会议通过《国内水路运输管理条例》，2012 年 10 月 13 日中华人民共和国国务院令第 625 号公布，自 2013 年 1 月 1 日起施行。条例适用于经营国内水路运输以及水路运输辅助业务，其中国内水路运输指始发港、挂靠港和目的港均在中华人民共和国管辖的通航水域内的经营性旅客运输和货物运输，水路运输辅助业务指直接为水路运输提供服务的船舶管理、船舶代理、水路旅客运输代理和水路货物运输代理等经营活动。《国内水路运输管理条例》包括总则、水路运输经营者、水路运输经营活动、水路运输辅助业务、法律责任、附则共 6 章 46 条。本条例是在 1987 年 5 月 12 日国务院发布的《中华人民共和国水路运输管理条例》基础上修订而来的。2016 年 2 月 6 日国务院令第 666 号对条例进行了第一次修正；2017 年 3 月 1 日国务院令第 676 号对条例进行了第二次修正。

8. 中华人民共和国国际海运条例

为了规范国际海上运输活动，保护公平竞争，维护国际海上运输市场秩序，保障国际海上运输各方当事人的合法权益，2001 年 12 月 5 日国务院第 49 次常务会议通过《中华人民共和国国际海运条例》，2001 年 12 月 11 日国务院令第 335 号公布，自 2002 年 1 月 1 日起施行。条例适用于进出中华人民共和国港口的国际海上运输经营活动以及与国际海上运输相关的辅助性经营活动。《中华人民共和国国际海运条例》包括总则、国际海上运输及其辅助性业务的经营者、国际海上运输及其辅助性业务经营活动、外商投资经营国际海上运输及其辅助性业务的特别规定、调查与处理、法律责任、附则共 7 章 58 条。2013 年 7 月 18 日国务院令第 638 号对其进行了第一次修正，2016 年 2 月 6 日国务院令第 666 号对其进行了第二次修正，2019 年 3 月 2 日国务院令第 709 号对其进行了第三次修正。

4.6.3 与交通运输相关的部分规则、规定、办法等

1. 铁路危险货物运输安全监督管理规定

为加强铁路危险货物运输安全管理，保障公众生命财产安全，保护环境，根据《中华人民共和国安全生产法》《中华人民共和国铁路法》《铁路安全管理条例》《危险化学品安全管理条例》等有关法律、行政法规，2015 年 2 月 27 日经交通运输部第二次部务会议通过，

2015年3月12日中华人民共和国交通运输部令2015年第1号公布《铁路危险货物运输安全监督管理规定》,自2015年5月1日起施行。《铁路危险货物运输安全监督管理规定》包括总则、运输条件、运输安全管理、监督检查、附则共5章40条。

2. 高速铁路基础设施运用状态检测管理办法

为了加强高速铁路基础设施运用状态检测管理工作,提高检测、维修和运输效率,预防事故和减少故障,确保铁路运输安全,根据《中华人民共和国安全生产法》《中华人民共和国标准化法》《中华人民共和国铁路法》《铁路安全管理条例》等法律、行政法规,2018年8月27日经交通运输部第十四次部务会议通过,2018年8月31日中华人民共和国交通运输部令2018年第19号公布《高速铁路基础设施运用状态检测管理办法》,自2018年10月1日起施行。《高速铁路基础设施运用状态检测管理办法》包括总则、职责与分工、检测内容及检测设备、组织与实施、监督检查、附则共6章37条。

3. 道路旅客运输及客运站管理规定

为规范道路旅客运输及道路旅客运输站经营活动,维护道路旅客运输市场秩序,保障道路旅客运输安全,保护旅客和经营者的合法权益,依据《中华人民共和国道路运输条例》及有关法律、行政法规的规定,2005年6月3日经交通部第11次部务会议通过,2005年7月12日中华人民共和国交通部令2005年第10日公布《道路旅客运输及客运站管理规定》,自2005年8月1日起施行。《道路旅客运输及客运站管理规定》包括总则、经营许可、客运车辆管理、客运经营管理、客运站经营、监督检查、法律责任共7章95条。2008年7月23日、2009年4月20日、2012年3月14日、2012年12月11日、2016年4月11日、2016年12月6日,交通运输部先后公布6版《关于修改〈道路旅客运输及客运站管理规定〉的决定》,对《道路旅客运输及客运站管理规定》进行了6次修正。

2005版《道路旅客运输及客运站管理规定》虽然历经6次修正,但由于行业发展变化较大,新时期行业管理需求也有了明显变化。2020年7月2日,经交通运输部第21次部务会议通过,2020年7月6日中华人民共和国交通运输部令2020年第17号公布《道路旅客运输及客运站管理规定》,自2020年9月1日起施行。2020版《道路旅客运输及客运站管理规定》是对2005版的重新修订,自施行之日起,2005版及其6次修正版同时废止。新的《道路旅客运输及客运站管理规定》包括总则、经营许可、客运经营管理、班车客运定制服务、客运站经营、监督检查、法律责任、附则共8章110条。

4. 农村公路建设管理办法

为了规范农村公路建设管理,促进农村公路可持续健康发展,根据《中华人民共和国公路法》《公路安全保护条例》《建设工程质量管理条例》《建设工程安全生产管理条例》等法律、行政法规和国务院相关规定,2006年1月26日经交通部第二次部务会议通过,2006年1月27日中华人民共和国交通部令2006年第3号公布《农村公路建设管理办法》,自2006年3月1日起施行。《农村公路建设管理办法》包括总则、标准与设计、建设资金与管理、建设组织与管理、工程验收、法律责任、附则共7章51条。

2017年12月27日经第25次部务会议通过,2018年4月8日中华人民共和国交通运输部令2018年第4号公布修订版的《农村公路建设管理办法》,自2018年6月1日起施行,原2006年版同时废止。新的《农村公路建设管理办法》包括总则、规划管理、建设资金、建设标准和设计、建设施工、质量安全、工程验收、法律责任、附则共 9 章 51 条。

5. 中国民用航空危险品运输管理规定

为了加强民用航空危险品运输的管理，保障飞行安全，根据《中华人民共和国民用航空法》，1996 年 2 月 27 日中国民用航空总局公布《中国民用航空危险品运输管理规定》，自 1996 年 3 月 1 日起施行，全文共 7 条。2004 年 5 月 24 日经中国民用航空总局局务会议通过，2004 年 7 月 12 日中国民用航空总局令第 121 号公布修订版《中国民用航空危险品运输管理规定》（CCAR-276），自 2004 年 9 月 1 日起施行，包括总则、危险品航空运输的限制、危险品航空运输的申请和许可、危险品手册的要求、危险品的运输准备、托运人的责任、运营人的责任、信息的提供、训练、保安要求、法律责任、附则共 12 章及附录，1996 年版本同时废止。

2012 年 12 月 24 日经中国民用航空局局务会议通过，2013 年 9 月 22 日中国民用航空局令第 216 号公布新的修订版《中国民用航空危险品运输管理规定》（CCAR-276-R1），自 2014 年 3 月 1 日起施行，包括总则、危险品航空运输的限制和豁免、危险品航空运输许可程序、危险品航空运输手册、危险品航空运输的准备、托运人的责任、经营人及其代理人的责任、危险品航空运输信息、培训、其他要求、监督管理、法律责任、附则共 13 章 145 条，2004 年版本予以废止。

6. 民用航空器飞行机械员合格审定规则

为了规范民用航空器飞行机械员的合格审定工作，保障民用航空器飞行安全，根据《中华人民共和国民用航空法》，2018 年 8 月 27 日经交通运输部第十四次部务会议通过，2018 年 8 月 31 日中华人民共和国交通运输部令 2018 年第 4 号公布《民用航空器飞行机械员合格审定规则》，自 2019 年 1 月 1 日起施行。《民用航空器飞行机械员合格审定规则》包括总则、飞行机械员合格审定、法律责任、附则共 4 章。自新的规则施行之日起，原民航总局于 1996 年 8 月 1 日以民航总局令第 52 号公布、交通运输部于 2016 年 4 月 21 日以交通运输部令 2016 年第 50 号修改的《民用航空器领航员、飞行机械员、飞行通信员合格审定规则》同时废止。

7. 水运建设市场监督管理办法

为规范水运建设市场秩序，保障水运建设市场各方当事人合法权益，根据《中华人民共和国港口法》《中华人民共和国航道法》《中华人民共和国招标投标法》《建设工程质量管理条例》等法律、行政法规，2016 年 11 月 30 日经交通运输部第二十八次部务会议通过，2016 年 12 月 6 日中华人民共和国交通运输部令 2016 年第 74 号公布《水运建设市场监督管理办法》，自 2017 年 2 月 1 日起施行。《水运建设市场监督管理办法》包括总则、水运建设市场主体及行为、监督检查、法律责任、附则共 5 章 42 条。该办法对水运建设市场主体的行为及责任作了全面规定；明确了各级交通运输主管部门的监管职责；对有较严重违规行为及存在重大质量、安全事故隐患的项目单位或从业单位，规定了约谈制度；对信用管理机制作了较全面规定，充分发挥信用管理在事中事后监管中的作用；细化明确了违法处罚措施，加大了市场主体的违法违规成本。

8. 邮政业寄递安全监督管理办法

2011 年 1 月 4 日交通运输部令 2011 年第 2 号公布《邮政行业安全监督管理办法》，自

2011年2月1日起施行。2013年4月12日交通运输部令2013年第6号《关于修改〈邮政行业安全监督管理办法〉的决定》对其进行了修正。《邮政行业安全监督管理办法》包括总则、通信与信息安全、生产安全、应急管理、监督管理、法律责任、附则7章57条。随着我国电子商务和现代物流的迅速发展，2011年版的《邮政行业安全监督管理办法》已不能适应当前邮政业寄递安全面临的新形势、新任务，有必要依据上位法和中央部署，围绕国家总体安全观，进行全面修订，为邮政业持续健康发展提供更有力的规章制度保障。

为加强邮政业寄递安全管理，维护邮政通信与信息安全，保障从业人员、用户人身和财产安全，促进邮政业持续健康发展，根据《中华人民共和国邮政法》《快递暂行条例》等法律、行政法规，2019年12月18日经交通运输部第三十次部务会议通过，2020年1月2日中华人民共和国交通运输部令2020年第1号公布《邮政业寄递安全监督管理办法》，自2020年2月15日起施行，原《邮政行业安全监督管理办法》同时废止。新的《邮政业寄递安全监督管理办法》取消了原有的"分章"结构，体例更为简洁，条文数量从57条精简至43条，主要内容包括完善收寄验视制度、安全检查制度、视频监控制度、协议用户管理制度、寄递信息安全管理制度，增加邮件快件寄递过程中有关生态安全的事项，细化寄递安全统一管理制度、安全教育培训制度、寄递安全监督检查制度和邮政业应急管理制度，明确委托实施邮政行政处罚的相关事项，优化行政处罚措施等。

9. 城市轨道交通运营管理规定

2005年3月1日经建设部第五十三次部常务会议讨论通过，2005年6月28日中华人民共和国建设部令第140号公布《城市轨道交通运营管理办法》，自2005年8月1日起施行。随着我国轨道交通的迅速发展，交通运输行业管理体制也不断优化完善。为规范城市轨道交通运营管理，保障运营安全，提高服务质量，促进城市轨道交通行业健康发展，根据国家有关法律、行政法规和国务院有关文件要求，2018年5月14日经交通运输部第七次部务会议通过，2018年5月21日中华人民共和国交通运输部令2018年第8号公布《城市轨道交通运营管理规定》，自2018年7月1日起施行。2018年6月22日住房城乡建设部令第140号公布决定，自2018年7月1日起废止《城市轨道交通运营管理办法》。《城市轨道交通运营管理规定》包括总则、运营基础要求、运营服务、安全支持保障、应急处置、法律责任和附则共7章56条，主要内容包括夯实行业管理基础、提升运营服务能力、加强安全支持保障、强化应急处置能力等。

4.6.4 与交通运输相关的部分其他法律规范

除了与交通运输直接相关的法律外，还有许多其他法律与交通运输有着或多或少的关系，从不同程度上规范着人们的行为，指引交通运输业的建设与发展。如《全面推进依法行政实施纲要》《国务院关于全面推进依法行政决定》将依法行政写入法律，有利于加强交通运输方面的法制建设，是各项法律顺利实施的保障。《行政法规制定程序条例》《规章制定程序条例》规范了相关部门法规制定的流程，减少不负责行为的发生，使制定的法律法规更规范合理，保障了人们的合法权益。《中华人民共和国民法典》《中华人民共和国国家赔偿法》《中华人民共和国行政复议法》《中华人民共和国行政许可法》《中华人民共和国行政处罚法》中与交通运输相关的条款从各个方面规定了人们进行运输活动的行为规范，更好地调节了人们进行交通活动出现的纠纷，使交通运输更加井然有序。

交通运输是环境污染的主要源头之一，也是资源消耗的主要渠道之一，所以保护环境、节约资源业是交通运输的一大任务。《中华人民共和国环境影响评价法》《中华人民共和国环境保护法》《中华人民共和国海洋环境保护法》为环境保护的顺利进行提供了法律保障。

交通运输事故拆散了幸福和睦的家庭，同时也会带来较大的经济损失，所以保证安全是交通运输的另一大任务。《危险化学品安全管理条例》《中华人民共和国道路交通安全法》《中华人民共和国海域使用管理法》《中华人民共和国道路交通安全法实施条例》《国务院关于特大安全事故行政责任追究的规定》《中华人民共和国安全生产法》的制定，对遏制事故的发生、保护人们的生命健康权提供了法律保障。

《中华人民共和国政府采购法》《中华人民共和国招标投标法》《中华人民共和国土地管理法》《建设工程质量管理条例》《建设工程勘察设计管理条例》《中华人民共和国建筑法》《中华人民共和国公司法》从政府采购、土地利用、工程设计管理运行方面规范了进行交通设施建设的行为，为各项建设的顺利进行提供了法律依据。

习　题

1. 如何理解我国交通运输管理体制的现状？
2. 查阅国外相关资料对比了解国内外交通运输业的管理体制。
3. 我国交通运输管理体制的发展趋势是什么？
4. 交通运输法规的特点是什么？
5. 列举几个与交通运输相关的法律，了解我国的交通运输法规体系。

第5章 国外交通运输政策法规借鉴

【本章内容概要】

本章介绍美国、欧盟、英国、日本、澳大利亚等国家和组织的交通运输政策发展过程、特点、内容,以及对我国交通运输政策制定的启示。

【本章学习重点与难点】

学习重点:美国交通运输政策制定的理念和导向,欧盟面向21世纪交通运输政策的内容,英国制定交通运输政策的背景,澳大利亚连通计划可以借鉴的内容。

学习难点:理解各国交通运输政策制定的出发点及目的。

由于世界各国的经济发展水平、资源、文化背景各有不同,这就决定了各国的交通政策发展有了不同的侧重点。在这些不同的交通政策中,有一个共同点就是各国都在竭力促进各种交通方式之间的综合协作。从某种角度来说,交通政策将会主宰世界交通方式的良性互动。不同的政策对交通运输的发展速度、发展质量的影响是不同的。学习国外的交通运输政策,可以获得许多借鉴与启示。

当今世界交通运输业的发展呈现两大趋势:一是随着世界新技术革命发展,交通运输业广泛采用新技术,提高运输工具和设备现代化和运输管理信息化水平;二是由于运输方式的多样化、运输过程的统一化,各种交通运输方式朝着分工协作、协调配合、建立综合运输体系的方向发展。

交通运输发展的成功经验对于正致力于实现经济现代化的中国来说,具有十分现实的启迪作用,尤其是近年来随着中国经济的飞速发展与改革的不断深化,我国交通运输政策从设计到实施都正在逐步与世界接轨,研究国外的交通战略计划对我国综合交通运输体系发展政策的制定具有重要的借鉴意义。

北美地区是全球经济最活跃的区域之一,区域内两个最主要的国家美国和加拿大都是经济发达的国家,在它们各自的经济发展过程当中,交通运输都发挥了强大的支持和促进作用。直至今天,交通运输系统仍在不断发展与进步,这与两国系统完善的交通战略是密不可分的。

欧盟及其各成员都对交通运输问题非常关注,各成员共同制订、实施了一些交通运输领域的政策,并随着时间的推移而逐渐变化。目前,欧盟交通运输政策在关注具体交通运输问题的同时,更为关注交通运输与社会经济之间的关系,并以交通运输与社会经济之间的关系为基准判断交通运输问题的轻重缓急及解决思路,体现出对"以人为本"的更多关注。

亚洲地区是世界上经济发展速度最快的区域,区域内各国的交通依据国情的不同各有特色。日本作为一个资源稀缺的东方岛国,却能在19世纪通过体制转型跻身列强行列,第二次世界大战惨败之后,又能在不长的时期内重新成为世界第二大经济强国。日本的迅速发展与壮大，原因是多方面的，其中交通运输的发展起着决定性的作用。尽管日本国情与我国有所不同，但其交通运输领域的产业政策措施手段已经相当成熟，其高度智能化的交通系统也很值得我国借鉴。

虽然各个国家的交通运输发展趋势各有不同的特点，但交通政策发展有一些共同的趋向，主要表现在以下5个方面。

(1) 建立大交通综合运输管理体制，统筹协调各种交通运输方式及相关行业资源。
(2) 中央政府重在宏观调控，地方政府在决策过程中的作用在增大。
(3) 交通基础设施建设开发和经营的投资方式及资金来源逐步多样化。
(4) 优先发展公共交通，提高社会综合服务能力。
(5) 重视采用新技术、新方法解决交通发展问题。

国外城市交通建设的经验是：优先发展公共交通，特别是地铁、轻轨等大运量快速轨道交通方式；在加强城市交通基础设施建设的同时运用行政、法律、经济等手段调节客货运输需求；城市间的多种交通方式统一规划，协调发展，注重环境保护。

5.1 美国交通运输政策法规借鉴

美国是当今世界上经济最发达的国家，在短短200年的时间里从英国的殖民地发展成为世界经济强国，其成功原因是多方面的，其中交通运输对经济发展所起的巨大促进作用是重要原因之一。基于美国经济发展的需要和交通运输系统发展的现状，美国运输部提出，美国将为国内外居民、企业和政府提供一个更加安全、均衡和高效的交通运输系统。面对来自全球化市场、环境、国际安全和信息技术革命的挑战，美国运输部在2003年9月颁布了以"更安全、更便易、更快捷的交通方案"为核心的《美国交通部战略计划 (2003—2008)》。

5.1.1 交通运输发展战略制定的背景及战略目标

1. 美国交通运输的现状

在美国经济快速成长的过程中，交通运输发挥着显著的支撑作用，如今已形成的庞大的交通系统网络和美国飞速发展的经济紧密、高效地连接在一起。这种雄厚的实力正是来自美国政府对交通运输的重视，在20世纪80年代以前美国政府通过各种资助、优惠、技术支持等手段大力扶持交通运输的建设与发展，大大加速了交通运输的现代化步伐，从而为美国发达的交通运输体系奠定了基础。美国的交通运输已成为美国整个社会经济体系中的重要一部分。21世纪初美国交通运输业的总产值约占整个GDP的11%。全美1/8的就业机会都是在交通运输领域中，每个家庭20%的支出都用在与交通相关的消费上，仅次于其房屋支出。因此，交通运输在美国的生产和生活中扮演着十分重要的角色。

美国的交通运输体系在《美国交通部战略计划（2003—2008）》制定之时已经具有相当的规模。21世纪初整个系统每年完成7.9万亿人·km的旅客运输量以及6.1万亿t·km的货物运输量。在基础设施方面，公路里程已达到627万km，石油天然气商业运输管道达到338万km，干线铁路里程19.6万km，商业通航水路42万km及321个港口，5 000个以上公用机场，4个商业太空船基地。

国际贸易与国际出行正在成为美国交通领域中一个越来越重要的方面。早在2001年，美国国际贸易总量为16亿吨，价值总值为1 900亿美元，占美国交通运输总量的10%以上。2001年用于国际贸易的集装箱为1 900万TEU，其中轮船集装箱600万TEU，公路铁路集装箱1 300万TEU。一方面，这给美国在维持物流高效率的同时保障交通安全提出了严峻的挑战；另一方面，如此之大的贸易流量也给国内交通造成了一定的压力。

2. 美国运输部简介

美国经历了现代交通运输业完整的发展过程，其政府的交通运输管理也随着交通运输业的成长而不断调整。其间经历了以铁路运输为主、公路运输兴起、水路运输恢复、航空运输条件改善的时代。1950—1970年，美国开始实施洲际公路建设、机场和航空运输改造、海运振兴计划等。为适应交通运输业大规模快速发展的要求，1966年，约翰逊总统提出组建运输部并经国会批准于1967年4月1日正式成立。从而将原分散在商业部、财政部等8个部委、3个局处的交通管理职能和相关事务集中，实现了对全国交通运输事务的综合管理。

全美统一的综合交通运输管理部门——美国运输部成立于1967年，下属部门包括运输统计局、联邦航空管理局、联邦公路管理局、联邦铁路管理局、联邦运输管理局、海事管理局、国家公路交通安全管理局、圣劳伦斯航运发展公司、地面交通管理部、运输管理服务中心、美国海岸护卫队等。而自1966年起，美国运输部就担负着制定交通运输政策的使命，以保障国家公共福利和经济的增长与稳定，保障国家安全。其主要任务是通过制定和实施交通运输政策，确保以最低的成本提供快捷、安全、高效、便利的交通运输服务，并与国家的其他目标保持协调。

3. 交通运输战略目标的总体概况

交通运输战略目标的总体概况如下。

战略构想："更安全、更便宜、更快捷的交通方案"。

总任务：为配合社会总财富、经济增长、稳定性、国家安全、资源有效利用与保护的目标，以最低的成本提供快捷、安全、有效、便利的交通，制定和执行各种交通运输政策与计划。

交通运输战略目标如下。

（1）人身安全：减少交通相关的伤亡事故，以加强公众健康与安全。

（2）机动性：为人口和货物的流动提供可靠、高效、联合的交通运输。

（3）全球连通性：建设一个能够推动经济增长与发展的更有效的国内与国际交通系统。

（4）环境和谐：推出能够增强沟通并能保护自然与人类环境的交通方案。

（5）国家安全：平衡个人旅游及商务出行的机动性需要与国家安全对交通的要求。

5.1.2　美国交通运输政策的演变历程

根据美国交通运输业的不断发展，美国政府及美国运输部对其采取的政策也在不断变化。美国交通运输发展政策制定的基本出发点有两个：一是以人为本，体现公平；二是支持社会的可持续发展，执行严格的环境保护政策。美国交通运输发展政策主要通过各类与交通相关的法案体现，具体落实与实施通过两条途径：一是由各级交通部门主管交通规划编制和交通建设资金的分配；二是由各级环境保护部门监督实施的各类交通环境保护政策。

1. 演变路径

从美国交通运输100多年的发展史来看，美国政府及运输主管部门对交通运输的政策大致经历了扶持、引导和战略规划3个阶段。

1）扶持阶段

在20世纪80年代以前，美国政府及运输部对交通运输的政策主要是资助、扶持，促使其迅速发展，其发展较多地依赖于政府行政机制的激励作用。具体表现形式为：税收优惠（减免财产税）、贷款担保（提供贷款担保，降低私人银行贷款风险）、低息贷款（专项低息贷款，较低的担保贷款利息）、运营补贴（补贴营运收益与成本之间的赤字）、劳保提供（向运输失业人员支付劳保基金、为运输退休人员筹集退休劳保基金）、研发基金提供（向从事运输的私人及政府机构提供科研基金），技术支持（在交通规划、设计、建设过程中给予技术支援）、其他资助（公路、航道、机场的养护与更新，航空设备的提供，对运输经营者提供气象预报服务，对运输制造业的支持）等。

2）引导阶段

20世纪80年代初至90年代初，美国政府及运输部对交通运输的政策主要是引导，促使其顺利发展，政府更多的是发挥市场机制的作用。政府放松对交通运输业的管制，减少对交通运输业的资助和扶持。例如，削减扶持基金，运营亏损补贴、船舶制造差价补贴，增加水运及公路使用税、燃料税，增加地方政府在港口投资方面的比例等。

3）战略规划阶段

20世纪90年代以来，美国政府及运输部对交通运输的政策主要是战略规划，以促使其持续发展。美国运输部2000年9月制定并颁布了2000—2005年交通运输战略规划，明确制定了交通运输发展的各项战略目标。第一是安全战略目标；第二是畅通战略目标，主要内容包括系统物理条件的改善、运输途中时间及成本的减少、旅行准点率和运输能力的提高；第三是经济增长战略目标，主要内容包括交通运输服务价格指数的增长率低于生产价格指数的增长率，交通运输贸易壁垒减少，货运服务国际竞争力上升，交通运输生产能力提高，经营机会增加（尤其要为小企业、妇女创办的企业和落后企业的发展提供机会）；第四是环境战略目标，主要内容是减少交通运输污染（交通运输对自然环境、生态环境的污染，以及交通运输设施对人文环境的污染），改善生存环境的可持续发展能力，提高生态环境的良性发展能力，保持低收入落后地区交通运输服务设施负担与收益的平衡发展能力；第五是国家安全战略目标，主要内容包括在执行公安警备任务时保证交通运输的可靠性，交通运输系统满足国防能力的提高，减少交通运输对国外燃料的依赖，减少毒品、非法移民进入美国，维护美国的地区稳定，防止美国领土的外来侵略。20世纪90年代以来，美国的交通运输政策、战略和法规体系已经逐渐完善与成熟，取得了十分显著的成效。

2008年美国运输部发布了《2030年的交通运输愿景：为运动中的国家确保个人自由与经济活力》（简称《2030年的交通运输愿景》），其中提出了六大战略目标：一是交通安全和通畅,让所有人自由做出日常决策,确信人和货物能够安全和准时地抵达目的地;二是经济性的竞争力,强化在全球经济中的美国领导地位,并刺激经济增长和创造就业;三是能源自主性,减少对国外石油的依赖,确保能源自主性;四是环境可持续性,确保环境可持续的社区,遏制温室气体排放;五是安全防卫,为国内和国际旅客、货物及危险物资的移动提供安全防卫;六是弹性,准备、响应和弹性化应对人为与自然的破坏。

2. 美国现行的主要交通运输发展政策法规

美国现行的交通运输发展政策主要由3部主要法律、5部相关法律组成。

3部主要法律为"清洁空气法1990年修正案""多模式地面交通运输效率法案""面向21世纪交通平衡法案"。

"清洁空气法1990年修正案"是美国交通环保政策上里程碑式的法律文件。清洁空气法案(clean air act)最初于1963年制定,后历经多次修正与完善。清洁空气法案1990年修正案制定了对汽车等交通工具移动污染源的严格控制措施,要求各州制定降低空气污染的规划,设定空气质量改善标准和期限,实行大型排污的许可制度,允许美国环境保护总署对污染罚款给州、地方政府以及企业设定标准和达到标准的期限,鼓励公众参与环境保护,制定保护空气的奖励措施,要求获得联邦资助的交通项目必须符合空气清洁标准。

20世纪60年代开始,美国的交通运输政策由过去的过分强调州际交通运输且主要是州际公路运输,转向特别重视城市化区域、大都市区域的综合交通运输规划与统筹协调。1991年颁布的"多模式地面交通运输效率法案"(intermodal surface transportation efficient act,简称"冰茶法案")是美国交通发展政策发生重大转变的重要标志,美国交通运输发展转入以可持续发展为目标的综合运输发展阶段。"冰茶法案"强调的政策主要包括:交通发展资金分配的柔性化,在美国联邦交通运输发展资金的分配上实现了由国家级运输系统向地方运输设施的转变,交通基础设施由公路建设为主转向公交、铁路等多种运输设施及联运,交通运输系统由基础设施建设为主转向建设、安全与管理并重,交通运输发展的目标由支持国防与社会经济发展转向支持人的发展、高质量的社区生活,最终走向社会的全面可持续发展;立法提出建立都市区交通规划组织,进行都市化区域交通运输系统统筹协调发展,规定对于人口大于5万的城市化区域,都市区交通规划组织作为运输系统规划与设计的机构,在区域交通运输发展中扮演重要角色和担当重要责任;强调利用高新技术对传统运输系统进行改造以提高传统交通运输系统的效率,重点支持智能交通系统研究。

1998年美国在"冰茶法案"的基础上制定了"面向21世纪交通平衡法案"(Transportation Equity Act for the 21st Century,简称"续茶法案")。该法案的一大特点是将改善交通安全摆在美国交通运输发展的首要位置,制定了提高安全带与安全气囊使用率和效果、加强酒后驾车执法、加强货运交通安全管理、应用高新技术改善交通安全等全面改善交通运输安全的综合措施。"续茶法案"为重塑美国交通运输系统从法律上安排了大笔的资金预算,计划6年提供2 173亿美元进行地面交通运输设施投资。环境保护在法案中也得到高度重视,安排81.2亿美元来降低交通拥堵进而改善空气质量。"续茶法案"的另一特点是随着冷战的结束,美国霸主地位的确立以及经济全球化、一体化进程的发展,在法案中明确提出需要建立确保美国全球竞争力的交通运输支持保障体系,主要包括提供一个平衡发展、可达性高、一体化以及高效率的运输系统,确保美国的经济增长以及美国企业在全球的竞争力,进一步加强维系国防安全的公路,进一步加强建设国家重要贸易通道。法案同时也强调交通运输行业作为国民经济中的基础产业，其经济规模和就业人口在国民经济中占有重要地位，交通运输发展应尽可能多地为社会创造、提供就业机会。此外"续茶法案"也强调交通规划的重要性，都市区交通规划组织和州政府必须提供二十年运输发展规划和三年运输改善规划。法案强调公众参与的重要性，要求一种主动式的公众参与过程，包括参与完成技术工作、政策信息的及时告示、对关键决策信息的完全可获取、对长期规划与运输改善规划项目中的前期参与和连续参与的支持。

5部相关法律为：①1969年国家环境政策法（National Environmental Policy Act of 1969），该法案要求获得联邦资金资助的交通建设项目必须进行环境影响评估；②美国残疾人法案（the Americans with disabilities act），该法案规定运输设施和服务必须为残疾人提供服务；③清洁水法案（clean water act），该法案严格禁止运输设施和服务影响水质量的保护和湿地保护；④濒危物种法案（endangered species act），该法案从法律上确立交通运输设施和服务不能影响保护濒临灭绝的物种；⑤1964年公民权利法案（the civil rights act of 1964），该法案着力强调公民应平等享受交通运输投资产生的利益。

3. 演变特点

交通运输产业在美国国民经济体系中处于基础地位，是保证其国民经济正常运转必须优先发展的产业，是其国民经济体系中其他各产业、人民生活，文化交流，以及国防事业的先行官，这些行业的发展无不依赖于交通运输的超前发展。

1）与交通运输产业周期相吻合

交通运输产业周期与其他产业生命周期一样，也经过形成期、发展期、成熟期、衰退期等几个阶段。美国政府及运输部在不同时期采用了不同的政策：形成期主要采用扶持政策；发展期主要采用引导政策；成熟期主要采用战略政策。

2）与科学技术的发展相协调

科学技术的发展推动交通运输的发展。美国历来重视科研的投入，现正大力发展智能交通（智能车辆、无缝连接的多式陆上智能运输系统、电子收费系统、GPS定位导航、GPS和GIS与遥感技术的集成等）。运输科研的投入及未来发展的方向需要政府及运输部高瞻远瞩的战略规划来指导。

4. 政策理念

1）交通运输政策的宗旨是以人为本，实现交通可持续发展

长期以来，美国交通发展政策的制定主要围绕两个基本出发点。一是以人为本，体现公平，即在各类交通发展政策的制定中充分强调不论种族、肤色、受教育程度，均应享受相对平等的交通出行权，政府交通投资效益应当最大限度地为大多数人平等享受；同时在交通发展的过程中，越来越重视交通安全，重视人性化交通服务，充分考虑残疾人、老年人、儿童的安全和方便出行。二是支持社会的可持续发展，执行严格的环境保护政策。在进行公路等交通基础设施建设时，执行严格的交通环境影响评价，绝不允许以环境破坏为代价来提供交通出行的便利，对水环境、空气环境、重要的湿地、濒临灭绝物种实行严格保护，与环境相冲突的项目不能获得立法机构的资金批准，将国家交通发展与社会经济发展需要、国家能源政策与环境保护统筹协调规划。

2）政策的核心是"大交通"

美国交通运输采用的是"大交通"的管理体制，即铁路、公路、水运、航空、管道等各

种运输方式统一由美国运输部进行综合管理。通过政策的导向调整各种运输方式的运力，大力发展综合运输。

3）政策实施的手段是"两只手"

美国交通运输业的发展依靠市场和政府"两只手"，但不同时期"两只手"运用的程度不一样。扶持政策是充分发挥政府的作用，引导政策和战略政策是充分发挥市场的作用。

5. 不同交通方式的政策导向

1）铁路：贷款担保政策

（1）政府提供一定额度的贷款担保，供铁路向银行贷款。

（2）铁路均为上市公司，通过发行和出售股票来获取资金支持。

（3）各公司还可以通过发售债券筹集基金，长期债券的期限可达30年。

（4）铁路也可以运输设备做抵押，向银行借贷高达80%的设备购置费。

（5）铁路货运一般将收入的20%用于铁路的改造和发展，基本上得不到政府的直接投资。

2）公路：新融资政策

1956年美国开始了州际高速公路计划，规定建设经费由联邦政府负担90%，所在州负担10%，费用超过了1 500亿美元。

20世纪90年代，美国实行了新的融资政策：增加机动车燃料税、汽车销售税、汽车登记费等税费；充分利用暂时闲置的公路财政资金；扩大债券发行；鼓励土地所有者和开发商捐赠路权；对公路沿线新建住宅及商业设施征收建设开发费，对原有设施征收工程受益费；对收费公路沿线土地征收土地增值税；鼓励私人出资建设收费公路等。

3）城市公共交通：运营补贴政策

美国的快速城市化进程使城市交通问题日益突出，最终导致了联邦政府的干预。1964年制定的《城市交通运输法》是国会制定相关交通政策规定的开始。该法令规定，给大城市公共交通以不超过其成本2/3的运营补贴。1974—1980年先后4次修改联邦公共交通法，大幅度增加政府拨款，每年多达30多亿美元，其中部分款源来自高速公路信托基金。

4）航空：改善机场与航线法令

美国国会于1970年、1982年两次通过了改善机场和航线的法令，建立了特别航空信托基金，作为改善机场和航线的经费来源，规定继续征收航空税。1982年通过了新的机场和航线改善法，1982—1987年间，为改善机场、航线，以及航线的运行和维护，政府拨款共计190亿美元以上。

5）水路：征收航道燃料税与发行债券政策

1970年，国会通过了《商用海运法》，联邦政府在10年内资助建造300艘性能先进的商船，并制订了数十亿美元的政府担保贷款和抵押债券计划。1978年，国会批准对主要内河征收航道燃料税，让使用者负担改进河道的部分开支。

美国把内河航道作为国家基础设施的一部分，由联邦政府出资建设，投资不需偿还。在港口建设上，各州有较大的自主权。联邦政府仅负责港口界限以外的进港航道的建设和维护，费用纳入联邦政府预算。发行债券成为美国港口筹集建设资金的一个重要来源。

5.1.3 对我国的借鉴及启示

1. 目标的设定具有动态性、指导性的特征

首先，美国2003—2008年战略计划重点围绕人身安全、机动性、全球连通性、环境保护、国家安全5个基本战略目标，制定出各自的投资战略、有效性战略、有关法规和法律的战略、信息和分析战略，以及研究和开发战略，目标清晰，责任分明，指导性强。这种目标的规定是成熟市场经济国家经济政策同计划经济体制国家经济政策之间一个十分突出的不同。同时这个总任务体现的也是一种动态的概念，强调运输体系应伴随着国家发展状况和人民生活水平的发展而不断发展。

其次，从美国交通发展战略计划的五大战略目标来看，每一项目标的设定都具有明显的导向性特征，五大目标各自从一个角度来确定未来交通运输体系应该发展的方向，而不是以一系列的数量指标来规定交通体系所应该达到的规模。

美国交通战略的目标体系无论是从总任务来看，还是从五大战略目标来看，整个政策目标体系全部由指导性和动态性目标构成。交通运输领域是一个特殊的经济领域，在我国由计划经济向市场经济过渡已经进入深层次改革阶段的背景下，综合交通运输体系发展政策作为交通体系在未来发展的重要依据，在政策目标的确定上也应打破计划经济原有的政策制定思路，削弱计划色彩，代之以导向性的目标体系，同时使设定的目标能够根据时代、环境的变化不断调整，以动态性目标代替传统的静态性目标。

2. 战略规划具有很强的可操作性

美国运输部明确各个基本战略下各管理局所面临的管理方面的挑战，找出需要解决的问题，有的放矢，制订出各具体问题解决的详细时间表和里程碑，从而避免战略计划成为纸上谈兵，使计划具有很强的可操作性。这种政策体系使整个政策从政策的宏观导向作用，到政策的具体执行，以及主要影响因素的考虑，再到政策执行的监控等各个环节都得到了充分的保障。在我国综合交通运输体系发展政策的制定中，学习和吸收美国交通战略计划的制订经验，对于按照科学发展观要求转变政策制定模式，探索新的历史时期下交通运输政策的体系框架，具有重要指导意义。

3. 交通运输政策的系统性与整合性

美国运输部从经济、环境、技术、政治、社会等方面，阐明对美国交通系统的影响，美国联邦政府、州，以及地方政府在美国交通系统发展中所应扮演的角色，国际和国内贸易壁垒的降低，以及国际标准的统一所带来的新形势，人口分布和结构组成的变化与美国交通需求之间的关系等，这些都是美国交通战略计划必须考虑的外部因素。

美国交通战略计划的核心是"大交通"。美国交通运输采用的是"大交通"管理体制，铁路、公路、水运、航空、管道等各种运输方式统一由美国联邦运输部进行综合管理。通过政策的导向，调整各种运输方式的运力，大力发展综合运输。从其战略计划来看，考虑的是整个综合运输体系的发展，而我国经常提及的分方式的讨论仅仅是在个别目标的具体实施措施中才有所出现。尽管我国综合运输体系和美国相比处在不同的发展阶段，但发挥各种运输资源的整体优势，以有限的运输资源实现更大的服务能力，是现阶段面临的重要任务。因此，从综合运输体系的高度对未来交通运输的发展进行通盘考虑，在将各种交通运输方式进行有效整合的基础之上，使各种交通运输方式构成竞争合作的态势、协调发展，应该是综合交通运输体系发展政策中的一个重要组成部分。

4. 强调运输部与其他相关部门之间的协作

为了改善交通系统的安全性，提供更方便快捷的交通，配合经济的增长，有效保护和合理利用资源,美国交通部门很重视同各社会组织、州、地方政府及其他利益相关者的合作。通过各部门之间的合作,更好地促进交通方式下的安全行为,更好地构思安全激励机制等。例如,和技术公司的合作,通过他们的研究规划和设计,改善基础设施建设,提高基础设施性能,减少车辆行驶中的安全隐患,从而减少事故的发生,更好地保护行人,既达到人身安全的目标,又为人口和货物的流动提供高效的运输。再如,为提高全国范围内汽车安全带的使用,交通部门联合一些地方政府和有关机构共同参与;为减少酒后驾车和驾车时药品的使用,交通部门联合卫生部和药品管理部门的参加,充分发挥这些部门的作用,有效监督违规行为,减少事故发生率和人身伤亡。我国在交通产业政策的制定过程中,应寻求广泛的与企业和公众的合作机会,以更有效的工作,早日实现交通安全便利畅通的目标。

5. 政策设计的系统思想与权变思想

首先,美国政府及运输部对交通运输业的政策全盘考虑,有轻重之分。政策的方案设计结合了美国的经济发展状况、科技发展水平等,比较实事求是。其次,美国政府及运输部依据运输市场主体、客体、环境的动态变化,政策的设计有主有次,管理的重心也有所侧重,体现权变管理的思想,具有较强的灵活性。

6. 相对完备的政策实施评价体系

美国交通政策的评价体系相对完善,运输部的绩效运算包括了每一绩效指标详细的范围、来源、绩效标的、限制及统计事项等,充分完善了安全工作指标、机动性具体指标、全球连通具体指标、环境和谐具体指标和国家安全具体指标,以衡量其在交通工作方面取得的进展。在绩效运算表中,具体目标和工作绩效指标一目了然,每一时期的工作目标很明确,每一时期的工作重点也很明确,这样有助于相关部门对政策作出综合评定。政策评价体系关系到交通部门的运作效率,而交通部门的政策实施结果和人们的利益息息相关,所以对政策实施评价是十分必要的。我国交通运输政策评价体系起步较晚,更应当借鉴发达国家的成功之处,更好地服务于我国的交通运输政策评价体系建设。

5.2 欧盟交通运输政策法规借鉴

欧洲联盟(简称欧盟)正式成立于1993年1月1日,随着《马斯特里赫特条约》的生效,原欧洲共同体正式更名为欧洲联盟,如今已经成为拥有二十多个成员的最强大的地区性国际组织。交通运输在促进欧洲统一上曾做出了重要的贡献。在1958年的《罗马条约》中,就制定了欧共体内陆运输——道路、铁路、内陆水运方面的共同交通运输政策作为主要宗旨,将交通运输领域置于重要地位,推行促进欧洲统一市场的政策,并将区域内道路运输系统的竞争条件和促进自由化放在重点位置上。随着欧盟的不断扩大,资源要素流动范围的扩大和联系的加深,欧盟很快认识到交通运输是欧盟得以存在和运转的一个重要基础。因而,欧盟委员会于2001年制定了《面向2010年的欧洲联盟交通运输政策:时不我待》。

5.2.1 欧盟面向2010年的交通运输政策制定的背景

交通运输在整个欧盟经济体中是重要的组成部分。2001年的数据表明,欧盟交通运输部门的 GDP 约为 1 万亿欧元，大体与美国交通运输业的规模相当，占欧盟 GDP 总量的 10%；在该部门的从业人员超过 1 000 万人，而整个交通运输产业的就业占所有成员的就业总数的 1/7；在投资方面，各成员全部投资的 40% 都用于交通运输产业；同时 30% 的能源消耗也发生在交通运输领域中。由此可以看出，交通运输在欧盟整体经济中的重要地位。

从需求方面来看，客货运输需求在近二十年期间分别保持了 3.1% 和 2.3% 的增长速度。2004 年欧盟 25 国的货物周转量总共为 21 580 亿 t·km，其中公路运输占 72%，铁路运输占 16.4%，内河运输占 6.0%，管道运输占 5.6%，其中并未包括海运，而这部分运量实际上约占欧盟 15 国货物周转量的 41%。客运方面公路与铁路的旅客周转量总共为 50 920 亿人·km，这个数字并未包括空运。

由于交通运输对于提高欧盟的经济竞争力，以及促进商业、经济和文化变革等具有重要意义，欧盟委员会第一个关于未来共同交通运输政策的白皮书早在 1992 年 12 月即颁布出台，其指导方针是开放交通运输市场。近年来，随着欧盟社会经济条件的变化和交通运输业的发展，社会经济发展对交通运输提出更高的要求，而交通运输部门却出现了一系列问题，包括各交通运输方式间发展不够协调、交通拥挤现象普遍存在等，以及欧盟经济体扩大趋势，适应可持续发展的需要、与其他政策体系战略协调面对新的形势和背景，欧盟需要制定新的交通运输政策，并对交通运输系统予以优化，以满足欧盟社会经济可持续发展的需要。针对以上背景，欧盟提出将在共同体交通政策方面作出重大变革，时不我待，欧盟将立即确定新的政策目标：在交通方式发展与解决交通拥挤问题之间把握平衡，提供高质安全的服务，同时尽可能保持灵活性。欧盟运输体系所面临的最大挑战之一是确定不同交通方式公平收费的共同政策，这一收费新框架应当能够保证在满足社会经济交通运输需求的同时，对环境的污染更小，减少交通拥挤，并能为新型的交通基础设施融资制度奠定基础。

5.2.2 欧盟交通运输政策的特点

欧盟交通运输政策的指导思想是：首先要协调运输与社会经济之间的关系，然后协调交通运输体系内部的关系，提供符合社会经济发展需要的运输服务。新欧盟交通运输政策具有以下特点。

1. 由欧盟成员共同制定

欧盟交通运输政策由各成员共同制定，具有法律地位，是指导各成员的政策性文件。这是欧盟交通运输政策区别于其他国家交通运输政策最为突出的特点。除欧盟外，世界其他地区还没有类似的交通运输政策文件。因此，欧盟交通运输政策被称为"共同交通运输政策"。

欧盟的共同交通运输政策，符合运输的"网络特性"和规模经济特性。共同交通运输政策，不仅在政治上促进了联盟内部的统一，而且也改善了内部联系，降低了经济发展中的物流成本，方便了各国公民的出行，增加欧盟各国公民的效用，提高了社会的总体福利水平。

2. 涵盖所有运输方式

欧盟交通运输政策不是仅仅针对某一种运输方式，而是涵盖了所有运输方式，包括城市交通，并将市内交通与城市间交通统筹考虑，将边远地区的交通与繁华地区的交通统筹考虑，以提高边远地区与繁华地区之间的通达性。

3. 通过各种经济和非经济手段调整运输结构

欧盟各成员都实行市场经济体制，但它们对运输结构的调整并不完全采用经济或市场手段。在研究或实践证明某运输方式、交通运输活动更为有利以后，也采用一些非经济手段，如技术标准、运输安全措施、环境影响标准等来促进该运输方式的发展。这一方面说明欧盟需要将交通运输体系调整到一个理想状态，同时也表明交通运输问题不可能完全依靠市场力量来解决。

4. 交通运输政策的核心是可持续发展和"以人为本"

欧盟的交通运输政策一般都有一个主题。例如，1992年的交通运输政策以"开放运输市场"为主题。《欧洲面向2010年交通运输政策白皮书》的主题并不单一，而且也不是集中在一个具体的运输问题上。欧盟希望解决运输拥堵问题，但这不是交通运输政策制定的唯一目标，欧盟的根本目标是实现可持续和"以人为本"的发展。

欧盟已经认识到集中力量解决一个或几个运输问题（如拥堵、污染、市场化不足等），并不能从根本上解决运输与社会经济发展之间的矛盾，一个运输矛盾的解决可能意味着另一个矛盾的激化或新矛盾的出现。在这一次的共同交通运输政策中，并没有完全以解决运输拥堵为核心，而是希望以解决拥堵为突破口，实现各种运输方式协调发展，提高社会经济发展的可持续性。

5. 着力建设发挥各种运输方式比较优势的综合交通运输体系

在《欧洲面向2010年交通运输政策白皮书》中，欧盟非常强调不同运输方式的比较优势，尤其是强调了水运、铁路应占有更大的市场份额，打破公路的强势局面，建设各种运输方式协调发展的综合交通运输体系，解决面临的各类运输问题。

欧盟希望将运输增长与经济增长之间的正相关关系脱钩。虽然铁路是欧盟所极力推崇的运输方式，但欧盟并没有简单地扶持铁路，而是通过一系列的研究，进一步发挥各种交通运输方式的优点和改进其不足，通过针对不同交通运输方式的政策调整，实现某一种交通运输方式的更快发展。欧盟以实现可持续发展和社会公平为目标，支持有助于实现这一目标的交通运输方式，并随着对运输、社会经济发展规律认识的不断深入而逐步调整交通运输政策。

5.2.3 欧盟面向2010年交通运输政策的启示

尽管欧盟的交通运输政策是建立在欧盟交通运输及经济、社会发展的现状之上，与作为发展中国家的中国的具体国情有所不同。但是，其制定原则、政策基础和部分政策措施，对我国综合交通运输体系发展政策的制定有着多方面的启示。

1. 明确的政策目标

在《欧盟面向2010年交通运输政策白皮书》中，其整个全文的内容所体现出的政策指向都十分鲜明。例如，欧盟委员会提出重新平衡各种运输方式的比例结构、消除基础设施瓶颈、实现"以人为本"和全球化管理的4项主要的工作任务，每项任务的含义表述都十分明显。

在各项任务的详细表述当中，其政策措施更加清晰具体。例如，在重新分配各种运输方式的比例方面，明确提出重新振兴铁路运输业、促进海运与水运的发展、改善公路运输的服务质量、控制空运的增长。在消除瓶颈方面，提出将赋予货运优先权和发展高速客运网络，增加20%的跨欧洲运输网络建设预算；在强化使用者的权利和义务方面，指出针对空运中的超额预订、延误、航班取消等行为，将制定新的规则，并将航空旅客的权利扩展到铁路、海运和城市交通方式当中；在交通运输的全球化管理方面，指出如何利用私人投资的方式，以及欧盟经济体的财政体系确保足够的公共预算用于支撑新成员的交通基础设施建设，同时这部分也包括了监管和执法队伍的建设问题。

中国的交通运输同样存在交通方式间的不协调现象。各种交通方式的交通拥挤情况大不相同，导致了一系列问题，如何平衡和协调各交通方式的交通拥挤现象同样是中国综合交通运输体系发展政策的重要目标之一。

2. 减少不必要的交通增长

通常，经济增长与交通运输增长之间存在较高的关联度。经济增长会自动派生出对交通运输的巨大需求。

《欧盟交通运输政策白皮书》明确提出：逐步打破经济增长与交通运输增长之间的固定联系。打破传统上经济增长与交通运输增长之间的固定联系，其内涵即是通过加强管理和协调，减少不必要的交通运输增长，充分利用现有的交通运输设施和运输工具，并通过各种交通方式间的协调，在现有容量下更好地满足经济增长的需要；或者在较小的交通运输增长率情况下满足更大的经济增长需求。

由于交通运输业的发展，需要大量的投资与国土资源的占有，并会产生更多的污染，影响可持续发展。"减少不必要的交通增长"这个命题的提出，为我国今后交通运输业的发展及政策制定基础提出了挑战。我国交通运输业在不少方面仍是经济发展的瓶颈，就我国现状，大力发展交通运输业还是必需的，不过，在加大基础设施投资力度的同时，必须加强对现有设施的利用，充分挖掘现有的潜力，立足于不增加基础设施建设或增加较少基础设施建设的前提下满足经济增长的需求，在基础设施投资项目方面，应加强可行性与必要性研究。

3. 创新基础设施建设融资制度

欧盟委员会意识到交通基础设施建设的最大障碍并不在于技术与环境问题，而在于资金的筹集。无论是区域、国家还是省市的交通基础设施，在过去都来自公共投资，而发展跨欧洲交通运输系统运营大项目就将需要超过1 100亿欧元的资金。《面向2010年的欧盟交通运输政策》提出：为了保证跨欧洲运输网络的成功发展，还需要修正集资制度，以筹集最大量的资金，实现最大化的效益。在国家预算资金量较少和公共、私人投资受限的现状下，需要一个基于基础设施收费的创新型解决方案。在政策中依据不同基础设施的社会收益、经济收益确定公共资金的最低投资比例。针对中小投资者，以及金融集团对于尽早实现投资回报并减少投资风险的要求，提出在新的基础设施开始运行、产生运营收益之前，基础设施的资金来源必须要以国家或地区的税收资金或整个地区（整个线路）的使用者收费中获得。我国的交通运输基础设施建设同样面临着资金的巨大缺口，受限于预算的约束，这就需要在融资方面予以创新，应致力于形成国家预算、地方公共资金与民间资本三元投资主体并重的投资格局。另外，收费制度亦应进行改革，在市场化的大背景下，如何改革交通税费体系，构成了交通运输基础设施建设与运营的一个重要问题，这方面同样可以参照欧盟的类似做法，欧盟所进行的投融资制度创新的一个首要方法就是将现有基础设施所带来的额外收益投入到其他需要建设的基础设施中,这种收益的转移也包括方式间的转移,如将公路的燃油税收益,以及对公路重型卡车的收费收益转移到铁路的建设中去。欧盟的这些做法对于我国当前迫切需要解决的铁路基础设施投资缺口问题有很强的借鉴意义。

4. 外部成本内部化

欧盟非常关注可持续发展问题,对于交通运输的外部成本研究非常深入,并有详细的研究成果和社会成本的具体研究数据。《面向2010年的欧盟交通运输政策》中强调,交通运输的使用者应该有权知道他们所支出的费用用于哪些方面及其原因。在欧洲解决温室效应问题、增加基础设施投入、改善交通安全,以及减少对环境的冲击等方面都应该用价格反映出来。并且指出,交通运输中存在的不均衡和非效率问题都来自价格未能真实反映出行的成本,这是造成交通运输需求虚高的真正原因。为此,欧盟正在制定反映社会成本的价格结构。包括针对公路、铁路,航空都有详细的各项社会成本的测算依据,并落实到基础设施的收费制度之中。

对于中国而言,这些做法非常值得借鉴和参考,这就要求一方面应加大交通经济相关理论研究力度,另一方面各交通方式的主管部门应建立相应的测算体系以获得相关具体数据资料,并落实到相关政策措施当中,在促进可持续发展的同时,使基础设施的使用逐步实现最优化。

5. 对燃油税政策进行细致的分类研究

燃油税政策是关系到交通运输方方面面利益的一项重要决策,也是政府用来调节交通运输市场的一个重要工具。欧盟燃油税主要是用来把交通运输使用者所产生的外部成本纳入交通运输使用者所支付的价格当中,特别是温室气体的费用。欧盟针对各国能源使用结构的不同,仅订立一个费用的下限,给予各国一定的费率自主权,柴油的税率从246欧元/1 000升到797欧元/1 000升不等,无铅汽油则从希腊的307欧元/1 000升到英国的783欧元/1 000升。同时欧盟还允许成员在某些领域减少或者免除燃油税,如商业航空领域,以及其他鼓励新技术与清洁能源技术相关的领域,对于生物燃料及氢化物燃料采取免税的措施等。

燃油税问题是关系我国未来整体能源战略的重要议题,燃油税的调整必然涉及社会利益的重新分配,如何使燃油税政策满足交通运输发展与能源环保两方面的要求,需要借鉴欧盟的一些成功经验进行充分的外部成本分析并采取分类指导的方式,研究每个具体领域中征收燃油税可能带来的影响与效果。

6. 较为完善的"以人为本"理念的体现

欧盟的交通运输政策重点研究"以人为本"的交通运输政策问题,并将此作为欧盟交通运输政策的一个重要目标。可以看出,欧洲国家更重视公共交通系统建设,并贯彻"以人为本"的交通观念,而美国则对公路和其他方式的交通网络建设比较关注。欧盟的交通运输政策提出:欧洲居民有权利以可支付的价格得到高质量的综合服务。以往几年中费用水平下降的现象,并不代表对基本权利的放弃。航空旅客权利宪章是欧盟委员会制定的一个范例,这同时也应当为其他方式所因循。航空旅客由于超量预订而不能登机的损失、赔偿权利,以及发生事故后的赔偿权利等,应当延伸至其他运输方式。

5.3 英国交通运输政策法规借鉴

英国是世界上工业化历史最悠久的国家，交通运输的发展也已形成一定规模。英国政府很早就意识到交通运输对经济发展所发挥的关键性作用，十分重视政策的引导和调节作用。英国是国际上较早采取"大部制"交通管理体制的国家之一。运输部是以前的环境保护、交通运输管理，以及地方事务3个部门合并组成的，作为制定英国国家交通发展战略的决策机构。《英国交通运输新政》白皮书是英国工党政府于1998年7月制定的，其政策内容强调了交通运输一体化和可持续发展两大重点，在国际交通运输政策的研究领域具有突出的影响力。

5.3.1 英国交通运输新政策制定的背景

英国地域的纵向跨度接近1 000 km，横向跨度的最宽处则为500 km，总面积24.41万平方km，仅相当于我国的广西壮族自治区，但2004年却创造了1.8万亿美元的国内生产总值，是世界第四个经济大国，同时也是世界上第四大贸易国，它的商品和服务业约占世界贸易量的5.7%。庞大的经济总量离不开交通运输的重要作用，特别在旅客运输方面，2003年旅客周转量达到7 940亿人·km，其中公路运输的比例达到93%（其中小汽车占85%），而铁路仅占6%。在英国人的日常生活中，有17%的家庭消费被用于交通方面的支出。英国政府2005年将86.8亿英镑的资金投入在主要的交通基础设施领域，其中中央政府投入24.2亿英镑，地方政府投入62.6亿英镑。

英国居民生活质量的提高很大程度上依赖于交通运输的发展，经济发展也需要高效的交通运输系统来支撑。在21世纪初的前后十年中，交通运输政策的主题是私有化、竞争和放松管制。2010年后，英国的交通运输体系暴露出很多问题，公共汽车和铁路运输服务呈下降趋势，机动车保有量快速增长，在交通总量不断增长的同时，交通拥挤和环境污染问题也日趋严重。

1. 交通拥挤和环境污染加剧

若干年前，英国政府曾委托有关机构对道路交通问题进行研究，并提交了《布坎南报告》，预计交通量将会大幅度增加，会对环境和民众的出行方式产生重大影响。事实正是如此，在英国目前的交通运输系统中，交通拥挤和延误问题已经相当严重，这不仅增加了企业经营成本，同时也削弱了城市竞争力。

在英国，公路运输汽车尾气的二氧化碳排放是造成气候变化的主要原因，这也是国际社会在全球环境方面所面临的最大威胁。公路交通所造成的污染损害了公众健康，致使每年有数千人死亡。从环境污染的角度分析，驾驶员和乘客并没有受到足够的保护和关注，实际情况是，车内人员所遭受的污染程度远远超过人行道上的行人。

2. 机动车保有量增加

经济发展带动了机动车保有量的迅速增加。在未来20年内，轿车保有量会在原有基础上增加1/3，据预测，货物运输车辆数量的增长将更加快速。

小汽车的出现彻底改变了居民的生活方式,轿车已经被认为是现代时尚生活的重要标志,英国政府并不准备限制居民拥有轿车的权力,然而,公众健康和社会经济、环境等却不得不为此付出较大代价。除非采取有力措施,否则,交通拥挤情况将更加严重,商业交往的成本将会进一步升高,进而将破坏郊区的环境,并损害城市,以及整个国家的环境和利益。

3. 公众丧失交通选择权

在英国,30%的家庭没有轿车,比较拥挤的英国道路交通状况限制了他们选择使用轿车的权利。随着交通运输量的日益增加,人行道和自行车专用道都已经受到被占用的威胁,就连儿童无忧无虑行走在上学和放学路上的情景也已经不再多见。由于交通状况的限制,公众逐步失去了对交通运输的选择权。

大多数英国人都认为交通运输政策需要进行根本性的改变。不管是使用汽车还是其他交通工具,民众需要拥有更多的选择权。民众期望现存的交通运输系统更加高效,发展更协调,并希望能够有利于环境保护。

《英国交通运输新政》白皮书的制定,正是建立在上述背景基础上,它将可持续和一体化交通运输作为政策目标,致力于建成一个安全、高效、绿色和公平的交通运输体系,增加交通运输中的选择机会,提高交通运输的安全性和灵活性。

4. 英国现行的交通运输政策

英国在20世纪90年代交通政策的主题是私有化、竞争和放松管制。英国的交通运输政策主要内容如下。

强调发展可持续交通,充分认识可持续发展对交通运输的要求,强调英国应当降低交通运输业对环境的污染。加速推进一体化交通,要增加使用者选择机会,设定各种交通方式的具体发展目标和实施措施。从欧盟、国家、区域和地方4个层面提出了有效措施。强调要使社会各界共同努力、开展联合行动等来实现责任分担。

主要政策导向为:促进交通运输一体化;创造更为适宜的居住环境;强化地方政府职能;方便乘车者;优化公交运输系统;方便公交乘客;优化铁路运输系统;加强环境保护;提高安全性;促进郊区和边远地带发展;提高货运通畅性;共同决策,提高决策民主性;各尽其责,实施保障政策。

政策目标与保障措施为:可持续交通方面,要减少对民众健康的影响,创造更多的就业机会,促进经济增长,优化社会环境,改善生态环境,确定环保目标,注重以人为本;一体化交通方面,要加强竞争管理和垄断规制,为使用者提供更多的选择机会,促进公共交通系统进行整合,充分利用干道运输,实现可持续的货物运输,促进机场和港口的整合。保障措施分为国家层面的保障措施、区域层面的保障措施、地方层面的保障措施。

5.3.2 英国交通运输规划的特点

作为世界工业化革命的发源地和第一条铁路的诞生地,英国一直对如何发展交通运输非常重视。几十年来,英国交通运输政策因社会、经济等环境的变迁而逐渐变化,在不同阶段体现出相应的政策倾向性。随着2000年7月《10年运输规划》的发布,产权性质(公有或私有化)已不再是制定交通运输政策的前提和依据,加强宏观调控、发展公共运输和联合运输、将运量向铁路转移等宗旨成为新交通运输政策中的主题。英国在关注运输发展战略和具体问题的同时，提出了运输发展的根本目标——实现满足运输需求和提高生活质量之间的协调和平衡。通过寻求满足经济、社会发展和环境保护目标的长期解决办法，实现可持续发展。

英国作为欧盟成员之一，其新的运输规划与欧盟整体规划联系密切，但又体现出以下特点。

(1) 强调协调发展。从20世纪初以来，英国社会、经济环境不断变化，英国交通运输政策的侧重点也经历了由自由发展、统一调控、恢复竞争、放松管制（私有化），逐渐变化到强调交通运输与人们生活质量协调发展这样一个不断调整的过程。特别是受到20世纪90年代末英国铁路私有化改革和Railtrack路网公司经营失败的影响，产权属性的问题已不再是交通运输政策关心的主题，而如何实现社会的可持续发展成为整个英国社会关心的重点。新交通运输政策充分体现了英国政府对可持续发展、环境保护、协调发展的重视。

(2) 确保长期持续投资。投资不足是英国交通运输业面临的一个历史遗留问题。公路和铁路网承担的运量已经增长到在当初建设时未曾想象到的水平，老化且负担过重的公路网需要更多的经费来维护。但是，历届政府对交通运输体系升级改造和现代化都没有投入足够的财力。这个问题在新交通运输规划当中得到了前所未有的重视。新规划提出了2001—2010年的10年交通运输投资框架，并保证到2015年前将持续增加交通运输投资。这标志着前几十年对交通运输产业造成破坏的间断性投资和短期计划行为的结束。

(3) 政府负责制定铁路战略。改变过去由非政府性公共实体——铁路战略管理局（strategic rail authority，SRA）制定铁路发展战略、协调公私合作、促进铁路运输发展的做法，重新划定责任，由政府直接负责制定铁路发展战略，确定公共支出水平，并做出与铁路运输相关的购买决策。2005年4月7日，英国议会通过法律，撤销了SRA，其有关职能转移到了运输部。

(4) 增强地方决策机构的作用。英国政府认为，对不同社区的交通运输需求决策而言，中央政府并不总是最合适的决策机构，决策权将被逐渐下放。根据需要，被授权的行政部门将逐渐承担更多的客运服务责任，在适当的时候还将承担基础设施的责任。苏格兰议会、威尔士议会政府和伦敦市长，以及英国更多的地方决策机构的作用将日益增强。政府还将促进社区铁路合作机构在改进地方支线铁路管理方面发挥作用。

(5) 探索改进交通运输管理的有效方式。为有效缓解公路交通拥堵，英国在提高公路网运输能力，保证经济收益，达到环保设计要求的前提下，开始探索交通运输效益最大化的方案。如在必要的地方对新建公路征收通行税，开辟高乘坐率小汽车专用车道，鼓励地方购买公交服务等。

(6) 讨论道路使用费问题。为了切实解决公路运输拥堵问题，英国政府未雨绸缪，将主持关于公路收费及道路运输能力问题的讨论，与股东共同确定并解释在何时、以何种方式收取道路使用费，才能为公路使用者提供所希望的可靠性及标准，同时保证交通运输决策与地方住房供给、经济增长决策的一致性。

5.3.3 英国交通运输新政策对我国的启示

1. 交通一体化

英国大城市官方协会（association of metropolitan authorities）于1990年提出采用综合方法来改变交通现状，并概括交通一体化包含的4个方面：各级管理部门权限的一体化；不同交通运输方式发展策略的一体化；新建基础设施、管理既有设备及调整基础设施价格等策略的一体化；交通规划与土地利用的一体化。主要目标为资源的有效利用，增强交通的可达性，提高交通安全性，增加社会效益和经济效益。

在交通一体化实施过程中，爱丁堡采取交通一体化政策，主要包括修建 2 条轻轨和 1 条放射线干道、限制市区的交通量，以及调整公共交通的票价和道路价格等。根据各种措施的实施与否，分为具体的 6 组交通一体化实施方案，不同的方案表示一体化实施的程度和范围不同。通过比较，6 个方案产生 6 种相应的结果。交通一体化实施后增加了该地区的交通可达性；出入市区的汽车总量下降；市区及市区以外道路的行车速度提高；交通事故减少；燃料消耗下降。另外，由于没有修建放射线道路，公共交通的票价没有下调，没有实施道路价格管理，其效果相差很大。可见，交通一体化的实施，仅仅执行其中的一项或几项措施，效果不会达到最佳。当各项措施合理有机地协调与发展，做到完整的交通一体化，整个交通状况才会得到最大限度的改善，效果更为明显。

对于英国交通一体化的借鉴，可以将其推广至综合运输体系的建立。综合运输体系的研究和实践是现阶段我国交通运输发展的一个方向，在交通运输政策的制定过程中，是不得不考虑的主要方面。

2. "以人为本"的交通

在英国公共交通系统中，无处不体现"以人为本"的思想观念。例如，充分考虑到妇女在公共交通运输中的弱势地位，专门设有妇婴交通设施，并对其在公共交通运输中的安全予以充分考虑。另外，在高速公路上设有为卡车司机服务的休息和餐饮设施，并为意外事件创造及时得到救助的条件。在地铁车站的规模与装修等方面，不是盲目追求大和豪华，而是在功能、服务上下功夫；凡涉及交通安全和能够提高服务水平和竞争力的，优先采用先进可靠的设备和系统；在扶梯的配备、自动售检票设备的配置、导向系统、盲导系统的设计等方面，也均贯彻了一切以方便乘客，"以人为本"的原则。

从白皮书的宗旨中，也能体会到"以人为本"的思想。白皮书一再强调交通对于健康、环境的负面影响，着重制定对于环境和人类健康有利的交通运输政策。这也是英国交通运输政策的一贯原则。

我国政府也已经提出了"以人为本"的经济社会发展目标，具体到交通运输政策中，亦应有充分的体现与反映。因而，我国交通运输政策的制定，应当充分关注"以人为本"问题，将使用者的权益作为首要考虑因素，交通安全、享受普遍服务和高质量服务、信息告知权、赔偿权利等必须得到充分保障。

3. 私有化道路

英国铁路自 1994—1997 年基本完成了以全面私有化为标志的重组过程，构建了全新的产业组织结构和管制体系。在铁路重组模式选择上，英国选择的是整体路网授权模式，并同时采用了以下 3 种途径进行私有化：

① 以直接出售公有资产的形式实现非国有化；
② 以在垄断领域里引入竞争的形式实现放松管制；
③ 将国家投资的产品或服务通过特许权的形式外包给私营企业。

这使得作为路网基础设施垄断提供者的路网公司（Railtrack）不仅成为重组后整个铁路业务和交易的中心，也使其路网特许权的管制成为铁路管制体系的核心。然而，近年来英国铁路因事故频发、行车误点率上升及财务状况欠佳等问题受到了人们的指责,这使英国铁路尤其是 Railtrack 再次成为被关注的焦点。鉴于 Railtrack 未能通过加大投资力度,而使其在提升路网质量与能力并保证客货运输安全方面实现私有化的预期目标,英国政府以其接近破产为由,于 2001 年 10 月 7 日对铁路私有化之后的 Railtrack 实行有限期的政府接管。2002 年 10 月 3 日,新设立的路网公司 Network Rail 完成了对 Railtrack 的资产收购,并取代其成为新的铁路路网基础设施提供者和管理者。

鉴于如何协调多重性管制目标和群体性相关利益人的利益关系是铁路运输产业重组过程需面对的共同性问题。因此,对这一问题的进一步研究,也将对中国铁路运输业在深化改革过程中的管制体系设计与公司治理模式选择具有一定的借鉴意义。

5.4 日本交通运输政策法规借鉴

伴随着第二次世界大战后日本经济的迅速起飞,交通基础设施建设也相应得到快速发展,早在 20 世纪七八十年代日本就已经基本完成了贯穿南北、连接都市和各经济区域的高速公路与高速铁路干线的建设工作,如今已经基本形成较为完善的交通运输网络,交通运输政策的制定和执行都已经发展得相对成熟,在政策环境识别、目标设计、基础设施规划、运营计划、资金安排等方面都积累了丰富的经验。为应对 21 世纪头 10 年的社会经济文化环境剧烈变革,日本国土交通省(由北海道开发厅、国土厅、运输省、建设省四省合并)在 2000 年 9 月颁布《21 世纪初日本综合交通政策的基本方向——以机动性的革命促进经济社会的变革》,该文件是对自 20 世纪 80 年代以来所制定的政策方向的重要转变。

5.4.1 日本综合交通政策制定的背景

日本陆、海、空交通运输均较发达,自第二次世界大战以后,随着经济的发展,交通运输量迅速增长,2002 年全社会共完成货运量 58.94 亿 t,货物周转量 5 710 亿 t·km,客运量 87 247 亿人,旅客周转量达到 1.425 万亿人·km。全国已建成发达的铁路网和高速公路网,形成客运以铁路和公路为主,货运以公路和海运为主的格局。

在交通基础设施快速发展的同时,日本在交通运输产业方面也通过建立供需调节机制保障交通运输服务的稳定供给,鼓励各级交通机关对交通基础设施的投资,大大促进了运输能力的提高,同时也实现了铁路与海运的快速发展与都市圈旅客运输、干线物流等领域的高效率运作,交通运输企业也建立了以自我核算为原则并优于欧美等国家的经营机制。面向 21 世纪,日本在各种运输方式的发展方面取得一系列成就的同时,也面临着一系列的问题与挑战。

1. 日本综合运输体系的比例结构变革

日本交通运输体系的一大特色体现在各运输方式的分担率上,客运方面,私人轿车及卡车已经逐渐取代铁路、公共汽车等的主导地位,但在不同的领域也体现不同的特征。一方面在旅客运输方面,在都市区以外,以公共交通为主导的运输网络比例开始缩小,而被机动性更高的小汽车所取代;另一方面在人口聚集的都市圈内,铁路、公共汽车仍然是主要的通勤、通学手段,特别是在三大都市圈,铁路是核心的运输工具。因此与其他国家相比,单位交通运输量所产生的温室气体远低于其他国家。日本客运方面各交通方式承担比例的演变与美英国家比较如表 5-1 和表 5-2 所示。

表 5-1　日本客运方面各运输方式承担比例的演变与美英国家比较（旅客周转量）

国名（年度）	铁道/%	机动车/%	海运/%	航空/%	单位人·km 二氧化碳排放量/（指数）
日本（1955年）	82	17	1	—	—
日本（1975年）	46	50	1	3	—
日本（1995年）	29	66	—	5	100
美国（1993年）	1	82	—	17	129
英国（1995年）	5	94	—	1	131

资料来源：《21世纪初日本综合交通政策的基本方向——以机动性的革命促进经济社会的变革》。

货运方面沿海工业带的形成带来大量海上物资的运送，因此增加了对于便利性较强的卡车运输的依赖度，使得占交通运输份额50%以上的铁路运量骤减。因而货运的二氧化碳排放量已经与欧洲国家持平，并超过铁路运输发达的美国。

表 5-2　日本各运输方式承担比例的演变与美英国家比较（货物周转量）

国名（年度）	铁道/%	机动车/%	海运/%	航空/%	单位 t·km 二氧化碳排放量/（指数）
日本（1955年）	52	12	36	—	—
日本（1975年）	13	36	51	—	—
日本（1995年）	4	53	43	—	100
美国（1995年）	49	33	18	—	59
英国（1995年）	6	70	24	—	110

资料来源：《21世纪初日本综合交通政策的基本方向——以机动性的革命促进经济社会的变革》。

除此之外，日本属于资源贫乏的岛国，大量的能源原材料需要从国外进口，因此海运和空运货物运量很大，1999年日本占有全世界16.7%的海运量，空运的吞吐量占到7.3%。

2. 21世纪初日本综合运输体系面临的挑战

日本国土交通省在分析21世纪初日本综合运输体系所面临的形势时，主要识别了4个方面的挑战。从总体需求来看，随着日本未来人口的老龄化与低出生率的发展趋势，运输需求的增长将逐步放缓，同时需求呈现多样化；在市场规制方面，随着各种交通运输方式的发展成熟，供给与需求规制都有待于放松，以促进竞争环境的实现；在可持续发展方面，交通部门产生的温室气体已经构成全球变暖的主要原因之一，由于小汽车造成的环境污染、噪声问题已经成为各大都市居民关注的问题之一；远程办公、电子商务、Internet等信息技术革命对于交通运输的供给与需求都产生深刻的影响。此外，经济全球化、交通安全、生活环境质量、区域分工，以及交通运输业劳动力不足的问题也都在一定程度上构成影响日本综合交通运输体系的重要因素。

5.4.2　日本经济发展各时期的交通政策

1. 20世纪中的交通政策

日本颁布了《国土综合开发法》，用法律的形式将国民经济综合发展的各个方面加以规范化、系统化，使交通运输的重要地位、作用，以及与国家发展计划的关系等重要问题得以阐明，为日本交通政策的制定奠定了良好的基础。

2. 经济高速增长时期的交通政策

日本制订了第二个"全国综合发展计划"，标志着经济高速增长时期的开始。为了更好地实现经济发展目标，政府制定了重点改善港口（包括工业港口）和主要交通干线的交通政策。国家重点投资港口设施，扩建港口能力。同时集中资金修建了高速公路、电气化铁路等，并着手建设东京至新大阪的高速铁路。1970年，日本颁布了《全国建设新铁路干线法》，而后又制订了大规模的交通工程计划，包括修建东北和上越新干线、青函隧道和本四大桥等。这些政策对于消除交通"瓶颈"、促进国民经济迅速发展起了至关重要的作用。

3. 经济稳定增长时期的交通政策

1977年，日本政府制订了第三个"全国综合发展计划"，其发展是以有限的国土资源为前提，以改造人的生存环境、尊重地方的历史和传统文化、发展人与自然之间的协调关系为目标，强调各级地方政府率先改善本地区的生态环境和条件，控制人口和产业向大城市集中，力求国土的平衡利用。

这一时期的交通政策重点是改变集中在东京地区的交通干线体系，建立全国范围内的综合主干线结构，形成纵横交错的立体的支线交通网。

4. 面向21世纪的交通政策

20世纪80年代制订了第四个"全国综合发展计划"，整个日本社会经济又出现了新的变化：地区间收入差距缩小已成为普遍趋势。人口出生率的下降，使人口老龄化问题日益突出。国内铁路和公共汽车运输比重下降，出现了小汽车化的趋势，同时国内旅客运输量开始下降。针对新形势，日本政府提出了《日本：21世纪的展望》的报告，并在此基础上制订了计划，提出的发展目标是使全国土地结构从目前的"单一的东京集中型"转变为"多级的分散型"。围绕着这一目标的交通政策是建立全国范围内的密集综合高速交通网络。除了主要大城市、地区城市和地区核心城市之间集中的纵向线路外，还要建立地区城市之间的横向连接网络，使整个国家的交通网络从20世纪的"树干型"，转变为全面完善的覆盖型。

综上所述，日本在其经济发展的各个时期，其交通政策不仅是明确的，而且是作为实现其经济发展目标的重要途径和手段，它也使日本的交通事业蓬勃发展起来。

5.4.3 日本的交通管理体系

日本的交通管理体系大体分为两个层次：一个是中央部门的管理；另一个是地方的分级管理。

构成中央部门管理的有国土厅、国家政策厅、建设省和运输省。国土厅主要负责制订全国综合发展计划、国土利用计划等；国家政策厅负责制定全国的交通安全规则；建设省负责制订全国的高速铁路及道路的改善计划；运输省负责制订新干线、机场、港口的发展计划。构成地方分级管理的公共部门各自负责地区发展计划、道路及交通运营。由此可见，日本各级政府都重点管理交通的发展及政策制定，不直接管理交通企业。

具体的交通运营和服务大都由不同的公共事业、公共企业及民营企业承担。但是，国家对这部分从事公共服务的企业活动是有一些规定和限制的。主要表现在国家对交通费用有明确的规定，并主要分为以下3种形式。

（1）依据法律实行价格管制。例如，日本国有铁路运费和票价由主管大臣批准。

（2）国家批准。地方铁路、航空及公路运费和票价等标准由于服务性质、经营形式存在差异，最终需要国家批准。

（3）标准价格制度。标准价格制度主要指通过抑制价格波动，间接谋求交通运输业发展。

日本的计划体系主要分为国土计划和经济计划两大类。其中都包括发展交通运输的内容，所不同的是前者注重交通运输的整体规模和布局，后者则注重一定时期内实现交通运输规模和布局的具体建设工程。

交通基础设施是一个主要的公共投资产业，它影响地区发展及产业、人口的空间分布。因而国土计划对国民经济发展的指导作用，在很大程度上需通过交通基础设施改善方向的阐述和交通服务的指导方针才能真正体现出来。交通政策包括在每个5年经济计划之中，这是因为交通基础设施发展的具体实施工作，需要通过较长时期的公共投资活动进行。

5.4.4 日本综合交通政策的特点与启示

1. 充分考虑交通运输对于环境的影响问题

日本是一个对生态环境保护十分重视的国家，在交通运输政策的拟订上也处处体现了综合交通运输体系对于环境影响的考虑。日本国土交通部深刻认识到交通部门产生的温室气体已经构成全球变暖的主要原因之一，近年来小汽车出行的日益增长已经带来一系列问题，环境污染、噪声问题已经成为各大都市区居民关切的问题之一。日本国土交通部提出必须摆脱对汽车社会的依赖，推动汽车交通的绿色化并加强对于尾气排放的规制。此外，在政策文件中还重点阐述如何在交通运输领域促进循环型社会的形成。在我国可持续发展已经提上重要的议事日程，交通运输的长远战略目标也明确提出将构建可持续的综合交通运输体系，日本的许多政策措施无疑为我国交通运输体系与环境的和谐发展，提供许多有益的借鉴。

2. 充分体现"以人为本"，特别是对老年人和残障人士的普遍服务的关注

日本在21世纪初已经步入后工业化社会，其综合交通运输政策也带有十分典型的后工业化时期的特点。在政策目标中就提出：确保运输能力已经不再是这一时期交通运输政策的重点，这部分政策内容的比重逐渐缩小，而移动的便捷性、运送的效率性、环境的和谐性，以及安全性等交通质量方面的比重大大增加。政策内容体现了对于居民舒适生活环境需求的考虑，政策内容主要考虑旅客运输方面，货运方面的物流政策也是以居民的需要为出发点。政策强调运输服务的多样化主要是针对老年人、残障人士等弱势群体的特殊交通要求，特别提出了普遍服务的概念，要求交通运输必须确保这部分群体的出行需要。

3. 针对城市严重的交通拥堵问题提出可行的治理措施

交通领域的划分是基于城市圈层的一种划分方式。城市交通是日本交通政策的最主要的部分，针对城市圈内部交通运输需求的特点，对铁路、公共汽车、出租车，以及家用汽车的未来发展导向在政策文件中分别进行了详细阐述，同时还提出各种交通运输方式实现无缝衔接是解决城市交通拥堵的一项重要手段，这些内容对我国当前所面临的大中城市的交通问题，提供了可以借鉴的地方。

4. 高度重视科技在交通运输系统中的重要地位

许多科学技术特别是信息技术的发展都与交通运输系统息息相关，应用科学技术特别是信息技术，是促进交通运输系统高级化的重要手段，日本认识到随着信息技术的飞速发展，陆海空的很多问题都很有可能通过信息技术得以解决，包括政府审批的电子化、信息搜集手段的现代化，先进交通运输设备的开发与普及，运行管理系统的高度化，等等。信息技术的开发与应用被日本视为 21 世纪初 4 个重点的政策措施之一。我国综合交通运输体系也以智能化作为未来的长期战略方向，借鉴日本在科技开发与应用方面的具体措施，对于迅速提升综合交通运输体系的整体运行效率将有很大的帮助。

5. 遵循"环境分析—政策目标—主要方向—重点措施"的政策体系架构

在政策体系架构组织上，第一步进行经济社会环境分析，阐明了未来经济社会环境对于交通运输系统的影响；第二步在此基础上提出未来一段时期政策预期实现的目标；第三步提出未来的主要政策导向；第四步在文件中再进一步阐述了政策的重点及具体措施。这种逻辑顺序与我国"十一五"综合交通体系发展政策十分相近，为我国交通运输发展政策的编制提供可供参考的逻辑思路。

5.5 澳大利亚交通运输政策法规借鉴

《澳大利亚连通计划白皮书》是指导澳大利亚整个综合交通运输体系在 2004—2009 年间如何发展的重要中期战略文件，是澳大利亚交通运输与区域服务部在 2004 年 7 月颁布的，该文件主要包括背景识别、澳洲连通计划的定义、国家陆路运输计划、地方和区域基础设施、澳洲连通计划的实施机制，以及一些辅助的政策议题等。

5.5.1 澳大利亚地理特征与经济概况

澳大利亚大陆面积为 769.2 万 km^2，南北之间距离约为 3 700 km，东西约 4 000 km。但人口却相对较少，只有 2 520.9 万。澳大利亚是发达的资本主义国家，澳大利亚 2003 年全年 GDP 达到 7 777 亿澳元，为世界第 15 大经济体，约占全球 GDP 的 13%，2003 年人均 GDP 达 38 350 澳元，世界排名第 18 位。澳大利亚农牧业发达，农牧业产品的生产和出口在国民经济中占有重要位置，旅游业也是澳大利亚重要的收入来源。地广人稀的国土现状、发达的出口经济，以及旺盛的旅游需求决定了交通对澳大利亚的重要性。21 世纪初，澳大利亚的交通运输已具有相当规模，澳大利亚全国公路通车总里程为 818 294 千米，其中联邦公路 18 万 km，四车道以上高速公路 12 000 km，等级以上公路（沥青路）32.9 万 km，其他公路 47 万 km，拥有良好的交通基础设施建设。

5.5.2 澳大利亚连通计划白皮书政策制定的背景

澳大利亚的陆路运输基础设施在未来将会面临诸多挑战，为了应对这些挑战，有必要制定更加全面的计划、进行更为有效的管理并在资金支配上更具目的性。白皮书通过预测交通运输服务需求的增长率，确立了在陆路运输基础设施建设上谋求改变的必要性，并分离出了政府需要考虑的经济、社会、环境和财政议题。

目前，澳大利亚陆路基础设施的计划、决策和投资框架是割裂的、短期的，不能适应日益增长的对陆路系统基础设施投资的需求。白皮书研究这种变革的需要，认识了变革所能带来的收益，提出了澳大利亚连通计划。

澳大利亚连通计划是澳大利亚交通跨越的一大步，它的焦点在于对国家重要陆路交通基础设施的投资上。但是交通运输系统是一个整体，如果在辅助政策方面做得更好，那么澳大利亚连通计划的效果将会更加明显。这些辅助政策包括确保交通运输安全、有效利用能源保护环境、谋求科技应用等。

5.5.3 澳大利亚连通计划白皮书政策的借鉴

1. 综合性的规划

规划明确指出着眼于未来人口流动和货物运输需求的最好方式，而不是仅仅关注单个的公路和铁路，这是整个澳大利亚连通计划的基础。规划从国家的角度考虑经济发展和连通性的问题，综合考虑土地的利用和交通规划，在保护主要干线通道的同时改善交通运输、城市发展和环境产出。澳洲连通计划国家交通网络致力于改善通往港口、机场和交通网络主要联合运输点的陆路交通，整合了不同的交通运输方式。

2. 明确的执行机制保障体系

规划建立了规划的执行机制保障体系，给出了一个明确的执行框架。法律方面，政府制定新的立法来保证规划的实施；管理方面，政府和各利益相关主体达成管理项目进展和资金情况的双边协议。制度方面，政府制定新的制度以谋求政府间协议的达成。规划给出了明确的战略实施框架，并引入了新的项目评估方法以保证规划的有效实施。

3. 明确的政府作用

规划明确了各级政府需要发挥的作用，在澳大利亚连通计划下，政府并不负责为每个地区的交通基础设施建设投资，本地政府对本地的交通基础设施建设负责。一方面，政府依靠向公众贷款等手段优先投资重点项目；另一方面，政府投资可以带动地方政府和私人投资。规划明确指出政府只投资于重点项目建设，由于规划涉及州和地方利益，这些地区将分担一部分投资，因而如果哪个州或区域政府减少了财政支持，澳大利亚政府就会按照比例扣除在国家交通网络中提供的投资数量。这种思路既发挥了中央政府的投资导向作用，又调动了地方政府的投资积极性。

4. 详细具体的资金投向与使用规则

规划认为政府资金的投入应该具有导向性，做到既能将资金投入到最能优化交通网络的地方，又能对私人投资进行明确引导。规划非常明确地提出了政府优先投资的项目，并对具体的预算安排做了非常清晰的描述。这种详细具体的说明，可以让利益各方清晰了解规划的实施进程，有利于对规划实施过程的监督，同时又保证了资金的使用效率。

5. 完善的政策法规制定与实施体系

规划给出了从立法到实施、评估的完整框架。在一个完整框架下，规划的实施便有了充分保证。如果在辅助政策方面做得更好，那么一个规划的实施效果将会更加明显。澳大利亚连通计划提出了很多补充政策来进一步强化澳大利亚连通的作用，这些辅助政策包括确保交通运输安全，有效利用能源保护环境，谋求科技成果等。

6. 清晰的政策时序与阶段性工作重点

规划给出了实现整个澳大利亚连通计划的阶段性步骤，与此相对应的是每个步骤的实施过程中清晰的政策时序。澳大利亚连通计划非常庞大，这种清晰的多层次实施程序的制定对规划的实施具有非常明显的指导意义。

习 题

1. 简单归纳国外城市交通建设的经验。
2. 美国交通运输政策理念及给我们的启示是什么？
3. 欧盟的交通运输政策带给我们哪些启示？
4. 日本的交通管理体系有哪些值得我们借鉴的地方？

第 6 章 城市交通环境

【本章内容概要】

本章介绍环境管理学的基本内容；城市交通环境问题；城市交通大气污染及危害；城市交通噪声与振动污染及危害。

【本章学习重点与难点】

学习重点：掌握环境管理的内涵；掌握环境管理的手段；掌握城市交通大气污染的构成；掌握城市交通噪声与振动的来源。

学习难点：理解城市交通环境问题的来源；理解城市交通大气污染的危害；理解城市交通噪声与振动的危害。

6.1 环境管理概述

6.1.1 环境和环境问题

1. 环境的概念

所谓环境，是指人类赖以生存并以人为中心围绕着人的物质世界。

环境是一个极其复杂、互相影响、互相制约的辩证的自然综合体。环境总是相对于某一中心事物而言，环境因中心事物的不同而不同，随中心事物的变化而变化。人类环境分为自然环境和社会环境。

自然环境亦称地理环境，是指环绕于人类周围的各种自然因素的综合，包括大气、水、土壤、生物和各种矿物资源等。自然环境是人类赖以生存和发展的物质基础。在自然地理学上，通常把这些构成自然环境总体的因素，分别划分为大气圈、水圈、生物圈、土圈和岩石圈等 5 个自然圈。

社会环境是指人类的社会制度、经济状况、职业分工、文化艺术、卫生等上层建筑和生产关系等。社会环境的发展，受自然规律、经济规律，以及社会规律的支配和制约，其质量是人类物质文明建设和精神文明建设的标志之一。

本书阐述的环境均是自然环境。

2. 环境问题的分类

环境问题是指因自然或人类活动而引起的环境破坏和环境质量变化，以及由此给人类的生存和发展带来的不利影响。环境问题的分类如下。

1) 按表现形式分类

(1) 原生环境问题。原生环境问题又称第一类环境问题,是指由于自然环境本身变化引起的,没有人为因素或者人为因素很少的环境问题。例如,火山爆发、地震、台风、海啸、洪水、旱灾等。

原生环境问题不属于环境科学研究范畴,"灾害学"这一新兴学科是以其为主要研究内容的。

(2) 次生环境问题。次生环境问题又称第二类环境问题,是指由于人为因素所造成的环境问题。例如,由于人类开发、利用资源不当引起自然环境的衰退(即生态破坏),如水土流失、荒漠化、大量开垦土地等;人类在生产和生活中排出的废弃物和余能进入环境,积累到一定程度,造成环境的污染,从而产生了对人类不利的影响。

2) 按性质分类

(1) 环境污染问题。环境污染问题包括大气污染、水体污染、土壤污染、固体废物及化学品污染、噪声与振动及其他物理性(电磁、光、热)污染。例如,淮河流域污染主要污染源是化学制浆造纸业(用草浆,排出黑液);城市装饰材料的"白亮污染";眩光造成的光污染。这些日益严重的局部污染导致环境质量不断下降。

(2) 二次污染问题。二次污染问题即由环境污染演化而来的如全球变暖、臭氧层破坏、酸雨等。例如,气候变暖使得岛国图瓦卢已向澳大利亚和新西兰提出全国移民的请求;温度带发生变化,旱涝灾害更加严重,厄尔尼诺现象频繁;南极臭氧洞(氟氯碳类物质)直径上千公里,大小与美国国土面积相似,其导致紫外线辐射的增强,危害人体健康甚至影响生态系统;酸雨导致土壤和水体的酸化,森林面积衰退,湖泊变成无生物的"死湖"等。

(3) 生态破坏问题。生态破坏问题如水土流失、植被破坏、土地荒漠化、沙碱化、生物多样性减少等。

生物多样性(biodiversity)是一个地区内的所有生物及其与环境形成的生态复合体,以及与此相关的多种生态过程的总和。近年来,物种的人为灭绝速度已经高达自然灭绝速度的1 000倍。

(4) 资源短缺问题。例如,水、土地、能源、矿藏资源的衰竭等。如叙利亚和伊拉克与土耳其的用水之争;以色列拒绝接受联合国安理会关于从黎巴嫩南部撤军决议,其真正原因包含争夺该处丰富的地下水资源。

6.1.2 环境管理的概念

环境管理是人类的一种行为,是一种社会行为。从表面上看,似乎可以理解为人类管理环境的行为。然而实际上是人类管理自己作用于环境的一种行为。这是环境管理的实质,也指出了环境管理困难的根源。

目前,环境问题已经危及全人类的生存和发展,解决环境问题必须依靠人类整体的清醒认识。环境管理不仅仅是治理环境污染所采取的各种技术手段,更应该探寻环境问题产生的根源,从观念上转变对自然环境的认识,也就是说,环境问题的产生有两个层次上的原因:一是思想观念层次上的;二是社会行为层次上的。基于这种认识,人类必须改变自身一系列的基本思想观念,从宏观到微观对人类自身的行为进行管理,以尽可能快的速度逐步恢复被损害了的环境,并减少甚至消除新的发展活动对环境的结构、状态、功能造成新的损害,保证人类与环境能够持久地、和谐地发展下去。

所以，环境管理就是通过对人们自身思想观念和行为进行调整，以求达到人类社会发展与自然环境的承载能力相协调。也就是说，环境管理是人类有意识的自我约束，这种约束通过行政、经济、法律、教育、科技等手段来实现，它是人类社会发展的根本保障和基本内容。

6.1.3 环境管理的对象

由环境问题的产生及环境管理的概念可以知道，要解决好环境问题，就必须以"环境与经济""社会及人口"协调发展为前提，对人类的社会经济活动进行引导并加以约束，使人类社会经济活动与环境承载力相适应。因此，环境管理的对象主要是人类的社会经济活动。显然，管理好这类活动，就必须把管理的目光集中在"活动的主体"身上。

1. 个人

个人为了满足自身生存和发展的需要，通过生产劳动或购买去获得用于消费的物品和服务。消费对环境会产生一些负面影响。例如，在对消费品进行清洗、加工过程中产生生活垃圾；运输和保存消费品产生的废物；消费品消费后以垃圾形式进入自然界，如废旧电池等；为此必须唤醒公众的环境保护意识，引导消费者采用环境友好型的消费品，建立绿色消费模式。

2. 企业

企业是社会经济活动的主体，企业的生产活动需要向自然界索取自然资源，并将其作为原材料投入生产活动中，同时排放一定数量的污染物。企业对环境的影响主要表现为：从环境中索取各种自然资源，直接改变了环境的结构，进而影响到环境的功能。例如，纸张生产需要砍伐树木，导致森林生态功能失调；在企业生产过程中，只有一部分原材料能够转化为产品，其余将以废物的形式进入环境，造成环境污染，同时伴有大气污染、水污染、噪声污染等。例如，我国工业企业所排放的废水就占全国废水排放总量的60%。对企业的管理措施有：制定严格的环境标准，限制企业排污量；实行环评制度，禁止兴建过度消耗自然资源、严重污染环境的企业；运用各种激励手段，鼓励清洁生产，支持和培育与环境友好的产品生产等。

3. 政府

政府作为社会行为的主体掌握国有资源，对市场进行调控，其行为对环境的影响是复杂的，既有正面影响也有负面影响，要解决政府行为所造成和引发的环境问题，关键是促进宏观决策的科学化。

6.1.4 环境管理的内容

在当今时代，政府虽然是环境管理的对象，但更重要的是它同时扮演着主要环境管理者的角色。下面从政府的环境管理行为角度，分析环境管理的内容。

1. 环境质量管理

环境质量管理是指为了保证人类生存和健康所必需的环境质量而进行的各项管理工作。所谓"环境质量"，一般是指特定的环境中，环境的总体或环境的要素对人群生存和繁衍，以及社会经济发展的适宜程度。由于环境由多种要素组成，故环境质量分为水环境质量、空气环境质量、声环境质量、土壤环境质量等，评价环境质量优劣的基本依据是环境质量标准，它是为保护人群健康和公私财产而对环境污染物的容许含量所作的规定。例如，空气中 SO_2 的日平均浓度低于 0.05 mg/m^3 的为一级，在 $0.05 \sim 0.15 \text{ mg/m}^3$（不含 0.15）的为二级，在 $0.15 \sim 0.25 \text{ mg/m}^3$ 的为三级，等等。

根据环境要素的不同，环境质量管理的内容可以划分为大气环境管理、水环境管理、声学环境管理、土壤环境管理；根据区域的不同，可以划分为城市环境管理、农村环境管理；根据产业的不同，可以划分为农业环境管理、工业环境管理、商业服务业环境管理等。

早期环境质量管理主要以控制污染物排放浓度的浓度管理为主，后来逐步认识到除了要控制住每个污染排放口的排放浓度外，还必须控制住排放总量，以及整个地域的总排放量。所以，又推行了以总量控制为中心内容的环境质量管理。

2. 生态环境管理

所谓生态环境，是指人类赖以生存、发展的自然环境，生态环境管理实质是人类对自己的"参与行为"的管理，是对空气、土地、水、各种生物、各种矿物、各种气候等自然要素的管理。

例如，可再生资源面临的问题是人类对它的开发利用速率远远超过它的补给速率，以致可再生资源的基地不断萎缩，甚至濒临灭绝。据世界自然保护同盟统计，世界上平均每天有 $20 \sim 30$ 个物种在灭绝，导致生物多样性受到破坏，从而影响到生态系统的稳定性，给人类和其他生物的生存带来威胁；又如，山区的土壤用来制砖，导致土壤冲刷和流失，剩下一些"石头山"，使人类无法在此居住生存。

生态环境管理按照自然资源的种类可以划分为水资源管理、土地资源管理、矿产资源管理、生物资源管理。

6.1.5 环境管理的手段

政府是环境管理最关键最重要的主体。政府实施环境管理的基本手段如下。

1. 行政手段

行政手段是政府以命令、指示、规定等形式作用于直接管理对象的一种手段。它具有权威性，一般级别越高，权力越大，管理效果越好；强制性，行政部门发出的命令、指示，管理对象必须服从，否则，将受到制裁和惩罚；规范性，以文件或法规的形式予以公布和下达。

在我国的环境管理工作中，行政手段包括制定和实施环境标准，如《声环境质量标准》；颁布和推行环境政策，主要是制定国家环境保护目标，拟订环保工作的基本方针、指导原则和具体措施，并予以推行。

例如，绿色标志是综合实力、国家观念、竞争意识及思维方式的全面考验。在 21 世纪，企业间、国际间的竞争也将是"绿色产品"的竞争，也就是说，谁的环保意识强，谁将最先取得特别通行证——绿色标签，谁就能取得主动。没有绿色标志，就如同没有取得奥运会参赛权的选手，没有资格参与竞争；取得绿色标志，就取得了参与竞争的特别通行证。

2. 法律手段

法律是一种社会行为规范，它告诉人们应当做什么或不应当做什么。与其他形式的社会行为规范相比，法律规范最显著的特征是强制性，即通过国家机器的保障，强制执行。

在我国，环境保护法律规范主要包括：宪法，即我国宪法中就有对环境保护的规定；环境保护基本法，《中华人民共和国环境保护法》规定了环保的目的、任务，确定了环境管理体系，提出了环境主体应该遵循的行为规范，以及违法者应承担的责任；环境保护单行法，包括水污染防治法、大气污染防治法、环境噪声污染防治法、固体废物污染环境防治法、海洋环境保护法，以及土地管理法、水法、森林法、草原法、野生动物保护法、渔业法、矿产资源法、煤炭法、水土保持法等，是针对特定环境要素保护的需要做出的具体法律规定；环境保护行政法规和部门规章。

3. 经济手段

经济手段是指运用价格、税收、补贴、押金、补偿费，以及有关的金融手段，引导和激励社会经济活动的主体主动采取有利于保护环境的措施。

在我国，现行的主要经济手段包括：排污收费制度，排污单位或个人根据排放的污染物种类、数量和浓度交纳排污费；减免税制度，国家规定，对自然资源综合利用产品实行五年内免征产品税、对因污染搬迁另建的项目实行免征建筑税等；补贴政策，财政部门掌握的排污费可以划拨给企事业单位用于补助污染治理费用；贷款优惠政策，对于环保项目可向银行申请优惠贷款。

4. 宣传教育手段

通过环境宣传教育，不但要使全社会充分认识到环境保护的重要性，而且应当使全社会懂得环境保护需要每一个社会成员的参与。在西方国家，公众参与环境管理已经十分普遍。例如，许多国家规定了公众参与环评的形式和程序，作为环境影响评价不可或缺的组成部分。

5. 科技手段

科技手段指政府建立合理的制度，制定有关的政策和法律，提高环境保护的科技水平。例如，提高科学的管理水平，提高既能满足人类消费需要又与环境友好的新材料、新工艺的科技水平，提高整治生态环境破坏、治理环境污染、提高环境承载能力的科技水平等。

6.1.6 环境管理的技术支持和保证

1. 环境监测

环境监测是环境管理工作的一个重要组成部分。它通过技术手段测定环境质量因素的代表值以把握环境质量的状况，是环境管理工作的基础。通过长时期积累的大量的环境监测数据，可以判断环境质量状况是否符合国家的规定，可以预测环境质量的变化趋势，进而找到主要环境问题，提出相应的治理方案、控制方案，以及法规和标准等，做出正确的环境决策。

环境监测作为一项经常性、制度性工作分为对污染源的监测和对环境质量监测两方面。通过对污染源的监测，可以检查、督促各企事业单位遵守国家的排放标准；通过对环境质量的监测可以掌握环境污染的变化情况，为选择防治措施，实施目标管理，以及制定环境保护法规、标准及污染防治对策提供科学依据。

环境监测分为常规监测和特殊目的监测两种。常规监测包括各种环境要素，如大气、水、土壤、噪声与振动等监测和污染源监测；特殊目的监测包括研究性监测、污染事故监测、仲裁监测。

环境监测的程序：现场调查和相关资料收集—确定监测项目—监测点布设和采样时间、方法的确定—数据收集、处理和分析—结果上报。

环境监测的方法多种多样，从技术角度分，有物理的、化学的、生物的方法；从手段和工具上分，有人工的、自动化的方法等。目前，环境监测还增加了遥感技术、信息技术、数字技术等新技术。

2. 环境预测

环境预测是根据已掌握的情报资料和监测数据，对未来环境发展趋势进行估计和推测，为提出防止环境进一步恶化和改善环境的对策提供依据。尽管环境状态的变化极其复杂，且带有较大的随机性，但由于它是客观存在的，因而是可以被认识的。通过调查、监测了解它的过去和现在，抽象出它们的变化规律，就可以对环境状态的变化做出比较正确的估计和预测。

环境预测程序分为以下几个阶段。

（1）准备阶段。该阶段主要是确定预测的目的、任务、预测时间，制订预测计划。

（2）收集并分析信息阶段。该阶段主要是收集预测资料并对资料进行分析检验。

（3）预测分析阶段。该阶段主要是选择预测方法，建立预测模型，进行预测计算，检验预测结果。

（4）输出预测结果并给出预测报告。

环境预测方法分为以下3种类型。

（1）定性预测方法。例如，经验推断方法、启发式预测方法、专家调查法、主观概率法、集合意见法等。

（2）定量预测法。例如，趋势外推法、回归分析法、投入产出法等。

（3）综合预测法。即定性、定量方法相结合的方法，如层次分析法等。

3. 环境标准

环境标准是环境管理目标和效果的表示。亚洲开发银行环境办公室对环境标准所下的定义是：环境标准是为维持环境资源的价值，对某种物质或参数设置的最低（或最高）含量。我国环境保护标准管理办法中对环境标准的定义为：环境标准是为了保护人类健康、社会物质财富和维持生态平衡，为实现对大气、水、土壤等环境质量、对污染源的监测以及其他需要所制定的标准。环境标准是国家进行科学的环境管理所制定的技术基础和准则，它是环保工作的核心和目标。合理的环境标准可以指导经济和环境协调发展，严格执行环境标准可以保护和恢复环境资源价值，维持生态平衡，提高人类生活质量和健康水平，并为制定区域发展负载容量奠定基础。

环境标准的等级分为国家级、地方级和行业级。国家级标准具有全国范围的共性或针对普遍的和具有深远影响的重要事物，它具有战略性意义；地方级标准和行业级标准带有区域性和行业特殊性，它们是对国家标准的补充和具体化。

我国的环境标准分为3类：环境质量标准包括大气、地面水、海水、噪声、振动、电磁辐射、放射性辐射、土壤等；污染物排放标准包括污水综合排放、烟尘排放标准，对噪声、振动、放射性、电磁辐射做了防护规定等；环境保护基础和方法标准，即对标准的原则、指南和导则、计算公式、名词、术语、符号等所做的规定。

4. 环境审计

环境审计是对环境管理的某些方面进行检查、检验和核实。

有关工业企业环境审计概念是近年兴起的，它的目的是将潜在的、可能出现的环境危险降到最低程度。实施环境审计的国家，有美国、加拿大、荷兰、英国、挪威和芬兰，其经验表明，如果环境审计被自愿地采用而且它的结果被独立地运用到公司管理上，则环境审计作为管理工具所能带来的效益就能最大限度地发挥出来。

20世纪70年代末，美国率先采用了环境审计。最初，它的重点是保证公司依法办事。例如，在评审工厂发展前景时，要注意该厂是否位于符合大气质量标准的区域，在讨论工厂的大气污染情况时，审计报告将列出该厂排放物的名称，以及它们各自允许值的范围等。目前，欧盟已经通过公司自愿的生态审计系统计划。凡参加和遵守欧盟计划的公司，即同意绿色审计标准者，它们的年度报告、信签和广告上将打上生态审计标记，以便使该系统成为销售参与和管理的工具。

5. 环境管理信息系统

环境管理信息系统（environmental management information systems，EMIS）是一个以系统论为指导思想，通过"人—机"结合收集环境信息，通过模型对环境信息进行转换和加工，并据此进行环境评价、预测和控制，最后再通过计算机等先进技术实现环境管理的计算机模拟系统。它的基本功能有：环境信息的收集和录入；环境信息的存储和加工处理；以报表、图形等形式输出信息，为决策者提供依据。

环境决策支持系统（environmental decision support systems，EDSS）是将决策支持系统DSS引入环境规划、管理、决策工作中的产物，是在环境管理信息系统EMIS的基础上，使决策者通过"人—机"对话，直接应用计算机处理环境管理工作中的决策问题。其主要功能有：收集、整理、储存并及时提供本系统与本决策有关的各种数据；灵活运用模型方法对环境信息进行加工、处理、分析、综合、预测、评价，以便提供各种需要的环境信息；友好的人机界面和图形输出功能，具有一定的推理判断能力；良好的环境信息传输功能；快速的信息加工速度及响应时间；具有定性分析与定量分析相结合的特定处理问题的方式。

6.2 城市交通环境影响因素分析

6.2.1 城市环境问题

目前，中国城市空气质量恶化的趋势有所减缓，部分城市空气质量有所改善，但整体污染水平仍较严重。总悬浮颗粒物（TPS）、可吸入颗粒物（PM_{10}）和细颗粒物（$PM_{2.5}$）是影响城市空气质量的主要污染物，部分地区二氧化硫污染较重，少数大城市氮氧化物浓度较高。人口集中、机动车较多的城市氮氧化物污染相对较重。城市环境问题比较严峻，主要是空气中的PM_{10}、$PM_{2.5}$、NO_x、SO_2等污染物超标，而这些污染物与城市机动车排放密切相关，因此，城市机动车排放污染物给人类生存环境带来了巨大的威胁。下面是一些城市大气公害事件。

(1) 伦敦烟雾事件。英国首都伦敦地处泰晤士河下游的开阔河谷之中。1873 年至 1965 年伦敦共发生 9 次严重的大气烟雾污染事件，死亡人数约为 7 800 人，由于矿物燃料燃烧产生的烟尘和 SO_2 是伦敦产生几次严重大气污染事件的主要原因。1952 年 12 月 5—8 日，伦敦上空受大型移动性高气压带影响，地面完全处于无风状态。当时正值隆冬季节，伦敦市沉浸在浓雾之中，而工厂和住宅的成千上万个烟囱照常向空中喷着大量的黑烟。当时居民都用烟煤取暖，大气中的烟尘和 SO_2 浓度很高，整个城市充斥着煤烟和硫黄的气味，空气的能见度很低。白天汽车需要开灯行驶，交通警察都戴着防毒面具，城市居民感到胸口窒闷并有咳嗽、喉痛、呕吐等症状发生，发病率和死亡率激增。在此 4 天中，比历史同期多死亡 4 000 人，患呼吸器官疾病的患者是平时的 4 倍，心脏疾病的患者是平时的 3 倍。一直到 1952 年 12 月 10 日，一股西北风驱散了浓重污浊的毒雾，才解除了人们的痛苦。对人体危害的原因在于粉尘中的 Fe_2O_3 能促使空气中的 SO_2 氧化而生成硫酸液沫，附在烟尘上或凝聚在雾点上，进入人的呼吸系统，使人发病或加速各种慢性病患者的死亡。

(2) 北京的雾霾天气。近年来，北京频频出现雾霾天气，能见度降低，影响交通出行，严重影响居民的身体健康。

大雾使空气质量急剧下降，那大雾形成是否与空气污染有关，尽管二者之间没有直接关系，但是大雾肯定受到空气污染的间接影响。因为雾滴的形成不仅需要水汽，还需要有凝结核。汽车尾气、烟尘等污染物悬浮在空中恰好构成凝结核，当空气中水汽含量较大时就形成雾滴，雾滴大量聚集就形成雾气。污染越严重，凝结核越多，就越可能出现大雾天气；大雾天气越稳定，污染物也越不容易消散。可以说二者之间是一种恶性循环。

(3) 洛杉矶光化学烟雾事件。美国洛杉矶的烟雾污染，是近代首次发现的严重光化学烟雾事件。洛杉矶是美国西部太平洋沿岸的一个工业城市，是世界上交通最紧张的地区之一。市区三面环山，处在一个口袋形之中，全城建筑物挤在 50 km 直径的盆地底上，气候终年不好，很少有风，一年当中就有 200 多天烟雾弥漫。这样，洛杉矶就具备了容易发生光化学烟雾的 3 个条件：盆地式地形、汽车尾气多、无风天多。

洛杉矶的光化学烟雾最早发生于 1943 年。当时，城市上空出现浅蓝色的刺激性烟雾，未能引起人们注意。许多居民的眼睛、鼻子、喉咙、气管和肺部的黏膜受到了刺激，出现了眼红肿、流泪、喉痛、胸痛和呼吸衰弱等现象，65 岁以上的老年人两天内死亡 400 多人；同时家畜也患病、农作物枯黄、果树受害、橡胶制品老化、材料与建筑物损坏。通过深入调查发现，这种烟雾是由大气中的 HC 和 NO_x（主要是汽车尾气）在太阳光照射下所产生的，其机理非常复杂。基本原理可简述为：NO_2 在强烈的太阳紫外线照射下发生分解，生成 NO 和原子氧；原子氧迅速地与空气中的 O_2 结合生成臭氧（O_3）；O_3 再与 HC 发生作用，经过一系列反应，产生过氧乙酰硝酸酯（$CH_3C(O)OONO_2$）、醛类和其他多种复杂的化合物，统称为光化学氧化剂。由这些光化学氧化剂形成的浅蓝色烟雾称为光化学烟雾。美国官方声称"汽车是光化学烟雾的最大污染源"。

目前，城市交通污染已经成为城市环境的主要问题。城市交通环境污染主要指机动车排出的大量的一氧化碳、碳氢化合物、氮氧化物、细微颗粒物及硫化物等。这些一次污染物还会通过大气化学反应生成光化学烟雾、酸沉降等二次污染物，它们会对城市大气环境和人类健康，以及生态系统造成一系列的不利影响。

近年的研究结果表明，机动车的污染物排放对环境影响不仅是局部的，许多影响还可以扩展到大气层中很远的距离及其他地区，并存在很长时间。通过对空气污染的全面分析，可将机动车排气污染的特征划分为：①局部的有害影响，如一氧化碳（CO）等；②区域性有害影响，如光化学烟雾、酸沉降；③洲际性有害影响，如细微颗粒、硫氧化物（SO_x）、氮氧化物（NO_x）；④全球性有害影响，如二氧化碳（CO_2）等温室效应，射向地球的太阳光在大气层内几乎无损失地到达地表，变暖的地表又将吸收的红外线散射到大气层，其中红外线被具有温室效应的 CO_2 等吸收，抑制了地球的散热，致使大气温度上升现象发生。CO_2 具有温室玻璃一样的作用，因此得名温室效应。因此，控制机动车污染物排放，对我国甚至全世界都非常重要。

6.2.2 机动车污染物排放的影响因素分析

1. 城市机动车污染物排放清单

某种污染物在一定的时间和空间范围内的排放源和这些源所对应的排放量，称为该污染物在此区域的排放清单。最常见的是以年为基准时间建立的城市空气污染物排放清单。

城市区域机动车污染物的排放量与机动车的保有量、排放因子（定义为机动车运行每单位里程所排放的污染物质量，如 g/km）和平均行驶里程密切相关。计算机动车污染物排放量的公式为：

$$EQ_p = \sum_j (P_j \times M_j \times Ef_{pj})$$

式中：EQ_p——污染物 p 的年排放总量；

P_j——预测年份机动车保有量，j 为车型分类，万辆；

M_j——j 型车的年平均行驶里程；

Ef_{pj}——j 型车的第 p 类污染物的平均排放因子。

2. 机动车污染分担率

污染源的分担率是指污染源在环境污染中所承担的份额，通常以百分数表示。

城市机动车污染物排放分担率 η_a 定义为研究区域内机动车排放的污染物总量 Q_v 与该区域内污染物排放总量 Q_t 之比。污染物排放总量包括流动源、工业、民用，以及其他天然排放源在内的所有污染源的排放。其表达式如下：

$$\eta_a = \frac{Q_v}{Q_t} \times 100\%$$

城市机动车污染物分担率从宏观上反映了机动车排放对城市大气环境污染的影响程度。例如，在北京约 80% 的 CO 来自机动车排放，41% 的 NO_x 也来自机动车的排放。一些国家或城市机动车污染物排放分担率如表 6-1 所示。

表 6-1 一些国家或城市机动车污染物排放分担率　　　　　%

国家或城市	NO_x	CO	CO_2	PM
美国	43	67	33	17
英国	49	80	—	25

续表

国家或城市	NO_x	CO	CO_2	PM
日本	44	95	37	50
加拿大	61	66	—	—
法国	76	71	48	—
意大利	52	91	—	—
北京	41	86	—	—
上海	56	86	—	—
广州	79	89	—	—

3. 机动车污染物排放影响因素

机动车的排放控制技术水平，是决定机动车污染物排放量的重要因素。除此之外，车辆的使用、保养、燃油质量，以及环境条件等许多因素，都会影响机动车的排放状况，具体可以归纳为以下几个方面。

1) 车辆与燃料特性

（1）发动机的类型和技术。如二冲程或四冲程；使用柴油机、汽油机、转子式发动机或其他发动机；燃料喷射；涡轮增压，以及其他的发动机设计；自动或手动变速器等。

（2）所使用的尾气、曲轴箱和蒸发排放控制系统。如催化转化器、废气再循环、二次空气喷射、燃油蒸汽回收系统等。

（3）发动机的机械状态和保养情况。

（4）汽车空调的使用情况，是否带拖车，以及车辆的其他负载情况。

（5）车用燃料的特性和质量。如杂质含量、沉淀物、馏分馏程特性、组成成分（如芳烃、烯烃含量）、添加剂、氧含量、汽油的辛烷值、柴油的十六烷值等。

（6）是否使用代用燃料，如LPG、CNG、LNG等。

（7）排放控制装置的劣化特性，能满足多少里程的耐久性。

（8）检查和维护（I/M）制度的实施范围和效果，防止人为破坏的措施等。

2) 保有车辆的整体特性

（1）车辆组成。如在用车的车型、数量等。

（2）各车型的车辆使用情况。如每年每车的行驶里程等。

（3）车龄登记分布。即不同年份登记上牌照的车辆数量。

（4）交通方式的结构和人员、货物的运送方式等。

（5）执行的排放标准。

（6）车辆保养制度的覆盖范围和强度。

（7）清洁燃料汽车的发展状况。

3) 车辆运行特征

（1）当地的海拔高度、年温度、湿度的变化情况。

（2）车辆使用规律。例如，每日出行次数和每次出行的里程、冷启动次数、平均车速、驾驶的文明程度等。

（3）交通堵塞的程度、道路设施的容量和质量、交通管理系统等。

（4）对交通需求的管理模式。

6.2.3 我国城市交通环境现状

我国城市大气污染已由煤烟型等固定源向汽车尾气型等流动源转化。其中以北京、上海、太原、石家庄、广州、济南等大城市较为突出。早在20世纪70年代末就在兰州西固石油化工区首次发生了光化学烟雾。1986年夏季在北京就出现了光化学烟雾的迹象，随着经济的发展，我国中部、南部特别是沿海城市均已面临光化学烟雾的威胁。上海、广州、深圳等城市也频繁观测到光化学烟雾污染的现象。

机动车的产量及保有量连年快速增长，我国历年机动车产量和保有量举例如表6-2和表6-3所示。

表6-2 我国历年机动车产量举例

年份	1965	1975	1985	1995	2005	2015
汽车产量/万台	4.05	13.98	44.38	145.27	570.84	2 450.33

表6-3 我国历年机动车保有量举例

年份	1965	1975	1985	1995	2005	2015
汽车保有量/万台	29.95	91.77	321.12	1 040.00	4 329.00	17 228.00

我国的机动车拥有水平相对发达国家来说不高，但是汽车尾气造成的大气污染远远高出发达国家城市的污染水平。究其原因，首先是由于我国机动车生产水平仍然较低，新车出厂时其排量就较大。我国的大多数机动车的排放标准是美国或日本的机动车排放量的10~20倍。另外，我国城市道路建设跟不上机动车保有量的快速增长，许多城市的交通秩序比较混乱，导致机动车总是在低速下运行，加重了机动车的排放量。以北京为例，三环路内平均行驶速度低于20 km/h，造成CO和HC排放量增大。并且，其排放浓度随着交通拥挤程度的变化而变化，在早晚高峰期，污染浓度达到最高，街道和临街住宅区的浓度远远高于全市平均浓度。

目前，由于机动车数量的快速增加，机动车排放污染物对城市污染的贡献率已越来越高。有资料报道，在我国多数大中城市中，机动车排放造成的污染已占城市大气污染的60%以上。以上海和广州为例，上海机动车排放污染分担率CO为86%，HC为96%，NO_x为56%；广州CO为89%，NO_x为79%。这充分表明，机动车排放污染已成为城市大气污染的主要来源。

6.3 城市交通的大气污染及危害

城市交通的大气污染主要指机动车排放的有害物质对大气造成的污染，目前已成为城市大气污染的主要污染源。

6.3.1 机动车排气污染物的构成

1. 内燃机排气组成

根据燃料燃烧的热化学基本知识，由碳、氢、氧组成的液体燃料在内燃机汽缸内完全燃烧的产物有二氧化碳、水，以及未被利用的氧气和氮气。但是，燃烧过程并非如此简单，何况所用的燃料往往含有其他有害杂质和添加剂，且燃料燃烧总是不完全的，加上内燃机工作过程中的许多复杂原因，使得内燃机的排气成分含有一氧化碳（CO）、碳氢化合物（HC）、氮氧化合物（NO_x）、二氧化碳（CO_2）、微粒（铅化物、黑烟、有机物）、臭气（甲醛、丙烯醛）等有害排放物。各类内燃机有害排放物的比较如表6-4所示。

表6-4 各类内燃机有害排放物的比较

机型	排放物	CO	HC	NO_x	SO_2[①]	微粒		臭气
						炭烟	油雾	
汽油机	四冲程	多	中	多	很少	少	少	中
	二冲程	多	多	少	很少	少	多	多
柴油机		少	少	中	少	多	少	多
LPG、CNG发动机		少	中	中	无	少	无	少[②]
氢发动机		无	无	多	无	无	无	无
旋转活塞发动机		多	多	少	很少	少	中	中
甲醇发动机		少	少	少	无	无	少	少

注：① 在燃油含硫量较低的条件下所做的比较。
② 液化石油气（LPG）燃料本无臭味，为安全计，常掺入微量臭气，以引起使用者对漏气的注意。

内燃机的排气成分与发动机类型、结构、运转条件及所用燃料的化学成分、性质等多种因素有关。

2. 曲轴箱排放的污染物

曲轴箱排放废弃物是由于内燃机在压缩和做功冲程中气体从汽缸中泄漏出来而引起的。气体从活塞密封面和汽缸壁之间漏入曲轴箱中，这种由活塞环四周的泄漏一般称为渗漏。在车辆重载条件下，排放的废气随着发动机的空气流量的增加而增加。从曲轴箱排放的气体混合物，其组成大约为85%的未燃烧的燃料——空气混合物和15%的废气，所以其中主要污染物是碳氢化合物。在渗透气体中，碳氢化合物的体积浓度范围在 $6\times10^{-3}\sim1.5\times10^{-2}$ 之间。渗漏排放随发动机的磨损而增加，在无控制的车辆上渗透气体是由通风管排放到大气中的，其量约占全车碳氧化合物排放量的25%。

3. 蒸发排放的污染物

蒸发排放的废气主要来自油箱和汽化器。油箱损失是由燃料蒸发和在燃料加入油箱时蒸发排放所造成的。蒸发量取决于燃料组成及其温度。如果油箱长期暴露在高温环境中，蒸发损失就会很大。

燃料从汽化器中蒸发主要发生在发动机刚刚停车后的时刻。在汽车运行期间，汽化器里的燃料保持着大约与机罩下面的空气同样的温度。但当发动机停车后，空气流中断，汽化器箱从热发动机吸热，使燃料温度上升到比周围高出60~70℃。蒸发的汽油从汽化器中排入大气。蒸发排放量及其组分取决于燃料的挥发性、汽化器的容积和发动机关闭前的温度。一次停车过程大约可排出10 g碳氢化合物。

4. 排气管排放的污染物

如果汽车燃料完全氧化时，其燃烧产物只有 CO_2 和 H_2O。但实际上，燃料在内燃机内燃烧时，也产生了其他产物，包括 CO、H_2 及部分氧化了的烃类。另外，有一部分汽油没有燃烧，分裂成为碳氧化合物，在用空气作为氧气源时，一部分 N_2 和 O_2 化合成 NO，最后，颗粒物随气体经由排气管排入大气。

各部分排放污染物的构成如表 6-5 所示。

表 6-5 各部分排放污染物的构成   %

排气源 \ 成分	CO	NO_x	HC
曲轴箱	1~2	1~2	25
供油系统	0	0	10~25
排气管	98~99	98~99	50~65

6.3.2 机动车排气污染物的生成机理

机动车发动机排气所造成的污染，对汽油机而言，CO、HC 和 NO_x 是主要的有害成分，光化学烟雾是由 HC 和 NO_x 转化而成的；对柴油机而言，CO 和 HC 比汽油机少得多，NO_x 和炭烟是主要的有害成分。

1. 解释排气污染物生成机理需要的两个概念

1) 空燃比 (A/F)

空燃比是指可燃混合气中空气与燃料的质量比。理论上，1 kg 汽油完全燃烧需要 14.7 kg 空气。故对于汽油机而言，空燃比为 14.7 的可燃混合气称为理论混合气。若可燃混合气的空燃比小于 14.7，则意味着其中汽油含量有余（亦即空气量不足），称之为浓混合气。同理，空燃比大于 14.7 的可燃混合气则称稀混合气。应当指出，对于不同的燃料，其理论空燃比数值是不同的。

2) 过量空气系数 (λ)

$$\lambda = \frac{燃烧 1\,kg\,燃料实际供给的空气质量}{完全燃烧 1\,kg\,燃料所需的理论空气质量}$$

由此定义表达式可知：无论使用何种燃料，过量空气系数 λ=1 时可燃混合气，即为理论混合气；λ<1 时为浓混合气；λ>1 时则为稀混合气。

2. 氮氧化合物（NO_x）的生成机理

在较低的温度下，N_2 和 O_2 生成 NO 的机理可以认为是简单的双分子反应，即 $N_2+O_2 \rightarrow$ 2NO，这个反应是很难发生的。

但是在高温时，NO 的生成机理受泽尔多维奇反应所支配，有以下两个反应：

$$N_2+O \rightarrow NO+N$$
$$N+O_2 \rightarrow NO+O$$

这些反应是连锁反应，分子状态的氮和原子状态的氧碰撞，或者氧分子和氮原子碰撞而生成 NO。NO 的生成量在很大程度上取决于缸内气体燃烧的温度，并与温度成指数关系。

生成 NO 有以下 3 个因素。

(1) 温度。随着高温的形成，NO 平衡浓度也高，而且生成速度也加快了，特别是有氧存在时，温度是最重要的。

(2) 氧的浓度。在氧气不足的条件下，即使温度高，NO 的生成也被抑制。

(3) 滞留时间。因为 NO 的生成反应比燃烧反应慢，所以即使在高温条件下，如果气体停留时间短的话，NO 的生成量也可被抑制。

汽油机空燃比与排气浓度变化如图 6-1 所示。

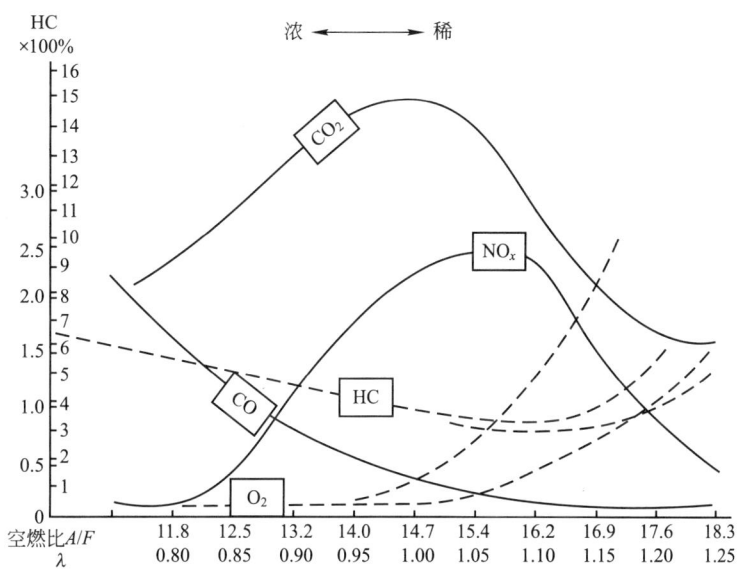

图 6-1　汽油机空燃比与排气浓度变化图

从图 6-1 可以得出，当空燃比（A/F）稍大于理论混合比时，燃烧室温度最高，并且还有过剩的 O_2；当空燃比（A/F）小于理论混合比时，由于缺氧，NO 的生成量随着 A/F 减小而下降。相反，当空燃比（A/F）大于理论混合比时，因燃烧室温度降低，所以 NO 生成量很快下降。

因此，在内燃机中为了降低 NO 的生成量，就必须降低燃烧室火焰高峰温度，在产生 NO 阶段，使 O_2 处于低浓度，缩短燃烧气体在高温下停留的时间。凡是影响这 3 个方面的因素，都能改变 NO 的生成量。

3. 一氧化碳（CO）的生成机理

对于汽油机，根据燃烧化学反应，在不同空燃比 A/F 下，燃烧产物各成分的值如图 6-1 所示。理论上当过量空气系数 $\lambda=1$，燃料完全燃烧，其产物为 CO_2 和 H_2O；当空气不足时，即 $\lambda<1$ 时，则有部分燃料不能完全燃烧，生成 CO。

所以，CO 的排放浓度基本上受空燃比所支配。在理论上，当 $\lambda=1$ 时，排气中不存在 CO。实际上，由于混合、分配不均匀，在排气中还含有少量 CO。即使在混合气混合的很均匀，由于燃烧后的温度很高，已经生成的 CO_2 也会有一小部分被分解成 CO 和 O_2，H_2O 也会部分被分解成 O_2 和 H_2，生成的 H_2 也会使 CO_2 还原成 CO，所以，排气中总会有少量的 CO 存在。

可见，凡是影响混合比的因素，即为影响 CO 的因素，主要表现在以下工况中。

(1) 急速转速的影响。发动机急速运转时，混合气较浓，提高急速转速，可有效地降低排气中 CO 浓度，从净化的观点，发动机急速转速高一点较好。

（2）减速工况的影响。当汽车急速减速时，发动机进气管中的真空度迅速增大，停留在进气系统中的燃料油膜在高真空度下急剧蒸发而进入燃烧室，造成混合气瞬时过浓，致使燃料状况恶化，排气中 CO 浓度将显著增加。

（3）负荷影响。通常 CO 在小负荷和全负荷时排放量增加。

4. 碳氢化合物（HC）的生成机理

汽油是由多种成分的 HC 所组成，如果汽油完全燃烧将生成 CO_2 和 H_2O。但是汽油的燃烧过程很复杂，任何发动机都可能发生不完全燃烧，在排气中都会有少量 HC 存在。因为为了提高发动机的最大功率，常使发动机在 $\lambda<1$（$A/F=12.5\sim13.0$）的浓混合气情况下工作。在低负荷时，由于汽缸内残余废气较多，为了不使燃烧速度过低，也在 $\lambda<1$ 的情况下工作。由于 $\lambda<1$ 使空气量不足，所以要发生不完全燃烧。

在汽油中用电火花点火，由火焰传播把混合气体烧掉，但紧靠燃烧室壁面附近的混合气层，由于缸壁的冷却形成激冷层，使火焰传播终止而熄灭，因此激冷层的混合气不能完全氧化燃烧，从而有许多未燃的 HC 也要排出来。

排气中的 HC 是燃料不完全燃烧或部分被分解的产物，含有饱和烃、不饱和烃、芳烃及部分含氧化合物，如醛、酮、酸等，成分复杂，组成变化也大。有人曾从排气的 HC 中分析出 200 多种不同成分的碳氢化合物。

在燃烧室形状不变的情况下，排气中 HC 的浓度及各种成分的生成，随着发动机工况、混合比、燃烧条件及燃料性质的改变而变化很大，下面是几种影响因素的分析。

（1）混合比的影响。从图 6-1 可见混合比对排气中 HC 浓度的影响。在浓混合气时，与 CO 有类似的倾向。但是当 $\lambda=1$ 时，其 HC 浓度又迅速增加，这是因为混合气在一般发动机中产生失火所致。因此，与 CO 一样，影响混合比的因素，如进气温度、压力等，同样影响 HC 的浓度，提高急速转速也可降低 HC 的排放浓度。

（2）进气管真空度的影响。在转速一定、减少负荷时，进气管真空度增加到一定范围，HC 浓度明显升高，如在下坡路段使用发动机制动时，就出现这种情况。

（3）发动机工况的影响。在负荷一定时，随转速升高 HC 排放很快下降，主要因为发动机的温度增加，加快了燃烧反应。同时当转速一定时，随负荷增高，HC 排放降低，这是由于燃烧温度升高，燃烧壁面激冷层逐渐减薄所致。

5. 微粒与炭烟

柴油机排烟可分为白烟、蓝烟和黑烟 3 种。不同的烟色形成的原因不同，其中起决定作用的是温度。在 250 ℃ 以下形成的烟通常是白色的；从 250 ℃ 到着火温度形成蓝烟；黑烟只在着火后才出现。

1）白烟

在低温启动不久及急速工况时发生白烟。此时，汽缸中温度较低，着火不好，未经燃烧的燃料和润滑油呈液滴状态，直径在 1.3 μm 左右，随废气排出而形成白烟。当汽缸磨损加大，窜气、窜油时，白烟增多。正常的发动机在暖车后，一般就不再形成白烟，改善启动性可减少白烟。

2）蓝烟（青烟）

通常在柴油机尚未完全预热或低负荷运转时发生蓝烟。此时，燃烧室温度较低，约 600 ℃

以下，燃烧着火性能不好，部分燃料和窜入燃烧室的润滑油未能完全燃烧，其中大部分是已蒸发的油，再凝结而成微粒状态，直径比白烟小，在 0.4 μm 以下，随废气排出而成蓝烟，这种蓝烟的蓝色是此种大小的微粒由蓝光折射而成的。排出蓝烟时，同时有燃烧不完全的中间产物（如甲醛等）排出，因而蓝烟常常带有刺激性臭味。

3）黑烟

黑烟通常在柴油机大负荷时发生。例如，当汽车加速、爬坡及超负荷时排气常冒黑烟。一般认为，黑烟也是不完全燃烧的产物。当柴油机高负荷时，喷入燃烧室的燃料增多，由于柴油机混合气形成的不均匀，即使平均过量空气系数 $\lambda > 1$，仍不可避免产生局部空气不足，此时燃烧室温度又较高，燃料在高温缺氧情况下，由裂解过程释放出来并经过聚合过程形成炭烟。

炭烟不是纯粹的碳，而是一种聚合体，其主要成分随柴油机负荷不同稍有改变，一般含碳 85%～95%，氧 4%～8% 及少量的氢和灰粉。也有人认为炭烟是石墨结晶，由直径 0.05 μm 左右微粒附聚成 0.1～10 μm 的多孔性炭粒构成。

柴油机中燃料的高温裂解反应是不可避免的，特别在空间混合燃料的柴油机中，高温的气体包围着液态的油滴，造成了进行裂解反应最有利的条件。对燃烧过程的高速摄影已经证实，在燃烧初期上止点附近（燃料着火后 5～10 ℃）都会出现大量黑烟。但是在一般情况下，含碳燃气与空气混合时又在燃烧过程后期完全燃烧，而使排气无烟。如果汽缸中空气不足、混合不佳或由于燃气膨胀而使汽缸内局部温度下降到碳反应温度（约 1 000 ℃）以下，则碳不能进一步燃烧而保持其固体状态排出汽缸外。因此，研究指出，废气中是否出现炭烟，取决于膨胀期间温度过分下降以前燃料是否能足够快地与空气混合和燃烧。

6.3.3 机动车排气污染物的评定指标

对于机动车排气污染物的排放量有 3 种评定指标，即浓度排放量、质量排放量和比排放量，可分别用于不同的场合。机动车排气污染物的评定指标如表 6-6 所示。

表 6-6 机动车排气污染物的评定指标

评定指标	定义	单位
浓度排放量	体积分数 质量浓度	%、10^{-6}、10^{-9} mg/m^3
质量排放量	单位时间质量排放量 单位测试循环质量排放量	g/h $g/$测试
比排放量	单位功率小时排放量 单位运转里程排放量	$g/(kW \cdot h)$ g/km

1. 浓度排放量

浓度排放量有两种评定指标，即体积分数和质量浓度。排气中污染物所占的体积比称为该污染物的排放浓度或体积分数，根据实际浓度的不同，可分别用 %、10^{-6} 或 10^{-9} 来表示。对排气中浓度较高的 CO 和 CO_2 一般用 % 表示，对浓度较低的 HC、NO_x 用 10^{-6} 表示，而浓度更低的成分可用 10^{-9} 表示。质量浓度的定义为单位排气体积中污染物的质量，常用 mg/m^3 等单位计量。

2. 质量排放量

在实际排放控制中要对排放污染物进行总量监测，或在车辆及发动机排放检测中要测定按规定的工况循环运转一次的排放量，用每小时的质量排放量（g/h）、每次测试循环的质量排放量（g/测试）来表示。

3. 比排放量

当进行发动机排放特性测试时，可以用单位功率所排放的污染物质量 [g/(kW·h)] 作为评价指标，称为比排放量 G_e。一般测试仪器给出小时浓度排放量，则：

$$G_e = \frac{排放物的体积分数 \times 排气流量（m^3/h）\times 排气浓度（g/m^3）}{有效功率（kW）}$$

在整车试验时，用单位循环测试的质量排放量（g/测试）除以每测试循环的运转公里数，可得到每公里的排放量（g/km）。

6.3.4 机动车排气污染物的危害

1. 一氧化碳的危害

一氧化碳，是一种无色、无味、有毒的窒息性气体，其有害作用主要是造成人体组织缺氧。一氧化碳被人体吸入以后，与人体血红蛋白结合生成碳氧血红蛋白（COHb），碳氧血红蛋白能妨碍氧从血液到细胞组织的迁移，即阻止血红蛋白的离解，直接抑制细胞的内呼吸而造成内窒息。一氧化碳与血红蛋白的亲和力比氧与血红蛋白的亲和力大 210 倍，当空气中含 0.1% 一氧化碳时，能妨碍 50% 血红蛋白与氧结合。这时，输送相同量的氧，必须有更多的血液，因而加重了心肌的负担。空气中只要含 1/800 的 CO，就可以使人在半小时内死亡。

受损伤的心脏比未受损伤的脑部，更容易受到一氧化碳的影响。对心脏肌肉氧气供应不足，轻微活动或者激动就会产生血压征兆和胸部疼痛导致心绞痛，这是一种心血管疾病。血液中 COHb 浓度对人类健康的影响如表 6-7 所示。除了心脏病或肺部病人外，其他如贫血病人，中年以上手术后病人或冠状动脉硬化病人，胎儿和幼儿也可能对接触一氧化碳特别敏感。

表 6-7 血液中 COHb 浓度对人类健康的影响

COHb 的百分比/%	对人类健康的影响
0.33～0.7	无烟状态时的正常值
2.5～3.0	个别受害。心脏功能减弱、血流变化。长时间处于该环境时，血红细胞浓度变化
4.0～6.0	视觉减弱、注意力减退、工作效率降低
3.0～8.0	抽烟者的正常值。抽烟者比不抽烟者对此有更多的血红细胞需求
10.0～20.0	轻微头痛、疲倦、喘气、皮肤中的红细胞膨胀、视觉不正常、对胎儿有潜在的危害
20.0～30.0	严重头痛、恶心、灵敏度不正常
30.0～40.0	四肢无力、恶心、呕吐、视觉模糊、严重头痛、判断力受损

续表

血红蛋白转变为 COHb 的百分比/%	对人类健康的影响
50.0~60.0	气短、痉挛、昏迷
60.0~70.0	昏迷、心脏活动和呼吸作用低下,有时致命
>70.0	致命

中枢神经系统控制人体活动和思维。当碳氧血红蛋白含量在 3%~7%时,就观察到中枢神经系统发生紊乱。饮酒会使体内羟基血红蛋白(CDHD)含量增加,妨碍执行复杂的任务。在小汽车死亡事故中,很多司机羟基血红蛋白的含量超过 5%,由此可以看出,酒精和一氧化碳之间存在着对人体危害相互加强的作用,因此,也可以进一步理解"禁止酒后开车"的深刻意义。

2. 氮氧化物的危害

汽车尾气中含有大量的氮氧化物。氮氧化物对人体健康的不利影响,主要是对呼吸器官有刺激作用。氮氧化物不易溶于水,因而能浸入呼吸道深部的细支气管和肺部,并缓慢地溶于肺泡表面的水分中,形成亚硝酸、硝酸,对肺组织产生强烈的刺激和腐蚀作用,引起肺水肿。亚硝酸盐进入血液后,与血红蛋白结合生成高铁血红蛋白,也能引起组织缺氧。在一般情况下,污染物以二氧化氮为主时,对肺的损害比较明显;污染物以一氧化氮为主时,高铁血红蛋白症和中枢神经损害比较明显。

目前认为低浓度二氧化氮在肺泡内的作用,首先是引起肺泡表面活性物质(脂蛋白)的过氧化,然后再损害肺泡细胞。其慢性毒害作用表现为引起神经衰弱症,个别严重的病例可导致肺部纤维化。二氧化氮与支气管哮喘的发病也有一定的关系,而且对心、肝、肾,以及造血组织均有影响。另外,二氧化氮是否有致畸和致癌效应,还有待进一步研究。

世界卫生组织认为,为了保护人体健康,人体接触二氧化氮最高浓度定为 $190\sim320\ \mu g/(m^3 \cdot h)$,并接触这种浓度每月不应超过一次。

3. 碳氢化合物的危害

小汽车排放的废气,是几十种化合物的组合,其中碳氢化合物占有较大的比例。人们特别关心的碳氢化合物中的一个种类是芳香烃,因为它们对人体健康有直接影响,对眼、鼻、呼吸道有强烈刺激作用,影响肝、肾、心血管等系统。有的烃类已经确定为致癌物。

芳香烃是一类有毒物质。例如苯,由于苯分子不分解,接触苯会产生无特征的刺激和麻醉作用,而血液的特征变化很可能是因为有毒物质代谢的产物造成的。长期摄入少量的苯会造成慢性苯中毒,使造血器官在不同程度上受到明显的破坏性病变。经呼吸进入的苯衍生物,因为具有脂溶性,主要累积在含脂类物质的器官中。甲苯经肺脏吸收后有 16%左右通过呼吸道原封不动的排出,有 0.06%直接从尿中排出,其余 84%左右则由甲基氧化生成苯甲酸,并且和机体中固有的成分耦合。例如,甲苯与乙氨酸耦合生成水溶性的化合物,并以马尿酸的形式在尿中出现。由于甲苯的毒性作用,对中枢神经系统造成程度不等的损害,如知觉异常、失去平衡、头痛、记忆力差、失眠、疲倦、无食欲等,但是目前还没有具体测定严重程度的方法。

4. 颗粒物的危害

从汽车排出的颗粒物有炭粒、铅化物、润滑油及燃烧时从润滑油产生的不挥发性的反应生成物等。这些颗粒物大小，几乎大都在 5 μm 以下。柴油车排出的废气中粒子的大小，据测定有 62.5％在 5 μm 以下，37.5％在 5～20 μm 范围以内。

随汽车废气排出的颗粒物上还附带着 100 多种化合物，其中大部分化合物是有毒的。这些颗粒物大量地被人吸入并沉积于体内，直径大于 10 μm 的颗粒物，基本上可以被阻止于鼻腔之外；直径大于 2 μm 而小于 10 μm 的颗粒物，90％以上能进入人体呼吸系统各部位，10％可以进入肺泡之中；直径小于 2 μm 的颗粒物，则基本上全部进入人体的肺泡。

能够进入人体的呼吸系统并不同程度地沉积于体内的颗粒物，正是大气中最稳定的、含有害物质最多的粒子。由于它们的体积小，所以能在空气中悬浮一周以上，并能被吸入肺部深处最狭窄的呼吸道并沉积下来。同时，由于它们的体积小，有毒的、致畸的和致癌的化合物都能被人体吸收。

可溶性的颗粒物粒子被吸收的速度仅次于静脉注射，可以迅速发挥毒性，而不可溶性的部分沉积于体内，其危害人体健康的程度也不亚于可溶性部分。汽车废气对大气颗粒物浓度的影响已经引起了人们的关注。

5. 光化学氧化剂的危害

汽车尾气中碳氢化合物和氮氧化合物经阳光的紫外线照射以后，发生光学反应而形成光化学氧化剂。其主要组分是臭氧（O_3）、二氧化氮和过氧乙酰硝酸酯（$CH_3C(O)OONO_2$）。其中臭氧占 85％左右，过氧乙酰硝酸酯约占 10％，其余所占比例较小。从环境监测结果看出，每日最高臭氧值大都出现在正午前后；在郊区，则在上午或下午也可监测到这种最大值。

氧化剂对人体危害的机理是使酶的活性受到抑制，引起呼吸道系统疾患，并使肺泡受到损伤。调查结果表明，空气中臭氧和氧化剂浓度达到 300～580 $\mu g/(m^3 \cdot h)$ 时，人们会不同程度地感到刺激，如出现喉咙刺激、咳嗽、气喘、头痛和寒战等症状。通常认为大气中 100～200 $\mu g/m^3$ 臭氧浓度值可以作为保护公众健康的基准值。如果测量公路上空气中臭氧和其他氧化剂浓度值高于这个值，应考虑改善公路两侧污染物扩散条件，以及控制汽车流量。

6. 酸沉降的危害

现在，世界各地的雨水已成为一个新的具有威胁性的复杂问题。因为雨水与某些燃料燃烧产生的污染物（特别是由电站部分工厂和交通运输中各类机动车辆产生的污染物）在空中混合，降落时成为含有稀的硫酸和硝酸的酸雨。这种酸雨正在毒杀鱼类和其他水生生物，腐蚀建筑物（其中包括某些世界著名古迹）。它还可以危害森林和农田，并且威胁人体健康。

在我国 20 世纪 80 年代，酸雨主要发生在以重庆、贵阳为代表的西南地区。到 20 世纪 90 年代中期，酸雨迅速发展到长江以南、青藏高原以东及四川盆地的广大地区，形成华中、西南、华东、华南四大酸雨区，年均降水 pH＜5.6 的区域面积占全国面积的 40％，成为继北欧、北美之后的世界第三大酸雨区。

酸雨对健康的直接危害主要限于污染浓度高的城区和工业区。如果地表水和地下水都转变为酸性的，那么水下工程将会在更大的范围内遭到腐蚀。由于提高了酸化程度，从土壤和沉积物中释放出来的铅、铜、锌、镉及汞等金属将产生对人体的健康危害。由于这些金属能进入作为饮用水的地表水、江河、湖泊和溪流，通过食物链，最后为人体吸收，造成对人体健康的危害。例如，镉并不是人类生命中必需的物质。它在人体中聚集，首先沉积于肾脏，胃肠消化道对镉的吸收率大约是 10%。当肾脏中的镉含量达 200 μg/L 时就达到临界极限，会引起肾脏损伤和骨骼脱钙，以及钙和磷的交换障碍。在另一种情况下，这种障碍可能会导致增进铅累积的作用。镉的含量增高后还有致畸作用。特别是随着酸度的提高，镉的释出会进一步增多。由于人类食物中镉的正常浓度已经接近于容许的日常摄入量，故应该尽可能降低吸入空气中的镉含量，以免增加镉的污染。

7. 协同效应

近年来，城市呼吸道疾病、呼吸道癌症（肺癌、喉癌等）、心血管疾病和消化系统、神经系统、泌尿系统，以及内分泌系统、骨骼系统等各种疾病正在急剧上升。这些疾病直接或间接地与空气污染有关。

汽车排放出大量有毒气体和颗粒物，这些排放物共同对人体的脏器产生危害。同时，扩散物质无论是在性质上还是在数量上都是在不断变化的。空气中有害物质的影响，有的是协同作用，有的是阻抗作用，不仅千变万化，作用的方式也互不相同。从动态和静态的观点来看，每一种参与作用的成分，不论是物理性质还是化学性质，都可以影响它们对人体脏器所造成的毒性的变化方式和变化程度。因此，应该考虑到两种或多种不同的气体有害物质与人体脏器的其他化学物质之间的联合作用。例如，水中的污染物和食品中的污染物及药品等。如果不考虑化学亲和力的存在，只做一次简单的概括论述也是不行的。因为，有些物质虽然在化学亲和力方面非常接近，但在生物作用效应上却可能存在着截然不同的差异。只要了解每一种有害物质的这种生化机理，就可以从理论上推导出可能产生的联合作用的方式（如 O_3 和 NO_2 对不饱和脂肪酸的氧化作用，以及 SO_2 和 O_3 对乙酸胆碱酯酶的抑制作用）。根据志愿受试人员所做的试验，当受试人接触最大允许扩散浓度的 NO_2、O_3 及 SO_2 时，由于人体中的乙酸胆碱酯酶敏感，会导致肺功能的紊乱。一种强烈性的活性物质，可以使一种或多种有害物质的作用成倍提高、减弱或相互抵消。目前，从动物和人体试验所取得的有关资料尚不够充分，但是，经过流行病学研究，证实了这种协同作用的结果。

8. 对植物的危害

无论是一次污染物还是二次污染物，对植物危害极大，对绿化植物、观赏植物、蔬菜、农作物有很大影响。

大气中污染物的浓度，超过植物能够承受的限度，将会对植物构成伤害。空气中的污染物，通过植物叶片表面的气孔进入植物体内，使植物的细胞和组织器官受到伤害，生理功能和生长发育过程受阻，物质产量下降，产品品质变坏。还可能导致植物群落系统的组成发生改变，某些物种将会消失，生态平衡将会遭到破坏。

同人类和动物相比，植物更容易遭受大气污染物的伤害。这主要是因为每一棵植物植株在生长季节里，长出大量的叶片，植物通过叶片表面的气孔，同空气接触并进行活跃的气体交换，大量的污染物进入植物体内，构成伤害。植物不像高等动物那样具有循环系统，因此对外界的影响没有缓冲能力。此外，由于植物一般固定在一个地方，不能主动避开污染物的伤害。

植物受害症状通常分急性、慢性和隐性 3 种。有害气体浓度较高时，植物叶片甚至在花朵果实和枝梢上突然出现大量伤斑等急性症状；有害气体浓度较低时，叶片组织出现黄色或其他色素症状,并出现落叶增多的情况。隐性危害是植物叶片上不呈现被害症状,但由于生理、生化方面受到影响而发育不良,以致造成不同程度的减产或抵抗力削弱、易受病虫害侵袭等状况。

6.4 城市交通的噪声与振动污染及危害

噪声属于物理污染。一般认为,凡是不需要的、使人厌恶并对人类生活和生产有妨碍的声音都是噪声。由于噪声属于感觉污染,所以它不同于其他有害物质引起的污染损害。首先,它没有污染物,噪声在空中传播时并未给周围环境留下某种有害物质;其次,噪声对环境的影响不累积,传播的距离也有限;最后,噪声声源分散,而且一旦声源停止发声,噪声也就消失了。

城市交通噪声污染包括机动车噪声和道路噪声。机动车车辆噪声一般为中等强度的噪声,为 60~90 dB,如公共汽车的噪声为 80 dB 左右,摩托车的噪声比一般汽车高 10 dB 左右。近年出现的汽车驻车用防盗器的误鸣引起的扰民事件,也属于汽车的噪声危害。由于机动车噪声为移动性噪声,故具有影响范围大、干扰时间长、受害人员多的特点。

6.4.1 城市交通的噪声污染来源

1. 机动车噪声

1) 发动机噪声

在汽车噪声中,发动机噪声是主要声源之一,它对整车噪声级有决定性影响。发动机噪声分类如图 6-2 所示。

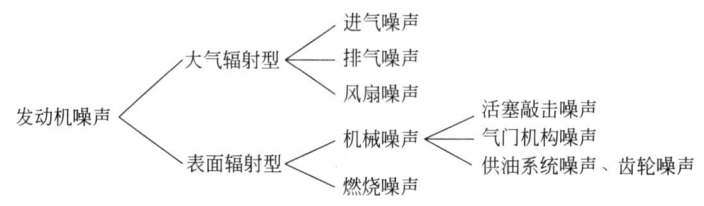

图 6-2 发动机噪声分类

汽车发动机的噪声源按噪声辐射方式可分为直接向大气辐射的和通过发动机表面辐射的两大类,即大气辐射型和表面辐射型。

直接向大气辐射的噪声源包括进气噪声、排气噪声和风扇噪声,它们是由于气流扰动而产生的空气动力噪声。

发动机内部结构的机械振动而产生的噪声,是通过发动机表面及发动机外表面刚性连接的零部件的振动向大气辐射的,因此称作表面辐射型噪声。表面辐射型噪声,按其产生机理,又可分为燃烧噪声和机械噪声。

(1) 进气噪声。进气噪声是汽车发动机的主要空气动力噪声源之一,是由进气气门的周期开、闭而产生的压力起伏变化所形成的。进气噪声的大小,与发动机进气方式、进气门结构、缸径、凸轮型线等设计因素有关。对于同一台发动机来说，转速影响最大，当转速增加一倍时，进气噪声可增加 10～13 dB（A）。

（2）排气噪声。排气噪声是汽车及其发动机最主要的噪声源，它的噪声往往比发动机整机噪声高 10～15 dB（A）。对于汽车发动机来说，安装排气消声器是降低汽车排气噪声最有效、最常用的措施。

（3）风扇噪声。由于车辆装设车内空调系统和排气净化装置等原因，使发动机内罩温度上升，风扇负荷加大，噪声变得更加严重，风扇噪声主要是空气动力噪声，它由旋转噪声和涡流噪声所组成。风扇的旋转噪声是由于风扇旋转时叶片切割空气，引起空气振动而产生的；风扇的涡流噪声是由于风扇旋转时叶片周围产生的空气涡流而造成的。

（4）活塞敲击噪声。由于活塞与汽缸之间存在间隙，作用在活塞上的气体压力、惯性力和摩擦力的周期性方向的变化，使作用于活塞的侧面推动，在上、下点处反复改变方向，造成活塞冲击汽缸套，从而产生活塞对汽缸壁的敲击噪声。尤其是在冷车启动时，由于活塞与汽缸壁间的间隙较大，活塞敲击噪声很容易听到。活塞敲击噪声随着发动机转速的提高而急剧增加。

（5）气门机构噪声。气门机构噪声是发动机主要机械噪声源之一。试验证明，低转速时气门机构的噪声是由于气门开启和关闭时撞击造成的；高转速时气门机构噪声的增加，是由于气门的无规则运动造成的。

（6）供油系统噪声。发动机供油系统噪声，主要指柴油机的喷油系统噪声，它主要由喷油器和喷油泵产生，燃烧喷射时的高速空气动力噪声和喷杆、泵体的振动是喷油系统噪声产生的主要原因。

（7）齿轮噪声。齿轮传动的特点是轮齿相互交替啮合，在啮合处既有滚动又有滑动，于是，在工作中不可避免地要产生齿与齿之间的撞击和摩擦，从而使齿轮产生振动而发出噪声，这种噪声一般随着转速的增加而增加。

（8）燃烧噪声。汽油机的正常燃烧过程噪声在发动机噪声中占次要的地位。但是，对爆震和表面点火等不正常燃烧时所产生的噪声，却必须给予重视。对于正常使用的发动机，只要汽油牌号选用合适，点火提前角适当，爆震噪声是可以避免的。对于压缩比高的汽油，由于积炭多，产生过热，引起表面点火，从而导致缸内压力剧增，这样就会产生频率为 500～2 000 Hz 的噪声。它是由于缸内压力剧增而诱发曲轴振动所造成的，对于这种现象，只要清除燃烧室积炭即可消除。

2）轮胎噪声

轮胎噪声可分为由轮胎直接辐射的噪声和由轮胎激振车体而产生的间接噪声，即路面噪声。轮胎直接辐射的噪声，按其产生的机理主要包括轮胎胎面花纹噪声和弹动振动噪声。此外，还有当紧急制动和急转弯时，在路面作用下而产生有自激振动噪声，这种噪声频率多在 500～1 000 Hz 范围，以及轮胎高速旋转而产生的气流摩擦噪声等。

对轮胎噪声影响较大的因素，除胎面花纹外，还有载重量、轮胎气压和速度。试验表明，当车速在 19.4 m/s（70 km/h）以上时，汽车噪声与轮胎噪声相比，最多可高 6 dB（A），轮胎噪声已变为汽车的主要噪声源。影响轮胎噪声的因素较多，除上述因素外，还有路面状况、车辆装配情况、轮胎宽度、轮胎数量等。据统计，轮胎噪声已占全部交通噪声的 70%～75%。

3）制动噪声

制动噪声之所以被人们重视，主要因为它有损于舒适性，给驾驶员造成不必要的危害，而且，噪声较大时，会给道路周围的人，造成不良的影响。

一般认为，在制动时，制动鼓和制动蹄摩擦片发生摩擦，产生摩擦振动，同时激发固有频率较高的制动器各部件共振，而产生噪声。

2. 道路交通噪声

道路交通噪声是指由各种机动车辆所产生的道路整体噪声。道路交通噪声是一种非稳态的、起伏很大的随机噪声，它可以从夜间最安静时刻的 20 dB（A）到白天交通量最大时的 100 dB（A），即使在白天，也会有 30～40 dB（A）的变化。

1）车流量与城市道路交通噪声的关系

在道路、环境状况及行驶条件相近的情况下，道路交通噪声的中值声级 L_{50} dB（A）与汽车流量 N（辆/h）的对数成正比，可用以下经验公式测算。

$$L_{50} = B\lg N + C$$

式中：N——汽车流量，辆/h；

B、C——道路、环境所确定的常数。

当车的流量很大时，道路交通噪声级的中间值 SL(A) 也可以用下面的经验公式近似求得。

$$SL(A) = 10\lg N - 10\lg I + 30\lg V - 8$$

式中：I——从车流到侧面测量点的距离，km；

V——车速，km/h。

2）路面状况与城市道路交通噪声的关系

路面的影响主要有道路的坡度和路面的光滑度两方面。

路面坡度对载重汽车影响较大，因为上坡时功率要增加很多。一般来说，坡度在 2% 以内时，上坡噪声不增加，坡度在 3%～4% 时，上坡噪声增加 2 dB（A），坡度在 5%～6% 时，上坡噪声增加 3dB（A），坡度在 7% 以上，上坡噪声增加 5dB（A）；如果以光滑的沥青路或水泥路为基础，比较粗糙的沥青路或水泥路噪声要高 5 dB（A），非常粗糙的沥青路（坑洼在 1 cm 以上），或有缝的水泥路，噪声要高出 10 dB（A）。

除了以上影响道路交通噪声的因素外，与国外相比，我国城市道路交通秩序混乱，过多使用汽车喇叭，使平均声级增加 7～10 dB（A），使声级峰值增加 10 dB（A）以上；另外一个原因是车况较差，车辆年久失修也会增加噪声，而交叉路口多也是一个原因，因为在交叉路口，机动车往往需要刹车和启动。

6.4.2 城市交通噪声的危害

交通噪声同其他噪声一样对人类和环境的危害是严重的，它广泛地影响着人类的各种活动，使人产生不愉快情绪，睡眠受到干扰，工作受到妨碍，甚至引起生理机能的变化和听力的损害，等等。

1. 对心理的影响

噪声使人烦躁、激动、发怒，甚至失去理智，是噪声对人的心理影响的几个主要表现。

容易使人产生不愉快情绪的噪声级因时间、地区和人的心理因素而异。50%的人诉说情绪受害的噪声级，白天在室外的大致范围是住宅区为 50 dB（A），商业区为 55~59 dB（A），学校为 50~54 dB（A），医院为 45~49 dB（A）。此外，高音较多、强度大、频率结构不断发生变化的噪声场合，也容易使人产生不愉快感。

2. 对工作的影响

噪声容易使人疲劳，影响人的思维活动和精力集中，对工作有严重妨碍，有人认为噪声级超过 90 dB（A），工作出现差错的频率显著增加；噪声对正常谈话和通信质量也有明显的影响，如表 6-8 所示。

表 6-8 噪声对正常谈话和通信质量的影响

噪声级/dB（A）	主观反映	保证正常谈话距离/m	通信质量
45	安静	10	很好
55	稍吵	3.5	好
65	吵	1.2	较困难
75	很吵	0.3	困难
85	大吵	0.1	不能

3. 对睡眠的影响

噪声对睡眠的影响是毋庸置疑的，老人和病人更容易受到干扰。一般来说，20~25 dB（A）为无声场合；30 dB（A）时，对人的睡眠尚无影响；35 dB（A）的连续噪声，使人入睡时间延长 20%左右，醒来时间要提前 10%；40 dB（A）的连续噪声可使 10%的人夜间多梦，熟睡时间大大缩短；70 dB（A）连续噪声，干扰睡眠的影响范围扩大到 50%。突然的噪声对睡眠的影响更明显，40 dB（A）时可使 10%的人惊醒；60 dB（A）时可使 70%的人惊醒。

4. 对人体生理的影响

调查发现，大量心脏病和溃疡病的发展和恶化与噪声有着密切的联系。实验证明，50~70 dB（A）的噪声会引起交感神经的紧张反应和内分泌系统的失调，因而导致心率加快、血压升高和消化系统机能变坏。长期在 80 dB（A）噪声中工作的人们的胃功能只是正常人的 70%，易患胃溃疡等肠胃疾病。

此外，噪声还会引起失眠、疲劳、头晕、头痛、恶心、呕吐、记忆力减退等症状，尤其严重影响着少年儿童身心健康和智力发展，甚至对胎儿也会造成发育不良和早产等有害影响。当噪声超过 140 dB（A）时，还会引起视觉模糊、血压波动、全身血管收缩、说话能力失常等严重疾病。

5. 对听力的影响

噪声会造成重听和耳聋，这是众所周知的事实。根据国际标准化组织（ISO）的标准，500 Hz、1 000 Hz 和 2 000 Hz 3 个频率的平均听力损失超过 25 dB（A）的称为噪声性耳聋。此时，进行正常交谈，句子的可懂度下降 13%，句子加单音词的混合可懂度降低 38%。大量调查研究表明，耳聋发病率随噪声级的增加而上升，在 80 dB（A）以下，能保证长期工作不致耳聋；在 85 dB（A）的环境下工作 40 年，有 10% 的人听力受损；在 90 dB（A）的环境下工作，有 21% 的人可能产生噪声性耳聋；100 dB（A）的环境下工作，耳聋病人高达 41%。

6. 对环境的影响

噪声对自然界的生物也有影响，如强噪声会使鸟类羽毛脱落，不产卵，甚至出现内出血和死亡。150 dB 以上的高能量的脉冲声波对物质结构有较大的破坏力，它可使建筑物因出现裂缝而损坏，使金属及发声体本身出现疲劳破坏，甚至因噪声造成的飞机、导弹失事现象也有发生。

6.4.3 交通振动来源及其危害

1. 交通振动的产生

噪声来源于振动。汽车在行驶中发生的噪声，是其振动源发生的振动所造成的。振动多半是由于周期性的力所引起。这种振动称为强制振动，而它的能量被保存下来，即形成扰动力。振动的频率范围很广，小到几分之一赫兹，大到 5 000～8 000 Hz。

振动与噪声相似，可用分贝值估计它的大小。振动速度级表征所产生的噪声声压级，这两者的关系是振动速度级降低若干分贝，噪声声压级同样也降低若干分贝。因此，在已知振动的表面、振动速度之后，即可明确该振动产生的噪声声压级。

公害振动是有害振动的总称，公害振动的特征为：

① 具有主观性；
② 以心理和感觉的影响为主，物体本身受害很少；
③ 属于局部和多发性的；
④ 无二次公害，即无任何残余处理物。

2. 交通振动的危害

振动对于人体的影响，根据振动作用性质不同可以分为以下 3 种：

（1）人体沉浸在振动的介质中；
（2）从支持人体的物体表面向人体传递振动，即全身振动；
（3）振动作用于人体局部，如手和足为局部振动。

对于人体影响最大的是全身振动。振动影响的时间越长，人体的生理变化也就越大。

按照振动频率的高低可以将振动分为 3 种：低频振动（30 Hz 以下）；中频振动（30～100 Hz）；高频振动（100 Hz 以上）。低频振动视频率、振幅和振动影响持续时间不同，可能引起头晕，反冲力猛烈的振动，会使手、肘、肩的骨关节发生变化；中频振动能引起骨关节变化、振幅病和血管痉挛；高频振动也能造成振动病和血管痉挛。对于人体最为有害的，是振动频率与人体某些部分的固有频率（共振频率）相吻合的那些振动。对于整个人体，在频率为 6 Hz 时发生共振；对于内脏，在频率为 8 Hz 时发生共振；对于头部，在频率为 25 Hz 时发生共振；对于中枢神经系统，在频率为 250 Hz 时发生共振；对于肩部和足部，在频率为 4～8 Hz 时发生共振。

振动对于人体的影响，主要决定于振动速度或振动加速度。对于不满 10 Hz 频率的振动，对人体影响的性质，决定于工作位置的加速度；而对于超过 10 Hz 的频率，则决定于振动速度。

振动影响的时间越长，振动病发展得越严重。振动病可以分为三期，只有第一、第二期易于治愈。因此，必须及时查明振动病的起因，并采取措施，脱离引起振动的环境。

振动病的第一期症状是头痛、振动敏感阈下降、失眠、疲乏无力和易于发怒。随着振动病的发展而患头昏、极易疲劳、全身无力和食欲减退。在振动病的第二期，第一期所有症状逐渐加重，在局部振动的影响下，还附带有手关节和前臂疼痛，手部无力，对于冷的敏感度提高，手部开始麻木、发青或发白。

周围环境温度低，肌肉紧张，身体位置不当，有强烈噪声等因素，都会促进振动引发疾病的发展。对于交通机构的乘务员来说，职业性的全身振动障碍是常见的。

振动，作为物理现象，振动系统由振源传到地面，引起地面振动。从车辆类型来看，把由摩托车行驶所引起的住宅振动的加速度作为100，则市内电车为110，轻型四轮车为142，小型轿车为149，公共汽车为202，大型载重车为170。作为振源之一的交通振动，不仅限于主要干道，也开始波及一般居民区的道路。大型载重汽车甚至在夜间也高速奔驰，因此受振动伤害的范围正在扩大。

近年来，随着城市面积的扩大和社会节奏的不断加快，地铁运行对周围环境的振动影响问题也越来越严重。国际上早已把振动列为一大环境公害，国内外学者已着手研究地铁振动产生的原因、传播规律、对周围环境及人体的危害和控制方法。地铁隧道振动的传播与振动频率等动力特性以及土层分布、土质、地下水、障碍物等有关，并且由于各地域土层分布差别较大，地铁振动引起的动力响应及波的传播特性不尽相同，因此地铁运行引起的振动及其传播规律较为复杂且具有地域性。对某城市地铁车辆段附近进行的现场测试结果表明，当地铁列车以 15～20 km/h 速度通过时，地铁正上方居民住宅的振动高达 85 dB，如果地铁速度达到正常运行时的 40 km/h，甚至最高时的 70 km/h 时，其振级应该还要大得多，地铁列车运行引起的振动已不同程度地影响了建筑物的安全和居民的日常生活。

习　题

1. 简述环境管理的概念及包含的内容。
2. 环境管理的技术支持与保证有哪些方面？
3. 机动车排气污染物的计量单位有哪些？其浓度与质量单位如何进行换算？
4. CO 和 NO_2 的危害是什么？
5. 机动车的噪声来源有哪几个方面？
6. 交通噪声的危害体现在哪些方面？

第 7 章 各种交通方式的环境污染及防治措施

【本章内容概要】

本章介绍构成交通运输系统的铁路、水路、公路、民航、管道 5 种交通方式分别对大气、水资源、土地资源的影响,以及产生的噪声、固体废弃物对环境的影响,同时给出常用的防治措施。

【本章学习重点与难点】

学习重点:掌握铁路固体废弃物的影响;掌握水路对水资源的影响;掌握公路对大气的影响;掌握航空噪声的影响;掌握管道运输中石油类污染的影响。

学习难点:理解铁路固体废弃物的防治措施;理解水路对水资源污染的防治措施;理解公路对大气污染的防治措施;理解航空噪声的防治措施;理解管道运输中石油类污染的防治措施。

7.1 铁路运输造成的环境污染及防治措施

7.1.1 铁路环境概况

2017 年年底中国铁路营业里程达到 12.7 万 km,居世界第二,其中高铁营业里程 2.5 万 km,占世界 66% 以上。2017 年铁路完成旅客周转量 13 456.92 亿人·km,在全社会旅客周转量中所占的比重为 41%,完成货物周转量 26 962.2 亿 t·km,在全社会货物周转量中所占的比重为 14%。

铁路在我国中长途客运中居于骨干地位。在运距 200~<500 km 的客流中,铁路占 56%,比公路的份额高 15%;在运距 500~<1 000 km 的客流中,铁路占 82%,是公路的 10 倍;在运距 1 000~<2 000 km 内的客流中,铁路份额占 72%,是民航的 2.5 倍;在运距 2 000 km 以上的客流中,铁路占 80%,是民航的 4 倍,都居于绝对优势地位。

铁路是各种交通运输方式中,土地占用较少、能源消耗较小,对环境污染较轻的交通运输方式。其对环境的直接影响主要包括空气、水资源、土地资源、固体废弃物、噪声与振动、其他危害 6 个方面。

7.1.2 铁路对大气的污染及防治措施

铁路运输对大气的污染主要包括施工期间的扬尘及运营期间机车排放的烟尘、废气。蒸汽机车因直接燃烧煤炭，且燃烧过程短、燃烧不完全，产生大量的 CO、SO_2、烟尘、苯并芘类有害气体和物质，这种机车已基本淘汰；内燃机车排放有害气体和物质的量要大大低于蒸汽机车，内燃机车在燃烧柴油的过程中，因燃烧不充分也会产生 NO、NO_2、CO、醛类及其他碳氢化合物；电力机车对环境的污染最轻，主要是通过提供电力的发电厂产生的废气对环境间接地污染，截至 2017 年年底我国铁路电气化里程为 8.7 万 km，电气化率为 68.2%。防治铁路运输的大气污染，主要通过内燃机车增设废气净化器、废气混流器稀释法、水洗塔等方式方法降低废气的排放。

7.1.3 铁路对水资源的影响及防治措施

铁路在施工期间，因土石方的开挖与填埋对地下和地表水产生影响；在运营期间，对水资源的污染主要来自铁路工厂排放的工业废水和沿线站段排放的污水，因其含有机氧、有机磷、酚、铅、硫化物、病菌等，对水域和土壤造成污染。

铁路工程对铁路附近区域的地表水水质的影响是比较明显而易于被关注的，地表水水质的问题主要是路面径流和站段污水的水质问题。在铁路工程的施工期，施工队伍的生活污水、施工机械的油料遗弃、施工材料（如沥青）、施工车辆与施工材料的冲洗废水等都会对路面径流、附近河流、水源、农田等水质造成很大影响。在铁路工程的营运期，铁路站段污水、洗车污水，排入农田、河流，造成水环境污染。

铁路工程对地下水水质的影响主要是施工活动，如开挖、爆破、钻孔和挖沟等作业会影响施工区域地下水的质量和数量，改变地下水资源埋藏和运动的条件，破坏正常的自然规律。水文扰动会导致水流与数量的变化，进而影响路边甚至距路较远地区的动、植物。

铁路工程对地表水流的改变主要是铁路工程会造成水流集中于某些点，在许多场合，还会使水流速度加快，从而改变地表水流的自然状态。在特定的区域条件下，这些变化会导致洪水、土壤侵蚀，以及河流淤塞等后果。这些影响常常可能波及那些远离铁路的地区。铺设路面会降低土壤的可渗透性，从而增加地表径流。在有的铁路工程中由于铁路桥梁的修建减小了河床的过水断面，造成桥前局部堵塞，水流速度减慢，泥沙下沉淤积，阻塞河道，从而容易引发洪涝灾害。

铁路工程对地下径流的改变是铁路排水和开挖会降低周围区域的地下水位，而路基和其他结构物则会因限制水流而提高周围区域的地下水位。其结果会造成土壤侵蚀、土壤劣化、植被减少、饮用水和农业用水流失，以及影响鱼类和野生动物的生存。

铁路对水污染的防治体现在施工规划期间注意保护水资源；采用污水处理技术，执行污水排放标准。

(1) 对水源的保护。首先，不得占用城镇居民区的饮用水源，避让距离不得小于 100 m，应绕行、避让饮用水源。其次，对于满足灌溉及养殖水产品用的水库、鱼塘等也要注意避让，须通过设计将路线布设于水体下游，并采用绿化等隔离防护措施保护水质免受污染；最后，对有重要经济、旅游、保健价值的水体如温泉、矿泉、瀑布等，更要注意避让。

(2) 对天然水系的保护。路线设计应注意保护自然水流，尽量不改变水流的方向，不压缩过水断面，更不得堵塞、阻隔水流。设计路线排水系统时，要注意水流方向。站段的生活污水应经化粪池沉淀处理后方可排入纳污水域或农用排灌系统，不得排入饮用及养殖水源保护区。在农、牧、渔业地区的铁路两侧应设边沟，边沟内的水不得排入地表水Ⅰ～Ⅲ类水源地保护区，在城镇附近路段可排入城镇下水道，排入河流的排水口应建有封闭区及沉淀池等处理措施。跨越饮用水源、水产养殖及水生动物保护区水源的桥梁，桥面系统排水应引出该区域，必要时应设置污染过滤、沉淀设施。

7.1.4 铁路对土地资源、自然资源、社会文化环境的影响及防治措施

铁路基础设施占用的土地，主要指线路和站场占用的土地和废弃设施的废弃物占地。铁路基础设施占用耕地较多，在设计中应尽量少占农田，必要时应做以桥代路的方案比选。

对自然资源破坏的防治。例如，砍伐森林、开山放炮、移山填路，破坏了几千年形成的地貌、自然景观和植被分布，影响生物群落的栖息地。在铁路基础设施勘测、设计、施工中，应重视环境地质工作，合理选线，合理利用自然环境；选择正确的施工方法，顺应自然地质环境发展趋势，如利用 GPS 等新技术加强监控预测的准确性。

对社会文化环境的影响及防治。"绿色铁路"要求在铁路勘测设计中减少对铁路沿线的文化、历史古迹、风景名胜和古建筑等的影响，做到认真查明沿线的环境敏感目标，有些敏感环境，如自然保护区的核心区及缓冲区禁止修建任何铁路设施。例如，2006年7月1日正式通车的青藏铁路是世界上海拔最高、线路最长的高原铁路，共设置了33处动物通道，基本可以满足野生动物种群的迁徙、觅食等；对文物保护单位及其保护范围、基本农田保护区、集中居民区及文教区等，在经有关部门审批后或经技术经济比较后可以适当建设铁路设施，需对受影响的敏感环境进行迁建、补偿或防护。

7.1.5 铁路固体废弃物的污染及防治措施

铁路固体废弃物主要指弃用的线路、设备和机车车辆，以及直排式旅客列车的旅客粪便和垃圾。

我国铁路直排式旅客列车在运行途中旅客排放的粪便直接洒落在沿途的线路上及线路两旁，对环境卫生、沿线设备危害较大，特别是易传播各种疾病，对沿线居民、乘客、铁路员工的身体健康有很大影响。大块粪便散落在铁轨下石子上，日晒风吹的同时，被过往车辆的强气流逐渐分散而随风飞扬，造成多种病毒、病菌和人体寄生虫的传播。随着列车运行速度的不断提高，直排粪便将雾化进入空气，危害更加严重。具体对策应像飞机一样集中收集，推广免冲厕所技术，进行沼气化处理，变废为宝。

7.1.6 铁路噪声与振动的污染及防治措施

车站及沿线噪声和振动来自铁路机车车辆运行、调车作业、机械化养路和施工作业，特别是发展重载、高速运输和大型养路和施工机械都会产生较大的噪声和振动，对沿线居民及现场施工人员的健康造成危害。铁道部劳动卫生研究所曾做过蒸汽、内燃、电力机车的噪声对乘务员的听力影响程度的试验，结果表明，其听力损失率分别为 69.8%、50.4%、34.4%。另外，国内外许多医学试验证实，噪声对心血管和神经系统也有不良影响。

防治噪声首先要执行铁路环境噪声标准。《声环境质量标准》（GB 3096—2008）是目前

国内最新的涉及铁路环境噪声限值的国家标准。它的制定通过了大量的社会调查，对居住在铁路两侧的人群进行了噪声反应的主观调查，并以人群的高烦恼阈值作为制定标准的依据。标准制定的出发点是在距离轨道及站场 30 m 的边界处评价和控制铁路噪声的水平，如能达到标准的要求，说明铁路噪声的影响能够被大多数居民接受，不会产生较大的环境干扰。

其次是采用无缝长钢轨、低噪声轨道，从源头治理噪声污染。车轮是一个高度共振的结构，在其每一个共振频率下，车轮都会发生强烈的振动。粗糙度引起车轮在垂直方向振动，其振动频率一般可达 1.5 kHz 以上；而钢轨在长度方向无限延伸，其振动是沿轨道长度方向，以波的形式传播。钢轨在振动的同时，将自身的振动传给轨枕、道床和地面。车轮和钢轨各种形式的振动都将产生在空气中传播的噪声。声能是以柱面或球面的形状传播的，因而噪声的强度就在离轨道每 2 倍的距离便衰减 3~6 dB。减少噪声的措施之一是降低轮和轨的粗糙度，这也是国际铁路联盟（UIC）要在欧洲的货车上推广使用复合材料闸瓦的依据。这种闸瓦不磨损车轮，而铸铁闸瓦可使车轮表面磨损，形成不平顺，通过打磨去除钢轨的不平顺目前已成为通用技术。

此外，还有研制指向性风笛、降低鸣笛分贝，设置声屏障等技术手段防治噪声。

7.1.7 铁路运输对环境造成的其他影响及防治措施

铁路运输对环境造成的其他影响包括铁路运输危险品的车辆出轨或相撞、铁路沿线或道口的人身伤亡事故，以及铁路旅客列车卫生虫害等。旅客列车卫生虫害的防治措施有：采用化学、机械扑杀防治，定期定点消灭害虫。站车场所消毒采用各种方法对茶具、餐具、寝具、站车设施、站车饮用水、车辆消毒。

目前铁路系统提出"四化"：高速化、电气化、运输密集化、机车车辆检修模块化，与环境保护存在一定的联系。铁路高速化产生的噪声干扰较大；铁路电气化产生的电磁干扰，主要是对居民收看电视质量有所影响，但同时也消除了大部分废气排放；铁路运输密集化，随着电子技术的发展，未来同一条线路上列车对数远较现在密集且高速，其产生的噪声干扰将更大；车站卸放的旅客列车垃圾远较目前多，站车垃圾的收集、回收、处置将成为重要问题；机车车辆检修模块化，随着电子技术的发展，实现列车运行全程监控，较小的技术故障在列车运行中即能解决，大大节省列车的途运时间，检修时拆下旧模块，换上新模块，模块集中检修，使检修设施减少并集中，对解决污水处理、废气治理大有好处。

7.2 水路运输造成的环境污染及防治措施

7.2.1 水路运输环境概况

水运资源是一种可以永续利用的运输资源，在现代综合运输体系建设中应该优先发展和利用，这不仅成为世界许多国家运输政策的重要方面，也是实施国家可持续发展战略的重要内容。我国现有沿海和内河港口万吨级及以上泊位 2 366 个，内河航道总里程已经达到 12.7 万 km，总体来说沿海港口发挥的作用大于内河港口发挥的作用。

近年来，水路客运呈下滑的趋势，尽管水运企业采取了一系列措施，但水路客运局面未发生根本改变，2017年完成客运周转量77.66亿人·km，在全社会旅客周转量中占比不到1%；水路货运由远洋运输、近洋运输和内河运输组成，水上货运主要承担外贸进出口货物运输和国内能源（主要是煤炭）、矿建材料、粮食、石油等的运输。近、远洋运输具有其他运输方式不可替代的优势，特别是大宗货物（煤炭、建材等）。2017年完成货物周转量98 611.25 t·km，占全社会货物周转量的一半。

与其他运输方式相比，首先，水路运输的优势在于载重量大，航道通过能力高，技术潜力大（一条装载2.3万t煤炭的货轮，相当于460辆铁路敞车的运输能力）；其次，成本低，燃料省（平均每吨物资运输每公里所消耗的燃料折合标准：煤船舶为2 kg，火车为12 kg，汽车为40 kg，航空为800 kg）；最后，建设成本低，见效快（水运航道建设不需要占用土地，与铁路建设相比，金属消耗量明显减少）。水路运输的缺点在于速度慢、不能实现"门到门"运输。

水路运输的环境影响主要包括空气、水资源、土地、固体废弃物、噪声及其他危害。

7.2.2 水路运输对大气的污染及防治措施

水路运输对大气的污染主要是指船舶排气及粉尘对大气造成的污染。

船舶排气中主要包括氯氟碳、卤素化合物、氧化硫、氧化氮等对大气有污染作用的气体；另外，港口、站场是各种货物集散和装卸、搬运作业的场所，会产生大量的粉尘。散发粉尘较多的货种为煤炭、散粮、散化肥、各种矿石、矿粉。粉尘扩散的影响范围一般较大，对周围环境会产生较大影响，特别是对现场操作人员影响最大，因在操作现场吸入粉尘会在肺内形成胶原纤维而致病。据有关研究资料表明，1 kg石英粉尘可产生2~7 g胶原纤维，1 kg煤尘可产生0~4 g胶原纤维。水路运输对大气的影响来源如图7-1所示。

大气污染物 $\begin{cases}$ 粉尘：固体散货在港口装卸和储存过程中产生的 \\ 易挥发有机化合物：油罐、油轮溢出等 \\ 船舶柴油机排放：NO_x、SO_x、CO_x 和有机化合物（VOC_x）$\end{cases}$

图7-1 水路运输对大气的影响来源

针对港口、码头粉尘污染的防治方法有：湿法防（除）尘，主要是对尘源喷雾洒水或喷洒化学药剂，以增加粉尘颗粒的黏滞性和重量来消除或防止起尘；干法防尘，即将产尘部位尽可能封闭起来，辅以集尘机械装置；其他机械物理方法，如设置防风网、营造防风林带等。

针对挥发性有机化合物的控制措施有：回收法，利用活性炭吸附油气或散货蒸发气体，或者用净凝法液化回收蒸发气体等；抑制法，采用某种装置来抑制蒸发气体的挥发，如浮顶盖法等。

针对船舶废气排放的控制措施有：一是从根本上改善燃料燃烧特性和降低燃油中的含硫量；二是通过对柴油机排气的后处理（催化还原等）以降低废气直接排入大气的浓度的方法。

7.2.3 水路运输对水资源环境的污染及防治措施

在港口建设和运河挖掘期间存在对水系的改变及港口石油污染、事故造成的水污染等问题。港口一般处于工业区附近、海湾、河口等地，因工厂、城市排污及河流携带，加上港口码头油库和输油管线泄漏等一系列原因，是石油污染较为集中的地方。石油污染物一般清除较困难，对海洋环境及以海洋为生产场所的养殖业和渔业等构成较严重的威胁。

水路运输中对水资源环境造成污染的污染物主要来自：船舶运送旅客与货物过程中产生的各种废弃物；港口正常营运产生的各类废水；航道维护产生的疏浚悬浮物等。如图7-2所示。

```
         ┌ 船舶污染 ┬ 船舱油类：舱底水、压舱水、洗舱水、舱底残油
         │         │ 有毒液体物质：散装液体化学品排放的舱底水、压舱水，以及货泵中残留的有毒液体
         │         │ 船舶生活污水
         │         └ 船舶生活垃圾
         │
         │         ┌ 含油污水：来自油码头装卸中的洗罐水、扫线洗水、泵房地面水、油品沉降等
         │         │ 含煤、矿石污水：码头的径流水及冲洗水等
         ┤ 港口污染┤ 集装箱洗箱污染物
         │         │ 含化学品污水
         │         └ 生活污水
         │
         └ 疏浚悬浮物：港口和航线需要定期或不定期的维护性疏浚清淤（例如，天津港是我国最大的人工港，
                     每年有200多万 m³ 的淤泥需清除）。淤泥在清除与处理过程中，由于机械的扰动、洒
                     漏、抛泥等，产生大量疏浚悬浮物，导致附近水域水质浑浊度增加
```

图7-2 水路运输对水资源环境造成污染的污染物分类图

水路运输首先要遵守国际防污公约、国内环保法规。1958年3月联合国海事组织（IMO）在英国伦敦成立，它的宗旨是促进航运安全、保护海洋环境，共制定了20多个国际公约和10多个规则。例如，国际油污损害民事责任公约（CLC69）、国际油污损害赔偿基金公约（FC71）、控制散装有毒液体物质污染规则（MARPOL73/78，附则Ⅱ）。国内环保法规如2000年4月1日实施的《中华人民共和国海洋环境保护法》等。

船舶污染物的排放规定和控制措施有：对含有油污、有毒液体物质的生活污水的排放时间、浓度、区域、距岸距离等方面做了明确要求。例如，生活污水的排放要求是在距最近陆地4海里以外，使用经主管部门认可的设备，经打碎和消毒的生活污水，或者在距最近陆地12海里以外，未经打碎和消毒的生活污水也可排放。排放时，船舶航速≥4 kn(1 kn＝1 n mile/h)，以中等速率排放，排放的污染物不应使周围水中产生可见的漂浮固体物，也不应使水变色。

针对疏浚悬浮物的防治措施有：通过选择合适的设备、精确定位等控制疏浚悬浮物的发生量，增设泥浆旁通装置，控制泥浆浓度，挖泥船到位倾倒等减少疏浚悬浮物的扩散；采用防污膜迫降、凝固剂等促使悬浮物沉降；选择合理的挖泥工艺等方法。

各类污水的处理技术包括：含油污水，采用重力分离法、气浮法、生物法、过滤法、吸附法等处理；生活污水，采用氧化法、CSWA系列处理装置；集装箱洗箱水，采用洗箱污水处理装置；含化学品污水，采用生化反应系统处理；含煤（矿石）污水，采用沉淀法处理等。

7.2.4 水路运输对土地资源的占用

水路运输对土地的占用主要表现为港口码头建设用地，由于港口码头建设地点的特殊性，即多数码头是沿江河、海湾围造而成，实际占用土地较少，按货物吞吐量计算仅为铁路基础设施土地占用的1/4，公路基础设施土地占用的1/5.5。

7.2.5 水路运输的噪声污染与防治

港口、站场等各种货物集散、进行装卸、搬运作业等场所，以及船舶航运产生的噪声分类如图7-3所示。

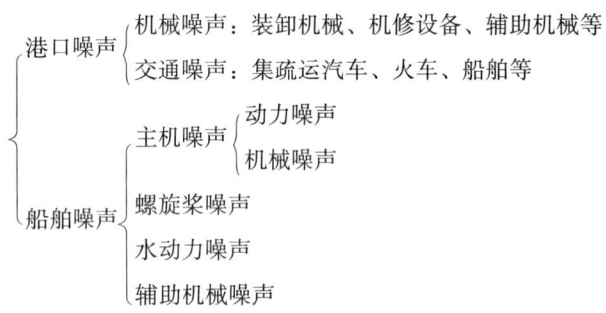

图7-3 水路运输噪声分类图

防治水路运输噪声污染，可采取以下措施。

(1) 噪声源的控制。控制港口和船舶的工作机械噪声及港口运输工具等的噪声，主要有两个途径：一是改进机械结构，提高其部件的加工精度及质量，采用合理的操作；二是利用声波的吸收、反射、干涉等特性采用吸声、隔声、减振、隔振等技术。

(2) 传播途径的控制。对人员集中的办公区或辅助建筑物采取远离噪声源，并种植绿化林带等措施。

(3) 接收者的防护。针对港口工作人员及船员，采用佩戴护耳器，减少在噪声环境下的暴露时间等对策。

7.2.6 水路运输中的其他污染

水路运输中的固体废弃物是指服务中退役的船舶及客运、货运船舶产生的生活垃圾。据统计：每100 t散装货物可以产生20 kg、每位旅客可以产生0.5 kg/天、每位船员可以产生2 kg/天的固体废弃物。

水路运输中经常会发生大宗运输燃料和危险物品泄漏事故、海难等。众所周知，海洋船舶一旦发生海难事故，造成货油、燃油或船载有害有毒物质泄漏，将会给海洋环境带来巨大损害，造成重大经济损失。单从油轮溢油事故来说，从20世纪60年代的超级油轮"托雷·卡尼翁"号事件（Torrey Canyon）(该轮于1967年3月18日在英吉利海峡触礁，溢油11万t)到21世纪初的"威望"号（Prestige）事件（该轮载有7.7万t燃油于2002年11月13日在西班牙西北部海域搁浅沉没，泄漏燃油4万t。生态学家称"这可能是世界上最严重的燃油泄漏事件之一"），其损失触目惊心，造成的生态灾难是难以估量的。

中国是一个航运大国，我国海域的海运量逐年大幅度上升，特别是随着石油、天然气、化学危险品等货物运输量的不断增多，与此密切相关的是在我国水域，船舶泄漏污染事故频频发生，危害也越来越严重。有些事故还产生了较大的社会影响。2003 年 8 月 5 日，总吨位 1.2 万 t 的停泊在上海黄浦江的散货船"长阳"号受到"浙长兴货 0375"轮的撞击，油舱破损，致使 85 t 燃油流入黄浦江。"8·5"溢油事故是上海自 1996 年来最大的溢油损害环境事故。燃油迅速在江面形成了长 200 m、宽 20 m 的油带，随后又扩散到 5 km 范围。而这条"油带"距离为上海提供 80% 饮用水的松浦大桥取水口仅 10 km，事故引起了政府和社会的高度关注。上海市组织了近 2 000 名部队官兵组成清污突击队开展清污行动。除了溢油污染外，在我国沿海和境内还发生过多起重大危险品污染事故。2001 年 4 月 17 日，韩国"大勇"轮在长江口外和香港万吨级货船"大望"轮相撞，"大勇"轮上大量化学品苯乙烯泄漏，造成严重的海洋污染。事故调查表明，在撞船事故中，"大勇"轮装载的 2 000 t 苯乙烯有 701 t 泄漏，从泄漏量上来看，已被证实为有史以来世界上最大的一起海上苯乙烯泄漏事故，尽管做出了及时处理，但泄漏的化学品已经对我国长江口外海域的生态环境造成了破坏，当时报纸称"上海与死神擦肩而过"，其影响可见一斑。

7.3 公路运输造成的环境污染及防治措施

7.3.1 公路环境概况

在人类社会发展历史上，道路运输一直是最基本的运输方式。如今，在汽车制造技术进步、公路基础设施不断改善的情况下，公路运输以其灵活性、运输质量和速度方面的特有优点，已成为区域间的主要运输方式之一。截至 2017 年底，我国 99% 的乡镇通了公路，公路总里程达到 477.35 万 km，其中高速公路里程达到 13.65 万 km，居世界第一位。2017 年公路完成旅客周转量 9 765.18 亿人·km，在全社会旅客周转量中所占的比重接近 30%，完成货物周转量 66 771.52 亿 t·km，在全社会货物周转量中所占的比重达 35%。

随着经济的高速发展，加工工业品和较高附加值产品的运输需求不断增长，对运输质量、速度和灵活性要求的增加，使公路运输的优势得到充分发挥。但是，公路运输也给环境带来了很大的影响。公路运输的环境影响包括空气、水资源、生态、固体废弃物、噪声与振动及其他影响。

7.3.2 公路运输对大气的影响及防治措施

汽车排气的主要成分是氮氧化合物、碳氢化合物、铅、烟尘等有害物质。其中碳氢化合物可分为链烷烃碳氢化合物、烯烃碳氢化合物、芳香族碳氢化合物、醛类等。汽车行驶引起的二次扬尘导致空气中 TSP（固体颗粒物）超标。此外，沥青拌和场的沥青烟和粉尘也造成空气污染。汽车排放的污染物至少占空气中总污染物的 65% 以上，对环境和人类均产生较大危害。在汽车较为集中的地区，如城市、交通干道，由汽车排气造成的污染已成为一个较突出的问题。

针对公路工程施工期空气污染物的控制措施有减少场地扬尘，如公路施工场地由于大量土石方工程及运输车辆，往往尘土飞扬，使沿线地区农业减产，使民众生活环境空气严重污染，一般采用施工场地适时洒水、粉状材料如水泥石灰等罐装或袋装，严禁散落、粉煤灰湿装湿运、运输车加盖篷布。材料堆放场、拌和场应距敏感点≥100 m，尽可能远离果园，并设在当地主风向的下风口处；沥青搅拌应采用封闭式搅拌设备，排放达到《大气污染物综合排放标准》（GB 16297—1996）中的一级标准（沥青烟尘≤150 mg/m^3）。

针对公路运营期空气污染的控制措施包括使用清洁燃料，开发研究替代能源：天然气、液化石油气、电能、醇类、氢气、二甲基醚等；机内净化技术，即改革汽车发动机的构造和性能，提高燃料在内燃机内的燃烧水平，通过控制空燃比，实现机内净化，如调节化油器、使用电子点火装置、燃料直喷技术等；机外净化技术，指利用单独的处理系统，在废气离开发动机后而未排入大气之前去除其中的污染物，如汽油车的热反应器、催化转化器、废气再循环装置、柴油车的微粒捕集器、氧化催化剂、稀燃 NO_x 催化剂等；公路防大气污染绿化，由于树木或森林对颗粒物具有吸附和阻挡作用，因而能使空气中的大部分颗粒物沉降下来，同时树木及一些植物还能与空气中的一些污染物发生一定的反应，使空气得到净化，减轻公路沿线附近地区的空气污染程度；公路隧道通风，因为公路隧道中的污染物不易扩散，浓度高，如果不加控制，对司乘人员、维修管理人员及隧道内的行人都会产生危害，因此，我国《公路隧道通风照明设计规范》中规定了对隧道长度与设计交通量乘积大于等于 6×10^5 m·辆/h 的双向隧道和大于等于 2×10^6 m·辆/h 的单向隧道的设置机械通风的要求。

7.3.3 公路运输对水资源环境的影响及防治措施

公路运输对水资源环境的影响如图 7-4 所示。

{
生活污水：公路服务区、收费站、管理区、车站等以生活污水为主
洗车废水：洗车场的洗车废水所含污染物以泥沙颗粒物、石油类为主；车辆维修站排水以石油类为主
路面径流：公路营运期因降雨形成的路面径流所含污染物与车辆运输及周围环境有关。污染物来源于车辆排气、轮胎磨损、路面磨损、货物散落、大气降尘，主要成分为固体物质、有机物、重金属、无机盐等
}

图 7-4 公路运输对水资源环境的影响图

针对公路运输中的生活污水处理，应根据污水的出路或受纳水体的要求，以及环境特征、经济技术情况等因素，选择不同的方法或处理工艺。

公路运输中大型洗车场废水应循环使用，以减少对水资源环境影响。洗车场废水循环利用流程如图 7-5 所示。

针对汽车维修站及加油站的含油污水，应用隔油池进行处理，采用自然浮上法去除浮油。

一般来说，公路路面径流不会对水体和土壤造成大面积的污染，但当公路距自然保护区、水源保护地、水产养殖区或对水质有特殊要求的水体较近时，应考虑路面径流不能直接排放。可在路边设置沉淀池进行沉淀或利用天然池塘、湿地收集。例如，沪宁高速公路的排水系统由路基排水、路面排水及中央分隔带排水 3 个部分组成的综合排水系统。在设计中，遵循了塘路分家、路田分家的原则，使高速公路排水系统自成体系，最终排入原有水系中的河流、排水渠及取土坑内，但不排入鱼塘内。沪宁高速公路江苏段在设计中也充分考虑了路

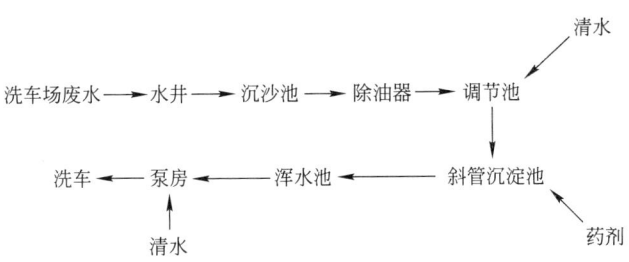

图 7-5 洗车场废水循环利用流程图

堤边坡防护，有效地防止了雨水对路堤的冲刷，既保证了路堤的稳定，又直接减少了公路排水中悬浮物等污染物的含量，特别是边坡的植草还在一定程度上起到了净化公路排水的作用。

7.3.4 公路运输对自然资源的影响

公路运输对生态环境的影响概括起来有两方面：一是公路建设占用、损坏自然资源，从而破坏生态环境；二是公路运输排放污染物污染环境，造成生态环境的破坏。

公路运输对生态环境的影响如图 7-6 所示。

```
           ┌ 自然生态环境影响 ┌ 阻隔效应：公路的分隔将自然生态环境切割成块，即生态环境岛屿化，不利于生物
           │                  │         多样化的保护
           │                  ├ 迫近效应：人类的活动变得可达、易达，而对自然资源和珍稀动物保护构成威胁
           │                  ├ 城镇化效应：公路交通促进人类城镇化，使野生动物活动范围变小
           │                  ├ 小气候效应：沥青及水泥路面热容量小，反射率大，使公路沿线形成"热浪带"
           │                  └ 环境污染效应：废气、噪声、路面雨水径流、危险品运输等，对公路两侧环境
           │                                质量产生影响
           ├ 自然资源影响 ┌ 占用土地：公路永久性占地、取土场占地、临时施工占地
           │              ├ 侵占生物保护区：公路穿越自然保护区
           │              └ 损坏水资源：路堤、切挖山体的路堑等
           └ 土壤侵蚀影响：大面积损坏植被、取土填土、水土流失等
```

图 7-6 公路运输对生态环境的影响图

由于公路运输对生态环境造成影响，针对野生动物的保护措施有设置动物标志、减速行驶、设置灯光反射装置、设置保护栅栏、野生动物通道等。包括下穿式动物通道、上跨式动物通道。

由于公路运输对生态环境造成影响，针对水土保护的措施有路基边坡防护、植物防护、边坡防护网等。植物防护措施如图 7-7 所示。

```
        ┌ 防护栽植：在公路沿线栽植防护林带
植物防护 ┤ 防污栽植：在学校等敏感地栽植防噪防空气污染林带
        └ 护坡栽植：在公路路基、弃土堆等外侧进行边坡绿化，保持水土
```

图 7-7 植物防护措施图

7.3.5 公路运输中的噪声与振动

公路噪声主要来自公路工程施工噪声及机动车辆在道路上行驶辐射的噪声。

噪声自声源到接受者的过程是声源辐射—传播途径—接受者。因此，噪声控制的原则应是，首先降低噪声辐射，其次控制传播途径，最后对接受者进行防护。

施工噪声防治措施：根据《建筑施工场界环境噪声排放标准》（GB 12523—2011）规定，昼间噪声限值为 70 dB（A），夜间噪声限值为 55 dB（A）。为此，采取夜间不进行强噪声作业，与邻近单位协商作业时间，个人戴耳塞、头盔等，距敏感地区作业距离限制等措施，防治公路工程施工噪声。

声源噪声防治措施：采取各种技术手段降低车辆的动力噪声，各国汽车专业人员已做了大量的工作，并已取得一定成果。随着车速的提高，轮胎噪声成为主要噪声，20 世纪 80 年代以来，欧洲德、法等国开展了以降低轮胎噪声为目标的低噪声路面研究，并已取得令人瞩目的进展。例如，多孔隙沥青路面，即在普通密级配的沥青路面上，再辅助升级配多孔隙沥青混合料面层，孔隙率为 20%；水泥混凝土低噪声路面，如提高良好的平整度，纵向条纹代替横向条纹、表面用编织物处理或用水刷洗、加气混凝土上面层、粗糙面层等，主要是降低轮胎噪声的强度和频率。

控制噪声传播途径：在规划方面应注意避让环境噪声敏感点，如学校、医院、住宅区等；在高速公路两侧 150～200 m 范围、普通公路两侧 60～100 m 范围内不宜建设居民区、学校、疗养院等建筑物；设置声屏障或利用原有声障，如土丘、山冈、林地等。对于噪声经过环评之后，采用必要的防噪措施。例如，为了防治贵黄公路交通噪声对贵州工学院图书馆的影响，1991 年交通部设计了中国第一座声屏障，降低噪声 10.5 dB（A），取得了良好的效果。目前，声屏障有砌砖类型、板体类型、轻质复合材料型、生物类型（土堤表面绿化种植）、公路降噪绿化带等多种类型。

接受者防护：对于道路交通噪声，采用接受者个人防护措施是不太可行的，但可对接受者生活、工作的场所，如学校教室、医院病房和居民住宅区建筑物实施降噪措施，这是被动的措施。在农村地区实施降噪措施较困难，耗资也较大。

噪声控制的有关法规：《中华人民共和国环境噪声污染防治法》是实施噪声控制的根本法律，据此我国颁布了一系列噪声标准和噪声控制的规定等，如对车辆噪声实行年检和车辆出场检验。此外，多数城市实行区域禁鸣或夜间禁鸣、禁止卡车进入市区、车辆限速等规定，对降低城市交通噪声有一定的作用。

7.4 航空运输造成的环境污染及防治措施

7.4.1 航空环境概况

我国航空运输从 20 世纪 80 年代开始进入迅速发展时期，以大约相当于 3 倍的世界年均增长率的速度发展。在 1980 年，运输总周转量居世界 35 位、客运总周转量居 33 位；1990 年分别是 18 位、15 位；2000 年分别是 9 位、6 位；2010 年均达到 2 位。2017 年共有颁证民用机场229个，完成旅客周转量9 512.78亿人·km，在全社会旅客周转量中所占的比重是29%，完成货物周转量243.54亿t·km，在全社会货物周转量中所占的比重不足1%。但是，我国航空运输的快速发展也产生了很大的环境问题。针对航空运输造成污染的防治工作主要有声环境、水环境、空气环境的污染防治和固体废弃物的处理。其中声环境污染防治是最主要的。

7.4.2 航空运输对大气的影响及防治措施

航空运输对大气影响的来源如图7-8所示。

$$\left\{\begin{array}{l}\text{建设期}\left\{\begin{array}{l}\text{运输车辆及施工机械：颗粒物、}NO_x\text{、}CO\text{、}HC\\ \text{土石方施工：颗粒物}\\ \text{沥青混凝土路面施工：沥青油烟}\end{array}\right.\\ \text{营运期}\left\{\begin{array}{l}\text{飞机起降、滑行及试车：}NO_x\text{、}CO\text{、}HC\\ \text{锅炉：烟尘、}SO_2\text{、}NO_x\end{array}\right.\end{array}\right.$$

图7-8 航空运输对大气影响的来源图

在施工期对大气污染的防治措施有对土石方施工现场及时洒水，防止扬尘；采用沥青混凝土铺设路面时，其搅拌站应采用全封闭式设备，设置在距居民点≥300 m的下风向处等。

飞机对大气污染的防治措施：飞机对机场周围大气的影响，主要是由地面滑行及低空起飞过程中排出废气造成的。通常，飞机在滑行道上滑行的时间占整个低空起降和滑行时间的60%以上，可以利用汽车将飞机牵引到起飞点和下客区，以减少飞机滑行时间。另外，由于飞机是在高空飞行，它所排放的污染物比地面排放的污染物对大气的影响更为明显，更容易导致温室效应和全球气候的变化。根据国际航空运输协会（IATA）提供的资料，全世界的飞机所产生的二氧化碳占人类燃烧矿物燃料所产生的二氧化碳总量的2.5%，而航空运输所导致的温室效应却占人类全部活动所导致的温室效应的3.5%。飞机排气对环境的影响是由于飞机用的燃料是航空煤油，它所排放的尾气主要包括二氧化碳、氮氧化物、水蒸气、碳氢化合物、一氧化碳、硫氧化物和碳的微小颗粒，这些气体对环境的主要影响是导致大气的温室效应，进而影响全球气候的变化。

为了控制飞机排放污染对环境造成的影响，国际民航组织（ICAO）在20世纪80年代初制定了飞机排放标准。其中关于排气中烟尘数量的标准于1983年生效，关于温室气体的排放标准于1986年生效。在这些排放标准中，主要涉及飞机起飞、着陆、爬升、进场和地面滑行阶段，对于飞机巡航时的排放没做明确规定。这些标准实施之后，飞机排出的一氧化碳和碳氢化合物已经显著降低，但是飞机排出的氮氧化物降低程度却不大。造成这种情况的主要原因是，近年来发动机燃烧室的温度和压力有逐渐提高的趋势，提高发动机的燃烧温度，有助于提高发动机的工作效率，促进燃料完全燃烧，从而降低一氧化碳和碳氢化合物的排放。但同时，由于燃烧温度提高，发动机生成的氮氧化物也增加了。为了降低飞机氮氧化物的排放量，ICAO下属的航空环境保护委员会（CAEP）修改了原先的飞机排放标准，新标准于1996年生效。该标准中对一氧化碳、碳氢化合物和烟尘的排放标准没变，但是把氮氧化物的排放量降低了20%。2004年CAEP决定进一步降低氮氧化物的排放量，把增压比在30以下的发动机的氮氧化物排放量在1996年标准的基础上再降低16.5%。同时，考虑到高增压比发动机虽然会增加氮氧化物的排放,但对于提高发动机的整体效能非常有利,所以允许适当放宽增压比大于30的发动机的氮氧化物排放量。

7.4.3 航空运输对水资源环境的影响及防治措施

航空港站建设会造成的地下水、河道等的改变,并在运营期产生水污染。航空运输对水资源环境影响如图7-9所示。

```
         ┌ 建设期 ┌ 机场土石方及各种结构物:颗粒物(土粒、矿渣等)
         │       ├ 施工机械或运输车辆:石油类
         │       └ 施工人员:生活污水
         │
         └ 营运期 ┌ 站坪、加油库事故溢油:石油类
                 ├ 飞机及机场除冰:有机有毒化合物
                 ├ 飞机修理厂:石油类、重金属类
                 └ 航站、宾馆、生活区:生活污水
```

图7-9 航空运输对水资源环境影响图

针对航空运输对水资源环境造成影响的,在机场设计方面应采取的措施有:由于飞行区雨水包含部分有毒化合物应直接排入纳污水域而不得排入当地排水系统;生活污水纳入当地的排水系统;油库、加油站、飞机修理场应单独设置污水处理系统。

针对航空运输对水资源环境造成影响的,在机场施工期采取的措施:在饮用水源保护区内,不许设置沥青混合料搅拌站;不许堆放有害物质;不许破坏土壤等。

7.4.4 航空运输对土地资源的影响

航空运输对土地资源的影响主要是基础设施用地和废弃设施占地两个方面。

美国芝加哥市的奥黑尔机场所在地原来是一片苹果生产地;圣路易斯机场建在原来的一片大豆生产地上;丹佛国际机场所在地原来每年冬天都会生长出一大片绿油油的麦苗。而且有几个著名的国际机场居然坐落在重要的海岸生态区——海滨湿地上。你可能会认为,随着人口的膨胀、经济和技术的发展,当地球可用的剩余陆地面积越来越少时,人们应当能够设计出效率更高的跑道——更短的跑道和更小的机场来起降更多架次的飞机,然而,事实却并非如此。当设计者和制造者要在老机场上增加新跑道时,他们绝不会设计比原来更短的跑道,而新设计、制造的一些机场,其整个面积会比以前的更大。新建的丹佛国际机场,其面积是纽约市老机场——拉瓜迪亚机场的50倍。越来越大的机场不但占用城市市郊的可利用面积或绿化面积,增加环境负荷,它还将带来一系列其他问题。一些机场在扩建时,将占用数以千计的民房、居民建筑,人口的大量搬迁甚至还将改变城市的居民结构。

7.4.5 航空运输产生的噪声及振动

我国很多机场存在噪声扰民问题,机场周围居民多次上访、告状,提出抗议,并要求搬迁和赔偿。如果该问题一直无法解决,矛盾会不断加剧,甚至有可能影响当地的社会稳定。在2000年,我国飞机噪声污染严重的机场有18个,其中首都机场最为严重,该机场周围群众对飞机噪声污染强烈不满,曾多次有组织地到政府部门上访,并发生围堵政府机关,以致影响正常办公的事件。据估计,首都机场噪声污染治理费用将高达5亿元人民币。

飞机的噪声很强烈，比汽车行驶噪声高许多分贝，例如，1架大型运输机起飞时在航道下方60 m处的最大声级为116 dB（A），相当于4万辆大型卡车以70 km/h速度同时行驶在距测点60 m处产生的噪声；飞机的噪声影响范围更广，高等级公路上汽车噪声污染范围一般为距公路中心线两侧各约150 m的带状区域，干线机场飞机噪声污染范围一般为跑道两侧各700～1 000 m、跑道两端各4 000～8 000 m近似梭子形的区域。

机场在营运期的噪声主要有飞机噪声及汽车噪声，在施工期的噪声主要有施工机械噪声及汽车噪声，其中飞机噪声对机场周围环境影响最大。

飞机在运行时的噪声主要由机体噪声和发动机噪声组成。机体噪声是由于气流流过机翼、尾翼、机身、起落架等引起的气流压力扰动而产生；发动机噪声与发动机的类型有关。飞机的噪声来源如图7-10所示。

$$\begin{cases} 涡轮风扇发动机：风扇、压气机、燃烧、涡轮、喷流等噪声 \\ 涡轮喷气发动机：压气机、燃烧、涡轮、喷流等噪声 \\ 涡轮螺旋桨发动机：螺旋桨、压气机、燃烧室、涡轮、喷流等噪声——螺旋桨为主 \end{cases} \right\} 喷流为主$$

图7-10　飞机的噪声来源

飞机地面试车时，只有发动机噪声；飞机起飞、降落时，既有发动机噪声又有机体噪声。

根据影响对象的不同，飞机噪声可以分为机内噪声和机外噪声。机内噪声不但会影响机内乘客和机组人员的舒适度和身体健康，而且还会对飞机结构产生很强的声载荷。当声载荷的声压级超过130 dB时，就有可能使结构产生疲劳破坏。而且，作用在飞机结构上的声压级越高、时间越长，破坏情况就越严重。机外噪声主要影响机场或飞机航线附近的居民生活。一般来说，机外噪声可以分为低频噪声和高频噪声，高频噪声比低频噪声给人带来的烦恼更大，而喷气飞机所发出的噪声恰恰又大部分是高频噪声。因此，治理飞机的机外噪声污染对于改善机场周围居民的生活质量具有重要意义。除了一般的噪声之外，有时飞机还会产生一种被称为"音爆"的机外噪声污染。音爆产生的主要原因是飞机在超声速飞行时产生了激波，这种波传到地面时仍然具有很大能量，会发出雷鸣般的爆炸声。音爆持续的时间一般较短，大型超声速飞机约为350 ms，战斗机一般在100 ms左右。如果音爆传到室内，由于多次反射会形成共鸣，持续时间较长。有些高强度的音爆甚至会震碎建筑物的玻璃，给地面造成更大的危害。

针对航空噪声污染要从飞机、飞机飞行、机场工程、土地使用规划、行政管理等5个方面进行防治。

针对航空噪声在飞机方面的措施：降低和限制飞机本身的噪声，是防治航空噪声污染的根本措施。用低噪声飞机取代高噪声飞机，限制新生产飞机的噪声和禁止噪声过大的飞机进入机场。为了降低喷气式飞机的机内噪声，必须降低其发动机噪声和机体噪声；对于螺旋桨飞机和直升机来说，除了降低上述两种噪声外，还要降低螺旋桨的噪声。

针对航空噪声在飞机飞行方面的措施：飞机起飞和着陆地点避开敏感区；合理安排飞行活动，如夜间、中午尽量不起落；限制飞机起降架次、提高飞机上升率或减小油门，如以较高的高度飞越噪声敏感区，或以较小的油门飞过噪声敏感区等。目前，为减轻噪声污染，现代新型发动机的噪声水平已有所降低；在飞行方面也采取了下降坡度较陡的进近程序；不允许飞机在夜间起落、试车等。

针对航空噪声在机场工程方面的措施：改变跑道方向或移动跑道位置；改变机场位置；

机坪的位置和朝向尽量避开噪声敏感区或设置消声设施；植树造林、设置隔声带或搬迁等。

针对航空噪声在土地使用规划方面的措施：做好机场周围土地使用规划，选择机场场址也力求避开人口众多的城镇，严格控制机场周围新建的各种建筑物，使得机场和周围城镇建设能够长期协调发展。

针对航空噪声在行政管理方面的措施：成立管理机构，立法和监督执行。例如，中国国家环保局于1988年8月颁布了《机场周围环境噪声标准及测量方法》，对机场噪声影响提出了严格要求。在新建机场的选址工作中，必须进行环境评价，重点对所选场址的噪声影响做出分析，提出措施，报送主管部门审查、批准后方能定址。1996年10月颁布的《中华人民共和国环境噪声防治法》。1998年11月国家环保局颁布的《机场周围飞机噪声环境标准》等。国际民航组织在民航公约附件16中做出《航空器噪声》的若干具体规定，这是目前国际上通用的规定。但由于各国航空业发展的水平不一，这一规定未能在所有国家得到执行。随着航空技术的发展，关于噪声限制的标准将不断提高。

另外，飞机噪声还可能引起飞机结构的疲劳，影响飞机机载仪表设备的正常工作，许多国家都制定了限制飞机噪声的规定。

7.5 管道运输造成的环境污染及防治措施

管道运输在输送流体物质方面具有悠久的历史。古罗马的水管道和中国东汉时期四川自贡一带利用打通的竹子输送天然气和卤水熬盐的事实可以说明这一点。现代管道运输主要是指输送原油、成品油和天然气的长距离输送。

7.5.1 管道运输的优势

(1) 投资少。管道运输投资比较少，在地区类别相同时，每千米造价仅为铁路的1/4。例如，我国2002年"西气东输"工程中，1 200 mm管径的管道，每千米造价为1 000万元左右，而在平原地区建造一条单边两车道半的高速公路的造价已达4 000多万元。

(2) 施工周期短。管道运输工程的施工周期比较短，约为铁路的1/4，甚至更短，管道可以翻山越岭，而不像铁路、公路那样受坡度的限制。

(3) 占用土地少。管道运输除每隔30~50 km需要占少量土地建设泵站外，线路不永久占地，管道下沟、覆土、恢复地貌后，沿线可以继续耕种。

(4) 安全度高。对于多品种的易燃、易爆和易挥发的成品油和天然气来说，管道比其他运输方式更安全。

(5) 运输环节少、成本低。其他运输方式的运输环节多，在运输过程中，必然发生仓储、集散、分配、损耗等环节费用，从国际范围来看，管道运输成本仅为铁路运输费用的1/4~1/3。

此外，管道运输能保证货流的高密度，提高通过能力和劳动生产率。管道运输省去了装卸工作，无须转运，没有空载行程，不要包装，能显著减少所运货物的损耗。

近年来，管道运输的应用范围在迅速扩大，除输油、气外，还出现了输送固体材料（主要是煤和精矿石）、化学制品，以及其他介质的管道运输。

"十五"期间,我国重视增加天然气的消费,改变以煤为主的能源消费结构,改善大气环境,促使管道运输的建设工作有了一个新的发展和提高。大量的管道运输系统需要建设,尤其是天然气输送干线和成品油输送干线。例如,"西气东输"工程,是中国管道运输历史上一个宏伟的计划,成为中国政府推动西部开发、改善国家能源和产业结构、保护环境的一个战略性举措。从新疆到上海,横贯中国长达 4 200 km 的工程,把新疆的资源优势变成经济优势,大大促进新疆和沿线地区的经济发展,增加了当地的财政收入和就业机会,具有巨大的社会效益和经济效益。

7.5.2 管道运输对环境的影响

管道运输对环境的污染很小,主要污染来源于泵站、中转场站及管道的泄漏污染,以及设备生产厂的"三废"排放对环境的影响。特别是管道的老化、锈蚀、突发性自然灾害及人为破坏等,都会造成管道破裂乃至泄漏,如不及时发现,不仅造成能源浪费、经济损失、污染环境,而且会危及人身安全,甚至造成灾难事故。

1. 油气泄漏

油气管道运输中,可能发生的事故主要有油气泄漏事故、毒物扩散事故、火灾爆炸事故三类。

(1) 油气泄漏事故。油气泄漏事故是因外部因素影响、设备质量缺陷或故障及人为的不安全行为等原因,造成管道、泵、阀门、法兰等附属设备破损、泄漏或直接跑油事故,导致油料损失,污染环境。

原油泄漏包括外管线泄漏和站内泄漏两种。在管道的运营期间,油气长输管道对安全和环境影响最严重的事故是管道断裂所引起的油气泄漏,主要的风险来自两个方面:自然灾害和人为因素。自然灾害的破坏虽然比例不高(5.78%),但危害程度极大。例如,1984 年秋季山洪暴发冲断铁岭—秦皇岛输油管道,跑漏原油 1 470 t,顺水漂流 12 km,造成水环境的严重污染;1989 年夏季,东营—黄岛输油管道终端站油库因雷击起火爆炸,原油燃烧形成的浓烟使下风向数公里之外均受到严重影响,泄漏原油顺山体流入胶州湾,局部海水受到污染。在人为因素中,他人损坏造成的事故比例最高(77.9%),如偷盗分子在管道上钻孔偷油,盗窃管道附属设施的部件等。因偷盗发生的泄漏对周围的土壤理化性质、地面水和地下水、大气和生态环境都造成一定影响。随着油价的不断攀升,部分不法分子在管线上打孔盗油是造成管道泄漏的主要原因。据统计,2002 年仅山东潍坊输油处所属管线发生打孔盗油 320 余次。仅东临复线博兴境内发生的一起因不法分子打孔盗油而引发的跑油事故,就造成原油泄漏数百吨,污染农田数十亩。这些事故除损失大量原油外,同时还造成了严重的环境污染,使企业蒙受重大经济损失。

对于原油泄漏事故的控制与检测,主要是采取各种措施提高输油管道工作的可靠性,减少事故发生,而一旦发生泄漏就要尽早发现,尽快检测到,并迅速确定出事地点,及时采取措施限制泄漏扩大和减少损失。传统的泄漏检测方法是巡线工沿管线行走来查看管道是否有渗漏。目前,我国管道的检漏大部分还停留在这种落后的巡线方法上。近年来,国内外管道泄漏检测技术得到了长足发展,如红外温度记录器、土壤穿透雷达,以及利用声音检测器和生产与环境压力波检测器等比较直观的检测手段正在得到越来越广泛的应用。发达国家采用计算机对运行参数进行分析,利用监控和数据采集技术,根据管线工况的变化,编制软件,根据不同的数学模型，由参数的变化率来判断管线是否有泄漏。由于我国泄漏检测手段不完善，因此在日常管道运行中，还应把加强管道管理和推广高新技术相结合，加强操作人员的责任心，严格按规程操作。同时，要加强管道保护工作，提高保护率，经常性地做好防腐绝缘层绝缘性能的检测。加大巡线力度，及时发现并制止在管线上非法取土、施工等行为。加大管道保护的宣传力度，对不法分子打孔盗油行为进行严厉打击，这样才能较好地控制住管线泄漏事故的上升趋势。

（2）毒物扩散事故。通常来说，油气易蒸发、易流淌，且有毒。油气泄漏后，将会在大气、水或地面扩散，造成人员中毒和环境污染。

（3）火灾爆炸事故。油气泄漏后与空气混合，当浓度处于燃烧或爆炸极限范围内时，若遇到超过最小点燃能量的着火源，便会发生燃烧或爆炸，造成人员伤亡和财产损失。

油气泄漏是毒物扩散、火灾爆炸事故发生的前提，据欧洲输气管道事故数据组织提供的数据，1988—1992年，油气泄漏事故率为 $0.00038/(km \cdot 年)$。

油气管道泄漏后，有毒蒸气或气体进入大气，造成大气污染；液体油品流入水中，将造成水污染，影响水质，对水生动物、植物的生长产生不良影响；液体油品流淌到土地，特别是农田，将造成土地污染。另外，油气燃烧时的烟尘也会污染环境。

2. 油气蒸发

原油尤其是进口原油具有易蒸发的特性，油气蒸发不但会引发火灾及爆炸事故，还会污染环境。在石油储运过程中，油气蒸发主要发生在储油罐收发油作业中的呼吸损耗。长距离输油企业一般采用浮顶油罐和固定顶油罐，相比较而言，浮顶油罐由于几乎全部消灭了自由蒸发的油气空间，大大减少了油品的蒸发损耗，而广泛应用于首末站大型储油罐（一般罐间距离大于 $104 m$），中间站缓冲油罐则多为固定顶油罐（一般罐间距离小于 $104 m$）。

减少油气蒸发污染有以下几项措施。

（1）改进固定顶油罐结构。在固定顶油罐内加装一内浮顶盖，可有效减少油气损耗。目前世界各国都在积极采用这一方法，内浮顶盖的制造、安装已实现材料多样、结构轻型、现场装配。改进固定顶油罐的另一方法是采用油气回收系统。采用这两种方法可以减少约90%的蒸发损耗。

（2）控制浮顶油罐环行空间的蒸发损耗。浮顶油罐虽然可以有效减少轻质油品的蒸发损耗，但在收发油作业过程中或遇到有风的情况时会立即破坏静止条件下建立的平衡油气浓度，引起额外的损耗。为减少这类损失，在外浮顶罐使用二次密封，以盖住整个环行空间，可有效减少油气蒸发损耗。

（3）油气回收。油气回收一般有3种处理方式：直接用作燃料；使油蒸气直接返回油罐气相平衡系统；采用回收装置回收油气。随着技术的不断发展，这一方法在长距离输油企业已逐渐得到应用。

3. 烟尘及废气污染

烟尘及废气污染主要是由输油站加热设备，如热煤炉、加热炉、锅炉等在燃烧过程中产生的。烟尘污染是煤、重油等在燃烧过程中产生的烟气、尘粒形成的污染；废气主要包括氮氧化物、硫及碳氧化物等。引起环境污染的氮氧化物（NO_x）主要是一氧化氮（NO）和二氧化氮（NO_2）。硫污染主要是二氧化硫（SO_2）和硫化氢（HS）对大气的污染，其中 SO 在5种主要大气污染物（CO、SO、HC、TSP 和 NO_x）中的含量约占15%，是环境大气监测的主要指标，同时 SO 和 NO_x 同时作用还会形成酸雨。碳氧化物污染主要是指一氧化碳

（CO）对环境的污染。

通过安装除尘设备可以有效控制烟尘排放。除尘器按作用机理可分为机械式、袋式、静电式、声波式等，在选用过程中要结合锅炉的负荷、出口烟尘浓度、出口温度等参数，以获得最佳效果。硫污染可以采用燃料脱硫方式来治理，现在采用较多的脱硫方法是排烟脱硫法。另外，烟尘及废气的控制还可以通过改进燃烧设备结构和燃烧方式来进行。例如，可以采取低氧燃烧法、二级燃烧法、水乳化燃料燃烧法或采用低 NO_x 燃烧器来控制 NO_x 的排放浓度。CO 的防治可以通过加大助燃空气量，使燃料充分燃烧来完成。但这些方法往往会产生矛盾，如采用低氧燃烧可以有效降低 NO_x 浓度，但同时由于燃烧不充分必然会引起烟尘及 CO 浓度的增大，反之亦然。所以，在实际运行过程中，要根据各种锅炉的不同特点采取适当方式以寻找最佳工作点。例如，潍坊输油处寿光站 CE 热煤炉应用变频技术，采取在线自寻最优控制方式，通过自动调节助燃风系统，有效降低 NO_x 浓度，取得了良好效果。

4. 噪声污染

管道运输的噪声污染主要是由电机、输油泵、空压机等机械设备在运行过程中产生的。据有关部门检测，在寿光输油站两台输油泵机组运行过程中，电机房内噪声超过 90 dB，距此约百米处的职工住宅楼受到一定程度的影响。

从总体来看，目前我国长输管道企业噪声的治理工作尚未系统性开展，噪声设备治理率很低，在今后的技术改造中应考虑采取相应的治理措施。

习　　题

1. 铁路噪声及振动对环境的影响及防治措施是什么？
2. 水路运输中发生事故导致石油类污染如何治理？
3. 公路运输中对大气造成污染应如何防范？
4. 航空运输中机场污水如何处理？
5. 管道运输中造成的环境污染是什么？

第8章 城市交通中的环境理论应用

【本章内容概要】

本章运用环境科学中的环境规划、环境监测、环境评价三大理论,解决城市交通问题;介绍城市交通环境规划、城市交通环境监测、城市交通环境评价的内容。

【本章学习重点与难点】

学习重点:掌握交通环境容量、交通环境承载力的概念;掌握交通噪声监测的内容及方法。

学习难点:理解城市交通可持续发展规划的目标体系;理解城市交通环境评价的指标体系、评价程序与方法。

8.1 可持续发展的城市交通规划

为了促进城市交通的可持续发展,需要从源头——规划阶段导入可持续发展的思想,在可持续发展的前提下,使城市交通规划能够通过优化交通结构,实现合理利用有限的空间和环境资源,协调城市交通供需关系,引导交通建设对整个城市经济系统的长远发展产生积极的影响,探索出一条城市交通、经济、环境与资源和谐共存、协调发展的新道路。

8.1.1 传统城市交通规划的局限性

传统的城市交通规划发展模式是以"交通需求增大—交通供给增加—交通需求增大"这种形式表现出来的。这种模式根本无法摆脱"拥挤—缓和—再拥挤"的恶性循环。传统城市交通规划存在以下的局限性。

1. 规划目标单一

传统的城市交通规划满足不断提高的交通需要,是面向交通需求的规划,没有引入交通发展与土地、能源等资源的关系,对交通与环境之间关系的研究也不够。

2. 缺乏能源消耗、环境影响分析的规范化方法

在传统的城市交通规划中,城市交通系统能源消耗的水平及其相应的改进措施、交通污染物的排放量多少、对城市居民生活的影响、如何减少污染物的排放等一系列问题在规划中没有涉及,对能源消耗和环境影响的控制也没有真正列入规划目标体系。

3. 没有真正体现"以人为本"的思想

产生城市交通的根源是人或物的移动,在传统的规划中更注重机动车交通,而忽视从

"以人为本"的观点出发对行人和自行车交通进行研究。

4. 评价指标单一

传统城市交通规划的评价指标体系由技术评价指标和经济评价指标组成,缺乏能源消耗、环境影响等指标的设计,无法对规划方案的社会、环境影响进行评价。

5. 交通信息化反映不够

信息技术对居民的出行目的、出行方式、出行距离与时耗,以及路径选择等特征都会产生明显的影响,出行者在出行前或出行途中,获得实时信息,有助于选择最佳的出行路径和出行方式。随着信息技术不断发展而产生的新的信息采集技术应该体现在城市交通规划中。

6. 缺少对规划实施保障的研究

城市交通规划的实施离不开一定的保障机制,这些保障来自政策法规、资金、管理及技术等多方面,传统的城市交通规划注重研究规划方案,而对规划方案实施的外部环境研究较少。

8.1.2 城市交通可持续发展规划的含义

城市交通可持续发展规划就是从环境保护的角度设计、评价和优选交通规划方案,以实现城市交通系统与城市环境的和谐发展。这就需要将资源优化利用、环境保护等引入城市交通规划过程中,建立以满足交通需求、资源优化利用及改善环境质量为目标,以交通负荷、环境容量及资源消耗为控制指标,符合可持续发展的城市交通规划。它要求规划者从交通规划的最开始就考虑到交通系统对环境的影响,力求将交通系统的发展控制在城市环境容量之内,从而避免交通发展对环境的破坏。

按可持续发展的要求,城市交通应当满足城市系统的交通需求同时又必须符合资源、环境的客观约束,这就要寻求恰当的控制点并以之为依据,进行相应的规划,以实现城市交通发展、需求满足、环境约束之间的协调发展。交通资源与环境约束可以用交通环境容量和交通资源承载力来体现。

1. 交通环境容量

环境容量是指某些环境单元所能容纳污染物的最大负荷量。所以,交通环境容量可以定义为:在人类生存、生态环境和资源利用不至于受损害的前提下,某一环境所能容纳交通系统排放污染物的最大负荷量或其利用环境资源的最大使用量。

2. 交通资源承载力

城市交通发展是以消耗大量的土地资源和石油等能源为基础的。一个符合可持续发展要求的城市交通规划应当做到在满足交通需求的情况下,使城市交通设施对土地的利用降低到最低限度;同时,以公共交通系统为主导的城市交通也使能源的利用大大降低,并把对周围环境的影响降低到一定限度。

在城市交通可持续发展规划中,满足交通需求、资源优化利用及改善环境质量3个主要目标相互联系、相互作用,共同构成可持续发展的城市交通规划目标体系,如图8-1所示。

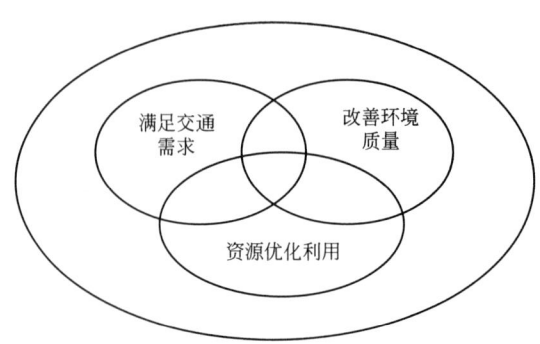

图 8-1　城市交通可持续发展规划目标体系图

城市交通可持续发展规划不仅是规划研究内容的增加，更重要的是规划理念的转变，对城市交通问题不能再采用以往"先污染后治理"的方式，应从被动的适应到主动的引导、发展城市交通。

8.1.3　面向环境的城市交通可持续发展规划框架

面向环境的城市交通规划框架如图 8-2 所示。

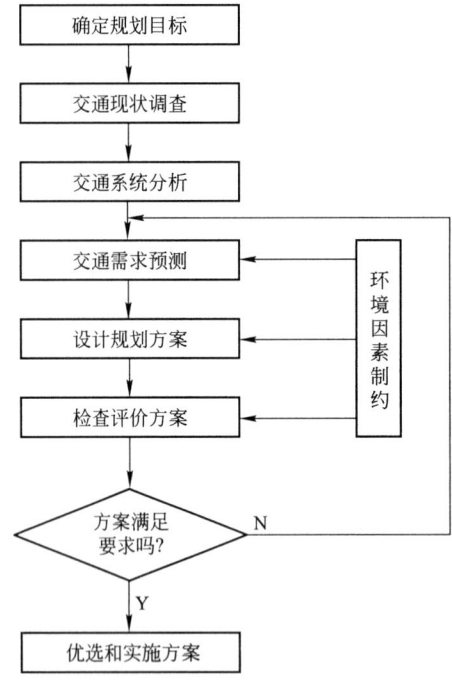

图 8-2　面向环境的城市交通规划框架

城市交通可持续发展规划的要素包括以下几个方面。
（1）为人服务而不是为车服务。
（2）重视城市交通发展政策研究。
（3）与土地利用紧密结合，寻求高可达性、低交通需求的土地利用交通系统发展模式。
（4）重视合理交通结构和交通容量的分析研究。

(5) 积极开展交通环境影响评价。
(6) 重视各种不同交通方式之间的衔接。
(7) 重视低成本交通方式,如行人交通、自行车交通。
(8) 重视现代化交通管理在城市交通系统中所起的作用。
(9) 重视对规划实施保障体系的研究。

8.1.4 城市交通可持续发展的原则

城市交通可持续发展规划,应遵循以下原则。

(1) 城市交通可持续发展规划应满足全面的需求观。保证系统高效、安全、舒适、准时,不能以牺牲出行的"质"来满足出行的"量";同时,满足个人出行需求时,不要损害他人的出行要求,也不要损害自己和他人以及未来人的生存需求和生活质量。

(2) 城市交通可持续发展规划应满足正确的目的观。城市交通是经济发展的基础和前提条件,然而经济发展包括城市交通发展本身不是最终目的。人们生活条件的改善,社会环境的整体提高,才是发展的终极目标。

(3) 城市交通可持续发展规划应满足科学的资源观。城市道路交通的发展需要开发和利用一定的资源,包括可再生的和不可再生的自然资源。前者包括水、空气等,后者包括土地、动植物、矿产资源等。城市交通可持续发展规划必须重视有限自然资源的科学管理与合理利用,强调自然资源并不是取之不尽、用之不竭的,否则随之而来的交通污染,包括大气污染、噪声污染、振动和电磁波等会使城市付出巨大的代价。

(4) 城市交通可持续发展规划应满足整体观。应将城市交通视为一个相互联系的有机整体进行全面的分析,从整体上、系统上进行调节与控制,还要用发展的观点分析城市交通系统,以连锁反应的形式进行交通系统的演变;同时,要增加城市交通的适应力和承受力,并保留一定的弹性,为城市交通今后的发展留有余地。

8.1.5 城市交通可持续发展规划的层次和范围

1. 战略规划

城市交通可持续发展战略规划是城市交通长远发展的方向性规划,在可持续发展思想指导下,着重提出城市交通长远发展战略,根据土地利用规划、生态环境容量、人口发展与分布和经济发展规划,研究未来城市客、货运输需求,确定保证城市交通可持续发展的交通系统供应量,相应的规划研究年限一般为20~50年。

城市交通可持续发展战略规划重点解决可持续发展的城市远景交通发展目标及水平、可持续发展思想下的城市交通政策、面向可持续发展的城市交通方式结构优化、面向可持续发展的道路交通综合网络骨架布局和城市交通可持续发展保障措施等问题。

2. 中长期规划

城市交通可持续发展中长期规划着眼于整个交通网络中各种线路、设施的定位与规模,以及建设项目的建设顺序。其主旨是满足交通需求、优化资源利用且改善环境质量,是城市交通可持续发展战略规划的深化和细化,相应的规划研究年限一般为5~20年。

城市交通可持续发展中长期规划,重点解决面向可持续发展的中长期交通方式的结构优化、道路网布局、公交和静态交通等城市交通专项规划,以及规划方案的可持续发展评价及分期建设序列等。

3. 近期规划

城市交通可持续发展近期规划以城市交通可持续发展战略规划及城市交通可持续发展中长期规划为基础,重点是通过对城市交通可持续发展现状的分析评价,提出近1~5年中,为促进城市交通可持续发展而需要采取的措施。主要包括城市交通可持续发展现状评价、现有交通网络的完善规划、道路交通建设方案设计、近期重大项目的效果分析及实施保障措施等内容。

城市交通可持续发展规划的3个层次的划分不是一成不变的,3个层次之间应遵循"近期细,中期粗,远期有设想"的原则,以达到在规划期内总体建设效益最大的目的。"近期细"是指近期规划应非常详细,具体到项目,可操作性强;"中期粗"是指中长期规划应以方案为主;"远期有设想"是指交通发展战略规划的侧重点与宏观性的发展目标、政策等内容,无须列出详细的项目建设计划、建设顺序及开工、竣工时间等。

8.1.6 城市交通可持续发展规划理论体系

为保证城市交通的可持续发展,需要将环境保护和资源优化利用引入城市交通规划,建立起同时能满足交通需求、资源优化利用、改善环境质量目标,以交通负荷、环境容量及资源消耗为控制性指标的城市交通可持续发展规划的理论体系。如图8-3所示。

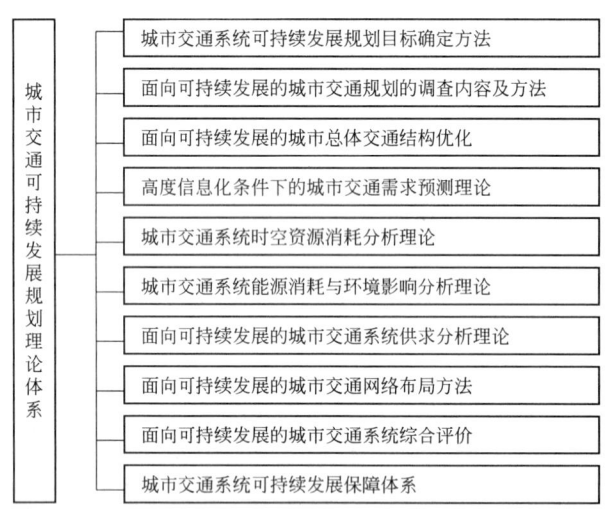

图8-3 城市交通可持续发展规划理论体系框架图

1. 城市交通系统可持续发展规划目标确定方法

城市交通系统可持续发展规划目标的确定对城市交通规划的进行有指导作用,以未来城市居民生活水平提高、社会经济发展对交通的要求及城市环境、不可再生资源约束条件为基础,研究符合可持续发展战略的城市交通规划目标体系,以及目标值确定方法,并提出规划目标建议值。

2. 面向可持续发展的城市交通规划的调查内容及方法

根据城市交通规划可持续发展的需要,研究规范化交通调查内容、调查方法,以及GIS

技术的应用。根据未来已经可以预见的城市社会经济及技术发展趋势，研究相应的资料获取方法与手段。

3. 面向可持续发展的城市总体交通结构优化

城市总体交通结构优化是城市交通可持续发展的核心内容。城市总体交通结构、交通设施建设方案、交通流量、土地利用、环境质量和能源消耗等相互之间存在着密切的相关性。城市总体交通结构优化是一个不断反馈调整的平衡过程，对其研究的目的不在于提出某个城市具体的交通结构，而是重在提出各约束条件下优化交通结构的确定方法。

4. 高度信息化条件下的城市交通需求预测理论

社会信息化水平提高，短期将影响人们的出行行为，长期将会改变人们的生活方式和出行习惯，从而影响城市交通系统的发展方向。因此，高度信息化条件下的城市交通规划要从信息技术对交通系统的影响出发，分析信息技术对居民出行目的、出行方式、出行距离及出行时耗等特征产生的影响，研究高度信息化条件下的交通需求预测方法。

5. 城市交通系统时空资源消耗分析理论

城市交通网络可视为由时间和空间决定的资源，任何交通个体的出行都会消耗一定的时空资源。不同交通个体所消耗的时空资源不同，时空消耗分析理论对城市交通总体结构优化、道路交通网络设计、交通管理与控制等有指导意义。

6. 城市交通系统能源消耗与环境影响分析理论

研究机动车能耗与道路条件、交通流量、行车状态等的关系；研究机动车在不同交通条件下的排放量，建立不同道路条件下的车辆尾气排放、扩散模型和交通大气环境评价因子；研究机动车在不同交通条件下的交通噪声及振动排放，建立不同道路交通条件下交通噪声分析模型和交通噪声评价因子。

7. 面向可持续发展的城市交通系统供求分析理论

研究交通需求的总量和方式，以及交通系统的供给，包括道路基础设施的通行能力、交通工具的运载能力和交通管理能力等内容。

8. 面向可持续发展的城市交通网络布局方法

研究各类城市道路交通网络布局规划方法，包括道路网布局结构、道路功能等级划分规划、交叉口规划、对外出入口道路规划、停车场规划、城市公交系统布局规划、自行车交通及行人交通规划等。

9. 面向可持续发展的城市交通系统综合评价

面向可持续发展的城市交通系统综合评价包括交通质量评价、环境质量评价、能源消耗评价及城市空间资源消耗评价等，研究相应的评价指标和综合评价技术。

10. 城市交通系统可持续发展保障体系

研究使城市交通总体结构优化得以实现的政策保障体系，以及有助于改善环境、减少资源消耗、提高环境容量的技术保障措施。

从城市交通可持续发展规划理论体系框架来看，可持续的城市交通规划是以可持续发展为目标、资源和环境为控制指标、调查和预测为基础、交通结构优化为核心、交通网络为载体、系统评价为检验、政策与技术为保障的城市交通规划。

8.2 城市交通环境监测

伴随着城市机动车的迅猛发展，城市交通环境监测和控制亦已成为交通和环境管理部门的主要任务。城市交通环境监测主要有两方面的内容：一是对机动车排放的有害气体进行监测；二是对交通噪声进行监测。

8.2.1 汽车尾气监测

汽车尾气是石油系燃料在内燃机内燃烧后的产物，含有氮氧化合物（NO_x）、碳氢化合物（HC）、一氧化碳（CO）等有害成分，是污染大气环境的主要流动污染源。

内燃机排气的采集方法有直接法、定容法、全量法和比例法4种。其中直接法设备简单，操作方便，能直接从发动机排气管抽取一定量气样供分析仪器分析，适用于连续观察改变工况而引起的排气成分变化。

直接采样法系统由探头、采样管、过滤器、水分离器、采气泵、流量计等组成，其中探头是插入发动机排气管中用以获得具有代表性气样的顶部采样管。采样时将探头插入排气管内，启动采气泵，即可把发动机排气的一部分吸出，先后经过粗过滤器、水分离器、细过滤器后，送入分析仪器。

1. 轻型汽车尾气监测

轻型汽车是指M_1类（包括驾驶员座位在内座位数不超过九座，最大总质量不超过3 500 kg的载客汽车）、M_2类（包括驾驶员座位在内座位数超过九座，且最大设计总质量不超过5 000 kg的载客汽车）、N_1类（指最大设计总质量不超过3 500 kg的载货汽车）、N_2类（指最大设计总质量超过3 500 kg，但不超过12 000 kg的载货汽车）。城市交通汽车大部分是轻型汽车。

2018年1月1日起，我国全面实行2013年发布的《轻型汽车污染物排放限值及测量方法（中国第五阶段）》（GB 18352.5—2013）。其中一类检测是常温下冷启动后排气污染物检测，要求将汽车放置在带有负荷和惯量模拟的底盘测功机上，按规定的运转循环、排气取样和分析方法、颗粒物取样和称量方法进行检测，检测共持续19 min40 s，由两部分组成，第一部分由4个城区循环组成，每个城区循环包括15个工况（急速、加速、匀速、减速等），第二部分为1个城郊循环，包括13个工况（急速、加速、匀速、减速等）。检测重复三次，每次排气污染物排放量应小于表8-1的限值。

表8-1 轻型汽车冷启动排气污染物排放限值　　　　　　　　g/km

CO		THC		NO_x		PM	
PI	CI	PI	CI	PI	CI	PI	CI
1.00	0.50	0.10	—	0.06	0.18	0.004 5	0.004 5

注：PI为点燃式；CI为压燃式。

《轻型汽车污染物排放限值及测量方法（中国第五阶段）》还规定了双怠速排气污染物、

曲轴箱污染物、蒸发污染物的排放限值及测量方法，污染控制装置耐久性、车载诊断（OBD）系统的技术要求及测量方法。

2016年12月23日，环境保护部发布了《轻型汽车污染物排放限值及测量方法（中国第六阶段）》(GB18352.6—2016)，并规定自2020年7月1日起替代上一阶段标准。

2. 柴油车排气烟度的测定

由柴油车中排出的黑烟中有多种颗粒物，其组分复杂，但主要是炭的聚合体（占85%以上），还有少量氧、氢、灰分和多环芳烃化合物等。为防止烟尘对环境的污染，国家制定出一系列排气烟度的排放标准。例如，北京市制定的地方标准《柴油车自由加速烟度排放限值及测量方法》(DB 11/045—2014)中规定：轻型汽车限值<2.5（波许烟度）重型客车限值<2.8（波许烟度），重型货车限值<3.0（波许烟度）。

烟度的含义是使一定体积排气透过一定面积的滤纸后，滤纸被染黑的程度，单位用"波许"(Rb)表示。

1）波许烟度计

当抽气泵活塞受脚踏开关的控制而上行时，排气管中的排气依次通过取样探头、取样软管及一定面积的滤纸被抽入抽气泵，排气中的黑烟被阻留在滤纸上，然后用步进电机将已抽取黑烟的滤纸送到光检测系统测量，由仪表直接指示烟度值。要求按照一定的时间间隔测量3次，取其平均值。

采集烟气样品后的滤纸在烟度计上经光源照射，一部分光被滤纸上的炭粒吸收，另一部分被滤纸反射给环形硒光电池，产生相应的光电流，送入测量仪表测量。

2）滤纸式烟度计

用一只活塞式抽气泵在规定的时间内从柴油机排气管中抽取一定体积的排气，让其通过一定面积的白色滤纸，排气中的炭粒就附着在滤纸上，将滤纸染黑，然后用光电测量装置测量染黑滤纸的吸光度，以吸光度大小表示烟度大小。规定洁白滤纸的烟度为0，全黑滤纸的烟度为10。滤纸式烟度计烟度刻度计算式为：

$$R_b = 10\left(1 - \frac{I}{I_0}\right)$$

式中：I——被测烟样滤纸反射光强度；

I_0——洁白滤纸反射光强度。

由于滤纸的质量会直接影响烟度测定结果，所以要求滤纸色泽洁白，纤维及微孔均匀，机械强度和通气性良好，以保证烟气中的炭粒能均匀地分布在滤纸上，保证测定精度。

常用的滤纸烟度计由抽气泵和光电检测仪组成。抽气泵从排气中抽取固定体积（315~345ml）的气样，通过夹装在泵上的一定面积的白色滤纸。气样中炭粒被滤纸阻碍而使滤纸染黑。将染黑的滤纸通过反射光检测器，由光源射向滤纸的光，一部分被滤纸上炭粒吸收，另一部分被反射给环形光电管，产生相应的光电流，并由电流表指示出来。

柴油机烟度测定工况有稳态及非稳态2种方法。稳态烟度测定是柴油机在某稳态工况时（通常为全负荷，此时排烟最高）对其排气烟度进行测定。该测定方法适用于在发动机试验台上进行；非稳态烟度测定分为自由加速法和控制加速法2种。其中自由加速法较为简单，使用广泛。测定时，离合器处于结合位置，变速杆拉至空挡位置，油门踏板位于松开位置，使柴油机在怠速状态下运转。然后将油门踏板迅速踏到底，约4 s后迅速松开，间歇11 s,

再进行第二次加速。如此重复三次,从第四次加速开始同时测量排气烟度。测量3次,以算术平均值作为实测烟度。

8.2.2 交通噪声监测

当前,交通噪声污染已成为大城市的主要噪声污染源。根据实测,北京市交通噪声能量已占环境噪声总能量的70%～80%,受交通噪声影响面积占城市面积的30%～40%,人口占60%～70%,可见交通噪声的影响程度及影响范围很大。交通噪声污染涉及车流量、车辆质量、路面状况、路面材料、车行速度等。

交通噪声测量时注意以下几个方面。

(1) 为了防止风噪声对仪器的影响,在户外测量时要在传声器上装防风罩,风力超过4级以上时停止测量。

(2) 当测量的声压级与背景噪声相差不太大时,应扣除背景噪声的影响,才是真正的声源声压级。

(3) 注意反射声对测量的影响,一般要使传声器远离反射面2～3 m。

(4) 声级的计算结果保留1位小数。

1. 道路交通噪声监测

1) 布点

在每两个交通路口之间的交通线上选一个测点,测点设在道路旁的人行道上,一般距马路边沿20 cm,这样选点的好处是该点的噪声可以代表两个路口之间的该段道路的交通噪声。

2) 测量

测量道路交通噪声时应选在无雨、无雪的天气进行,以减少气候条件的影响,因风力大小等都直接影响噪声测量结果。测量时间白天一般选在8:00—12:00和14:00—18:00;夜间时间一般选在22:00—次日5:00。将声级计置于慢挡,安装调试好仪器,每隔5s读取一个瞬时A声级,连续读取200个数据,同时记录车流量(辆/h),测量的数据记录在声级等时记录表中。声级等时记录表如表8-2所示。

表8-2 声级等时记录表

年 月 日		时 分至 时 分	
	星期		测量人
	天气		仪器
	地点		计权网络
	主要噪声源		快慢挡
	取样间隔		取样总数(车流量)
$L_{10}=$ dB(A);	$L_{50}=$ dB(A);	$L_{90}=$ dB(A);	$L_{eq}=$ dB(A)

3) 数据处理

测量结果一般用统计噪声级和等效连续A声级来表示。将每个测点所测得的200个数据按从大到小顺序排列,第20个数即为L_{10},第100个数为L_{50},第180个数为L_{90},经验表明城市交通噪声测量值基本符合正态分布。因此,可直接用近似公式计算等效连续A声级(L_{eq})和标准偏差值(S)。

$$L_{eq} \approx L_{50} + d^2/60, \quad d = L_{10} - L_{90}$$
$$S \approx (L_{16} - L_{84})/2$$

同理，L_{16} 和 L_{84} 分别是测量的 200 个数据按由大到小排列后，第 32 个数和第 168 个数对应的声级值。

4) 评价方法

(1) 数据平均法。若要对全市的交通干线的噪声（$\overline{L}$）进行比较和评价，必须把全市各干线测点对应的 L_{10}、L_{50}、L_{90}、L_{eq} 的各自平均值、最大值和标准偏差列出。利用式（8-1）计算。

$$\overline{L} = \frac{1}{l} \sum_{i=1}^{n} (L_i \cdot I_i) \tag{8-1}$$

式中：l——全市干线总长度，$l = \sum_{i=1}^{n} I_i$，km；

L_i——所测第 i 段干线的等效声级，dB（A）；

I_i——所测第 i 段干线长度，km。

(2) 图示法。城市交通噪声测量结果除了可用数值表示外，还可用噪声污染图表示。当用噪声污染图表示时，评价量为 L_{eq} 或 L_{10}，将每个测点的 L_{eq} 或 L_{10} 按 5 dB 一等级（如 56~60，61~65，66~70 分别为一个等级），以不同颜色或不同阴影线划出每段道路的噪声值，即得到全市交通噪声污染分布图。等级颜色和阴影线表示方式如表 8-3 所示。

表 8-3 等级颜色和阴影线表示方式

噪声带 dB（A）	颜色	阴影线	噪声带 dB（A）	颜色	阴影线
35 以下	浅绿色	小点，低密度	61~65	朱红色	交叉线，低密度
36~40	绿色	中点，中密度	66~70	洋红色	交叉线，中密度
41~45	深绿色	大点，高密度	71~75	紫红色	交叉线，高密度
46~50	黄色	垂直线，低密度	76~80	蓝色	宽条垂直线
51~55	褐色	垂直线，中密度	81~85	深蓝色	全黑
56~60	橙色	垂直线，高密度			

5) 噪声标准

道路交通噪声标准应执行《声环境质量标准》（GB 3096—2008）。该标准规定了城市五类区域的环境噪声最高限值，适用于城市区域。不同类别的城市区域的噪声标准值如表 8-4 所示。

表 8-4 不同类别的城市区域的噪声标准值

类别	昼间 L_{eq}/dB（A）	夜间 L_{eq}/dB（A）
0	50	40
1	55	45
2	60	50
3	65	55
4	70	55

0 类：适用于疗养区、高级别墅区、高级宾馆区等特别需要安静的区域。位于城郊和乡村的这一类区域分别按严于 0 类标准 5 dB 执行。

1类：适用于以居住、文教机关为主的区域，乡村居住环境可参照执行该类标准。

2类：适用于居住、商业、工业混杂区。

3类：适用于工业区。

4类：适用于城市中的道路交通干线道路两侧区域，穿越城区的内河航道两侧区域。穿越城区的铁路主、次干线两侧区域的背景噪声（指不通过列车时的噪声水平）限值也执行该类标准。夜间突发的噪声，其最大值不准超过标准值15 dB（A）。

对于区域及时间的划定。各类标准适用区域由当地人民政府划定；昼间、夜间的时间段由当地人民政府依据当地习惯和季节变换划定。例如，上海市的时段划分为：昼间6:00—23:00，夜间23:00—次日6:00。

2. 机动车辆噪声监测

机动车辆所发出的噪声是流动声源，影响面广，在城市环境噪声中以交通运输噪声最突出。

根据《汽车加速行驶车外噪声限值及测量方法》（GB 1495—2002）和《摩托车和轻便摩托车定置噪声限值及测量方法》（GB 4569—2005）测量城市交通噪声。

1）监测条件

监测场地应平坦而空旷，在测试中心以50 m为半径的范围内，不应有大的反射物，如建筑物、围墙等。测试场地跑道应有100 m以上平直、干燥的沥青路面或混凝土路面，路面坡度不超过0.5%。本底噪声（包括风噪声）应比所测车辆噪声低10 dB，并保证测量不被偶然的其他声源所干扰。为避免风的噪声干扰，可采用防风罩，但应注意防风罩对声级计灵敏度的影响。声级计附近除读表者外，不应有其他人员，如不可缺少时则必须在读表者背后。被测车辆不载重。测量时发动机应处于正常使用温度。若车辆带有其他辅助设备亦是噪声源，测量时是否开动，应按正常使用情况而定。

2）监测场地及测点位置

监测场地如图8-4所示。测试话筒（传声器）位于20 m跑道中心点O两侧，各距跑道边缘垂直距离7.5 m，距地面高度1.2 m，用三脚架固定，话筒平行于路面，其轴线垂直于车辆行驶方向。

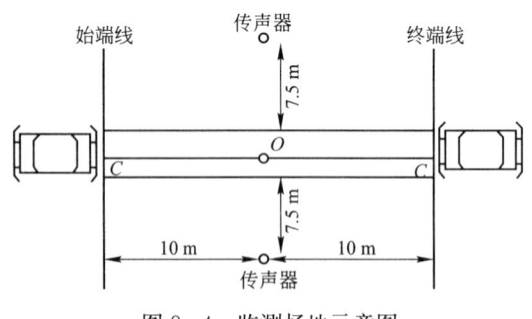

图8-4 监测场地示意图

3）加速行驶车外噪声监测方法

加速行驶车外噪声监测时，车辆需按下列规定条件稳定地到达始端线。

（1）发动机转速为发动机额定转速的3/4，也可以控制车速进入测量区，即所能达到最高车速的3/4稳定地到达始端线；车速超过50 km/h，那么车辆应以50 km/h的车速稳定地到达始端线；前进挡位为4挡以上的车辆用第3挡，挡位为4挡以下的用第2挡行驶；对于自动换挡车辆，使用在试验区间加速最快的挡位。

（2）从车辆前端到达始端线开始，立即将油门踏板踏到底，直线加速行驶，当车辆后端到达终端线时，立即停止加速。要求被测车辆在后半区域发动机达到最高转速。如果车辆达不到这个要求，可延长OC距离为15 m，或车辆使用挡位降低1挡。

(3) 声级计用"A"计权网络,"快挡"进行测量,读取车辆驶过时的声级计表示的最大读数。同样的测量往返进行 2 次,车辆两侧两次监测结果之差不应大于 2 dB。

4) 匀速行驶时车外噪声监测方法

(1) 车辆用直接挡位,油门保持稳定,以 50 km/h 的车速匀速通过测量区域。

(2) 声级计用"A"计权网络,"快挡"测量,读取车辆驶过时声级计表示的最大读数。

(3) 同样的测量往返进行 2 次,车辆两侧两次测量结果之差不应大于 2 dB。并把测量结果记入相应表中,若只用 1 个声级计测量,同样的测量应进行 4 次,每侧测量 2 次。

5) 数据处理

车外噪声一般用最大值来表示。取受试车同侧 2 次测量声级的平均值中的最大值作为受试车加速行驶或匀速行驶时的噪声级。

6) 噪声标准

《汽车加速行驶车外噪声限值及测量方法》(GB 1495—2002)规定了各类汽车加速行驶时车外最大允许噪声级,如表 8-5 所示。

表 8-5 汽车加速行驶车外噪声限值

汽车分类	噪声限值 dB(A)	
	第一阶段	第二阶段
	2002.10.1~2004.12.30 期间生产的汽车	2005.1.1 以后生产的汽车
M1	77	74
M2 (GVM≤3.5 t),或 N1 (GVM≤3.5 t): GVM≤2 t 2t<GVM≤3.5 t	78 79	76 77
M2 (3.5 t<GVM≤5 t),或 M3 (GVM>5 t): $P<150$ kW $P\geqslant 150$ kW	82 85	80 83
N2 (3.5 t<GM≤12 t),或 N3 (GVM)>12 t): $P<75$ kW 75 kW≤P≤150 kW $P\geqslant 150$ kW	83 86 88	81 83 84

说明:
a) M1、M2 (GVM≤3.5 t) 和 N1 类汽车装用直喷式柴油机,其限值增加 1dB(A)。
b) 对于越野汽车,其 GVM)>2 t 时:
  如果 $P<150$ kW,其限值增加 1 dB(A);
  如果 $P\geqslant 150$ kW,其限值增加 2 dB(A)。
c) M1 类汽车,若其变速器前挡多于四个,$P>140$ kW,P/GVM 之比大于 75 kW/t,并且用第三挡测试时其尾端出线的速度大于 61 km/h,则其限值增加 1 dB(A)。

注:汽车分类中的 M 类指至少有 4 个车轮并且用于载客的机动车辆。M1 类指包括驾驶员座位在内,座位数不超过 9 个的载客车;M2 类指包括驾驶员座位在内,座位数超过 9 个,且最大设计总质量不超过 5 t 的载客车,M3 类指包括驾驶员座位在内,座位数超过 9 个,且最大设计总质量超过 5t 的载客车。

N 类指至少有 4 个车轮并且用于载货的机动车辆。N1 类指最大设计总质量不超过 3.5 t 的载货车辆;N2 类指最大设计总质量超过 3.5 t,但不超过 12 t 的载货车辆;N3 类指最大设计总质量超过 12 t 的载货车辆。

该标准限值只给出了各类车辆加速行驶时的噪声限值,并未给出匀速行驶时的噪声限值和车内噪声限值。只限制加速度的噪声限值,是因为汽车在市区里是要频繁加减速的,这种噪声在市区里对人的不良影响尤为显著;限制了加减速时的车外噪声就能把其对人的干扰限制住。随着人们对生活品质要求的进一步提高,汽车的噪声限制将越来越严格,今后匀速行驶时的噪声限值预计也会加到汽车噪声的标准中。

8.2.3 城市交通环境振动监测

随着汽车排放尾气和噪声引起的环境问题日益引起人们的关注,汽车行驶引起的地面振动对周围环境的影响也将日益受到重视。轨道交通在我国大中城市的建设和运营规模越来越大,轨道交通振动也开始受到关注。城市道路交通环境振动主要与路面结构和车流量有较大关系,轨道交通振动主要与车体、轨道性能有关。

1. 监测概况

城市道路交通环境振动监测时,在几种不同结构的道路上进行监测,点位设在人行道外侧翼 20 cm 处,监测时间为连续 48 h 时,每小时测 10 min,测量值为交通道路铅垂向 Z 振级。监测方法按《城市区域环境振动测量方法》(GB 10071—1988)规定执行。城市轨道交通振动测量量取每次列车超过时段的最大 Z 级振,监测方法参照《环境振动监测技术规范》(HJ 918—2017)执行。所设监测点位及其他基本情况填入表 8-6 中,监测结果填入表 8-7 中。

监测结果数据处理可以参照道路交通噪声监测。

表 8-6　城市道路交通振动监测点位及其他基本情况

点位编号	车道数
点位名称	路面材料
机动车道宽	测量位置

监测人
监测日期

表 8-7　城市交通振动监测结果

监测时间段	车流量	振动值范围
时 分至 时 分 ⋮	(辆/h) ⋮	dB ～ dB ⋮

_____点位编号:

2. 交通振动标准

交通振动标准执行我国已经制定的《城市区域环境振动标准》(GB 10070—1988),表 8-8 中的标准值适用于连续发生的稳态振动、冲击振动和无规振动,对每天只发生几次的冲击振动,其最大值昼间不允许超过标准值 10 dB,夜间不超过 3 dB。

表 8-8　城市各类区域铅垂向 Z 振级标准值

适用地带范围	昼间/dB	夜间/dB
特殊住宅区	65	65
居民、文教区	70	67
混合区、商业中心区	75	72
工业集中区	75	72
交通干线道路两侧	75	72
铁路干线两侧	80	80

8.3　城市交通环境评价

城市交通环境评价的目的是通过科学的评价现状和未来城市交通环境的质量，为制定城市交通发展政策和道路交通建设提供辅助决策信息。它对于城市环境保护、城市交通状况的改善有相当重要的作用。

传统的交通环评是一种狭义的评价工作，它针对各个自然环境要素，如大气、噪声、振动等的变化进行分析评价，是单从某个侧面去评价环境因素的某一客观属性，而不是从环境的系统性和整体性上做出评价。而新型的交通环评是从可持续发展的角度出发，把自然、生态、经济、社会各个方面作为一个有机整体综合考虑。

做出一个完整的城市交通环境评价，必须包括评价原则、对象、要素、指标、程序、内容和评价方法等。

8.3.1　评价原则

1. 定性、定量相结合原则

大量的环境影响可以量化，如绕行可以引导交通远离人口中心，减少噪声和废气污染。但并不是所有的环境影响都可以量化，如对城市风貌、历史古迹的影响等，特别应避免仅用一个可测的参数来包罗环境影响的各个方面的现象。

2. 公正性原则

环评必须具有公正性、中立性和客观性，参与人员应在共同信息的基础上讨论项目。

3. 因地制宜原则

不同国家、地区和不同交通项目，评价因子的选取和权重各不相同。城市交通环境影响的范围很广，但在研究和决策时，应根据具体区域或地方的特征、相关程度或敏感性选择有限的若干因素。例如，在某个地方保护仅存的一块自然区可能是主要的，而在另一个有许多同种自然区的地方，相对来说，这一点就不那么重要了。

4. 公众参与原则

城市交通环境对公众的出行、居住等有相当广泛的影响，它应反映公众的意向与利益。例如，美国国家环境政策法案提倡各有关单位和广大公众从始至终参加当地的环境影响评价。其主要包括直接影响、间接影响及和其他工程项目一起构成的综合影响，并在采用的方法中强调公众参与评判的作用。

5. 积极性原则

将环境影响渗透到研究对象的全过程中去，环境评价不是环境影响的简单说明，而是作为一个有效的工具，指导交通项目的规划、设计和决策，这样才能把对社会、经济、生态等的负面影响降到最低。

8.3.2 评价对象

城市发展至今，人们不仅希望自己的居住区具有良好的可达性，工作、购物等出行方便，更希望居住环境清洁、安静。人们从新的高度来考虑交通行为本身给环境带来的影响，以及由于它的导向作用而带来的效应。

无论是宏观层次上的交通战略与政策制定，还是微观层次上的网络系统分析和工程方案的可行性研究，城市交通环评的对象包括3方面：① 交通战略与对策；② 道路交通网络系统；③ 道路交通工程方案。

8.3.3 评价要素

交通环境评价不应仅研究狭义的自然环境要素的变化，而应把社会、文化、生态、市民等作为统一范畴，从人类社会经济活动与环境的相互作用关系的角度出发研究问题，因此交通环境评价涉及以下几个方面。

1. 生态环境要素

城市交通对生态环境的影响包括土地、绿化和水质等。道路交通设施的建设需要土地，相应的对其范围内土地的物理与生态特性构成影响，包括对绿地与树木的破坏等。当道路设施经过水体时，它对水体生态系统，包括水的质量、水体动植物，也会造成一定的影响。

2. 自然环境要素

城市交通对自然环境的影响包括大气污染、噪声、振动等。城市交通运输系统已成为一个主要的空气污染源，有些城市中机动车排污量甚至已占整个污染源的90%。交通噪声与振动已是污染居民生活环境和医院、学校等敏感设施环境的突出因素。

3. 社会环境要素

城市交通对社会环境的影响包括社区传统、中心区活力、社会公平、地区发展等。社会影响中的主要考虑因素是"人"，包括城市交通工程的建设、运行对人的影响，主要涉及道路使用者、道路沿线居民。城市交通工具的建设、运行会引起社会分割、社区传统的改变、生活氛围与质量的变化等。虽然这会造成一些负面效应，但也的确有其极为有利的方面，如增强某些地区的可达性，增加社会公平。从长远的观点来看，这种改进的可达性会影响城市与城市化地区经济发展的类型与程度。

4. 文化与景观要素

各个城市都有其自身的特点与定位，特别对于一些历史古都、文化名城，怎样最好地结合交通运输建设与历史遗迹、风景名胜的保护与利用,既促进交通运输设施的建设又不妨碍历史遗迹、风景景观的特色与总体风貌,十分值得关注。

城市交通环境评价指标体系如图 8-5 所示。

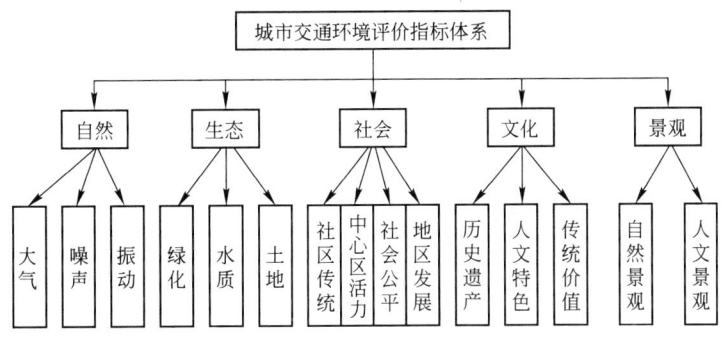

图 8-5 城市交通环境评价指标体系

8.3.4 评价指标

1. 自然环境指标

1) 空气质量

车辆排放超标率:道路的车流量与道路上废气排放浓度具有良好的相关性,所以车辆的排放污染是否达标对道路上空气污染状况影响较大。

污染物排放量:即为区域内一定时间内(通常为一年)的污染排放总量(t/年)。

交通污染分担率:来自交通排放源的废气排放占区域污染物排放总量的百分比。

污染物排放浓度:气态污染物或颗粒物在空气中的含量(mg/m^3)。

车辆净化装置安装率:车辆是否安装尾气净化装置和催化净化装置对车辆排放污染状况有较大影响。

2) 噪声

在交通噪声的测试过程中,多用 A 计权网络。

噪声污染指数(L_{np}):噪声污染指数是在连续等效声级(L_{eq})的基础上加上一项表示烦恼度增加的噪声起伏值 d。

$$L_{np}=L_{eq}+d, \quad d=(L_{10}-L_{50})$$

交通噪声指数(TNI):交通噪声指数使用本底噪声(L_{90})加上噪声起伏修正值表示,适用于繁忙交通噪声的描述。

$$TNI=L_{90}+4d-30$$

2. 生态环境指标

在城市生态系统中,城市交通对城市绿地有较大的影响。表现为城市绿化的整体水平、城市绿化布局等。

干道绿化率即为已绿化主次干道长度与城市主次干道总长的比值。

道路建设造成绿化指标的变化率,包括绿地率、绿化覆盖面积、人均绿地指标等。

3. 景观影响指标

城市交通对城市景观包括自然景观和人文景观的影响可采用综合指标的方法，确定评价指标。将不同对象分为若干小组进行评价。对某个小组的具体对象，首先对各分级指标进行评价，采用意义完全相反的形容词对一个分级量表由评价者根据被评价对象选择不同的值，如表 8-9 所示。

表 8-9 景观影响分级量表

	相当	稍微	中间	稍微	相当	
喜欢的	5	4	3	2	1	厌恶的
和谐的	5	4	3	2	1	杂乱的
⋮	⋮	⋮	⋮	⋮	⋮	⋮
轻松的	5	4	3	2	1	紧张的

在做出评价之后可以计算景观影响综合评价指数 Y，在一定程度上反映景观影响评价的综合性。

$$Y = \sum_{i=1}^{n} y_i w_i$$

式中：y_i——第 i 组评价指标值；

w_i——第 i 组评价指标权重。

4. 社会文化影响指标

城市交通对城市社会文化影响包括历史遗产、人文特色、传统价值等。可以定性评价，也可以量化评价，或采用类似于景观影响评价的方法，还可以面向评价对象，通过调查分析提出各个方面的影响程度。如公众出行与居住环境影响衡量指标包括：临街居民居住满意度（通过公众意向调查得出，可以表示为一定距离之内，特定道路临街居民对居住环境满意人数与临街居民人数的百分比）；出行满意度（通过公众意向调查得出的市民在道路上行驶的方便、舒适程度）；健康影响度（对临街工作或居住的人作专门的疾病调查，重点为呼吸道疾病及儿童血铅量而得出的道路交通对人的健康影响程度）；公共交通安全度（通过公众调查而得出人们在道路上的主观安全感受程度）。

8.3.5 评价程序及内容

(1) 城市交通行为概述。城市交通政策、管理措施、工程项目等有关交通行为的时限、内容、范围等方面的简述。

(2) 城市交通环境现状分析。对城市交通环境的诸方面进行调查及必要的分析。

(3) 城市交通环境影响因素的确定。通过对城市交通环境现状的了解及分析，把握未来城市与城市交通发展的要求，选取相关的环境影响因素，并注明各环境影响因素的重要度，从而决定各有关环境影响评价的深度。

(4) 城市交通环境影响预测及分析。根据城市交通行为，如城市道路建设项目的路线走向、长度、路宽、车辆数、社会经济发展等重要设计参数预测各指标的发展状况，可以定量分析，也可以定性分析。

（5）城市交通环境保护与环境治理对策。提出合理的城市交通环境治理措施，验证其效果。

8.3.6 评价常用方法

城市交通环境评价常用的评价方法分为定性方法和定量方法。

定性方法包括专家调查法、民意测评法等。

定量方法包括价值分析法、单纯矩阵法、层次分析法等。

附：城市交通与环境评价指导指标体系

为了评价全国各个城市的城市交通与环境发展状况，以及城市交通与环境的协调性，中国环境与发展国际合作委员会环境与交通工作组设立了一个评价指标体系。这个指标体系意在通过 7 大类 108 项指标，为全国城市交通可持续发展提供导向，为各城市的自身进步和相互比较提供统一的评价标准。该评价指标体系今天对于我们仍有重要的参考借鉴价值。

1. 指标分类

城市社会经济指标：反映城市的发展水平。有市区人口、建成区面积、市区居住人口、市区职工人数、总面积、市区面积、市区人均收入 7 个指标。

城市交通设施：以城市道路和城市车辆总量评价交通设施发展水平。包括城市道路长度、城市道路面积、道路网密度、人均道路面积、机动车辆总数、百人机动车辆数、大客车、小客车、摩托车、货车、自行车、百人自行车辆数、其他车 13 个指标。

城市交通现状：以满足人的安全和便利为目标。包括交通事故受伤人数、交通事故死亡人数、快速路高峰平均速度、快速路非高峰平均速度、城市主干路高峰平均速度、城市主干路非高峰平均速度、快速路高峰每小时通过车辆数、快速路非高峰每小时通过车辆数、城市主干路高峰每小时通过车辆数、城市主干路非高峰每小时通过车辆数 10 个指标。

城市公共交通及运营：反映城市公共交通的发展水平和每类交通的保障程度。包括公共汽车的总车辆数、总客位数、平均承载率、总客流量、公交线路总长度、总车公里数、平均速度；电车的总车辆数、总客位数、平均承载率、总客流量、电车线路总长度、总车公里数、平均速度；出租车的总车辆数、车公里数、平均速度；轨道交通的车厢数、线路总长、车厢公里、客流量、平均速度、平均承载率 23 个指标。

城市居民交通出行结构指标：分上班与非上班两类，统计出行时间并将出行方式分为乘车、自行车、步行三类分别计百分率，以抽样调查结构作为平均值。包括城市上班族日平均出行时间、城市非上班族日平均出行时间、城市上班族乘车出行百分率、城市上班族自行车出行百分率、城市上班族步行出行百分率、城市非上班族乘车百分率、城市非上班族自行车百分率、城市非上班族步行百分率 8 个指标。

城市交通价格、费用指标：此类指标重在衡量公共交通的运营收入与运营成本之比是否能持续维持良好的公共交通系统。包括地铁、常规公交、中巴、出租车平均每公里价格；大型车、小型车、摩托车税费、公交卡；大型车、小型车、摩托车、自行车停车场收费；地铁、公交、中巴、电车运营收入及总收入；地铁、公交、中巴、电车运营成本及总成本 23 个指标。

环境质量指标：评价交通对城市环境质量的贡献率。包括大型机动车、公交机动车、小型汽车、摩托车排放达标率；大城市声环境质量标准区占城区总面积的百分率；城市交通噪声超过道路环境质量标准区占城市区总面积的百分率；城市交通干线区 CO、NO_2、SO_2、O_3、可吸入颗粒物年日均值及最高年日均值污染物；城市市区交通干线区 CO、NO_2、SO_2、O_3、可吸入颗粒物年日均值及最高年日均值污染物；城市大气质量周报 CO、NO_2、SO_2、O_3、可吸入颗粒物最高值的百分率；城市市区最高百分率的污染物 24 个指标。

2. 主要指标

以上 108 项指标提供了全方位的数据信息，通过主因素分析法选择 17 项指标作为主要评价指标，作为城市间比较依据和本城市进步绩效的评估依据。

(1) 市区人均收入（元/人）。

(2) 人均道路面积（m^2/人）。

(3) 百人机动车辆数（辆/百人）。

(4) 百人自行车辆数（辆/百人）。

(5) 城市交通伤亡人数（人/年）。

(6) 城市快速路高峰每小时通过车辆数（辆/h）。

(7) 城市主干路高峰每小时通过车辆数（辆/h）。

(8) 城市公共汽车平均承载率（%）。

(9) 城市电车平均承载率（%）。

(10) 城市轨道交通平均承载率（%）。

(11) 城市交通总收入（百万元/年）。

(12) 城市公共交通总成本（百万元/年）。

(13) 城市机动车辆排放总达标率（%）。

(14) 城市交通噪声超过道路环境质量标准区占城市区总面积的百分比（%）。

(15) 城市交通干线区最高年日均值的污染物。

(16) 城市市区最高年日均值的污染物。

(17) 城市市区最高百分率的污染物。

习　　题

1. 简述城市交通可持续发展规划的层次和范围。
2. 解释交通环境容量及交通资源承载力的概念。
3. 机动车尾气监测的目的是什么？
4. 简述道路交通噪声监测的过程。
5. 城市交通环境评价的原则是什么？
6. 城市交通环境影响评价的指标体系包括哪些内容？

第 9 章 城市交通可持续发展的技术保障体系

【本章内容概要】

针对机动车尾气污染已成为城市大气污染的主要来源，本章介绍降低机动车尾气污染的技术手段，包括燃料的处理及替代，机动车发动机的机内净化措施，机动车发动机的机外净化措施。

【本章学习重点与难点】

学习重点：掌握代用燃料汽车的种类及特征；掌握废气再循环的概念及原理；掌握压缩比、点火提前角的概念；掌握稀薄燃烧的概念、原理；掌握催化净化的分类及原理。

学习难点：理解电动汽车的种类、特征及发展前景；理解稀薄燃烧的发展优势。

随着人们环保意识的增强和机动车技术的不断完善，机动车污染控制的进程也在不断推进。在经济可行和技术允许的条件下，各国对机动车的排放标准也越来越严格。为解决尾气排放的问题，产生了多种解决途径。机动车尾气排放控制技术大致分为以下几类。

（1）燃料的前处理。燃料的前处理是指采用必要的技术手段，对机动车燃料进行适当处理，改善燃料的质量，以提高燃料的经济性和清洁性。对汽油来讲，前处理工作有提高汽油的辛烷值、降低汽油的蒸发性、降低汽油的含硫量、减少或杜绝含有害成分添加剂的使用等；对柴油而言，主要有提高柴油的十六烷值、减少柴油中的芳香烃、添加改性添加剂等措施。燃料的前处理可以提高燃料的经济性，并且可以大大减少有害尾气的排放量，净化尾气。

（2）机内净化。机内净化是指以净化尾气的原则进行机动车发动机的设计，改善发动机性能，减少尾气排放的方法。发动机是机动车的动力驱动装置，良好的发动机性能不仅能保证机动车性能的稳定，还可以降低废气中有害物质的排放。机内净化的措施主要有废气再循环（EGR）、改善燃烧系统、改进点火系统、改进燃料供给系统、改善燃油喷射、采用稀薄燃烧系统等。

（3）机外净化。机外净化是指通过加装适当的设备或采取必要的措施，在机动车尾气排入大气前对其进行一定的处理，减少其中有害物质含量的方法。机外净化的方法主要有加装热反应器、二次空气喷射法、后燃法、加装催化转化装置等。

（4）采用代用燃料。在不影响发动机性能的条件下，用其他一些低污染燃料代替石油类燃料，减少机动车尾气污染。目前，替代燃料主要有氢气、甲醇、乙醇、天然气、液化石油气等。替代燃料的使用不仅可以改善发动机的热效率，减少尾气排放；同时，也解决了目前面临的能源问题。这将有利于促进能源、环境与汽车工业的协调发展，从而促进国民经济和社会的可持续发展。

（5）开发电力驱动汽车。开发新的以电力驱动的动力系统代替目前的内燃机，可以从根本上解决机动车的尾气排放问题。目前，电力驱动汽车主要包括纯电动汽车、混合动力电动汽车和燃料电池汽车。由于电力驱动汽车在行驶时消耗的是电能，因此没有任何排放污染；同时，电力驱动汽车的能量转化效率要远远高于内燃机。

9.1 机动车燃料改进控制体系

发动机燃料对发动机的性能和排放有直接影响。燃料性质、发动机技术工艺与排放物之间的关系很复杂，汽油和柴油的组分与属性的变化对排放特性有显著的影响。一种燃料特性的改变在降低一种污染物排放的同时，很可能也会引起另一种污染物排放的增加。例如，汽油中芳香族化合物含量的降低减少了 CO 和 HC 的排放，但却增加了 NO_x 的排放。此外，还需注意到，对于相同燃料性质的改变，不同类型发动机的响应并不相同。例如，提高柴油的十六烷值会减少轻型和重型直喷发动机 NO_x 的排放量，但对轻型非直喷发动机的影响却较小。

燃料质量的改进主要涉及两个方面：燃料组分、性质的改进，替代燃料的使用。

9.1.1 燃料的前处理

燃料的前处理就是研究燃料对发动机排放性能的影响，揭示燃料的组分和性质与发动机排放之间的关系，在此基础上对燃料进行改进，达到降低发动机排放的目的。

1. 汽油的无铅化

含铅汽油是为了提高汽油的抗爆性，保证汽车良好的动力性和经济性，满足发动机高压缩比对汽车高辛烷值的要求，而人为加入具有强烈毒性的四乙基铅添加剂而形成的。作为抗爆剂，四乙基铅成本低、来源广、抗爆效果好，因此得到了广泛的应用。但由于汽油加入四乙基铅后：一方面，铅毒与排气一起直接危害人的健康（铅对人体健康有很大的影响，它可通过肺部、消化器官和皮肤等途径进入人体，并在体内逐渐积蓄起来，妨碍红细胞的生长和发育）；另一方面，使为了减少排污而设置的排气后处理装置（催化净化器）迅速失效，铅颗粒会吸附在催化剂表面，使氧化型和三元型催化转化器中的铂、钯和铑等贵金属催化剂发生"中毒"，从而使催化剂的转化效率大幅度降低，显著地缩短其使用寿命，阻碍了汽车机外净化——排气催化转化装置的应用。因此，控制汽车排放的措施之一就是在汽油中限铅和禁铅。

随着科学技术的发展，在汽油中加入四乙基铅抗爆剂已不再是提高汽油辛烷值的唯一方法。改进石油炼制加工工艺，掺和高辛烷值组分，添加无毒抗爆剂等都可获得满足汽车使用性能要求的汽油。其中，最重要的手段有催化裂解和重整，以提高油料中苯、甲苯等芳香烃及烯烃含量。此外，还有烷基化和异构化以增加支链烃的含量。另外，采用加入含氧添加剂来提高辛烷值的方法，应用也较为广泛。但是，这些方法在替代铅的同时,也会产生各自新的排放问题,如含氧剂的使用会导致有毒物质如醛类排放的增加,使用较轻的HC会造成饱和蒸汽压的增加等。因此,采用这些方法时应进行全面综合考虑。

从1997年6月1日起,北京和上海就逐步禁止出售含铅汽油。与此同时,全国范围内的车用汽油无铅化工作也在全面推行。至2000年1月1日,全国停止生产含铅汽油,7月1日停止使用含铅汽油,全国实现了车用汽油的无铅化。由此,我国城市环境空气中的铅浓度已大幅度降低。

2. 芳香族化合物

芳香族化合物是含有苯环分子结构的化合物,它对发动机排放的影响十分复杂,不仅受到燃料其他组分和性质的制约,而且还与芳香族化合物本身的结构、发动机工况和发动机技术有关。

利用一台重型发动机和13种燃料的试验研究表明,在EPA瞬态工况下,随着燃料中芳香族化合物含量的增加,对CO和HC的排放影响都很小,PM排放在某些情况下增加,NO_x排放增加。由此可见,燃料中芳香族化合物的含量对CO和HC排放的影响比较复杂,没有表现出一定的规律性,但从总体上来看,减少燃料中所含芳香族化合物时,有利于CO和HC排放的降低或表现不明显,很少出现CO和HC排放增加的情况;而对PM和NO_x排放的影响,则表现出一定的规律性,即一般都是随着燃料中芳香族化合物含量的增加而增加。因此,减少燃料中芳香族化合物特别是多环芳香族化合物的含量对控制PM和NO_x的排放是有利的。美国空气质量改进研究计划(AQIRP)的结果表明,芳香族化合物含量由45%下降到20%左右,安装催化器机动车的有毒物质的排放会下降23%~38%。为了保证无铅汽油的辛烷值,目前汽油中芳香族化合物的含量一般为30%~50%之间。

3. 十六烷值

十六烷值反映了柴油在一定的汽缸温度和压力下容易点燃的程度。十六烷值高,燃料的着火性能好,即:滞燃期短,容易着火,柴油机工作柔和。研究表明,高十六烷值的柴油能改善燃烧,改善冷启动过程,降低白烟、HC、CO、NO_x及颗粒物的排放。燃料的十六烷值低,会使滞燃期延长,产生不正常燃烧,降低发动机的功率。十六烷值过高,也会产生不完全燃烧,排气冒黑烟,使燃油消耗量增大,发生此种现象的原因是燃料燃烧时裂解太快,生成了游离碳。因此,十六烷值对发动机的排放和性能有重要影响,应该合理地选择燃料的十六烷值。

图9-1和图9-2分别给出了HC、PM、CO、NO_x随十六烷值(CN)变化的试验曲线。由图9-1和图9-2可见,在一定的十六烷值范围内,增加十六烷值可以使发动机的有害物质排放降低,这是由于十六烷值的提高,改善了发动机的点火性能,缩短了点火滞后期,增加了发动机混合燃烧的比例,使发动机的缸内温度不致过高,减少NO_x的形成,同时由于迅速充分地燃烧,使其他有害排放物的生成量降低。

由于十六烷值和排放之间的相关性是非线性的,因此一般在十六烷值较低的范围内提高十六烷值具有较好的排放效益。当十六烷值达到一定程度后,继续提高十六烷值并不会显著改善排放,反而会引起其他一些燃烧问题。

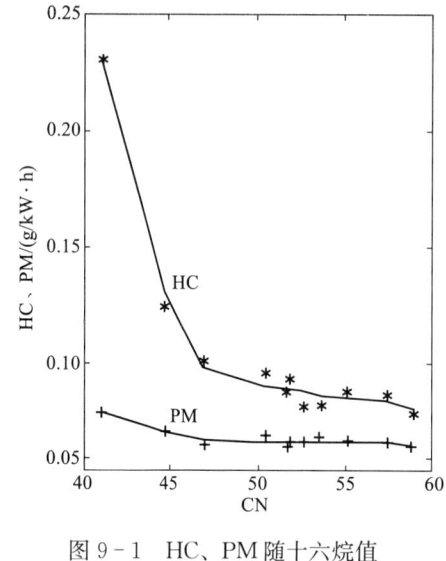

图9-1 HC、PM随十六烷值变化的试验曲线图

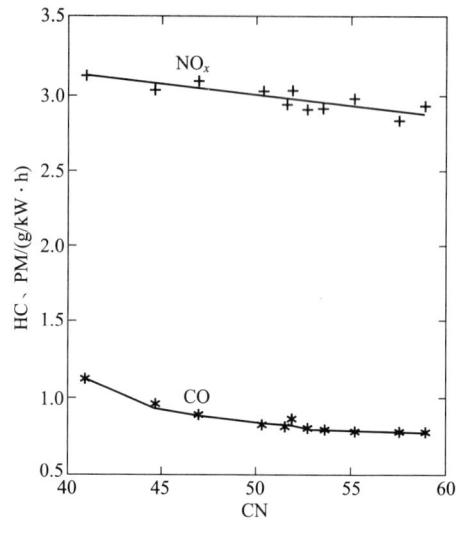

图9-2 CO、NO_x随十六烷值变化的试验曲线图

4. 燃料中加入含氧剂

油品中添加少量的含氧剂,如乙醇、甲醇、叔丁醇和甲基叔丁基醚(MTBE)虽然会降低单位体积的能源效率,但这些物质将改善燃料的爆震性能,从而减少芳香烃和铅的使用。另外,由于含氧剂中氧的存在,使燃烧趋向于贫燃料燃烧,因此CO和HC的排放也会相应减少。

在各种发动机技术、工况及燃料中加入不同含氧物质的条件下,尽管对发动机有害物质排放的影响有一定的差别,但通常是随着燃料中氧含量的增加,HC、CO和PM的排放下降,而NO_x的排放略有增加。此外,对排放物中醛、酮等的影响也比较大,即醛、酮等的排放明显降低。发动机的有害物质排放还与燃料中加入的含氧物质的种类有关,即含氧物质的种类不同,发动机的排放性能也有差别。研究结果表明,加入10%的乙醇会分别降低5.9%的HC和13.4%的CO的排放,但NO_x排放相应升高5.1%;加入15%的MTBE分别降低7%的HC和9.3%的CO的排放,但同时增加3.9%的NO_x排放。

MTBE曾经是提高汽油高辛烷值和含氧量应用最广泛和最经济的汽油添加剂,但它具有一定的毒性。研究发现,它易于与水融合,可渗入土壤,破坏地下水源;它主要经呼吸道吸收,也可以经皮肤和消化道吸收,其蒸汽可引起化学性肺炎,高浓度的MTBE可致癌(动物身上已验证),即使很低浓度也会造成水质恶臭。美国环保局已将MTBE列为人类可能的致癌物质。美国已经全境禁用MTBE作为汽油添加剂,主要以燃料乙醇替代。

5. 馏程温度

馏程就是油品的沸点范围,它是油品质量的重要指标之一。一定范围内蒸馏出来的油品称为"馏分"。在研究燃料对发动机的排放性能影响时,常使用T90或T95。T90是指燃料蒸馏90%时的温度,T95是指燃料蒸馏95%时的温度。T90或T95反映燃料挥发的难易程度,对柴油发动机的冷起动特别重要。燃料在发动机中挥发的快慢直接影响到燃料和空气混合气的形成,影响燃烧过程,从而影响发动机的排放指标。

试验表明，随着燃料 T90 的增加，CO 和 PM 排放降低，HC 排放有些增加，NO_x 排放则几乎没有影响。欧洲排放、燃料及发动机技术计划（EPEFE）研究项目中关于重型发动机和轻型发动机的研究表明，随着燃料中 T95 的增加，对重型发动机，CO 和 HC 排放降低，PM 排放几乎没有影响，NO_x 排放稍有增加；对轻型发动机，CO 排放稍有增加或稍有降低（与工况有关），HC 排放稍有降低或几乎没有影响（与工况有关），PM 排放增加，NO_x 排放降低。在不同的发动机技术及工况下，当 T90 或 T95 增大时，对 CO 排放的影响很小，一般是稍有降低；对 HC 排放的影响主要也是降低的趋势，但个别情况下 HC 排放略有增加；对 PM 和 NO_x 排放的影响较小。

总的来看，T90 或 T95 对发动机的各种有害排放物的影响相对于其他因素来说比较小，但在进行发动机的排放控制时，仍然是一个需要考虑的因素。

9.1.2 代用燃料

由于改进燃料性质的方法只能在一定范围内降低机动车的污染排放，而且技术上比较复杂，费用较高，因此许多国家把注意力放在了新的清洁代用燃料的开发上，以求从根本上解决机动车排放问题。早在 19 世纪 20 年代，阿根廷、荷兰等国家就开始尝试在汽车上使用天然气、液化石油气等汽油、柴油以外的燃料，至今世界上代用燃料汽车的发展已有 100 多年。经历了 20 世纪 50 年代后的 3 次石油危机和近年频繁发生的恶性环境公害事件后，可持续发展思想得到了世界各国与国际社会普遍认同，世界各国和各大汽车厂商发展代用燃料汽车的热情空前高涨。

1. 代用燃料

传统观念的汽车通常指以汽油或柴油作为燃料进行驱动的车辆。代用燃料汽车是使用汽油、柴油以外的其他替代燃料作为车辆驱动力。当今，世界上代替汽油和柴油应用较为广泛的燃料主要有以下几种。

1）天然气

天然气主要成分是甲烷，具有较高的辛烷值和热值，性质稳定，燃烧比较完全，与汽油、柴油相比具有较好的排放性能。因此，天然气汽车以其优良的燃烧和排放特性得到了市场和用户的接受。我国是天然气资源比较丰富的国家，气层资源蕴藏量为 52 万亿 m^3，2018 年已探明的地质储量达到 5.79 万亿 m^3。储量集中的西部地区天然气价格相对燃油价格具有较大优势，这也是我国天然气汽车能够得到快速发展的原因之一。

作为车用燃料的替代品，车用天然气根据其使用形态可分为压缩天然气与液化天然气，其主要成分均为甲烷，来源于自然界的储藏开采。

压缩天然气（compressed natural gas，CNG）：车用压缩天然气的压力一般为 20～30 MPa，可将常压下的甲烷经多级加压制得，其使用时的状态为气体。

液化天然气（liquefied natural gas，LNG）：常温下沸点为 -162 ℃，天然气液化后为标态体积的 1/625，绝热容器压力为 0.05～0.5 MPa。液化天然气生产的工艺过程是将含甲烷 90% 以上的天然气，经过"三脱"（即脱水、脱烃、脱酸性气体）净化处理后，一般采取先进的膨胀制冷工艺，使甲烷在 -162 ℃变为液态，其体积比气态下缩小了 625 倍，成为优质的化工原料，以及工业和民用燃料。同压缩天然气相比，液化天然气的优势在于工作压力大为降低，但是其低温要求对储存等带来了一定的困难。

2) 液化石油气

液化石油气（liquefied petroleum gas，LPG），是一种烃类液态混合物（至少含90%的丙烷，2.5%的丁烷和丁烷以上烃类，其余为乙烷和丙烯），是天然气加工和石油气炼制的一种副产品。在大气温度条件下，只要稍加压力便可以液化，加压的大小取决于组分含量。虽然不同厂家生产的LPG的组成有差异，但在大气温度条件下，都能在低于1.6 MPa的压力下液化，因而储藏容器的压力等级要求低、重量轻，便于各种方式的储运，使用时降压便于汽化，十分方便。

3) 甲醇

甲醇是用天然气、煤或生物材料生产的无味透明液体，其理化性质近似汽油，可部分或全部代替汽油或柴油在汽车上应用。而且，生产甲醇有广泛丰富的原料（煤、天然气等）来源，又易于储存，所以被视为一种非常有希望的代用燃料，许多国家对甲醇的推广应用进行了研究开发。高浓度甲醇混合燃料或纯甲醇燃料的效率高、排放低、性能高，在技术方面和经济方面有一定的优势，一些国家致力于这种代用燃料的研制和开发。特别是在煤矿资源丰富的我国，甲醇比乙醇是更有希望的代用燃料。

甲醇毒性很高，存在安全使用的问题，因此在销售甲醇的零售站上需要使用具有防腐性的碳钢或玻璃储罐在地下储存甲醇，而且以甲醇为燃料的汽车发动机内也要使用防腐材料。目前使用的燃料类型主要有：M85（85%的甲醇和15%的汽油的混合物，用于轻型车）和M100（纯甲醇，用于重型车）。

4) 乙醇

乙醇生产的主要原料是粮食。由甘蔗渣或植物废料等生产的乙醇可用作汽油的调和组分，主要使用的有E85（85%乙醇和15%汽油的混合物，多用于轻型车）和E95（95%乙醇和5%汽油的混合物，多用于重型车）。虽然与其他代用燃料相比，在政府的税收减免实施以前，乙醇的成本较高，约为汽油的两倍以上，但乙醇仍然被许多农业发达的地区选为代用燃料。

乙醇被用于减少污染，提高汽油的辛烷值，汽油中调入了10%的乙醇，可比传统汽油减少30%的烟雾。由于乙醇是由可再生资源制成的，政府可对乙醇实行税收减免，从而保证其在价格上的竞争力。使用乙醇汽油这种调和组分燃料的汽车不需要进行任何改装。

5) 氢气

氢气是最为清洁的一种燃料，它提供能量时的直接产物是水，污染物排放很低。氢气作为汽车燃料资源丰富，它和电动汽车一起被看作是解决汽车尾气和能源持续利用问题的长远办法。当前，由于在燃料存储及加氢站建设方面存在诸多技术和成本问题，短时期内氢燃料汽车很难得到大范围推广。

氢气汽车的研制与开发主要集中在两种车型上：一种是使用直接燃烧氢气的发动机；另一种是氢燃料电池车，它使氢或含氢物质与空气中的氧在燃料电池中反应产生电力，驱动电动机运行。

6) 电能

使用电能作为驱动的汽车是最清洁的汽车，其尾气排放为零，所以又称"零排放汽车"。

电动汽车是机电一体化产品，它最早于1834年出现在英国，至今已有近200年的历史。电动汽车的广泛使用和发展始于19世纪下半叶的欧洲。但是，由于当时科技水平的限制，蓄电池技术较为落后，电动汽车在使用上有许多不足之处，如一次充电的行程短、动力性差、蓄电池寿命短、充电费时、起动性能差等。这些问题限制了电动汽车的普及，使电动汽车在汽车市场中占有份额迅速下降，发展进程停滞了几十年。相比之下，内燃机汽车自产生以来，各种性能不断完善，为人们提供了一种快速便捷的代步工具。

近年来，科学技术的不断发展和环境问题的日趋严重，为电动汽车的发展带来了新的契机。电动汽车的环境效应主要在于电厂的污染集中控制效果远远优于单车的污染控制，并且城市中污染的边际成本也比发电厂的环境污染成本要高得多，这是电动汽车能够发展的关键所在。

各种代用燃料的性能比较如表9-1所示。

表9-1 各种代用燃料的性能比较

密度		氢气	天然气	丙烷	甲醇	汽油
密度	液态/(kg/l)	0.071	0.445	0.582	0.796	0.74
	气态/(g/l)	0.09	0.857	2.020	1.429	5.093
低热值/(MJ/kg)		119.9	49.0	46.4	20.0	44.4
辛烷值 RON		/	127.0	440.0	112.0	99.0
汽化潜热/(kJ/kg)		/	510.0	426.0	1101.0	285.0
沸点/℃		−253.0	−162.0	−42.0	64.6	35.0~200.0
点火温度/℃		530.0	540.0	458.0~481.0	/	450.0
理论空燃比（质量比）		34.2	16.7	15.3	6.45	14.8	/

2. 代用燃料汽车

代用燃料汽车（alternative fuel vehicles，AFV）从广义上讲，是指除汽（柴）油燃料汽车以外，使用其他形式燃料（动力）的车辆。

代用燃料汽车的分类如下。

1）按燃料（动力）种类分类

代用燃料汽车按照其燃料（动力）种类的不同可划分为天然气汽车、液化石油气汽车、甲醇及混合燃料汽车、乙醇及混合燃料汽车、燃氢汽车、电动汽车等。目前，在经济、技术上发展相对成熟的主要是燃气汽车、醇类燃料汽车及电动汽车。

（1）燃气汽车。燃气汽车根据其使用燃料的不同，可细分为压缩天然气汽车、液化天然气汽车、液化石油气汽车。

① 压缩天然气汽车（CNG汽车）。压缩天然气汽车使用的燃料为压缩天然气，其工作压力一般为20~30 MPa。压缩天然气用作汽车燃料最早始于20世纪30年代的意大利，近年来由于环境保护条例、国家法规及各国资源条件等诸多方面的原因，天然气汽车在许多国家逐步得到使用，其中意大利、荷兰、美国、日本、韩国、澳大利亚等国家发展较快。

② 液化天然气汽车（LNG汽车）。液化天然气汽车使用液化天然气做燃料，液化天然气由于通过深冷前的预处理，几乎除尽了天然气中的全部杂质，使液化天然气成为燃气汽车燃料中质量最好的燃料。液化天然气必须通过深冷法（−162 ℃左右）制取，因而生产成本很高，储存、分散系统采用低温材料，使设备、管道投资大大增加，同时液化天然气还需要加热汽化才能使用。尽管液化天然气在生产、储存、运输、分散和使用方面的问题均可得到解决，但终因其设备要求严、投资大、成本高，迄今为止，液化天然气汽车发展速度较慢，

尚未商业化。

③ 液化石油气汽车（LPG 汽车）。液化石油气汽车使用的燃料为液化石油气（纯丙烷、纯丁烷或丙烷和丁烷的混合物），通常是炼油厂催化裂化装置或油田伴生气轻烃回收的产品，是一种常见的普通燃料。由于液化石油气主要成分是丙烷，在常温和不到 10 个大气压下就呈液态，因此，可储存在大型球罐中或钢瓶或玻纤/树脂瓶供给分散的用户。而且，由于瓶装气的工作压力小，对气瓶的耐压要求也可比压缩天然气气瓶有所降低。此外，液化石油气汽车尾气中 NO_x、PM 排放低，工作噪声小，并且液化石油气建站费用是压缩天然气的 $1/8\sim1/6$，价格大约是汽油的 $1/6$，因此液化石油气成为极受关注的汽车代用燃料。液化石油气作为良好的汽车代用燃料，以其高热值、高辛烷值、低污染和价格低廉等优点在汽车上获得了广泛的应用，尤其是在部分地区的营业性车辆，如公共汽车、出租汽车、运输车队的卡车等。

燃气汽车比燃油汽车损耗小，延长了检修时间，降低了成本，气体储罐都经过了碰撞和外部高温试验、枪击试验等，安全性较好。燃气成本比燃油成本低，一般在 $1/4\sim1/3$ 之间，不积炭，燃烧充分，不会稀释润滑油，能延长发动机寿命。

（2）醇类燃料汽车。醇类燃料汽车主要有甲醇汽车和乙醇汽车。

① 甲醇汽车。甲醇用于汽车替代燃料，主要是按照一定的比例同汽油进行混合以达到改善尾气排放、节约能源的目的。甲醇辛烷值高、抗爆性好、储存运输方式方便，作为汽车燃料不仅污染小且价格仅为汽油的一半，但燃烧效率也仅为燃油的一半。使用时只需将汽车的燃料箱及油泵镀上一层锌并在燃烧方法上稍加改良，现有的汽车可以直接作甲醇汽车使用。加足一次甲醇的行驶距离超过了电动汽车，加速性能和功率都不错，而且 NO_x 排放量不到柴油汽车的一半。根据美国空气质量改善研究计划（AQIRP）研究报告，M85 机动车的排放性能与汽油车相比，HC 降低 31%，CO 降低 13%，NO_x 降低 6%，但燃料经济性降低 40%。2004 年 11 月 23 日上午，10 辆甲醇汽车亮相山西省长治市，成为该市客运的新军，标志着国家甲醇燃料汽车示范工程在长治市正式启动。甲醇燃料是石油紧缺情况下重要的能源替代品，是国家能源安全战略的重要举措。承担着全省甲醇燃料及甲醇汽车推广示范工程的长治市一运公司，2003 年投资 400 余万元，建成了全省首座标准化甲醇燃料示范加注站，全面示范推广甲醇汽车。首批投入运营的 10 辆 M100 甲醇汽车为 100% 甲醇燃用车辆，具有环保清洁、节能等优点，技术水平在国内遥遥领先。

② 乙醇汽车。乙醇的来源多为各种谷物、纤维生物质和植物合成，属可再生能源。燃用乙醇或乙醇-汽油混合燃料，可降低污染物的排放。因此，乙醇汽车也被认为是机动车的一种有希望的代用燃料汽车。在巴西，乙醇汽车已经占到汽车总数的 30%，这是由于巴西地处热带，适于用于合成乙醇的植物生长的缘故。根据美国 AQIRP 研究报告，E85 乙醇机动车的排放性能与汽油车相比，HC 降低 5%，CO 增加 7%，NO_x 降低 40%~50%，燃料经济性降低 25%。我国从 2002 年 6 月 30 日起在河南省郑州、洛阳、南阳及黑龙江省哈尔滨、肇东等 5 个城市开展为期一年的车用乙醇汽油使用试点工作。2004 年，国家将试点范围扩大到黑龙江、吉林、辽宁、河南、安徽 5 省及湖北、山东、河北和江苏 4 省的部分地区。2017 年，国家发展改革委、国家能源局等多部门联合印发《关于扩大生物燃料乙醇生产和推广使用车用乙醇汽油的实施方案》，明确要求，到 2020 年，在全国范围内推广使用车用乙醇汽油，基本实现全覆盖。乙醇汽油的推广有利于调整我国的能源消费结构，开发石油

替代资源，有效降低汽车尾气污染物排放，促进农业生产、消费的良性循环和可持续发展。

（3）电动汽车。电动汽车是一种脱离了燃油发动机，以自载蓄电池为电源，用大功率电动机提供动力的机械、电子一体化的运输工具。其工作原理是蓄电池经电力协调器向电动机供电，并由电动机驱动车轮，而电力协调器按照人的意志，控制电动机的输出扭矩和转速从而实现对电动汽车的控制。

当前，随着计算机技术迅速发展和广泛应用，新材料、新技术层出不穷，电动机电子控制技术的飞速发展，使得电动汽车在技术性能和市场价格方面与燃油汽车的差距越来越小，其综合效益也日益受到人们的重视。正是由于电动汽车在节能、降低污染方面的优势和在技术、经济方面的可喜进步，世界主要的工业化国家纷纷开始重视电动汽车的研制开发与试验运行，并且在环境保护方面制定了日益严格的汽车排放标准以推动电动汽车的不断发展。

2）按汽车结构形式分类

代用燃料汽车除了可以按照燃料（动力）种类进行划分外，按汽车结构形式的不同还可以划分为单一燃料汽车、双燃料汽车（或两用燃料汽车）、混合动力汽车。

单一燃料汽车（dedicated vehicle）是指能且仅能使用上述代用燃料中的一种作为车辆引擎的动力来源，如福特生产的 Crown Vic 压缩天然气汽车、Ecocline 压缩天然气汽车、F-700 液化石油气卡车、丰田的皇冠 Comfort 车（使用液化石油气）、本田的 CIVIC 型 CNG 汽车等。此类车辆的发动机一般为专用发动机。

双燃料汽车（dual-fuel vehicle）一般是指具有两套燃料供应系统（其一为代用燃料），使用中可以在两种燃料之间进行灵活切换的一类车辆。一般有天然气和液化石油气两种。车型又包括生产中已改装好的新车和使用过程中进行改装的车辆。此类汽车同单一燃料汽车相比，其主要特点是发动机不做改造。目前，燃油汽车加装燃气的双燃料技术已经成熟，改装的费用也为大多数用户所能接受。双燃料车已成为世界流行的代用燃料车。例如，福特公司的 CNG/汽油双燃料车已成功地推向市场。

混合动力汽车（hybrid-electrical vehicle），又称灵活燃料汽车（flexible-fuel vehicle），是指那种既安装蓄能系统（多为高能蓄电池）又有燃料驱动系统的汽车，这类车辆能够根据所处的环境和路况变化，选择不同的驱动方式。根据其工作原理的不同，又可以划分为并行混合动力汽车和串行混合动力汽车。此类车辆的代表有福特的串行混合电动汽车——新能级 2010、丰田的 Coaster 混合动力电动汽车等。

3. 燃气汽车的环境效益分析

CNG、LNG、LPG 汽车的尾气排放中不含铅，基本上不含硫化物。与汽油车相比，其尾气中的 CO、HC 和 NO_x 含量降低了很多。表 9-2 给出了几类不同燃料车辆的污染影响比较。

表 9-2 几类不同燃料车辆的污染影响比较

污染物种类	汽油	液化石油气	天然气
HC	100	40	65
NO_x	100	60	50
CO	100	20	30
发动机噪声	100	50	50

由于测试条件的不同,数据会有所差别。根据德国研究机构的研究表明,CNG 汽车与使用高标号无铅汽油的汽车相比,排放物中 CO 降低了 70%,NO_x＋HC 降低 80%,CO_2 降低 30%。俄罗斯研究机构经过大量试验证明,CNG 与传统燃料比较,CO 减少 80%,NO_x 减少 50%,HC(不含甲烷)减少 90%。全俄天然气科学研究院对使用 LPG 的"2140"型小汽车的试验表明 CO 排放量比用汽油减少 66%,NO_x 减少 22%。韩国世旺世晖机械株式会社给出的尾气排放报告对汽油、柴油和 LPG 燃料尾气排放做了比较,如表 9-3 所示。

表 9-3 汽油、柴油和 LPG 燃料尾气排放比较(韩国)

尾气成分	汽油	柴油	LPG
CO	100	48	20
HC	100	50	37
NO_x	100	330	63
CO_2	100	80	85
杂质	100	100	2

总之,国内外对 LPG 汽车和 CNG 汽车的排放进行了很多研究测试,可以认定使用 LPG 和 CNG 代用燃料,比使用普通汽油、柴油减少对环境的污染,也比超低排放油料污染物排放量减少,但不同情况和不同对比条件其减少量不同。

对于专用燃料车辆和双燃料车辆,其实际排放效果也会有所区别。由于双燃料车采用切换使用的汽油车,原本为汽油设计,燃用气体燃料时要有相应的改变,但又不能过大影响汽油的使用,所以需要进行调试,使两者达到相对较好的平衡。而在此之前,改装件首先应与被改装的车辆有较好的匹配。由于发动机设计的问题,双燃料车不能充分发挥气体燃料的特点,在匹配、调试和使用中往往不能达到最佳状态。因此,双燃料车的实际排放较专用燃料发动机车辆相差较大。

9.1.3 电力驱动汽车技术

早在 1834 年,人们已发明了电动汽车,但随后却销声匿迹,19 世纪 70 年代的石油危机导致了能源危机,使得电动汽车又受到了重视。近年来,随着汽车数量大量增加,汽车尾气排放导致的环境污染进一步加剧,引起了人们对汽车排放污染的重视。电力驱动汽车以其运行中的"零排放"、低噪声等优点被人们称为"绿色环保汽车",甚至可作为石油资源枯竭后传统燃油汽车的理想替代产品,因而受到世界各个国家有关部门特别是政府部门的高度重视,其研发工作也在深入开展。

1. 概述

通常,人们习惯把蓄电池或燃料电池作为部分动力或全部动力的汽车统称为电动汽车。目前,电动汽车的研究和发展主要包括 3 个方面:蓄电池电动汽车(纯电动汽车,pure electrical vehicle,常简称电动汽车 EV)、混合动力汽车和燃料电池电动汽车(fuel cell vehicle)。

1) 电动汽车的特点

(1) 操作性。电动汽车能效高，加速性能和车速与相应的内燃机汽车相当。但是，其蓄电池重量及使用蓄电池电力的汽车附属设备（如采暖和空调器）限制了汽车的荷载和行车范围。就目前技术水平而言，通常用于充电区间小于 400 km 的范围。

(2) 维修和可靠性。电动汽车行驶一定距离或时间后，需要更换电池组，目前国家政策规定，电动汽车乘用车应提供 8 年或 12 万 km 的质保。电动汽车部件磨损小，因此其抛锚时间少，维修时间少，并且不需要检修发动机和更换机油；但由于车自身重量相对更大，需要更换轮胎的频率稍高。

(3) 费用。根据国外有关资料显示，与电动汽车有关的主要费用如下：电费一般低于汽油费，其价格比具有明显的地区性；充电设施投资较低；汽车制造商、企业和车辆改装厂都可进行技术培训。相比于传统燃油车，电动汽车充电的费用低廉，维修成本低但是由于电池使用寿命相对不长，更换电池是一笔巨大的开支。

由于电动汽车具有比汽油车更低的行驶成本和更长的使用寿命，因此若将电动汽车所需的总成本分摊到整个生命周期中，那么电动汽车并不比普通汽油车昂贵多少。例如，微型电动汽车与汽油车福特 Escort 的全生命周期成本比较如表 9-4 所示。若不考虑电池的成本，则电动汽车使用周期内的成本则会低许多。

表 9-4 微型电动汽车与汽油车福特 Escort 的全生命周期成本比较表

类型	汽油	铅酸电池	镍氢电池	锂-硫化物电池
美分/km	26.7	36.8	33.0	29.8

2) 电动汽车的环境效益

电动汽车不仅行驶时废气排放低（纯电动汽车行驶时为零排放），而且因其使用的是一种二次能源，来源广泛。据计算，每年每辆电动汽车可节省 1.4~1.8 t 石油。所以电动汽车的使用，对全球性节能及污染治理有着十分重要的意义。

电动汽车与燃油汽车废气排放比较、噪声比较分别如表 9-5、表 9-6 所示。

表 9-5 电动汽车与燃油汽车废气排放比较

废气组成	电动汽车/(g/km)	燃油汽车/(g/km)
CO	0	17.0
HC	0	2.7
NO_x	0 (0.023)	0.74
CO_2	0 (130)	320

注：括号中的数据考虑了电厂排放的废气。

表 9-6 电动汽车与燃油汽车噪声比较

速度	电动汽车噪声/dB	燃油汽车噪声/dB
35 km/h（匀速）	66	67
50 km/h（匀速）	66	69
35 km/h（加速）	66	75
40 km/h（加速）	66	72

2. 纯电动汽车

纯电动汽车是只用电力驱动的汽车。纯电动汽车由于其噪声小、无废气污染的特点成为世界各国解决能源和环境问题的希望。

与传统燃油汽车相比,纯电动汽车具有以下特点。

(1) 没有尾气排放,车辆噪声低,是真正的环保汽车。

(2) 能源效率高,节能性优越;通过有效利用夜间能源,可以实现电能的均衡性。

但是,纯电动汽车存在的诸多问题有:续驶里程短,性能价格比不高,必须配备大量公用充电网站和充电泊位,投资巨大等。

目前,制约电动汽车发展的主要因素是蓄电池和电动机。

1) 蓄电池

蓄电池是制约电动汽车发展的最大因素,它关系到电动汽车的价格、稳定性、行驶里程等多个方面。目前,电动汽车可用蓄电池主要有铅酸电池、镉镍电池、镍氢电池和锂电池等,而锂电池已经逐渐成为主流应用。

(1) 铅酸电池。铅酸电池是电动汽车早期使用最为广泛的电池。技术比较成熟,比功率较大,成本较低。缺点是比能(单位质量电池产生的电能)低,充电较慢。

(2) 镉镍电池。镉镍电池的初始成本较高,但其比能较铅酸电池高50%以上,寿命是铅酸电池的1~2倍。综合比较,镉镍电池要比铅酸电池经济。但是,镉镍电池存在镉中毒的问题,必须对废弃的镉镍电池进行回收。

(3) 镍氢电池。镍氢电池是以氢作为负极,镍的氧化物作为正极,氢氧化钾作为电解质,在铂的催化作用下,充放电过程中发生化学反应的电池。镍氢电池的能量密度几乎是铅酸电池的2倍,其放电量能使电动汽车在最大功率附近进行工作。此外,镍氢电池还具备使用寿命长、对环境影响小等特点。缺点是氢气用钢瓶储存,安全性差,制造成本过高。

(4) 锂电池。锂电池具有比能高等一系列优点,是美国、日本、欧洲各国相关领域专家研究的重点。锂电池主要有4类:高温锂熔盐电池、锂聚合物电池、锂聚合物固体电解质电池和锂离子电池。

已研制成功的锂离子电池具有高功率、高能量密度和周期寿命长的特点,能量密度是铅酸电池的4倍、镍镉电池和镍金属电池的2~3倍。锂离子聚合体电池可以使电动汽车一次充电行程达到300英里。

(5) 燃料电池。燃料电池可以将氢气、天然气、煤炭及甲烷的化学能直接转化为电能。目前面临的主要技术难题是如何处理车载燃料。燃料电池是一种将储存在燃料和氧化剂中的化学能通过电极反应直接转化为电能的发电装置。它不经历热机过程,不受热力循环限制,故能量转换效率高,燃料电池的化学能转换效率在理论上可达100%,实际效率已达60%~80%,是普通内燃机热效率的2~3倍。现在应用于电动汽车中的一种燃料电池是质子交换膜燃料电池(PEMFC),它以纯氢为燃料,以空气为氧化剂。在1993年加拿大温哥华科技展览会上,加拿大BALLABC公司推出了世界上第一辆以PEMFC电池为动力的燃料电池电动公共汽车:载客20人,续驶里程为160 km,最高速度为72.2 km/h。德国奔驰汽车公司也研制了以PEMFC电池为动力的电动汽车。

此外,锌电池、钠硫电池等其他电池也已开发,但因其或者具有较大的毒性,或者因经济性、安全性、可靠性等问题目前仍未得到广泛应用。

2）电动机

电动汽车的另一个关键部件是电动机，它直接决定电动汽车性能的好坏。目前，电动机的种类很多，但是电动机选择的原则应是具有良好的调速性能，能够实现直流电向交流电的转换，以及电池与电机之间电压的变换；另外还要求电动汽车制动时能够实现制动再发电、回收部分能量及对电池组进行管理等。电动机有以下几种类型。

（1）直流电机。直流电机调速范围较大，低速平稳性也不差。直流电机可以用大容量元器件，控制元件相对较少，有利于实现小型化和轻量化。单就电机而言，直流电机价格较高，但加上控制系统的总价格要比其他电机便宜。其主要缺点是结构复杂，高速旋转时会出现"环火"，限制了电机的转速提高。另外，当汽车在恶劣条件下使用时，电机部件易磨损，维修技术复杂，维修量也加大，电机寿命短。

（2）交流感应电机。交流感应电机制动时能量能够回收，调速控制系统的调速范围宽。尽管电机自身的成本较低，但其控制系统成本高，所以总体价格比直流电机高，增加了电动汽车的造价。

（3）永磁无刷电机。永磁无刷电机最高转速可达 10 000 r/min，体积小，质量轻，控制性能很好。其缺点是所需稀土永磁材料的制造工艺复杂，因此成本较高。另外，永磁无刷电机在大的过载电流下会导致磁性材料的磁性衰退或者退磁，因此使用时应严格控制过载电流。与上述两种电机相比，永磁无刷电机的价格更贵。

（4）开关磁阻电机。开关磁阻电机的控制系统是一个具有很强信息处理能力的微机，以此来控制开关磁阻电机的运行状态。

3. 混合动力汽车

1）混合动力汽车的概念和特点

广义地讲，混合动力汽车是有两套不同的推进系统的汽车。通常，混合动力汽车是指同时装有发电机和内燃机的汽车。由于混合动力汽车集成了两套不同的动力系统和各自相关的燃料储备系统，因此比单一电池发电或单一内燃机汽车在构造上复杂。

与常规动力相比，混合动力汽车的优点主要体现在以下方面。

（1）采用复合动力后可按平均需用的功率来确定内燃机的输出功率，使内燃机以低油耗、污染少的最优工况进行工作。当车辆需要大功率，而内燃机输出功率不足时，由车载电池来进行补充；当车辆负荷减少时，富余的功率可发电给电池充电。由于内燃机可持续工作，电池又可以不断得到充电，故其行程和普通汽车一样。

（2）因为有了车载电池，可以十分方便地回收制动时、下坡时、急速时的剩余能量，提高能量的利用效率。

（3）在繁华市区，可关停内燃机，由电池单独驱动，实现"零"排放。

（4）有了内燃机可以十分方便地解决耗能大的空调、取暖等电动汽车遇到的难题。

（5）可以利用现有的加油站加油，不必再投资新建基础设施。

（6）可以让电池保持在良好的工作状态，不发生过充、过放，延长其使用寿命，降低成本。

通过混合动力汽车与纯电动车、普通燃油汽车、CNG 汽车进行比较，可以更为清楚地了解混合动力汽车的特点。

混合动力汽车吸收了目前电动汽车和普通内燃汽车两者的优点。在较短的行程上能够作为电动车使用，同时又保持有传统汽车的长距离行驶的能力。混合动力汽车电能储存系统在正常情况下不需要另外补充能量（充电），燃料添加设施目前通用。它在起动和低速行驶时由电能储存系统提供动力，超过一定速度后转为由内燃机驱动，上坡和加速超车时由内燃机和电动机联合驱动，减速刹车和高速公路正常行驶时回收能量给电能储存系统充电。内燃机还可以改用压缩天然气、甲醇、乙醇等代用燃料，从而有效地减少尾气排放中的有害物质，同时大大提高了燃料效率，还可以减少对石油的依赖。混合动力汽车还保留了普通内燃汽车的其他很多优良性能，操纵和燃料补充都很方便。因此，混合动力汽车目前已经成为各国政府和工业界的重点开发对象。

由于拥有高效率的内燃机和能量分配的最优化处理，混合动力汽车具有良好的燃料经济性，随之也降低了尾气的排放，尤其是 CO_2 的排放量与燃油汽车相比可降低二分之一，具有低燃料费和低污染双重优势。

总之，混合动力汽车还有许多潜力正待开发，从目前技术和系统的角度来看，混合动力汽车是当前解决环境污染、有效利用能源的较为理想的选择。

2）混合动力技术

混合动力电动汽车的特性在于传动系统构造上，典型的有并联式混合和串联式混合两种。

（1）并联式混合。对于并联式混合动力电动汽车，其发动机和电动马达都能驱动车轮。电动马达的输出直接作为发动机的输出功率补充，换句话说，电动马达辅助发动机工作，和串联式混合动力汽车正好相反。因此，在并联式混合动力汽车中，电动马达可比发动机小，在汽车运行中起的作用也相对较小。通常，并联传动最适合于双模式混合动力汽车。

在20世纪80年代，高功率的电力驱动系统造价很高，体积大而构造复杂，直到现在，电力驱动器也只是作为汽油机的辅助系统而不是作为主要动力，只是体积稍变小了一些，并联式设计正是适应了这一需要。早期混合动力汽车典型的途径是通过轻度减小汽油机的体积，并增加电池组和低功率的电动马达以辅助突然加速和爬坡的需要。

并联式传动系统能效比较高。对于串联式混合，将汽油（或其他燃料）的化学能转换成机械能，然后转换成电能，最后再转换成机械能以驱动汽车，这比并联式混合方式直接将化学能转换成机械能效率低。然而，由于更先进的电子技术允许电子组件在推进系统发挥更大的作用，以及更为有效地管理各种传动组件，这个差距正在缩小。

总体上看，并联式混合动力汽车比串联式混合动力汽车构造复杂，造价高。对于并联式混合动力汽车，其发动机必须频繁地开关，这要求增加额外的组件以连接发动机和电动马达。此外，由于其发动机和电动马达混合工作，传动系统控制也显得比较复杂。

（2）串联式混合。串联式混合动力汽车利用燃油发动机发电，利用电动马达驱动汽车。来自内燃机的机械能都转化成电能，直接供给电动马达；如果暂时过剩，就送到电池或电极电容储藏。发动机系统没有离合器和传送器，因为所有的机械能都直接转化成电能以驱动车轮。对扩展混合动力汽车来说，串联式构造对于电力驱动系统基本上只是一个小的附加组件。

对于串联式混合动力汽车，内燃机以较恒定的速度和功率运行较长时间，只有在电池充满电的时候才停止运行。峰值功率由电池或其他装置提供，而不是发动机。

以电池供电的汽车，特别是串联式混合动力汽车，面临的主要问题是电池的使用寿命。从发动机到电动马达急剧的功率切换，虽然减少了发动机的能耗和排放，但都是以缩短电池的使用寿命为代价。

由于快速发展的电力驱动技术和电池技术，串联式混合方式将比并联式混合方式更加受益。

4. 燃料电池汽车

1959 年，美国 Allis-Chalmars 公司制造了第一辆燃料电池拖拉机，因为燃料电池能效高、体积小、无污染，很快就被认为是太空船的理想动力。美国国家航空航天局（NASA）对燃料电池进行了广泛的研究，在 19 世纪 60 年代将其应用于双子星号太空船，以及其后的阿波罗号和其他航天飞机。NASA 的成功，使人们认识到燃料电池能用到汽车上，但当时的电池技术还处于起步阶段。燃料电池非常笨重，且费用过高，因此其应用受到了限制，一直到 1990 年，美国环保局提出了零排放车的要求，燃料电池车才真正得到了长足的发展。

1）燃料电池汽车的概念和特点

燃料电池汽车是指直接将化学能转换为电能驱动车辆行驶的车辆。其特点在于它所使用的燃料电池。燃料电池是将储存在燃料和氧化剂中的化学物质能通过电极反应直接转化为电能的发电装置，无燃烧这一中间过程。这种电池通过捕捉原子化合成分子时释放的电子而直接把化学能转化为电能。燃料电池由燃料（氢、煤气、天然气等）、氧化剂（氧气、空气、氯气）、电极（多孔烧结镍电极、多孔烧结银电极等）组成。只要不断加入燃料和氧化剂，电池就会不断地产生电能，而只排出水和热量。它的优点是无须充电，比能量高，无污染。其缺点是成本高，燃料储存和运输较为困难。

与传统的汽油车和电动汽车相比，燃料电池汽车具有以下特点。

（1）利用燃料电池进行能量转换效率高，燃料电池的直接转换效率在 60%～80% 之间。如考虑到废热利用等因素，则整个燃料电池系统的能量转换系数可达到 85%，为内燃机的 2～3 倍。

（2）水和 CO_2 是燃料电池汽车唯一的排放物，环境污染小。

（3）燃料电池汽车运行噪声比柴油车和压缩天然气汽车要低，相当安静。

（4）燃料电池汽车主要燃料源是氢气，可以从天然气、甲烷、甲醇和其他富含碳氢的燃料中提取。燃料的多样性可以保证在主要的燃料源无法得到时，可采用其他燃料代替。

（5）在操作上不需要对传统的汽油车做任何基础的改变。它们能在几分钟内重新充电，其行驶性能不逊于汽油车，加速性能也可与汽油车相媲美。燃料电池汽车只需消耗汽油车所需能源的一半。

（6）电池的寿命长。燃料电池本身工作没有噪声，没有振动，其电极仅作为化学反应的场所和导电的通道，本身不参与化学反应，没有损耗，寿命长。

上述燃料电池汽车的特性表明，其应用前景是非常诱人的。早期的燃料电池汽车是靠来自天然气的甲醇或氢驱动的，或者直接利用石油燃料。未来的燃料电池也许可以利用太阳能分解水产生的氢来提供。用这种方法，从燃料反应到行驶的整个过程，都接近零排放，这样，交通环境系统可持续发展的梦想将会变成现实。

由于燃料电池系统存在体积质量大、成本高、可靠性差等问题，因此，要推进燃料电池汽车的商业化还需要一段时间。燃料电池最新的研究发展减小了电池的体积并降低了成本。目前，主要的技术难题是如何处理车载燃料。

采用车载燃料重整器（reformer）和处理器（processor）可将甲醇和汽油等燃料转化为氢，其技术上虽然可行，但成本、重量和效率方面仍有大量工作要做。

此外，车载氢气储存问题也是一个研究的重点。福特公司和美国劳伦斯利弗莫尔国家实验室共同研制成功了新型高压储氢罐。车载氢燃料虽然省去了重整器和处理器，使汽车结构简化，但现有储氢技术的问题是：能量密度太低，与氢燃料生产和分配有关的基础设施还不具备。

2）燃料电池技术

（1）燃料电池系统。燃料电池是将氢和氧转化成电能的装置。它和有电极、电解质、极性和非极性接头的电池很相像，但是它并不像传统电池那样储存能量；相反，燃料电池在提供电能的同时，燃料是连续供应的。这一点区别正是燃料电池系统的优势所在，它解决了行驶受限的问题。独立的燃料储存装置能简单而快速地从外部介质得到补充，而同样的方式对汽油车而言则只能在加油站得到补充。

燃料电池汽车的动力装置包括一个容纳氢或含氢燃料的储存箱、燃料-电能转换系统、电动马达、电池、超高速离心器等。随车发电系统包括一个或多个燃料电池堆及辅助的子系统。这个辅助的子系统因燃料电池的类型而异，其功能主要是压缩及提供空气、冷却反应堆、保持内部燃料电池湿润及处理多余的水。如果不是直接采用氢做燃料，则大部分的燃料电池都需要一个实现燃料-氢转换的改进装置。

燃料电池系统的能效至少是汽油机的两倍。车用燃料电池所用的氢和氧是分开的，氢气被送到正电极或阳极，空气被送到负电极或阴极，通过连接发电机的电线，在电流的作用下，氢分子得到分离。残余氢（阳离子）通过电解液向阴极移动，和送到阴极的氧结合。其产物是水，反应原理很简单，并且很容易控制，通过散热损失的能量极少。

氢能源取代矿石能源将是一种趋势。氢是可储存的能源，直接利用水制氢，氢燃烧后与氧又结合成水，取之不尽，用之不竭，是自然物质循环利用的典型过程。

（2）燃料电池类型。根据所采用的电解质的类型不同，目前常用的燃料电池可分为：①质子交换膜（PEM）电池，采用固体聚合电解质；②固体氧化物电池，采用陶制电解质；③含磷酸性或碱性电池，都采用液体电解质。

目前PEM被认为是最适合车用的燃料电池。PEM燃料电池的优点在于采用类似"莎纶"的固体薄膜作为电解质，与采用液体电解质的燃料电池相比，PEM燃料电池采用固体材料使电池更加轻便，而且可以在较低的温度下运行。但PEM燃料电池对甲醇反应产生的副产品CO比较敏感，而磷酸和固体氧化物类型的电池则较稳定。

尽管碱性燃料电池的研究和开发已有一定的基础，但目前仍不适合车用。碱性燃料电池能快速启动，但却不能和CO并存，需要采用纯氢，成本较高。

固体氧化物电池的基本优点是对功能的改进。通过对电池内部甲醇或甲烷的直接改进，固体氧化物电池节省了空间和成本，对所用的燃料也不太敏感。其缺点是工作温度较高，导致一些预热和安全方面的问题。

磷酸燃料电池的应用较早。在20世纪80年代中期，美国能源部曾对3辆巴士安装过这种电池，因为当时这种电池比PEM和其他电池更成熟。磷酸燃料电池对CO的承受力较强，但比 PEM 电池的体积庞大，且需要 15 min 预热，因此更适用于卡车或公共汽车，但在私人轿车的应用上受到限制。

目前，对燃料电池汽车的大规模应用还需要一段时间，仍有许多问题需要解决。例如，设计和集成高峰动力装置于燃料电池系统中，在不减小安全度的条件下尽可能地将燃料电池、高峰动力装置、马达、电子发生器和燃料储存系统设计进一个较小的空间等。此外，对于各种不同的技术，改进的重点也有所不同。对 PEM 电池而言，目前主要集中于改进其工作性能，在不影响机械特性或不受气流纯度影响的条件下降低电解质薄膜的成本，寻求简单有效的方法保持膜湿润，同时不增加阴极产生的水量，减小空气压缩系统的体积和能耗，减轻整体重量，减小体积和降低制造装配成本。

3）燃料电池汽车的成本分析

由于燃料电池汽车技术尚处于起步阶段，其成本很难进行准确的估计，但其发展却是势不可当的。在成本和性能上，燃料电池是呈指数增长的。美国通用公司的研究人员指出，不久的将来，一辆燃料电池汽车的成本将和汽油车的成本相当或更少。即使考虑更多的因素，由于燃料电池汽车运行的成本很低，整个使用周期的成本将会比汽油车大大地降低。

燃料电池汽车的成本会因所选用燃料电池的不同而发生较大的变化。使用太阳能氢的燃料电池汽车比传统的汽油车成本稍微高一点，使用由生物质生产的甲醇为燃料的燃料电池汽车则比汽油车成本低得多，使用由天然气产生的氢为燃料的燃料电池汽车成本是最低的。由于在将来存在着重大技术突破等因素，因此上述的成本比较并不是固定不变的。

根据上述的分析可以得到以下结论。

（1）由于氢燃料电池汽车电力传动系统效率更高、耗费更少，因此在使用周期内，氢燃料电池汽车比混合氢燃料车运行成本低。此外，燃料电池汽车的排放非常低，特别是显著地降低了 NO_x 的排放。

（2）除了小型短程的汽车，燃料电池汽车比蓄电池电动车使用周期成本低。燃料电池更适用于长途汽车。因为随着能源要求的提高，即使包括氢储存系统，燃料电池系统的重量和成本也增长不多；而蓄电池则要求成倍的增长。长途蓄电池汽车需要配备更多的电池，也增加了额外的重量，额外增加的重量又需要相应增加一定的电池和设备来支持，这就形成了一个螺旋上升的循环。燃料电池汽车类似于汽油车：行驶里程的增加，只需扩大燃料箱的容量。即使燃料储存系统成本很高，但还是比增加蓄电池便宜得多。

（3）使用周期成本的降低不应该集中在降低燃料电池本身成本上，其他因素如车的使用寿命和维修费用，也是需要考虑的重要因素。

（4）当甲醇和氢都来自原料时，甲醇燃料电池汽车的成本比氢燃料电池汽车的成本低得多。虽然使用甲醇的燃料电池系统比直接用氢的系统成本高，因为要安装将甲醇转为氢的随车反应器，但对于燃料的储存，甲醇燃料电池系统又比氢燃料系统简便且成本低得多。

（5）太阳能氢燃料电池汽车在所有类型的汽车中是成本最高的，但其造成的环境影响也是最小的。

4）燃料电池汽车的环境效益

以氢为燃料的燃料电池汽车是真正的零排放汽车。由于燃料电池的排放主要是水和 CO_2，硫、氮化合物的排放量也分别仅为 1.36 g/(MW·h) 和 1.81 g/(MW·h)，可充分满足未来排放标准的严格要求。若采用甲醇作为燃料,燃料电池汽车的甲醇反应器会产生很少量的 NO_x 和 CO,燃料供应和储存系统会有少量的甲醇蒸发。以汽油和其他石油产品为燃料的燃料电池汽车也会存在一定的排放问题,不是源于燃料电池本身,而是来自反应器、燃料箱和升流系统等。

燃料电池汽车除了排放低外,其噪声也较低,运行时噪声值只有 60 dB。泵、风机和压缩机等燃料电池辅助系统会发出低度的噪声,发电机也会产生一定的噪声,但由于电池内部的电化学反应是无声的,所以整体上噪声比较低,特别是在低速行驶的时候。

9.2 机内净化措施

所谓机内净化技术,是指从发动机有害污染物的生成机理及影响因素出发,通过对发动机进行调整或改进,达到控制燃烧,减少和抑制污染物生成的各种技术。简单说,就是通过改进发动机燃烧过程,减少污染物排放的技术。通过改进燃烧室、活塞、气道等结构和参数,以达到理想的空燃比,并使汽油机有足够的点火能量,从而使燃烧过程得到最佳控制。其关键技术是设法降低最高燃气温度,提高燃料燃烧的完全度,尽量减少不完全燃烧产物,从而使有害排放物可以降至控制前的 60%～70%。这是一种治理汽车发动机排放公害的根本措施,因而受到广大汽车内燃机的研究设计人员的关注。

9.2.1 废气再循环

随着汽车制造技术的不断进步与发展,发动机燃烧控制越来越精确,燃烧越来越充分,燃烧室内的温度越来越高,这就造成了氮氧化物(NO_x)排放的大量增加。在机动车尾气排放的 3 种主要污染物 CO、HC 和 NO_x 中,NO_x 的单位削减费用最高,CO 最低,这说明 NO_x 的控制难度最大。从目前我国环境质量来看,3 种污染物中 NO_x 的污染最严重,因此应重点考虑 NO_x 的控制。为降低 NO_x 的排放量,目前国内外普遍采用且行之有效的方法是废气再循环。

1. EGR 的原理及系统的基本构成

燃烧温度越高,NO_x 产生越多;在最适合于燃烧的点火时期点火及最经济的空燃比时,产生的 NO_x 最多。为了减少 NO_x 的排放,应该考虑不利于燃烧的空燃比及点火时期;可是这样一来,又容易发生不完全燃烧,增加 HC 及 CO 排放,还使发动机的功率下降。废气再循环是可以较好地解决这一矛盾的技术。

所谓废气再循环,是指将一部分发动机排气引入汽缸内重新燃烧,利用发动机含氧量低和热容量大的特点,降低汽缸内氧气含量和最高燃烧温度,从而降低 NO_x 生成量的方法,简称 EGR(exhaust gas recirculation,EGR)。

EGR 系统的主要作用在于它能对引入进气系统的废气温度、EGR 流量、EGR 的作用时刻等实行最佳控制。有的 EGR 系统还兼有控制空气、燃油及其相互比例的功能。EGR 可将车辆发动机排放的有害物质——NO_x 控制在最低程度,因而近年来大部分车辆都安装 EGR 系统。

EGR 净化 NO_x 的基本原理实际上是热容量理论的具体应用。EGR 的工作原理如图 9-3 所示。

由于发动机排气的主要成分是 H_2O、N_2 和 CO_2 等，这些气体的热容量都很高，而且在排气中氧气的含量很少，当一部分发动机排气重新进入燃烧室燃烧时，热容量即随之增大，则加热这种经过废气稀释后的混合气时，温度每升高 1 ℃ 所需热量也随之增加，在燃料燃放热量不变的情况下，可以降低最高燃烧温度。EGR 对新混合气的稀释，也相应降低了氧的浓度，从而使 NO_x 在燃烧过程中的生成量受到遏制。

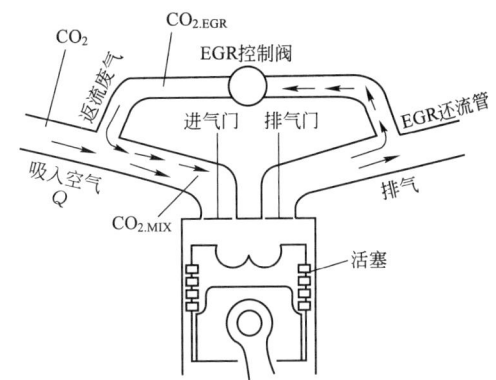

图 9-3　EGR 的工作原理图

在发动机中，随着废气再循环量的增加，虽然 NO_x 减少，但废气烟度和微粒将随之增加，如果循环废气先经过冷却器，温度降到 160～180 ℃，然后进入汽缸，则不仅使 NO_x 排放降低，而且 CO 等增加得也不多。

废气再循环装置基本组成为 EGR 阀、温度控制开关、接收真空信号的软管和通废气的金属管等。EGR 阀是废气再循环装置中非常重要的关键部件，它通常被安装在进气歧管上，有一通向排气歧管的短金属管与它连接，对进入进气歧管的废气量进行控制。温度控制开关常常安装在靠近节温器的冷却液通道上，可根据发动机工作温度接通或断开通向 EGR 阀的真空信号。

EGR 由于废气返流，减少了排气总量，并使进气稀释，减少了混合气所具有的能量，降低了燃烧的最高温度和氧气的相对浓度，从而有效地控制了燃烧过程中 NO_x 的生成量。但当废气返流量太高时，燃烧速度太慢，燃烧波动增加，HC 排放量增加，功率和燃料经济性随之恶化。

2. EGR 量对发动机性能的影响

废气混入的多少用 EGR 率表示，其计算式如下：

$$\text{EGR 率} = \frac{\text{废气还流量}}{\text{废气还流量}+\text{进气量}} \times 100\%$$

EGR 率对发动机工作过程参数及其性能的影响如下。

（1）对进气温度和着火滞燃期的影响：随着 EGR 率的增加，进气温度有明显增加，这主要是因为 EGR 率增加表示引入的废气量增加，由于废气与新鲜空气的热交换作用，使得进气温度提高；同时着火滞燃期缩短，因为引入 EGR 提高了进气温度和压力，有利于滞燃期的缩短。

（2）对 NO_x 的影响：EGR 率增加，NO_x 有较大幅度的下降。因为废气的引入使汽缸内氧气浓度降低，阻滞了燃烧反应，汽缸内最高燃烧温度有所降低，尽管燃烧持续期有所延长，但由于起作用时的温度低，氧气含量减少，因而大大地抑制了 NO_x 的生成。

（3）对 HC 的影响：EGR 率增加过大时，燃烧速度太慢，燃烧稳定性变差，由于混合气浓度过度稀释产生丢火，HC 排放也有所增加，同时也增加了油耗，影响了发动机的动力性与经济性。

（4）对烟度的影响：在低负荷时，EGR 率增大，烟度变化不明显。在标定工况下，随着 EGR 率的增加，烟度增加较多，这主要是由于引入的废气较多，抑制了燃烧速度，不完全燃烧量增加。这不仅影响了发动机的性能，也限制了 EGR 率的提高。

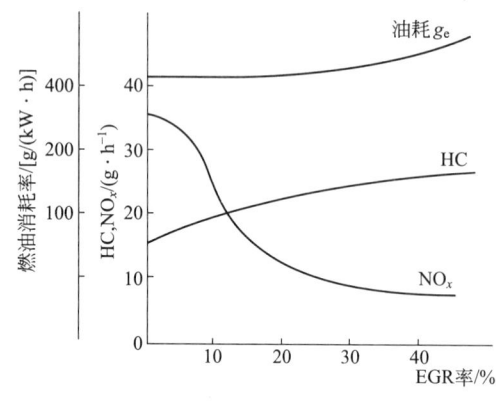

图 9-4　EGR 率与油耗及 NO_x、HC 排放的影响

不同 EGR 率对油耗和 NO_x、HC 排放的影响如图 9-4 所示。

由图 9-4 可知，随着废气还流量不断增加，即 EGR 率增加，由于燃烧速度变慢，使油耗与扭矩也跟着下降，动力性和经济性变差，HC 也会增加；EGR 率减少，NO_x 排放达不到法规要求，容易产生爆燃和发动机过热等现象。由此可见，废气再循环是以降低发动机的工作效率、动力性和经济性为代价来减少 NO_x 排放的。因此，EGR 的量必须控制在一定范围内。

3. EGR 的控制要求及策略

图 9-5 的试验结果说明，对于汽油机而言，当 EGR 率小于 10% 时，燃油消耗量基本不增加；当 EGR 率为 20% 时，NO_x 浓度下降 60%~70%，油耗只上升 3%；当 EGR 率大于 20% 时，发动机燃烧不稳定，工作粗暴，HC 排放物将增加 10%。因此，通常将 EGR 率控制在 10%~20% 范围内较为合适。

对于柴油机而言，由于柴油机排气中氧气含量相对汽油机要高得多，而且其废气中的 CO_2 和 H_2O 的比例要比汽油机低，因此，必须使用更大量的 EGR 才能有效地降低 NO_x。一般直喷式和非直喷式柴油机的 EGR 率可分别超过 40% 和 25%。

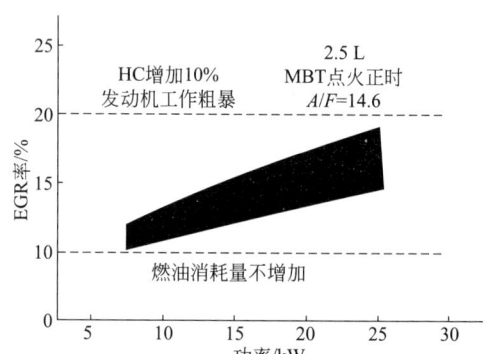

图 9-5　EGR 率与发动机性能关系

由于 EGR 的量对发动机的工作性能有很大影响：量过少，不能有效地降低 NO_x 物的排量；量过大时，发动机性能恶化，工作不稳定。因此，对 EGR 率的控制必须进行全面的权衡。下面仅就汽油机提出相应的控制策略。

（1）在发动机启动时，为保证发动机顺利启动到稳定工况，一般关闭 EGR 阀。

（2）怠速及低负荷时，NO_x 排放浓度较低，为了不影响稳定燃烧，不进行 EGR。

（3）在暖机过程中，冷却水温度及燃烧温度较低，NO_x 排放浓度也较低，为防止废气再循环影响燃烧稳定性，水温过低时，一般也不进行 EGR。

（4）在高负荷、高速或油门全开时，为了保证发动机有良好的动力性，此时混合气较浓，NO_x 排放产物较少，不进行 EGR 或减少 EGR 率。

（5）随着负荷的增加，EGR 率应增加到允许的限度。

（6）废气再循环量对 NO_x 排放和油耗的影响还受到空燃比、点火提前角等因素的影响。基本点火提前角标定时，一定要考虑 EGR 和不用 EGR 的影响：采用 EGR 时，点火提前角随 EGR 率增大而加大；不采用 EGR 时，点火提前角减小。

例如，如果 EGR 引入 10% 的废气进入汽缸，就会占据 10% 的汽缸容积，自然留给混合气的容积就减少了 10%，在这种状况下，也就相当于发动机的排量减小了 10%。这种 EGR

系统是在电子控制单元的控制下工作的：在全负荷工况（如大力踩下加速踏板）时，EGR系统是不工作的；在普通工况下，EGR系统才会启动。这样一来，匹配了EGR系统的发动机就相当于一台可变排量的发动机：在需要大马力时是大排量发动机，可以获得足够的动力；在日常行车，不需要过多动力时是小排量发动机，可以获得更好的经济性和更低的排放。

因此，在对EGR率进行控制时，要综合考虑以上各因素进行系统控制，才能取得较好的发动机性能。

为了精确地控制EGR率，可采用冷却EGR和完善的电子闭环控制EGR技术。前者有利于取得最佳的NO_x和燃油消耗率的均衡关系；后者在不采用NO_x后处理情况下，也能满足排放标准对NO_x限值的需要。

9.2.2 燃烧系统的设计

发动机是汽车的动力装置，通过燃料的燃烧进行能量转化，驱动汽车行驶。因此，燃烧系统设计的好坏直接决定着发动机的性能，也在很大程度上影响污染物的排放。通过改变燃烧室的形状、减少燃烧室的面容比（S/V）、提高燃烧室的壁面温度，对整个燃烧系统进行优化设计，能起到有效减少发动机排气中有害成分的作用。

1. 燃烧室的形状

燃烧室设计的重要原则之一是燃烧室面积和容积的比S/V要小，即尽可能紧凑；火花塞尽可能布置在燃烧室中央，以缩短火焰传播距离。紧凑的燃烧室散热损失小，火焰传播距离短，燃烧速率高，所以热效率高。燃烧的改善，使不完全燃烧产物CO排放下降。因此，从净化观点来看，应尽量采用S/V小的燃烧室。

面容比是由燃烧室的基本形状决定的，不同燃烧室的形状会对汽油机性能有很大差别。图9-6为典型的汽油机燃烧室形状。

L形燃烧室基本属于20世纪70年代前的设计，面容比最大，火焰传播距离最长，燃烧持续期被拉长，因而其排放特性和动力经济性都很差。浴盆形燃烧室和楔形燃烧室也曾得到广泛应用，如国内492型和489型汽油机，但随着多气门化的进行，这两种燃烧室在国外已逐渐减少。蓬形燃烧室则从20世纪80年代到现在一直很流行，由于其四气门布置及火花塞位于中央，形状紧凑，因而燃烧效率和排放特性都大大好于L形燃烧室。目前，四气门发动机的半数以上都是采用蓬形燃烧室。

燃烧室的面容比还与发动机的结构参数有关。在其他因素相同时，降低压缩比或增大行程比S/D，可使S/V降低。当发动机减少缸数、增大每缸排量时，也可降低S/V值。

对燃烧室进行整体优化设计，可使汽油机的动力经济性和排放特性得到以下改善。

（1）紧凑的燃烧室可使燃烧时间缩短，实现快速燃烧，提高热力循环的等容度，使热效率提高。快速充分的燃烧可降低CO和HC的排放。

（2）紧凑燃烧室的快速燃烧使最高燃烧温度上升，导致NO_x生成量增加。但是，快速燃烧又是采用EGR和推迟点火等手段降低NO_x措施获得成功的必要前提。如果燃烧不加速，用EGR或推迟点火将使燃烧时间拖后，使发动机性能恶化。紧凑燃烧室快速燃烧，加上优化的EGR率和点火定时，可能给出动力性、经济性、NO_x排放之间的最佳匹配。

（3）紧凑的燃烧室可有效防止爆燃，或者说提高了辛烷值。因为燃烧时间越长，越容易发生爆燃。这就使得汽油机有可能进一步提高压缩比以改善热效率。

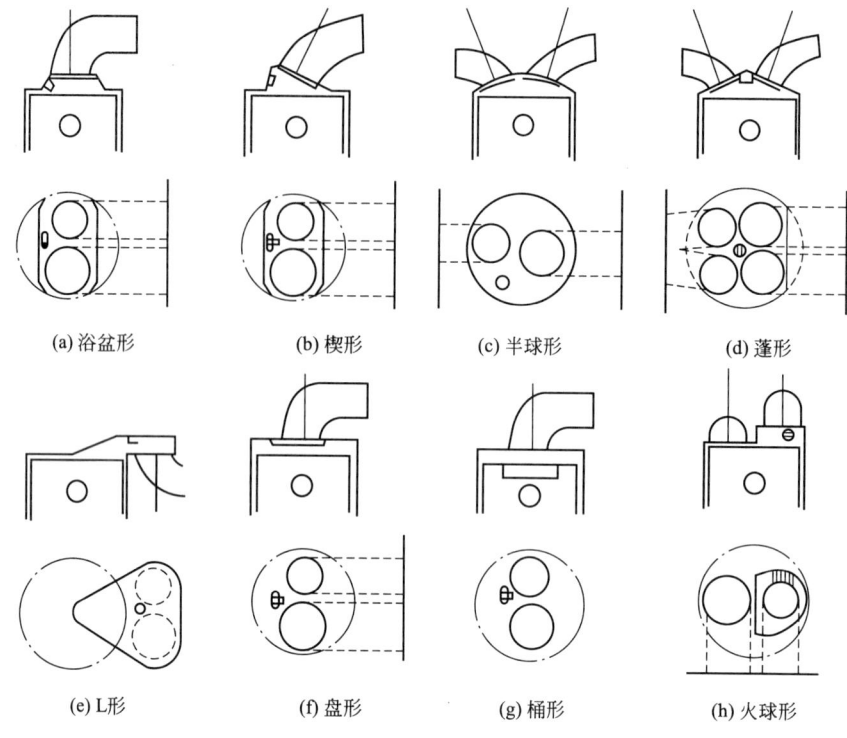

图 9-6 典型的汽油机燃烧室形状

(a) 浴盆形　(b) 楔形　(c) 半球形　(d) 蓬形
(e) L形　(f) 盘形　(g) 桶形　(h) 火球形

(4) 面容比（S/V）小，可减轻燃烧室壁面对混合气的淬熄效应，减少 HC 排放。

(5) 面容比（S/V）小，可减少燃烧过程中的散热损失，有利于提高热效率。

总之，紧凑的燃烧室可直接使汽油机的热效率提高，HC 和 CO 排放降低。通过减小点火提前角或 EGR 联用，也可同时得到降低 NO_x 排放的效果。

2. 压缩比

压缩比 $\varepsilon = 1 + V_p/V_c$（$V_p$ 为活塞扫过容积，V_c 为燃烧室容积，$V_p + V_c$ 即为汽缸总容积），降低压缩比意味着加大了燃烧室容积，使 S/V 也下降，还使膨胀行程中燃烧室的壁面温度和排气温度有所提高，这些因素有利于 HC 排放量的降低。图 9-7 为不同空燃比 A/F 时压缩比与 HC 排放关系图。

降低压缩比，燃烧室容积 V_c 上升，残余废气增多，降低了最高燃烧温度，从而 NO_x 的排放也有所减少。

降低压缩比对排气净化有利，但与提高热效率存在矛盾，降低了发动机的热效率。柴油机的压缩比 ε 一般在 12~22 之间，压缩比的变化对其燃油经济性的影响不是很大。但对于汽油机，压缩比 ε 较低，一般为 6~11，压缩比的变化对汽油机的热效率影响非常明显，压缩比越高，热效率越高，其燃料消耗就越低。一般都是在燃料辛烷值允许的前提下尽可能用较高的

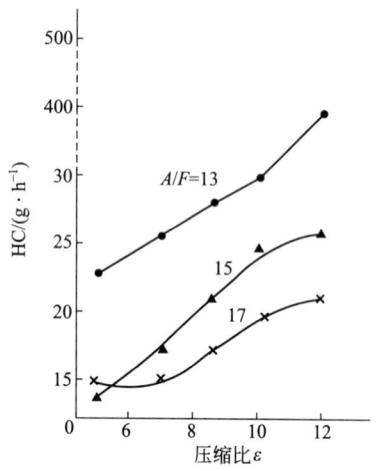

图 9-7　不同空燃比 A/F 时压缩比与 HC 排放关系图

压缩比,以获得较好的功率和油耗指标。但压缩比提高使燃烧室更扁平,面容比 S/V 增大,导致未燃 HC 生成量增加。压缩比提高使排气温度下降,未燃 HC 的后氧化减弱,使 HC 排放量加大。高压缩比发动机最高燃烧温度较高,使 NO_x 生成量增加,热分解产生的 CO 也加多。

不过,这并不意味着降低污染物排放要人为降低发动机的压缩比,事实上正相反。传统的汽油机往往根据最易发生爆燃的工况(最大制动转矩点火定时)选择压缩比,这样在其他常用中小负荷工况,汽油抗爆性能并未得到充分利用。现在汽油机则选择更加高一些的压缩比,在大部分工况下能正常燃烧;在少数工况下发生爆燃时,通过爆燃传感器通知电控器,后者可适当推迟点火以消除爆燃。电控点火系统的采用使任意控制点火定时成为可能,为高压缩比点燃式汽油机在性能与排放方面得到更好的匹配提供了很大的潜力。目前,新生产的汽油发动机的压缩比一般控制在 10 以内。

3. 燃烧室的激冷区

激冷区是指燃烧室中有两个以上冷表面所形成的狭窄空间(如挤气间隙区),它能阻止火焰向内传播(淬冷),因此激冷区大小对排气中 HC 和 CO 排放有直接影响。减少激冷区的面积,可以使燃料的燃烧更充分,从而减少 HC 的排放。一般燃烧室的激冷区缩小,也使 S/V 降低。

活塞顶部环岸、汽缸表面和顶环三者之间形成激冷区,因此在工作可靠前提下尽量缩小活塞头部与汽缸的间隙,尽量缩小顶环到活塞顶的距离。为此,要寻找热膨胀更小的活塞材料(如碳纤维复合材料)和耐热性更好的活塞环材料,以及合理的结构。为了研究激冷区对排气中 HC 含量的影响,有人在单缸机上做了试验,仅将第一道活塞环与活塞顶的距离由 11.1 mm 上移为 3.17 mm,就使排气中 HC 含量从 355 ppm 下降至 295 ppm。美国 SP 公司为配合机内净化曾经设计了一种如图 9-8 所示的置于靠近活塞顶的第一环槽内的 L 型顶岸环,它与活塞顶距离只有 1.5 mm,通常第一环与活塞顶距离在 7~10 mm 之间。采用此环后,由于环的位置特别高,缩小了激冷区,有利于排气净化。另外,这种环能充分利用环背气体的压力,从而改善密封性而减小向曲轴箱内窜气。试验表明,采用这种活塞环后,可使排气中 HC 减少 15%,CO 减少 25%,窜气可减少 50%左右。

从另一方面考虑,如果不能缩小活塞头部与汽缸间隙,则适当加大间隙,使燃烧火焰能够钻入间隙而不淬熄,也可减少 HC 的排放。

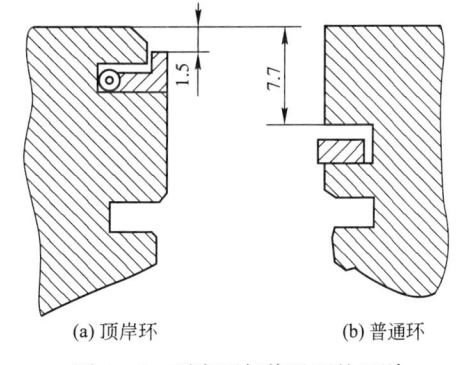

(a) 顶岸环　　　　(b) 普通环

图 9-8　顶岸环与普通环的区别

4. 缸内气流运动

燃烧室内气流也是影响发动机排放 HC 和 NO_x 的重要因素。提高缸内混合气的涡流和湍流程度,有助于加强油气的均匀混合,从而为点火和快速燃烧、完全燃烧创造良好条件。这是因为,静止或层流混合气中的火焰传播速度一般不超过 1 m/s,而湍流时的火焰传播速度可高达 100 m/s。由于燃料得到充分燃烧,HC 的排放就得到了减少,而且由于燃烧过程更为稳定,减少了燃烧的持续时间,这也在一定程度上抑制了 NO_x 的生成。另外,气流还可配合燃用稀混合气时消除灭火现象，这就导致各种有害成分的降低。

气流运动的产生主要在进气或压缩行程时产生。

进气涡流可通过进气道形状和在进气门上设置导气屏来实现。日本东洋工业的 SCS（稳定燃烧系统）燃烧室，它采用螺旋进气道与屏蔽阀座产生强化涡流，达到稀燃混合气或 EGR 混合气的稳定燃烧。螺旋进气道在气门开度不大时能产生较高的涡流强度，且气道阻力也较小，对充气效率影响不大。

不同的进气涡流强度对各种有害成分的排放有不同的影响。在直喷 ω 型燃烧室柴油机上的试验表明，若喷油定时不变，采用较强的进气涡流，则由于混合气质量改善，加快了燃烧，因此缸内温度增加，NO_x 排放量也增加；反之，弱进气涡流虽可降低 NO_x 排放量，但却会使烟度增加，因此要针对具体的柴油机采用恰当的进气涡流。目前，采用可变进气涡流是发展趋势之一。它可为直喷式柴油机在不同工况时提供不同的进气涡流强度，而不使流量系数因涡流变化受到影响。例如，在低速大负荷时为强涡流，使燃油和烟度下降；在各个转速部分负荷时为弱涡流，使燃油和 NO_x 下降。另一发展趋势是尽量发展紊流和适当降低涡流强度。目前，有相当多的直喷式机型采用了结构各异的微涡流、强紊流的燃烧室，由于对混合气形成和燃烧的良好作用，故 NO_x、CO 及炭烟排放均较一般直喷 ω 型燃烧室要低得多。

压缩涡流可由燃烧室的挤气区产生。在薄层挤气区中，由于激冷作用使得燃烧不完全。如果火焰在上止点前达到了薄层挤气区，则该区产生不完全燃烧，HC 的排放因而增加。只有火焰明显地在上止点后到达挤气区时，才能改善燃烧，此时混合气反膨胀强烈地回流到正在加大的挤气间隙，火焰即可迅速传播。因此，挤气区的布置不应靠近火花塞。

另外，适度的气流运动还可以改善燃烧时的循环波动和改善热传导，而循环波动也是 HC 排放及动力经济性恶化的重要成因。

如果以一种燃烧室为基础，较大的挤气面积可引起涡流的加强，使燃烧不到的边界层的厚度减小，从而降低 HC 的排放量。但挤气面增加将带来 S/V 比值增大，又导致 HC 的增加。研究表明，两种影响因素所起的作用大致相互抵消。当有意识地加强挤气涡流时，则加强涡流改善燃烧，对减小 HC 的影响较大。

9.2.3 点火系统的改进

点火系统是点燃式内燃机的重要组成部分，它是点燃式发动机正常工作时，用于控制点火系统能量和各个汽缸点火顺序、点火时刻的装置，通常包括点火线圈、分电器、点火提前装置、火花塞等。目前，使用的点火系统有传统的蓄电池点火系统（又称有触点式点火装置）、触点式晶体管点火装置（又称半晶体管式点火装置）、无触点式晶体管点火装置和电子控制点火系统。

点火系统对发动机的动力性、经济性、排放等方面有极其重要的作用和影响，其技术状况不符合规定的要求时，将使发动机的燃烧过程变差，燃料消耗量显著增加。汽油机约有半数以上的故障是由于点火系统出现故障而造成的。因此，改进点火系统，对于改善发动机工作过程和减少有害气体排放，具有非常重要的意义。

点火系统通过对点火时间、点火能量的控制，可以控制燃料燃烧的时间、温度，以及燃料燃烧的效率，从而对减少尾气污染有很大作用。改进点火系统的途径有以下几种。

1. 减小点火提前角

在汽缸中，从火花塞开始点火到着火燃烧需要一定的时间。为了使发动机能够具有较好的性能，不能在压缩终了时刻进行点火，而必须有一定的提前，即点火必须在最佳时刻进行。点火的时刻是用点火提前角来表示的。所谓点火提前角，是指从火花塞电极间跳火开始，到活塞运行至上止点时的这一段时间内曲轴转过的角度。

点火提前角的大小直接影响到汽缸内最高燃烧压力到达的时刻。这个时刻，对汽油机的功率及经济性有着重大的影响。若最高燃烧压力点到达过早即点火提前角大，则混合气必然早点火，经过一段着火落后期后，压力上升线的主要部分处于上止点前，而此时汽缸内处于压缩过程，由于其容积不断缩小使得汽缸内的燃烧压力升高率较大，最高压力值也较高，从而导致压缩过程负功的增长；发动机各传力零部件承受载荷增加；缸内混合气的温度、压力的增高，最后燃烧的那些混合气产生爆燃的倾向也在增加。反之，若最高燃烧压力点到达过迟即点火提前角小，则燃烧产物的膨胀比将减小，并使排气温度较高，同时相应燃烧高温时期的传热表面增加，造成较大的热损失。

所谓的最佳点火提前角，就是当汽缸内的燃烧压力升高率为170～240 kPa/℃，而最高压力点出现在上止点后10°～15°曲轴转角，此时汽油机的动力性和经济性均良好。由于各工况的着火落后期不相同，对于发动机的每一工况都对应存在一最佳点火提前角。最佳点火提前角的选择应该满足的条件是最大的发动机功率、最经济的燃料消耗率、发动机不爆燃、排气清洁。为了达到这一最佳状态，发动机通过对点火提前角的调控来达到目的。

适当减小点火提前角（即延迟点火时刻），对发动机的排放改善具有非常重要的影响。

（1）点火提前角的减小，可导致后燃的加重和排气温度的上升，使得在排气管中HC氧化反应加速，最终使排出HC量减少。

（2）可以降低燃烧的最高温度和延长燃气的燃烧时间。随着点火提前角小于由动力性确定的最佳值，使最高燃烧温度随着点火的延迟而呈直线下降，导致NO_x排放的减少。

（3）在全负荷工况的过量空气系数范围内（λ<0.95），点火提前角的增大使CO排放略有增加，而当λ>0.95时，点火提前角对CO排放几乎没有影响。

图9-9为延迟点火对燃烧过程的影响。

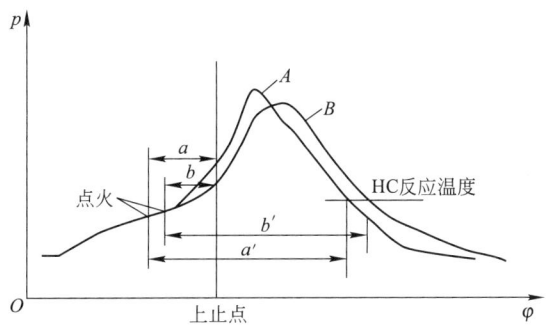

图9-9 延迟点火对燃烧过程的影响

图9-9中φ为曲轴转角，p为缸内压力，当点火时间由a减少到b，缸内压力将从A变到B，由于燃气的最高温度与压力大致成正比下降，可使NO_x生成量减少。同时，由于燃

烧时间从 a' 延长到 b'，使 HC 反应的有效温度时间加长，也使 HC 排放量降低。

由此可见，点火提前角越大，发动机的排放越恶化，由于 CO 排放几乎与点火提前角无关，因而可以采用推迟点火的方法来减少 HC 和 NO_x 排放。这种简单有效的排气净化措施，在国内外已应用在各种低污染车上。为了兼顾排气净化和其他性能，国内外也提出了各种不同点火时间的最佳调整方案。例如，美国通用汽车公司为了减少汽车正常行驶时的 NO_x 排放量，除高速挡行驶时才允许利用进气管真空度起到提前点火作用外，在其他任何挡位都不采用真空提前，为此，该公司专门研制一种变速箱控制点火装置进行点火时间控制。然而，该装置为保证汽车有良好的驾驶性能，对发动机在冷态和过热状态下运行时的点火时间均不进行限制，此时任何挡位都可进行真空提前。

但减小点火提前角，会使冷却系统负荷过大，功率下降，油耗上升，因此要在降低污染排放和经济性之间进行权衡。国外比较通用的办法是采用双触点分电器、双重膜片真空提前装置和温度阀等配合使用，根据运行条件来改善点火时间，控制燃烧的进行。

2. 提高点火能量

点火能量是指发动机火花塞电极之间高压放电的能量，是系统次级高压放电时作用在火花塞电极之间随时间的电压与电流的乘积对时间的积分。点火能量是发动机对点火系统性能要求的一个重要指标，对于发动机的动力性、经济性和排放都有重要影响。

提高点火能量，可以提高混合气着火的可靠性，扩大混合气的着火界限，这是改善燃烧过程、降低油耗和 HC 排放的一项重要措施。提高点火能量的措施主要有以下几项。

（1）增大极间电压，极间电压一般为 10～20 kV，目前最高的有 35 kV。

（2）增大火花塞间隙，如由 0.8 mm 增大至 1.1 mm。

（3）延长放电时间等。

采用高能点火系统，使点火系初级电流由 3～4 A 提高到 5～7 A，可提高点火能量，加强火花强度及加长火花持续时间，加大燃烧力度，使 HC 排放降低。特别是对于稀薄燃烧系统，高能点火可以促进火焰核心的形成，提高点火性能。

传统点火系从触点（或达林顿管）、初级线圈、附加电阻感应到初级线圈，从点火线、分火头、分配点火线，最后传输到火花塞点火，中间环节较多，能量损耗较严重，达 70% 以上，有效点火能量只有大约 13 mJ，高速时经常发生断火，启动及怠速时不能可靠燃烧，HC 浓度很高。为了满足高速时完全充分燃烧及降低排污，一般采用晶体管点火装置。触点式晶体管点火系统采用大功率晶体管作开关，使白金触点通过微小电流（为原电流 10%～20%）而达到控制初级线组中较大电流，因此可提高触点寿命和点火能力，大幅度地提高有效点火能量，从而实现减少尾气污染物含量的目的。

在触点式点火系中仍存在机械触点易烧蚀和磨损的缺点，且在高速闭合时存在着振动，结果使本来很短的高速闭合时间就变得更短了。这样，既影响高速点火性能又影响点火时间准确度。为此发展了各种高能无触点电子点火系统，如高频连续电子点火器、无触点高能电子点火器、磁控无触点电子点火器等。使用信号发生装置代替白金触点，不仅从根本上克服了触点式装置的缺点，而且点火提前角的调整无须采用传统的离心式和真空式调节器，完全可以用电子技术进行控制。目前，常用的点火信号发生装置有电磁感应式、霍尔式和光电式 3 种。这种系统的高速性能很好，可以适应转速高达 10 000 r/min 的发动机点火。

3. 采用电子点火系统

通过对发动机燃烧过程的研究得出，发动机最佳点火提前角是随运转工况变化而变化的。因此，应根据发动机运转工况来适时调整点火时间。电子控制点火系统可以通过计算机系统对发动机的工况进行判断，调整点火时间和点火能量，在保证发动机的动力性能的前提下，降低油耗，减少排放。

20世纪70年代后排放标准越来越严格，国外大多生产厂家将燃油和排放与点火控制集成为电子控制点火系统，离心式和真空式点火提前装置已被淘汰。整个工况的点火正时，由计算机系统的逻辑程序来控制，使发动机产生最大的功率、最经济的油耗与最小排污量。

电子点火系统的出现，为全面提高汽车各项性能做出了贡献。以美国克莱斯勒公司1975年创制的稀燃电子点火系统为例。它由感应式无触点点火系统和专用微型电子计算机配套组成，在发动机上装有6只传感器，以监视节气门位置、节气门变化率、发动机转速、环境温度、冷却水温度和进气管点火时间，从而使发动机在燃用空燃比为18的稀混合气时能正常有效地运转，而不致降低汽车的行驶性能。据报道，该公司在使用这种点火装置后，汽车由0加速至96.6 km/h所用的时间比装用机械触点式点火装置的同类型汽车减少12%，油耗节省18%，并改善了排放状况。

点火系统的发展方向是应用微处理机实现点火系统的智能控制。无分电器电子控制点火系统，是在微处理机控制点火基础上进行的。它取消了分电器，采用线圈分配或二极管分配式，但以线圈分配式应用较多。目前较常用的办法是每对汽缸配置一个点火线圈，汽缸组合的原则是两个汽缸的活塞运动位置为同一曲轴转角，而做功间隔为360°。这样可保证每次只有一个汽缸处于点火上止点，而另一个为排气上止点。发动机曲轴转过一周后，两缸的工作行程正好相反。在无分电器系统中需要采用专门的小型闭磁路点火线圈，次级线圈的两端分别与两个火花塞相连接，同时需要获得活塞上止点位置信号和增加汽缸辨别电路。

与微处理机控制点火系统相比，无分电器系统没有分电器，它直接把点火线圈的高压送到火花塞进行点火，因此减少了分电器分火头与旁电极这一中间跳火间隙的能量损耗，以及由此产生的电磁波对无线电的干扰。

电子点火系统带有车上诊断系统，在计算机中储存一组故障代码。当计算机出了问题时，该系统将处于"缓行"模态，计算机将以固定的值工作，以替代失效的传感器输入信号，或者依靠输入消失时的值工作，使驾驶员可以操纵汽车。仪表盘上故障指示灯发光，由故障代码指出其记忆装置中有故障的电路，直到进行修理时为止。美国于1988年开始在汽车上采用车载诊断装置（OBD），OBD Ⅰ 阶段，由各大汽车厂家自定代码。后来，统一规定故障代码的编写代号，称作OBD Ⅱ 阶段，于1994年开始采用，使车载诊断系统规范化，大大提高了电控系统的故障诊断与维修效率。

9.2.4 燃料供给系统的改进

燃料供给系统的作用是供给发动机在各种工况下的可燃混合气。燃料系统各部分的技术状况，系统提供的混合气的数量、质量及各缸分配均匀性等指标，特别是混合气的空燃比，除直接影响发动机的动力、经济性外，也是影响排放性能的带有决定性的因素。因此，改进燃料供给系统，改善化油器的化油作用与燃料分配，对空燃比进行精确的控制，不仅是传统内燃机实现排气净化的需要，也是稀燃发动机和EGR发动机稳定燃烧的需要。

1. 加装进气自动调温装置

当采用延迟点火提前角降低废气排放量，或在发动冷态和气温较低时，发动机的燃烧会不稳定，容易产生丢火，使 HC 排放增加；反之，进气温度过高会使混合气过浓，燃烧不完全使 HC、CO 排放增加，功率下降。因此，必须安装进气自动调温装置来调节进气的温度，向发动机供给温度比较恒定的进气，防止混合气浓度随温度变化而变化，保证发动机的正常工作，减少排放污染。采用进气恒温可允许使用稀一些的混合气仍使发动机工作稳定。

加装调温装置的滤清器有冷、热空气两个入口，热空气是用排气管加热的，有的装置由传感器、真空调节机构和转换阀组成，能自动保持进气温度在 38 ℃ 左右。

2. 配气相位的影响

发动机的进气门和排气门的开启与关闭的时刻，通常以曲轴转角来表示，称为配气相位。由于发动机工作时的转速很高，四冲程发动机的一个工作行程仅需千分之几秒，这么短促的时间往往会引起发动机进气不足，排气不净，造成功率下降。因此，为了解决这个问题，一般发动机都采用延长进、排气门的开启时间，增大气体的进出容量以改善进、排气门的工作状态，借以提高发动机的性能，同时减少尾气排放。配气相位如图 9-10 所示。

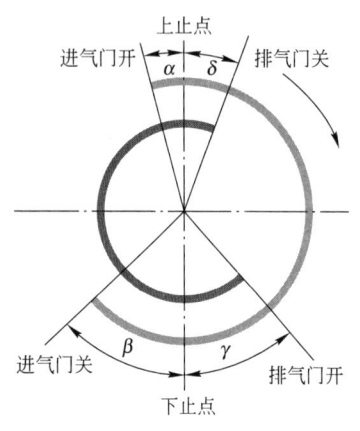

图 9-10 配气相位图

从图 9-10 中可以看出活塞从上止点移到下正点的进气过程中，进气门会提前开启和延迟关闭。把进气门提前打开的角度称为进气提前角 α，一般 $\alpha=10°\sim30°$；进气门延迟关闭的角度称为进气延迟角 β，一般 $\beta=40°\sim80°$。整个进气过程曲轴转角为 $180°+\alpha+\beta=230°\sim290°$。

当发动机做功完毕，活塞从下止点移到上止点的排气过程中，排气门会提前开启和延迟关闭。把排气门提前打开的角度称为排气提前角 γ，一般 $\gamma=40°\sim80°$；排气门延迟关闭的角度称为排气延迟角 δ，一般 $\delta=40°\sim80°$。整个排气过程曲轴转角为 $180°+\gamma+\delta=230°\sim290°$。

以上统称为进、排气门的早开、晚关。在排气行程快要结束时，进气门提前打开，这就出现了在一段时间内排气门和进气门同时开启的现象，这种现象称为气门重叠，重叠的曲轴转角称为气门重叠角。一般气门重叠角为 $\alpha+\delta=20°\sim60°$。

配气相位中，气门重叠角对 NO_x 排放的影响较明显。机动车部分负荷或低速时，排气晚关加大，会导致废气回流，进气早开加大，会使大量废气留在缸内，这就会降低氧含量和最高燃烧温度，从而减少 NO_x 的排放量。此外，配气相位中重叠点位置（进气早开和排气晚关重叠期之中点）改变，也对排放有一定的影响。当重叠点位置提前（即排气早关，进气更早开），将使排气不完全，由此而产生的高压差把排气强烈推入进气管，这在高速时对 NO_x 的减少特别有效。

配气相位对 HC 的影响与废气中所含的 HC 有关。当废气中含 HC 多时，起初会使 HC 的排放减少，但如果残留废气量太多，引起燃烧反应中断，则 HC 的排放量反而会增加。由此可见，配气相位中重叠时期和重叠点的最佳设计，对 NO_x 和 HC 的最佳排放的要求是矛盾的。因此，在决定配气相位时，还必须充分考虑功率、燃料消耗、怠速稳定性等综合要求。

3. 电子控制汽油喷射系统

电子控制汽油喷射系统（electronic fuel injection system，EFIS），能利用各种传感器检测发动机的转速、冷却水温度、进气管真空度和废气成分等参数的各种状态，经微机的判断、计算，来改变喷油量和点火提前角，使发动机在不同工况下均能得到合适空燃比的混合气，实现最大限度的节油和净化排气，并提高发动机的动力性。

1953 年，美国奔第克斯（Bendix）首先开发了电子喷射器，1957 年正式问世，由此开创了电控汽油喷射的先河。20 世纪 60 年代中期，德国博世（Bosch）公司在购买美国奔第克斯专利的基础上，推出了速度密度型的 D-Jetronic 电控汽油喷射装置，以测定进气管压力来确定空气流量，进而控制每次循环喷油量，称为 D 型 EFI。这种控制系统对汽车突然加速及减速的反应性差，因此得到改进，改进后用空气流量计直接测定空气流量为基准来控制喷油量，称为 L 型 EFI。20 世纪 70 年代开始，电控点火系统在汽车上得到推广应用，到 20 世纪 70 年代末，博世公司将电控点火与电控喷射结合，推出 M 型 EFI，目前得到广泛应用。在电控点火与汽油喷射系统中，加上燃烧爆震控制、氧传感器控制及废气再循环 EGR 控制，对发动机实行全电子控制，进一步提高了汽车运行性能，尤其低速工况可改善转矩特性与经济性，同时改善整机排放特性。因此，EFI 以其出色的控制精度和灵活性得到了普及应用，并淘汰了化油器供油系统。而电子控制化油器由于并不比 EFI 在性能价格上有优势，也很快退出了市场。

电子控制汽油喷射，由于同时做到了对空气及燃油两项的精确计量，使空燃比得到了精确控制。同时，电子控制的高稳定性及对工况变化强有力的处理能力，使汽油机在任何工况下都能实现最佳空燃比控制。尤其在动态工况下，与化油器供油方式相比，优越性更为突出，主要表现在以下几个方面。

（1）EFI 系统采用多点喷射方式时，由于每个汽缸都配备单独的喷油器，与化油器供油方式相比，还具有各缸混合气分配均匀的优点。

（2）具有良好的瞬态响应特性，改善了汽车的加速性。

（3）由于采用压力喷射，汽油雾化质量比化油器大为改善，有利于快速和完全燃烧，对减少 HC 和 CO 的排放量起到显著作用。

（4）容易实现分层给气的稀薄燃烧，使燃烧室末端处为稀混合气，提高了发动机的抗爆性，提高了热效率。

（5）对气温和海拔高度变化的适应性好。

（6）EFI 系统各组成部件的安装适应性好，从而给汽油机的总体设计带来更大的灵活性。

EFI 系统的组成包括以下 3 个部分。

（1）空气供给装置。空气供给装置包括空气滤清器、空气流量计（进气管压力传感器）、节气门、稳压器、怠速控制装置。空气供给系统的作用是检测并控制形成发动机可燃混合气所必需的空气量，并将信号送到计算机，计算机以此决定喷油量。其流程如图 9-11 所示。

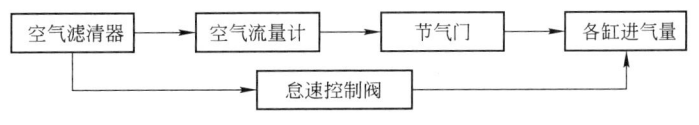

图 9-11 空气供给装置流程图

(2) 燃料供给装置。燃料供给装置包括燃油箱、电动燃油泵、燃油滤清器、压力调节器、冷启动喷嘴等。燃料供给系统的作用是供给喷油器足够的压力并按照电子控制单元发出的喷射信号，把汽油适时适量地喷入进气管。其过程为：电动燃油泵将汽油从油箱泵出，通过滤清器，经压力调节器将压力调节到规定的压力后，由输油管分送到各缸喷油器和低温启动专用的冷启动喷油器。燃料供给装置流程图如图 9-12 所示。

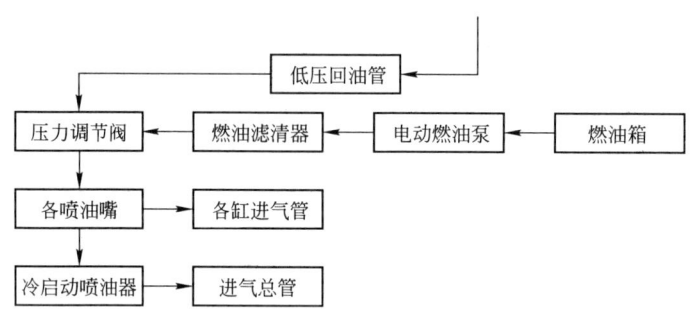

图 9-12　燃料供给装置流程图

(3) 电子控制系统。电子控制系统包括电子控制单元，曲轴转角传感器、水温传感器、进气温度传感器、节气门位置传感器、大气压力传感器、车速传感器、氧传感器等。该系统按照发动机状态和车辆状态，确定最合适的供油量。大体过程是：由水温传感器、进气温度传感器、曲轴转角传感器、节气门位置传感器和氧传感器等检测出发动机热状态，由车速传感器、空调开关传感器检测车辆状态，由计算机电子控制单元计算确定喷油器的喷射时间。

9.2.5　稀薄燃烧系统

稀薄燃烧（lean burn）是指能燃用空燃比为 18∶1 或更稀（$A/F \geqslant 18∶1$）的混合气的汽油机。稀薄燃烧按供给方式可分为均质和非均质两种。目前，分层进气发动机作为稀薄燃烧中的非均质燃烧是实现稀薄燃烧的主要方式。

早在 20 世纪初，人们就开始研究稀薄燃烧，当时只是为了提高经济性。到了 20 世纪 70 年代，随着汽车排放污染的不断加重，稀薄燃烧能够降低尾气排放和节约能源的功能逐渐被人们重视，研究工作也不断深入展开。从那以后，随着进气口的改进，汽缸内旋涡生成技术的进步，由通用、福特、丰田、本田、日产等汽车公司先后研制成的开口式燃烧室，可以形成比带副燃烧室还好的稀薄混合气燃烧，并且随着进气口燃料喷射技术的发展和稀混合气传感器技术的开发，精密控制空燃比已成为可能。20 世纪 80 年代中期，丰田正式使稀混合气发动机（T-LCS）产品化，三菱、本田也相继将其产品实行产品化。进入 20 世纪 90 年代，三菱汽车公司研制出来的缸内直喷技术使稀燃技术又进了一步。

2003 年，由日本本田技研公司研制出的超稀薄燃烧 i-VTEC I 型直喷汽车发动机已在 7 座"时韵"（stream）商务车系列的运动型车"阿步索特"上配装。该发动机的空燃比超出了曾经创造出稀薄燃烧极限的三菱缸内喷注汽油机 GDI 的空燃比（$A/F=40∶1$），达到了 65∶1 的超稀薄燃烧。在这样高的空燃比条件下，仍能和其他 2 L 汽油机一样，输出最大功率为 116 kW，燃料消耗量为 3.7 L/100 km（日本 10.15 工况法），相比装 i-VTEC 发动机节油 70%，实现了节能、环保与高动力性双优。

目前,各大公司都拥有自己的稀燃技术,部分已实现产品化。这些技术的共同点都是利用缸内涡流运动,使聚集在火花塞附近的混合气最浓,先被点燃后迅速向外层推进燃烧,并有较高的压缩比。

1. 稀薄燃烧系统的排放特性

采用稀混合气时,因为有过剩的 O_2,燃料可以燃烧完全,排放物有害成分减少,即使有未燃烧掉的 HC 和 CO 等成分产生,在膨胀和排气过程中也会进一步燃烧;同时,由于混合气稀,燃烧的最高温度下降,可以限制 N_2 和 O_2 的结合,降低 NO_x 的排放。

图 9-13 为汽油机污染排放物浓度与空燃比的关系。

从图 9-13 中可以看出,一般汽油机工作范围的空燃比正是排放高的范围。当混合气较理论空燃比稀很多时,不仅 CO 和 HC 排放降低,而且 NO_x 的排放量也很快下降。

需要指出的是,虽然稀薄燃烧可明显减少污染物排放,但在空燃比过大($A/F>18$)的情况下,HC 会因混合气过稀使燃烧不够完全而排放量大增;其次,汽油机燃烧效率最高的经济空燃比为 $A/F=16.6$,若大于此值,即混合气过稀,在火花塞电极周围微小点火体积内的燃料量太少,产生的热量不足以聚集使现有汽油机上的点火系统顺利引燃,同时由于燃烧缓慢而使 HC 排放大增。

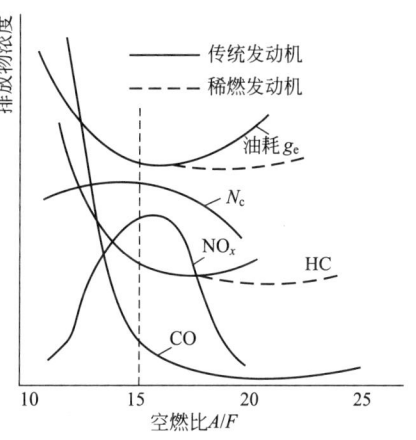

图 9-13 汽油机污染排放物浓度与空燃比的关系

2. 分层进气-实现稀薄燃烧的关键技术

为了解决汽油机采用稀薄燃烧系统时产生的点火困难问题,通常采用以下技术来实现稀薄燃烧。

(1) 提高压缩比。采用紧凑型燃烧室,通过进气口位置改进使缸内形成较强的空气运动旋流,提高气流速度;将火花塞置于燃烧室中央,缩短点火距离;提高压缩比至 13∶1 左右,促使燃烧速度加快。

(2) 高能点火。高能点火和宽间隙火花塞有利于火核形成,火焰传播距离缩短,燃烧速度增快,稀薄燃烧极限大。有些稀燃发动机采用双火花塞或者多极火花塞装置来达到上述目的。

(3) 预燃烧方式。预燃烧方式是在预燃室内喷入较浓的混合气,利用通常的点火系统即可将其点燃,然后使火焰进入汽缸,引燃稀薄混合气进行燃烧。

(4) 分层进气系统。如果稀燃技术的混合比达到 18∶1 以上,按照常规是无法点燃的,因此必须采用由浓至稀的分层进气燃烧方式。通过缸内空气的运动在火花塞周围形成易于点火的浓混合气,混合比达到 12∶1 左右,外层逐渐稀薄。发动机工作时先点燃浓混合气,然后依靠它在燃烧后产生的温度、压力和燃气的涡流运动,使火焰迅速扩散到稀混合气区域中去,以确保稳定地进行燃烧。由于使燃烧室中混合气浓度有组织地分成各种层次,所以称为分层进气(分层燃烧)发动机。

为了提高燃烧的稳定性，降低 NO_x，现在采用燃油喷射定时与分段喷射技术，即将喷油分成两个阶段：进气初期喷油，燃油首先进入缸内下部随后在缸内均匀分布；进气后期喷油，浓混合气在缸内上部聚集，在火花塞四周被点燃，实现分层燃烧。

稀薄技术汽油机存在的另一个重要问题是不能在冷启动后立即进行稀薄燃烧，而是在空燃比 $A/F=13\sim13.5$ 的浓混合气下运行。采用分层进气也可以部分解决这一问题。例如，本田公司新型发动机在低速时采用一个进气门工作而另一个关闭，这样在燃烧室内产生强涡流，利用层状进气效应，发动机在 $A/F=13.5\sim16.0$ 的混合气下也能维持稳定的燃烧，从而大幅度地降低了冷启动后污染物的排放。

分层进气系统于 20 世纪 50 年代开始研究、70 年代问世，作为实现稀薄燃烧的一个关键技术，由于其具有燃油经济性好、CO 和 NO_x 排放低、泵吸损失小等优点，成为汽油机燃烧系统的一个重要发展，被认为是提高发动机性能和改善排气污染的引人瞩目的一种方案。

9.3 机外净化措施

纵观人类治理汽车排放污染的历程，在 20 世纪 70 年代中期以前主要是采用以改善发动机燃烧过程为主的各种机内净化技术。尽管这些技术对降低汽车排气污染起到了很大的作用，但作用依旧有限；有时因彼此的制约，在降低某些排放物的同时会使其他排放物增加，甚至会不同程度地影响发动机的动力性和经济性。

因此，在排放法规较宽松的时期，完全可以靠机内净化来满足法规要求；但随着法规日益严格，辅之以末端治理的机外净化已变得必不可少。目前，国际上治理汽车排放污染的通常做法是在设计阶段就考虑将机动车设计为低排放车，进行源头削减，在此基础上，辅之以完善的后处理系统来达到削减汽车污染物的目的。

所谓机外净化技术，是指发动机燃烧生成的废气排出发动机排气门后，但还未排入到大气环境之前，进一步采取净化措施，以减少最终汽车污染排放的技术。也就是说，在汽车的排气系统中安装各种净化装置，采用物理的、化学的方法减少排气中的污染物，主要有二次空气喷射法、后燃法、吸附净化法，以及使用热反应器和催化转化装置等。

9.3.1 二次空气喷射法

二次空气喷射法是指将新鲜的空气喷射到排气门附近，使高温废气和空气混合，使没有充分燃烧的 HC、CO 进一步燃烧，降低污染排放的方法。其作用是进一步降低排气中的有害排放物，并提高三元催化转换器的转换效率。

研究表明，二次空气喷射技术可以使排气污染下降 50%。二次空气喷射能降低 HC、CO 的排放，在混合气较浓时效果尤其明显。但在稀混合气工作时，大量喷入的空气将使排气过分冷却而导致 HC 排放增加。另外，驱动空气压缩机会消耗发动机的功率，导致发动机油耗增加；同时，二次空气喷射必须根据发动机的工况进行控制。

目前所用的二次空气供给的方式有两种：一种是采用空气泵的空气喷射系统；另一种是利用排气压力将空气导入的脉冲空气喷射系统。

9.3.2 热反应器

热反应器是一种降低 HC、CO 排放的后处理装置。它是基于高排气温度、足够的 O_2 及增加排气停留时间能促使 HC 和 CO 在排气系统中高度氧化的原理设计的，安装在发动机排气道的出口处，一般与二次空气喷射一起使用。

热反应器由壳体、外筒和内筒三层壁构成。壳体与外筒之间是保温层，填有绝热材料，使内部保持高温，以利于 HC 和 CO 的再燃烧。从喷管向排气阀喷射的二次空气与废气混合后，进入内筒，又进入热反应器的芯部，使其利用本身的余热而保持反应所需要的高温。而足够大的反应器容积和气流流路的曲折安排，又使其有足够的时间进行反应，使未燃烃和 CO 在反应器内再次进行氧化和燃烧。

热反应器与二次空气匹配合理，则系统可达到 50% 以上的净化效率，但对于 NO_x 无净化效果。

20 世纪七八十年代，热反应器在汽油车上采用得较多；随着净化效率更高的催化器特别是三效催化器的普及，现在新生产的汽车上已很少采用此技术。由于摩托车的排气后处理装置要求结构简单和成本低廉，并且摩托车的主要排放污染物是 CO 和 HC，因而热反应器在摩托车上仍有较好的应用价值和实际应用。

9.3.3 催化净化装置

催化净化装置是一种内部装有催化剂的装置，安装在发动机的排气管中，通过催化剂的作用，将 HC、CO 氧化成 H_2O、CO_2，并将 NO_x 还原生成 N_2，以减少尾气排放的装置。

虽然目前安装催化净化装置尚不能完全消除有害气体的排放，但已使有害物质的含量大幅度降低，是目前应用比较广泛且技术比较成熟的方法。

1. 催化净化系统的分类

催化净化系统的分类如表 9-7 所示。

表 9-7 催化净化系统的分类

系统种类 \ 系统特性	空燃比的控制方法	催化剂的种类	降低排放的对象
氧化催化净化系统	开环控制	氧化催化剂	CO、HC
三效催化净化系统	反馈控制	三效催化剂	CO、HC、NO_x
还原催化净化系统	开环控制	还原催化剂	NO_x
吸附（选择）还原净化系统	反馈控制	吸附（选择）还原催化剂	NO_x

目前，单纯的还原催化系统很少，常用的是氧化催化系统和三效催化系统。

1943 年和 1945 年美国洛杉矶两次光化学烟雾事件后，各国开始研究与开发车用净化催化剂。由于在排放控制初期，法规主要针对 CO 和 HC，因而在 20 世纪六七十年代，车用催化剂研究主要集中在促进 CO 和 HC 后期氧化的热反应器和效果更好的氧化性催化转化器。这一研究曾经由于燃料中铅妨碍了催化作用而中断；后来随着燃料无铅化的进展又提出了这个问题，并重新开始了研究。

2. 氧化催化净化系统

氧化催化净化系统原理：利用氧化锰—氧化铜，氧化铬—氧化铜，氧化镍—氧化铜等氧化物，或铂、钯等贵金属作为氧化剂，使尾气中的 HC 和 CO 氧化成 CO_2 和 H_2O。

早期的催化反应器为氧化催化反应器，由于只能对 CO 和 HC 化合物起催化转换作用，所以也称为二元催化转换器。

对车用四冲程汽油机来说，早期的氧化催化反应器已被三效催化转换器所淘汰，因为前者不能有效控制 NO_x 的排放。但是，对于稀燃汽油机来说，NO_x 排放较低，而未燃 HC 排放较高，氧化催化器还有用武之地。

3. 三效催化净化系统

1980 年随着美国实施的排放法规开始对汽油机排放的 NO_x 作严格限制，能使 CO、HC 和 NO_x 同时净化的三效催化转换器引起了人们的注意，其产品的开发和应用也得到了促进。

1）基本原理

为了减少 NO_x 的排放，现代汽车上的催化转换器都采用三效催化转换器。通过氧传感器把催化转换器入口的空燃比控制在理论比附近，不仅能减少 CO、HC 化合物，还能减少 NO_x 的排放。

三效催化转换器一般由催化剂（铂、铑、钯等贵金属）、助催化剂（CeO_2 等稀土氧化物）和载体 $\gamma\text{-}Al_2O_3$ 组成。在结构上和二元催化反应器基本相同，所不同的仅是采用的催化剂。

随着全世界排放法规的日益严格，日本、美国、欧洲各国及我国的以汽油作为燃料的机动车几乎都安装了三效催化净化系统或还原净化系统等尾气净化系统。多数催化剂的使用寿命已达到 16 万 km 以上。

但仅采用一种净化技术很难达到目前的法规要求，因此近年生产的汽车的净化系统大多同时采用几种技术。例如，三菱公司的 GDI 发动机的净化系统就带有三效催化净化器、还原催化净化器（稀混合气用）、热反应器、二次空气系统等。电子控制汽油喷射加三元催化转换器已成为国际上汽油车排放控制技术的主流。

2）影响转换效能和使用寿命的因素

（1）燃油质量。燃油中的 Pb 及排气中的硫酸铅会阻塞转换器的小孔，侵蚀贵金属催化剂，降低净化效率；燃油中的 S、P、Zn 会降低催化剂的活化能力，使铂和铑失去催化作用，影响催化效果。所以，一定要使用无铅优质汽油。

车用催化剂中毒的来源主要是燃料和润滑油中的 Pb、S 和 P。毒物主要吸附在催化剂活性表面上，并形成一种化学吸附混合物。其中，Pb 中毒往往是不可逆的，催化剂在含 Pb 气氛中工作几十小时就会完全丧失活性；而 S、P、CO 的中毒则在一定条件下（如高温氧化条件）可恢复催化剂的活性。

（2）工作温度。三效催化转换器通常在 350～700 ℃时工作。当温度达到 1 000 ℃时就会开始严重的热老化，而环境温度太低又会影响催化反应效率。

（3）发动机的工作状态。三效催化转换器在不同空燃比时的转换效率是不同的，只有在理论空燃比附近被称为"窗口"的狭窄空燃比范围，才可使 3 种成分同时获得较高的净化效率，过浓或过稀都会影响转化效果。因此，采用电控汽油喷射系统是三效催化转换器发挥高转化率的前提，且必须配装氧传感器及空燃比反馈控制系统。另外，电喷部件损坏或操作不当也会影响转化效能的发挥。

（4）选用新材料，开发新技术，以提高催化反应器的净化效能和寿命。

从 1957 年美国人伯莱特首先研究成功净化汽车排气的净化催化剂至今，汽车净化催化剂已走过 40 多年的历程。铂、铑、钯等贵金属对于汽车排气有着优良的催化活性，被首选为催化剂材料。然而，贵金属催化剂对发动机和汽油均有较高要求，且贵金属储量少，成本高，限制了它们的广泛应用。

于是，非贵金属催化剂特别是稀土催化剂逐渐被开发出来，它们可明显改善催化性能。以稀土为主要材料的催化剂不仅在净化率上大大提高，使用寿命也已经达到 8 万 km 以上。世界稀土资源丰富，据统计，总量有 8 400 多万 t；而我国是稀土资源大国，一旦采用稀土的催化净化器投入生产，就会使催化器的价格大幅下降，同时也为我国汽车工业迎接国际竞争提供了有利条件。

通过把催化剂分布在载体表面上，扩大催化剂的表面积，可以增强催化剂的净化能力。目前，在以蜂窝状载体代替颗粒状载体之外，正在研究将催化剂覆盖在玻璃纤维上的方法，以增强催化器的效能。

习 题

1. 车用代用燃料主要有哪几种？各有哪些特征？
2. 简述电动汽车的分类、概念及特点。
3. 废气再循环的原理是什么？
4. 什么是稀薄燃烧？什么是分层燃烧？
5. 什么是机外净化技术？其主要措施是哪些？
6. 什么是催化净化装置？主要有哪几种类型？

第 10 章 城市交通可持续发展的管理保障体系

【本章内容概要】

本章从管理的角度提出提高城市交通运行效率、降低交通污染的措施,包括城市交通的需求管理、交通工具的内部优化选择、国内外机动车上的污染控制管理体系。

【本章学习重点与难点】

学习重点:掌握公共交通优先发展的手段;掌握美国的新车污染控制管理办法;掌握我国在用车上的污染控制管理手段。

学习难点:理解快速公交系统的分类与适用性;理解不同交通方式的资源利用状况比较;理解私人小汽车的拥有与使用分析。

10.1 城市交通需求管理

城市交通需求管理(travel demand management,TDM)是近年来提出的解决交通问题的综合治理战略,在许多发达国家得到了不同程度的应用。它是从交通需求的源头着手,做好前期规划,采取合理的措施适当限制、引导需求,从而结合后期管理,使目前的交通系统通畅运转,并使交通系统可持续化发展。

TDM 是当今世界上许多国家为建立高效的交通运输系统,是与智能交通系统(intelligent traffic system,ITS)配套并行开发的交通管理控制方法之一。由于其主要由系统工程、运筹学、行为科学和运输经济学等多种软科学方法组成,特别适合在重点建设交通基础设施的同时,尚无更多富余财力来大规模实施 ITS 等交通管理控制硬件系统的状况,使已有和新建的交通网络系统在不需要更多硬件投入的情况下,更加充分发挥系统效益,减少其负面影响,实现城市交通的可持续发展。

交通需求管理的基本理念应是引导人们采取科学的交通行为,理智地使用(不滥用)道路交通设施的有限资源。简而言之,对城市交通需求的管理目的不是抑制城市居民的交通需求,而是减少不必要的需求,控制交通的相对需求量与交通的时间(或距离)。交通的相对需求量主要由共载率来体现,要尽量采用共载率高的交通方式,或提高其他交通方式的共载率,或对具有不同共载率而又各有需求的交通方式进行合理的有机组合。

10.1.1 加强交通相对需求控制

1. 优先采用共载率高的交通方式

公交、搭乘计划、合乘方案等都是共载率高的交通方式。在我国,所谓优先采用共载率高的交通方式,是指优先发展城市公共交通。城市公共交通系统是一个大系统,包括轨道交通、快速公交、常规公交等子系统,通常指常规地面公交。

在我国即使采取严格的控制排放措施,汽车质量达到发达国家水平,技术上的改进仍然跟不上机动车总量和使用的增长带来的影响,城市交通污染状况继续恶化的趋势仍然不可避免。在交通需求的绝对总量不能也不应控制的情况下,改变其内部结构组成,即提高共载率高的交通方式——公共交通的比例,优先发展公共交通事业就成了必然的选择。

公共交通本身的优越性也决定了其优先发展的地位。这是因为公共交通是一种人均占用道路面积最小、人均污染指标最低、人均消耗能源最小的大众交通方式。据统计,北京私人小汽车的动态占地面积为道路总面积的77%,但是只承担了30%的出行量。与小汽车相比,如果用公共交通运输乘客,会节省90%的道路空间,同时减少80%的环境污染。当前城市交通所引起的空气污染、交通噪声与汽车扬尘已成为城市环境污染的主要原因。据统计,交通造成的污染已占城市总污染的80%以上,其中空气污染尤为严重。以北京为例,全市一氧化碳污染中的63.3%,碳氢化合物污染中的35.19%,均来自汽车尾气排放。交通环境污染不仅直接严重危害城市居民的身心健康,也将间接影响城市经济的发展,成为城市可持续发展的障碍。

常规城市公共交通系统与地铁、轻轨的比较如表10-1所示。

表10-1 常规城市公共交通系统与地铁、轻轨的比较

比较指标	地铁	轻轨	常规公共交通系统
投资额/(亿元/km)	6~8	2~3	0.2~1
旅客运输量/(万人/h)	30 000~70 000	10 000~30 000	6 000~9 000
平均速度/(km/h)	40~80	40~80	20~50
立项到开工时间/年	3~5	2~3	1
立项到完工时间/年	8~10	4~6	1~2
系统灵活性	低	低	高
吸收新技术的能力	低	中	高

公共交通系统的优势主要表现在以下几个方面。

(1) 经济效益。公共交通系统与轻轨、地铁等轨道交通相比,具有投资小、见效快、线路易调整等优点。

(2) 运输效率。公共交通系统与其他机动化交通方式相比,公交车单车运量大、运输效率高。据统计,4辆小汽车所占用的道路面积与1辆公交车所占用的道路面积相同,而公交车单车载客量通常是小汽车单车载客量的30~40倍。由此可以得出,以公共交通系统出行时人均占用的道路面积只相当于以小汽车出行时的12%左右。

(3) 能源消耗。公共交通系统与其他机动化交通方式相比,公交车的人均消耗能源和人均排放的污染物等都是较低的。按照运送同样数量的乘客来计算,公交车与小汽车相比,分

别节省土地资源 3/4、建筑材料 4/5、投资资金 5/6，空气污染是小汽车的 1/10，交通事故是小汽车的 1/100。小汽车的每人每千米能源消耗在各种交通方式中是最大的，公交车的人均能源消耗虽然不是最小的，但却只相当于小汽车的 10% 左右。

(4) 污染环境。以最低的环境代价实现最便捷、最快速的人和物的流动是交通在环保上的最高目标。从这个意义上说，集约化运输的公共交通承担的运输份额越大，人均交通污染就越低，交通污染总量就越小，因此优先和大力发展公共交通既是提高交通效率的需要，也有利于减少交通能耗。在交通需求大幅度增加而资源、能源又相对缺乏的情况下，发展公共交通是必由之路，是"绿色"交通的核心内容。

所以，与小汽车出行相比，公交出行不但在保护环境、节约能源和提高通畅水平等方面有着明显的优势，而且能够有效填补由汽车依赖社会所造成的流动性空隙，消除人与人之间因为社会发展而在不经意中产生的不平等。因此，要缓解我国城市交通需求和基础设施供给之间的矛盾，无疑应优先发展城市公共交通。

要促进公共交通优先发展，主要靠政府部门的扶持，其手段有以下几种。

1) 公交优先保障系统

在城市交通发展中实行政策优先，实行公共交通扶持政策和个体交通限制政策。在城市规划设计时，编制城市公交专业规划，提前预留公交专用道，优先利用土地进行公交建设，加强换乘枢纽建设，形成公共交通转乘系统，增加公交运力。规划完成后，待建的公交转乘枢纽附近的土地必定成为抢手的"热门货"。此时地方政府在土地批租政策上要稍有倾斜，即将这些土地批租给公共交通公司，使其具有发展的资本。香港特别行政区的城市地铁就是在这样的政策支持下建成的。地铁规划完成后，政府即将地铁站附近一定面积的土地批租给地铁公司，地铁建成后由于交通的便利，这些地段迅速成为投资的热点，公交公司即利用手中的资本——土地的使用权，与其他投资者联合开发，然后每年按投资合同坐享其"成"，用以弥补地铁运转的不足部分。

在道路使用、信号灯控制等方面为公交车提供优先。做好公交专用线（或专用车道）及道路交叉口专用信号相位设计。根据实际交通情况采用不同形式的公交专用道：全天独自使用的专用道路或专用道；混行道路采用护栏隔离，确保不受其他机动车行驶影响；用交通标志、标线、标记渠画出的非物理隔离的专用道；在匝道或交叉路口处指定的一个匝道入口、交叉口或一条车道为公交优先通行的通道。

2) 公交系统优化

(1) 优化的公交线网。规划一个优化的公交线网，使它与主要客流走向基本一致，减少公交空白区并使城市公交系统的建设、维护、使用和管理对土地、人力资源等占用最低，最低限度地影响和干扰生存环境并为更多的乘客提供乘车服务。

公共交通线路网密度反映出居民接近线路的程度。按理论分析，城市公共交通网平均密度以 $2.5\ km/km^2$ 为佳，在市中心可以加密些，达到 $3\sim4\ km/km^2$，而城市边缘地区取值可小些。居民步行到公交车站的平均时间为 $4\sim5$ min 为佳。根据调查，沿公共交通线路两侧各 300 m 范围内的居民是愿意乘公共交通车的；超出 500 m 范围，绝大多数居民选择其他交通工具，乘公共交通车的很少，由此证明了公共交通线路网的密度不能太小。为扩大公交线网密度，公共交通可以在适宜的支路上行驶。因此，保证公共交通行驶所需的道路网密度，是优先发展公共交通的前提。

（2）合理的站点布局。布设一个合理的站点系统，在主要客流的集散点设置公共交通的换乘枢纽，最大限度地降低各种公共交通方式之间的换乘距离，大大减少车外步行时间，使乘客可以选择最舒适有效的交通组合方式出行。

（3）科学的调度管理。合理调整发车间隔，缩短乘客的站点等车时间，同时均衡车辆的负载从而提高乘客的舒适度。

公交企业的运营调度管理包括两个内容：一是运营调度计划的制订；二是运营调度计划的执行和监控。一直以来，我国城市公共汽（电）车的车辆调度，基本上沿用定点发车、两头卡点的调度方式，由于信息不灵、调度失控，车辆经常出现串车、大间隔的现象，要么使乘客候车时间过长，要么前车提前离站，后车拥挤不堪，甚至导致全线运行秩序混乱，影响了公共交通的服务质量和社会信誉。目前，由于调度通信手段和车辆自动监控、运营管理信息系统的使用，显示出现代化公共交通运营管理手段的重要作用。

（4）提高公交企业效益。尽量使规划区域的线路网络覆盖率大、线路重复系数低，充分利用城市已有道路，使线路上的客流分布均匀，发挥运载工具的运能。

3）提高公交服务质量

（1）制定促进公交发展的财税政策，加大对公交企业的财政支持。长期以来，城市公共交通一直服从于社会生产生活的大局，不以追求经济利益为目的，具有很强的计划性和福利性，公共交通企业长期依靠财政补贴艰难度日，由于各种材料、燃料及电力价格和职工的各种补贴等都在不断增加，成本上升，而票价则保持基本不变，财政的补贴额基本不变，使企业的亏损日趋严重。在极度困难中维持运营，虽然各公共交通企业也采取多种经营方式，但无力改变亏损局面，公共交通发展的持续性受到严峻考验。因此，需要制定促进公交发展的财税政策，加大对公交企业的财政支持。

（2）在公交系统的舒适性上，加大新型公交方式的引进力度。例如，在一些欧洲国家的城市中，公交已经使用车载无线雷达，在接近道路交叉口时将交通信号灯变成优先通行的信号。通过全球卫星定位系统可以达到跟踪车辆位置到米的精度，并且可在中央控制室内准确地识别。司机可以从车载显示屏上了解到是否能准时到达的信息，无须听广播。在公交站台上，乘客可以从实时电子显示屏上了解到所乘车辆何时到达。例如，在伦敦，这一服务被称为"倒数计秒"（countdown），已经覆盖了700条线路，超过4 500个站点，大约占到总数的25%。

（3）加强公交企业内部改造。提高直接劳动的司乘人员、调度人员、驾驶人员、检查人员及间接劳动的保修人员、后勤人员、管理人员的业务素质与职业道德。组织客流，扩大服务范围，完善运输服务网络，吸引乘客，多方面满足乘客需求。根据企业的性质和经营目标，适应客运市场的变化，不断提高服务水平，增强参与市场竞争的能力。

2. 提高共载率及优化组合

（1）提高共载率。提高共载率主要是限制与禁止一些共载率低的交通运输方式，使其向公共交通转变。其主要对象是小汽车，常用的方法有限制策略和禁止策略。

当道路交通网络总体负荷达到一定水平后，交通拥挤将会加重，因此必须控制（或限制）交通运输效率低、污染大、能耗高的交通方式的发展。例如：适当控制小汽车出行方式的发展速度，限制摩托车的发展，对出租车实施总量控制。

当道路网总体负荷水平接近饱和或局部区域负荷水平超饱和时，就应采取禁止策略。禁止策略一般为临时性的管理策略，应在特定的时间段、特定的区域内，对某些车辆实施禁止出行或通行。常采用的禁止出行策略有：某些重要的通道或区域出现交通拥挤时实施交通单双号通行；在某些时段或区域对某种交通工具实施禁止通行等。

（2）优化组合。各种不同共载率类型的车有各自的使用需要与优点，不能完全由公交加以替代，应根据不同的特点与需要对其进行优化的组合设计。表10-2是城市各种客运交通方式运输特性的比较。

表10-2 城市各种客运交通方式运输特性的比较

交通方式	运量/(人/h)	运输速度/(km/h)	人均道路面积占用/m²	使用范围	特点
自行车	2 000	10~15	1~2	短途	成本低，无污染，灵活
小汽车	3 000	20~50	30~50	较广	成本高，投入大，能耗多，污染严重
常规公交	6 000~9 000	20~50	1~2	中距离	成本低，投入少，人均资源消耗和环境污染较小
轻轨	1 0000~3 0000	40~80	高架轨道：0.25 专用道：0.5	长距离	建设、运营成本较高，运输成本较低，能耗和环境污染小，运输效率高
地铁	3 0000~7 0000	40~80	不占用地面面积	长距离	建设、运营成本高，运输成本较低，能耗和环境污染小，运输效率高

停车换乘是指通过交通设计，使小汽车驾驶者开车到公交车站换乘公共交通方式，以将公共交通延伸至低密度居住区的方法。停车换乘提供了一个可以延伸公共交通优势的低费用方式，它既可以缓解城市区域内部的交通拥堵，也可以减少对周边环境侵扰和交通事故。尽管如此，由于该措施主要是考虑车辆使用者的便利性，因此它对可达性和公平性没有直接改进。一般来说，停车换乘系统只能在附近有足够停车空间的公交换乘点采用。出行距离长度、公共交通系统车辆开行频率，以及停车费用和乘车服务综合价格对停车换乘措施有重要影响。

（3）合乘出行，也称车辆共乘。搭乘计划和合乘方案是两种不同的合乘出行方式。搭乘计划是指个人所属的小汽车乘坐2人以上的合乘出行。搭乘计划要求将具有相同的起点（居住地）、终点（单位或学校）和时间（上班和下班、上学和放学的时间）的人协调起来，以便安排"配客"。合乘计划是单独驾车的一种重要替代方式，它的舒适性、便利性和经济性在公交和小汽车合乘之间。

由于合乘出行在减少道路上机动车流量方面比单独驾车出行能够产生积极的作用，应当鼓励合乘出行，并给予政策上的支持。例如，在快速道路出入口设置专门匝道供合乘车专门使用，优惠停车，并给予合乘补贴等政策。

（4）网络约租车，也称网约车，是网络预约出租汽车经营服务的简称。网络约租车以互联网技术为依托构建服务平台，接入符合条件的车辆和驾驶员，通过整合供需信息，提供非巡游的预约出租汽车服务。网络约租车运营不仅提供服务，还有服务评价、行驶导航、全程跟踪和后台支付等功能，提供服务的方式是需求响应，可以高效率地匹配和运转。网约车是共享经济的代表，是对车辆和道路资源的有效利用，有利于缓解城市交通压力，减少社会资源浪费。

3. 费用调节

费用调节性交通需求管理是在法制比较健全及人们法制意识和思想道德素质普遍较高的情况下，运用经济杠杆来部分取代法规条例的功能。例如，对于进入某特定区域或快速车道等，用经济付出换来时间节约的回报，省时与省钱各得其所。费用调节主要有以下方式。

1）收费车道

收费车道具有浓厚的市场经济色彩，通常在具有典型高峰流量的长距离通道或干道上采用。由于高峰车流量大，高峰时间长，平时几十分钟的路程往往需要花 $2 \sim 3 \, h$ 甚至更长，又无旁路可绕，而且日均交通量尚不足以扩建道路，于是在几条车道中划出一条收费车道，让驾车人在省时间和省钱之间选择，或者推迟或提早出行时间。收费对公交车辆和多人乘坐的车辆实行优惠，引导人们减少独自驾车，从而降低高峰交通量。

基于出行时间的可变化费用的收费方式，费用率可以根据一天中的时间、车辆使用者分类和跨越不同时区而变化。一项可行的技术是，道路边的微波指示灯向可能附于汽车挡风玻璃上的车载接收装置提供收费信息，驾驶者可以使用智能卡根据在具体区域行驶花费的时间缴费。这种无现金的缴费方式可取代停车收费。

2）线路收费

道路网络上车流严重分布不均匀时采用线路收费。如对离城区近的线路采取收费，把部分车流分散到距离城区较远的道路上，减少该路的拥堵以及交通污染和噪声。基于距离收费在技术要求上与基于时间的系统相似，是根据具体地区旅行距离收费的可变化费用。与其他措施主要的区别是，基于距离收费不受拥挤水平的影响，标定具体的时间和位置只能根据所规定时段和跨越的时区改变收费水平来完成。该方式的主要优点是实用，费用计算简单。

3）区域收费

在某些繁忙路段组成的区域对进入的车辆进行收费。这就迫使一些人放弃驾车，改为步行或公交车进入，减少了该区域的车流量。例如，在新加坡，采用在交通相对拥挤的地区开展附加收费，以降低拥挤区交通流量，从而缓解该区域拥挤水平。其常见形式是高峰期收费。基于拥挤的收费内涵包括与当前拥挤水平相关的道路使用费用，有人认为它比封闭线收费和基于时间收费更加公平，因为只有当拥挤发生时才应该收费。基于拥挤的收费技术需要微波指示灯和车载接收装置。

4）停车收费

增加或提高单独驾车者或长期使用小汽车者在公共停车场停车的价格；对合乘车辆采取优惠停车收费；向全部停车场的所有者、经营者征税；在停车换乘的停车场（库）停车予以免费；在市中心地区收取较高的停车费，且在路边停车按等比级数计时收费；在城市边缘地区收取较低的停车费；将政府降低交通出行量的道路改造资金分配与其他交通需求管理战略中的停车收费定价策略联系起来考虑。

5）经济补贴

对于需要引导出行行为的目标人群主要是早晚的上班族，所采用的引导手段主要是激励措施，即通过实行以经济补贴为主、与其他手段相结合的方式，引导出行者放弃单独驾车出行，而选择公共交通或合乘车的方式出行，从而达到减少高峰期间汽车出行量的目的。国内外实践中常用的经济补贴方式主要有公交客票补贴、小汽车合乘补贴、交通津贴和其他激励方式（公交卡打折，给合乘者提供合乘车辆，为合乘车辆优惠提供油料，享受优惠的车辆维护待遇，给使用替代方式的员工增加假期，以及优惠提供出行装备，如鞋、自行车头盔等）。

收费调节在改变出行方式方面的有效性，与下列因素有关。

① 价格水平及出行者实际分担的交通成本。显然，使用收费价格定得越高，单独驾车者转换到其他替代方式的动力越大，而且起初就定高价作用更为明显。

② 替代交通方式服务水平越高和停车的困难程度越大，收费及补贴对出行者选择交通方式的影响力就越大。

10.1.2 控制交通的时间（或距离）

控制交通时间（或距离）是一个城市规划与交通管理的问题。

（1）密集型的城市用地模式。因为密集型城市有利于减少移动需求、有利于公共交通的发展。此外，我国的实际国情是城市人均用地少，城市道路用地更少，迫使我国发展密集型城市。

（2）城市的规划与控制。一方面，保持合理的区域功能，大力发展卫星城市，城市发展规划与交通需求管理相结合。如新加坡有 8 个相对集中的居民区，政府办公机构分散到各区。另一方面，应用出行管理方法，对人们的出行频率、时间与范围进行合理控制。

（3）交通管理。其出发点是控制交通的时间，目的是提高车速，减少停车、起步频率与堵塞、等待时间。利用交通需求管理系统（TDM）和交通系统管理（TSM）对交通源进行管理，调整城市交通结构，削减交通需求总量，缓解交通紧张。例如，设置单行线、收费车道等。

（4）替代出行，也称电子通勤，是一种允许人们利用通信系统在家工作来减少上下班的交通出行量的办法。单位的员工可以通过计算机网络在家办公，在这种方式下，员工通常每周在家工作几天，其余工作日到单位上班。随着计算机、通信技术的发展，电子通勤的方式越来越普遍。广义的电子通勤还包括诸如通过召开电视、电话会议等措施来减少参加会议人员的交通出行量，通过网上购物来减少人们直接去商店的交通出行量等方法。电子通勤对企业、员工及家庭成员都有一种潜移默化的影响。他们因此可能会相应地调整自己的出行方式。根据对工作和非工作出行及出行方式的影响程度，电子通勤可能直接或间接地影响地区交通的运行状况。

10.1.3 其他方法

在实时交通需求引导方面有出行信息系统、驾驶信息系统、路径诱导系统、途中公共交通信息服务和智能运输其他相关子系统等。在管理的策略方面有实行交通镇静措施、快速公交系统错时工作时间制等。

1. 出行信息系统

利用先进的通信、电子、多媒体、计算机网络等技术，使出行者在出行前可通过多种媒体，在任意出行生成地访问出行前信息服务系统，以获取出行路径、方式、时间、当前道路交通系统及公共交通系统等相关信息，为规划出行提供决策。

2. 驾驶信息系统

在行驶过程中，通过视频或音频向驾驶员提供关于出行选择及车辆运行状态的精确信息，以及道路情况和警告信息，并向不熟悉地形的驾驶员提供向导的功能。

3. 路径诱导系统

利用先进的信息采集、处理和发布技术，以及通信、控制和电子技术等，为驾驶员提供丰富的行驶信息，引导其行驶在最佳的路径上，以减少车辆在路网中的滞留时间，从而达到缓解交通压力、减少交通阻塞和延误的目的。路径诱导系统通常包括车载路径诱导系统、停车场可利用性诱导系统、数字地图数据库。其中，车载路径诱导能帮助驾驶员避开拥挤和事故，避免因不熟悉城市交通环境而"迷路"，也有利于增加安全。在没有停车场可利用性诱导系统的一些大城市的中心区，为了寻找一个停车空位，驾驶员往往要花费很长时间，因而停车场可利用性诱导系统可大大减少这种无谓的交通量和随之产生的环境污染。

4. 途中公共交通信息服务

利用先进的通信、电子和多媒体网络技术，使已经开始出行的公交用户在路边、公交车站或站台上及公交车辆上，通过多种媒体或个人便携装置获取实时与出行相关的社会综合服务及设施的信息，以便乘客在出行中对其出行路线、方式和时间做出恰当的选择。

5. 交通镇静措施

交通镇静措施是指为了减少机动车对环境和安全的负面影响所带来的交通效率降低的措施。它主要用于以居住用地为主的小区内毛细路网，也有一些用于市郊的工业科技园区。常用的有两种方法：一是隔离，强制分离外来交通流；二是整合，允许交通流通过，但从环境与安全角度提出强制要求。隔离可以通过单行线、截流和禁止转弯实现，可能会改变周围道路上的交通量、拥挤度及环境质量，采用时要谨慎考虑。交通镇静措施的辅助方法包括低速限制、减速墩、车道收缩、重铺路面和种植，所有设计都是让驾驶者降低速度、小心驾驶。

交通镇静政策能够提高道路安全性，改善出行交通环境，引导机动车出行转为非机动车出行，降低噪声和空气污染，提高环境质量。但是，交通镇静属于依靠一定程度的自觉性来影响交通流运行过程与行为的控制措施。在这个过程中，政府与交通镇静的实施部门要对交通镇静措施的目标、手段和效果进行广泛的宣传，使整个交通系统的参与者能够全面了解交通镇静措施的最终目的和全面、长远的后果。

6. 快速公交系统

快速公交系统有别于传统的公交系统，它综合了各种技术、运行规划，以及乘客类型以提供高速度、大容量、高品质的公交服务。其代表性的城市有南北美洲的部分城市，如加拿大的蒙特利尔、渥太华、魁北克城，巴西的库里提巴、圣保罗等；国内代表性的城市有北京、深圳和重庆。

1) 快速公交系统的分类

快速公交系统分为以下几类。

(1) 有轨快速公交系统：主要指地铁、地面或半地下轻轨交通。

(2) 无轨快速公交系统：指在常规地面公交基础上通过划定公交专用线等交通管理措施建立的快速公交系统。一般指巴士快速公交系统（BRT）。

(3) 综合快速公交系统：同时包含有轨及无轨快速交通的合成系统。

2) 快速公交系统的构成和改善措施

(1) 车辆：车辆是快速公交的核心部分。车辆性能将直接影响车速、服务可靠性，以及乘客的舒适程度。

改善措施：增加车门数；指定上、下车门；调整车的地板高度；加大车内空间（加长车辆长度以增加空间，由原有的30英尺及40英尺发展到更大尺寸或双层公交车）；改善车辆动力（由原有的柴油发动进一步扩展到电动或其他能源驱动）。

(2) 导轨（或专用道）：导轨（或专用道）及车站设施限制了公交路线及乘客可达性。利用分离道路使用权等方法改进导轨可增加运行可靠性。

改善导轨（或专用道）的措施有以下几种。

① 道路使用权分离：在某些城市是完全分离的，但在有些城市（如加拿大的魁北克城），某些快速线路仅高峰期使用。

② 提供超车空间：该方法并不普遍。主要用于车身较短，而且若干条轨道汇集在一条路线上时采用。例如，加拿大的渥太华。

③ 横向制导：利用横向制导系统控制横向运动，从而使乘坐更平稳，横向间隔更小，需要长距离的专用道路通行权。例如，巴西的圣保罗。

(3) 控制系统：可以控制车辆运行时间及位置，其功能主要有以下两个部分。

① 调度系统主要对驾驶人员在驾驶过程中提供指示，以确保高可靠性、车辆间距的稳定性及乘客安全。

② 信号系统控制线路及时刻表。这些系统在混合交通流的街道可以给公交车以优先权。

(4) 收费系统：收费系统的改善可便于乘客上车及换乘，减少在停靠站的逗留时间，提高运行速度，减少现金流通，提高乘客安全性。例如，公共交通IC卡的使用，利用手机中的支付二维码进行快捷支付等。

(5) 乘客信息系统：包括公众广播系统、报站系统、实时乘客信息系统、电话及网络信息系统。各种形式的乘客信息系统可以提供给乘客快速可靠的有关路线、车辆到达时间等信息，从而提高服务质量，增加客源。

交通拥挤已成为制约我国城市发展的重大问题之一。我国高度密集的城市居住人口和有限的道路空间资源决定了优先发展公共交通——快速公交系统，这是缓解我国交通拥挤形势、实施城市交通可持续发展战略的必然选择。

7. 错时工作时间制

(1) 错开工作时间。一般由企业设定一个上班时段，让员工不是在同一时间而是在一个时间段内到达单位。由于员工没有被要求在同一时间到达，因此他们的到达就会是分散的，这有助于缓解交通高峰时间交通流的过分集中。这种方式适用于在办公室工作和能独立完成制造过程的企业，但不适用于协作性强、生产过程连续的企业。

(2) 压缩周工作日。通过减少每周的工作日，增加每工作日的工作时间，从而减少企业员工总的工作出行次数。例如，员工每周可以工作4天，但每天工作10小时。这种方式具有双重功效，既减少了员工的工作出行，又缓解了交通高峰。这一方式对于需要连续作业或批量生产的企业可能是比较适合的。

(3) 弹性工作时间。允许员工们在一个时间段内自己决定上下班的时间。例如，员工可以在2~3个小时的时间段内自己决定到单位的时间，然后工作满8小时。这种方式显然有利于员工避开交通高峰期上下班，进而也缩短了高峰期的持续时间。它适合于办公室工作和从事管理、信息服务的工作人员，而不适合于在流水线上作业的工作人员或需要在员工之间保持连续通信的工作场所。

错时工作时间制不仅对缓解交通高峰期的交通拥堵是有利的，而且对提高企业与员工之间的相互协调性也具有一定的积极作用。但是应当注意的是，错时工作时间制作为交通需求管理的一项策略，虽然有助于缓解交通高峰期的交通压力，但从总体上对于减少交通出行次数的作用并不十分明显（除了压缩周工作日能够部分地达到减少出行次数的目的以外）。

10.2 交通工具的内部优化选择

10.2.1 交通方式的种类

1. 自行车交通

自行车交通属于个体交通。自行车交通的特点是行动灵活，路线可随个人意愿任意选择，平均出行距离不长，骑车时间以 20～30 min 为宜，一般速度（在人的体力能及的条件下）为 10～18 km/h。因为可以实现"门到门"的服务，是一种比较理想的近距离的代步交通工具，或作为公共交通的辅助交通工具。在我国，自行车大部分用作上下班出行工具或换乘工具，平时或假日也用作生活或旅游出行的交通工具。

1) 自行车交通的优点

从城市可持续发展的角度来看，自行车交通是一种"绿色交通"，具有以下诸多优点。

(1) 灵活方便。在所有交通工具中，自行车是最简单灵活的。它服务于个人，自由性强，能深入到城市的任何地方，可真正实现"门到门"的服务。在近距离交通需求选择中，由于自行车在时间、空间上比公共交通更具灵活性，因而对市民的吸引力非常大。

(2) 行驶和停放占用空间小。自行车是占用道路面积较小的交通工具。据研究，3.5 m 宽的行车道，机动车的通行能力约为 1 000 辆/h，而自行车的通行量约为 3 000 辆/h，大约为小汽车的 3 倍，停放一辆小汽车的用地可以停放约为 10 辆自行车。3 种常用客运方式人均占用道路面积的比较如表 10-3 所示。

表 10-3 3 种常用客运方式人均占用道路面积的比较　　　　m²/人

客运方式	公共交通	小汽车	自行车
占用道路面积（动态）	1～2.5	30～50	1～2
占用道路面积（静态）	0.8～2	8～16	1～1.5

(3) 绿色环保。自行车是一种对环境无污染的"绿色"交通工具。机动车交通方式都不可避免地产生废气、噪声和振动，其中汽车尾气还是城市大气污染的重要来源之一；自行车基本上不带来任何污染，这是支持自行车交通继续发展的重要根据。

(4) 低能耗性。自行车由人力驱动，不消耗任何不可再生性能源，因此在城市交通系统中具有独特的优势。

(5) 经济廉价。在目前城市交通中，经济性和快捷性是乘客选择出行交通工具的最主要因素。普通自行车一般价值几百元，能为广大普通市民、学生等阶层接受。不仅如此，自行车的维修费用也大大低于汽车相应的费用,而且自行车不需要燃料费,也不用向交通管理部门交纳费用。

2) 自行车交通的缺点

正是自行车灵活、方便、经济、污染小等优点,我国作为"自行车王国",具有发展自行车的良好基础,充分利用现有的这一交通资源,建立合理的自行车交通网络,对解决城市高速发展带来的交通拥挤和城市环境问题,具有重要的现实意义。但是,自行车交通也有不足之处,主要表现在以下方面。

(1) 交通秩序混乱。由于大多数自行车与机动车混合行驶,严重干扰了道路交通秩序,降低了车辆行驶速度和道路通行能力,致使城市有限的道路空间资源更显不足。特别是当大量自行车长距离出行并与机动车混合行驶时,难免产生行人、自行车、机动车之间的冲突,不仅严重降低了机动车的使用效率,而且增大了发生交通事故的概率。

(2) 车辆停放问题突出。城市自行车的迅速增长,对停车用地提出了更高的要求。由于在城市规划设计中对自行车的停车问题未给予足够重视,不仅居住和工作地点的停车问题未能妥善解决,许多购物、娱乐等公共活动场所也未设专用停车场,自行车只能占用人行道、绿化带停车,甚至占用非机动车道和部分机动车道停车,给城市交通、治安、生活和环境带来许多问题。

以上这些问题的存在对自行车系统的规划设计提出了更高的要求。出于环保和绿色交通的考虑,在有条件发展自行车的城市,必须逐步实现机动车道与非机动车道的分离,通过设置自行车专用道路,发挥其短途接驳的功能,这是使自行车焕发生命力的重要途径。

共享单车是城市慢行交通系统的组成部分,是以互联网技术为依托构建平台,主要服务于城市中短距离出行和公共交通接驳换乘的自行车系统,也称为互联网租赁自行车。

2007年以来,我国一些城市开始借鉴国际公共自行车模式,由政府主导,构建采用固定设桩方式来运营自行车租赁服务系统;2016年以来,通过移动互联网实现租赁的共享单车开始井喷式发展,由非政府主导,由企业市场化运作,不设固定停车桩,在车上安装GPS装置,支付便捷且价格低廉。据前瞻产业研究院发布的"2020—2025年中国共享单车行业市场前瞻与投资规划分析报告"统计数据显示,2019年中国共享单车市场规模达到236.8亿元。

共享电动单车与共享单车功能一样,区别在于其租赁的是电动自行车。其成本相对较高,受众较少,主要设在学校、景区等场所,即范围较固定、充电较方便的区域。

2. 摩托车交通

在居民出行距离较长、公交乘车困难、自行车出行较为吃力并受一定收入水平制约的情况下,人们更倾向于使用摩托车满足机动化出行需求。当然,由于其特定的交通特征,利用摩托车的出行受到越来越多的争议。

摩托车的作用介于自行车和机动车之间,具有自身的一些特点:与自行车相比,灵活性更强,出行距离更长,行驶速度更快,而且舒适度和方便性较好;与私家车相比,同样属于机动车,具有机动性,而且启动和制动性能更好,价格便宜,耗油量低(当量燃油消耗约为小客车的0.17倍),养护成本低,这些优点均促使摩托车很快成为大众消费品。根据《城市道路交通规划设计规范》,在动态交通中,5辆两轮摩托车所占据的道路资源与一辆大客车相等,其载客人数却远低于一辆标准公交车,大大降低了道路的使用效率。更重要的是,摩托车对其他交通方式的干扰强烈:行驶过程中车道变换频繁,穿插性、随机性大;交叉口排队过程中常利用车辆间隙穿插向前,增加了其他车辆的排队时间;等候过程中,遵章率很低,往往停靠在停车线以外,并占用人行横道,侵犯过街行人和非机动车的路权;摩托车转弯方向明示性差,对其他车辆的干扰很大。由于其启动性好,对信号的敏感程度高,所以通过性能稍好,排队延误小。

摩托车交通具有经济、灵活、方便、迅速等特点,能提供"门到门"的便捷服务,停放机动,因而在我国三四线城市及乡村增长较快。截至2018年底,我国在册的摩托车保有量达8 700万辆,比2017年增加了500万辆,增长率约6%。2019年我国在册的摩托车保有量达到了9 000万辆左右。

摩托车的高出行率既反映了人们对机动化方式出行的真实需求,但是由此所带来的问题也相当严重,主要有以下两个问题。

(1) 交通危害。由于路权不清晰、驾驶员超速行驶或频繁变道,导致摩托车经常与其他车辆争道行驶。行驶在机动车道上的摩托车,会影响机动车的通行速度,干扰正常的交通秩序;而行驶在非机动车道上会影响自行车的出行安全,导致交通事故率上升。

(2) 环境污染,主要表现为噪声和废气污染。摩托车的噪声污染比部分公共汽车还要高;而使用燃油的摩托车的尾气中含有大量的一氧化碳和多种污染物,对人体健康十分有害。

基于上述原因,不少经济较发达的城市如广州、珠海、深圳发布了禁行令,对摩托车交通的发展持否定态度。1985年,对摩托车的"禁限"最早出现在北京,此后"禁摩"行动逐渐在我国大中城市展开,到2015年,全国已有70多个城市采取措施禁止和限制摩托车行驶。

3. 小汽车交通

小汽车交通的优点是快速、舒适,是现代城市的一种交通手段。随着我国汽车工业的发展,全国机动车保有量以每年10%~15%的速度增长,特别是私人小汽车进入家庭的速度在逐渐加快。调查数据表明,当人均国内生产总值达到1 000美元以上时,私人小汽车发展最快,按照我国城市经济发展趋势,私人小汽车将处于快速发展阶段。私人小汽车的出现是居民生活水平提高的标志,从一定程度上提高了人们的生活水平和质量,但在城市的有限空间内行驶这种无限增长的个体交通工具,给城市带来的后果是严重的,主要表现在城市环境的污染、世界能源的消耗。小汽车的单位乘客占用车行道面积多达20 ㎡/人,也是极大的浪费,在节约城市空间上是低效的。但是,小汽车交通是城市综合交通体系中不可缺少的组成部分,为了创造良好的生存环境,节约能源,应该合理发展小汽车交通。因此,小汽车也只能是有控制地增长,并有规划地纳入以公共交通为主干的综合城市交通结构中去,以发挥它的优越性。

1) 小汽车交通特征

小汽车交通具有以下主要特征。

(1) 出行时间集中。城市道路的交通流量随着时间而发生变化,一天之中,道路交通流量在早晚上下班高峰时段内较为集中,交通拥挤也往往出现在高峰时段内。随着机动车拥有量的增加,机动车流量的波峰随之拉长,高峰小时特征不明显,显示居民在非高峰时间的休闲、娱乐出行大幅增加。

(2) 行驶区域集中。小汽车的使用几乎遍布城市的各个角落。由于城市土地利用模式的"向心性"和"非均质"特征,在对小汽车的使用未加限制的情况下,使得小汽车的使用率在城市商业、办公较为集中的地区相对较高。因此,交通拥挤主要出现在城市核心区域和交通主通道上,交通分布在区域上的差异明显。

(3) 行驶方向集中。道路交通量也具有明显的方向性，在早晚高峰时段内，小汽车交通往往表现出方向截然相反的"潮汐"特征。"潮汐交通"是世界上大城市普遍存在的现象，具体表现在放射性道路上，在某个时段内双向交通流量明显存在差异。交通拥挤主要出现在流量较高的交通流向上。以上海为例，全市道路网络向心交通特征明显，部分放射性主干路高峰小时道路流量双向不均匀比例接近 3∶1。

2) 小汽车发展利与弊

小汽车的发展就像一把双刃剑，它以其舒适、便捷、准时的运输方式受到了出行者的青睐。但是，它在给人们生活带来舒适和促进经济发展的同时，也给城市交通和环境的发展带来各种各样的问题。

发展小汽车有以下优点。

(1) 小汽车的发展有利于构建合理的交通结构。随着人们出行需求的快速增长，多样化的交通方式是出行者的迫切需求。不同的城市居民出行的需求不同，出行的时间和空间也不相同，所以单一的交通方式不能满足日益增长的出行需求。由于小汽车可以实现"门到门"出行，能够满足不同地区不同出行者的需求。

(2) 小汽车的适当发展有利于构建合理的城市结构。拥有小汽车这样的便利交通工具，可以扩大居民的活动范围，使得居民的就业和居住不再受范围的限制，可以缓解因城市中心区开发密度过高，造成环境质量下降、用地紧张、交通拥挤等问题；有利于区域内城镇体系的合理规划和布局。

(3) 小汽车的发展能够促进相关产业的发展。汽车产品涉及众多的产业部门，如冶金、石油、化工、电子、建材等部门，汽车工业的发展还会带动相关的服务业的迅速发展。汽车工业的发展对于调整产业结构、推动相关产业与国民经济的发展具有良好的作用。

发展小汽车有以下弊端。

(1) 道路负荷严重。小汽车的过度发展将加重城市道路网的负荷。小汽车的乘客量一般为 2～4 人，其运输效率很低。如果对小汽车的发展不加以控制，将会造成路网严重饱和，产生交通拥挤、堵塞，爆发严重的交通问题。

(2) 交通事故增加。从宏观上看汽车保有量的大小对交通事故的多少有着决定性的影响。小汽车的过度发展，加重了道路的负担，使得发生交通事故的概率增大。

(3) 环境污染严重。小汽车的过度发展将会使城市的环境质量急剧下降。小汽车排放的尾气含有大量的有毒气体，诱发呼吸道疾病。此外，小汽车的噪声对居民日常生活干扰也很严重。

(4) 能源短缺。小汽车的出行要消耗大量的能源。从小汽车完成单位运输消耗的能源方面来看，应该对小汽车的发展加以控制。

3) 共享汽车

共享汽车是指与移动互联网融合发展的小汽车租赁。我国目前的共享汽车主要是由企业购买汽车，建立互联网平台以实现租赁和运营管理，以共享的增量机动车代替私人拥有的存量机动车。根据美国分时租赁互联网汽车共享平台的经验，每辆共享汽车可以满足 15～20 辆私人汽车的出行需求。

由于政府鼓励使用新能源车辆开展分时租赁，并按照新能源汽车发展有关政策在充电基础设施布局和建设方面给予扶持，因此各城市共享汽车多为新能源汽车。据交通运输部统计，2017 年全国有 6 300 余家汽车租赁业户，租赁车辆达到 20 余万辆，并以 20% 的速度发展。随着移动互联网技术的广泛应用,共享汽车需求巨大,前景广阔。

4. 城市公共交通

城市公共交通是城市交通中与城市居民密切相关的一种交通方式。

1) 公共交通体系

公共交通体系是指按规定路线、一定站距及一定发车频率行驶的公共汽车、无轨电车、有轨电车、地铁、轻轨交通等;也有按固定路线和不固定路线行驶、随上随下的小公共汽车及出租车交通等;有水域交通的城市,旅客轮渡与城市短程航运,也属于城市公共交通范畴。各种公共交通方式之间相互配合,为乘客在速度、价格、舒适程度等方面提供更多的选择,可更好地满足城市社会经济活动的交通需求。

城市公共交通是城市客运交通系统的主体,它维系着千家万户的日常生活,担负着每日大量的上下班出行客流的运送任务和生活出行的客运任务,给城市居民提供优质、高效的出行条件,是城市建设和发展的重要基础之一。政府在制定国民经济和城市建设发展战略时,必须包括城市公共交通运输的发展规划,以便促进城市公共交通与城市建设同步、协调发展。

改革开放以来,我国城市公共交通有了较快的发展,但随着经济社会发展和城镇化进程的加快,一些城市交通拥堵、群众出行不便等问题日益突出,严重影响了城市发展和人民群众生活水平的提高。而优先发展城市公共交通是提高交通资源利用率、缓解交通拥堵的重要手段,也是改善城市人居环境、促进城市可持续发展的必然要求。不同规模的城市的主要公共交通方式如表 10-4 所示。

表 10-4 不同规模的城市的主要公共交通方式

城市规划与人口		公共交通方式
大城市	>200 万人	大、中运量快速轨道交通、公共汽车、电车、出租车
	100 万~200 万人	中运量快速轨道交通、公共汽车、出租车
	<100 万人	公共汽车、出租车
中等城市		公共汽车、出租车
小城市		公共汽车、出租车

2) 公共交通发展优势

(1) 运载量大,运送效率高,占地面积少。相对于私人交通工具而言,公共交通有着更高的效率。一辆 4 座小汽车,占用的道路空间接近一辆乘坐 40 名乘客的公交车或者 12 辆自行车的道路面积;6 节车厢组成的地铁,相当于 10 km 长的小汽车的载客量。从占用道路空间资源的角度,公共交通具有明显的优越性。

(2) 投资相对节省,能源消耗低,运输成本低,尾气污染相对少。有资料证明,运载同样数量的乘客,公共交通(包括公共汽车、地铁、轻轨等)与私人小汽车相比,分别节省土地资源 3/4、建筑材料 4/5,投资 5/6;私人小汽车产生的废气是公共汽车的 10 倍;耗油量是公共汽车的 2~3 倍。2007 年 9 月 16 日至 22 日,110 个城市共同开展了首届中国城市公共交通周及无车日活动。据测算,开展无车日活动一天,可节省燃油 3 300 万 L,减少有害气体排放约 3 000 t。大力发展公共交通,有利于控制污染,改善城市环境,对提高能源利用也有较大作用。

(3) 公共交通有利于出行安全。公交汽车车速相对较低,行驶平稳,一般不易发生交通事故,发生重大事故的频率更低。有资料表明,小汽车的交通事故率为公共汽车的7.3倍,而地铁、轻轨等公共交通工具的事故率更低。

(4) 交通方式灵活,适应性强。不同车型的公交车为不同地区、不同客流量服务的适应性很强。在客流量大的地方布置大型的公交车,而在客流量不能确定的地方则采用灵活的交通方式,如城市公共交通中的出租车可响应即时需求服务。

(5) 能利用技术手段把公共交通资源进行较好的配置,这是其他交通方式无法比拟的。

3) 我国城市交通发展特征

(1) 机动车保有量快速增长,车型结构向客运方向发展,特别是小客车比重越来越大而自行车出现下降的趋势,公共交通的发展得到重视,呈现稳步增长的态势。

(2) 城市交通基础设施按照新建和扩建并举的模式发展,但增长速度比较缓慢。

(3) 城市居民出行次数随城市规模增大而减小,但随社会经济发展而呈现增长趋势,而出行结构越来越向个体快速交通方式转变。

正是由于小汽车的快速增长和使用、出行次数增加等原因,促使我国城市交通需求超过了缓慢增长的道路交通基础设施所提供的能力,从而引起了城市交通拥挤。我国很多城市,特别是交通问题比较突出的大城市,应重视调控交通需求与交通供给的平衡,通过各种措施引导小汽车的拥有,特别是小汽车的使用,同时继续加强为大众服务的公共交通的发展,引导交通出行结构向有利于城市可持续发展的以公共交通为主的模式转变。

10.2.2 各种交通方式对可持续发展的影响

个体机动化交通方式的发展已经是城市交通发展中不容回避的问题。个体机动化交通方式可分为小汽车交通方式和摩托车方式。由于不同城市的经济发展水平不同,现阶段所处的个体机动化发展水平也不同。个体机动化交通具有高人均资源消耗率、高人均污染排放率的特点。因此,个体机动化交通方式的无序发展将增加道路交通总量,增加拥挤与污染,不利于可持续发展。

为了实现城市化和城市交通机动化的有序发展,减少城市居民出行对个体机动化交通工具(小汽车、摩托车)的依赖、减少交通拥挤和污染、节约土地资源和能源、提高城市交通运输效率、提升城市社会经济生活质量、改善城市人居环境,使不同区域、不同时期的城市交通平衡、持续发展,在城市交通可持续发展目标指引下,确立合理的城市交通方式是极其迫切和重要的。

不同的交通方式对环境产生的压力和影响有着明显差异,城市交通方式对可持续发展的影响,主要体现在交通运输活动中所需要的资源投入和环境影响。

1. 不同交通方式的资源消耗差异

城市交通系统所消耗的环境资源主要有城市用地及能源两类。从城市几种主要交通方式的土地占用、能源消耗强度可知,不同城市交通系统模式对资源投入规模的巨大影响。

(1) 不同交通方式运送单位乘客占用的土地面积不同。我国城市主要交通工具静态、动态占用空间面积如表10-5、表10-6所示。

表10-5 我国城市主要交通工具静态占用空间面积

交通工具种类	车辆轮廓尺寸		停车场车位占用面积常用值/m²	停车库、楼采用建筑面积/m²	每位乘客占用面积/(m²/人)(停车场/停车库、楼)
	长/m	宽/m			
自行车	1.9	0.6	1.5	2.0	1.5/2.0

续表

交通工具种类	车辆轮廓尺寸		停车场车位占用面积常用值/m²	停车库、楼采用建筑面积/m²	每位乘客占用面积/(m²/人)（停车场/停车库、楼）
	长/m	宽/m			
摩托车	2.0	0.8	2.5	3.0	2.1/2.5
小汽车	5.0	2.0	16.0	40.0	10/26.7
中型公共汽车	8.7	2.5	54.0	65.0	1.4/1.6
大型公共汽车	12.0	2.5	67.0	80.0	1.1/1.3
通道型公共汽车	18.0	2.5	108.0	120.0	0.9/1.0

表 10-6 我国城市主要交通工具动态占用空间面积

交通工具种类	常见速度/(km/h)	车头间距/m	车道宽度/m	占用道路面积/m²	车均载客数/人	平均每位乘客占用空间/m²
自行车	12	3.0	0.5	1.5	1.0	1.5
摩托车	30	17.0	2.0	34.0	1.2	28.3
小汽车	40	23.3	3.0	69.9	1.5	46.6
中型公共汽车	30	23.7	3.5	83.0	40.0	2.1
大型公共汽车	30	27.0	3.5	94.5	60.0	1.6
通道型公共汽车	25	31.3	3.75	117.4	100.0	1.2

从表 10-5 和表 10-6 中数据可见，公共汽车单位乘客占用空间最小，小汽车占用空间最大，自行车则介于二者之间。按单位乘客静态占地指标计算停车场用地，小汽车为公交车的 10~20 倍；小汽车与自行车相比，小汽车用地为自行车的 10~15 倍。从动态单位面积客运效率对比来看，小汽车运送单位乘客的占地面积为公交车的 20~40 倍、自行车的 25~35 倍。

由于完成单位客运量所需的道路时空资源的差异，在不同城市交通结构模式下，完成相同规模的人口出行所需的道路面积有所差异，如图 10-1 所示。

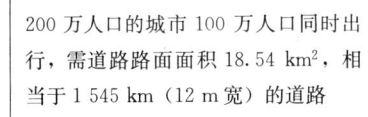

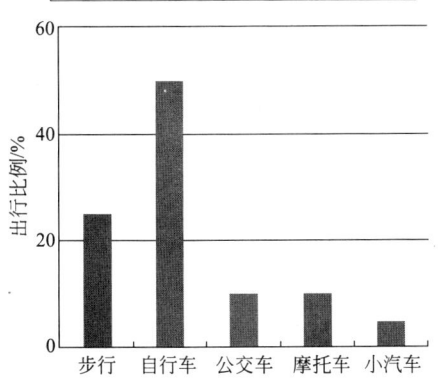
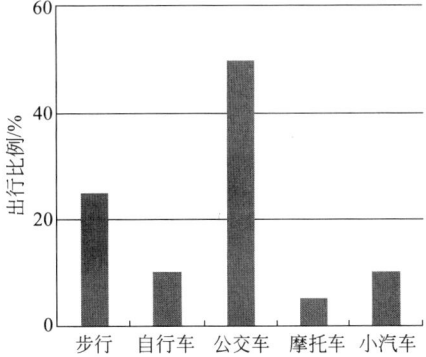

图 10-1 不同交通方式结构对道路面积需求的差异

(2) 不同交通方式单位运输量的能源消耗也存在显著差异，如表 10-7 所示。

表 10-7　几种主要交通方式单位运输量的能耗测定值

交通方式	自行车	公共汽车	地铁	摩托车	小汽车
kcal/(人·km)	63.84	714.00	322.40	1 495.0	2 795.10
以自行车能耗为 1 的各方式能耗之比	1	11.2	5.05	23.4	43.8

注：1 cal=4.186 8 J

以自行车能耗为 1，则公共汽车、地铁、摩托车和小汽车的相应能耗分别为：11.2、5.05、23.4 和 43.8。我国煤、石油等不可再生资源虽储量较丰，但以人均储量指标的排名则较靠后，因此，从可持续发展的战略高度考虑，单位运量（人·km）能源消耗是一项重要指标。

2. 不同交通系统模式对环境质量的影响

城市环境是城市居民赖以正常生活、工作的基础，是身体健康的必要保证，也是持续发展的基本前提。不同交通方式对城市环境质量的影响有显著差别，表 10-8 列出了城市主要交通工具单位运输量的废气排放量对比情况。

表 10-8　主要交通工具单位运输量的废气排放量对比情况

交通方式	自行车	公共汽车	地铁	摩托车	小汽车
以公共汽车为 1 的废气排放量之比	0	1.0	0.7	27.5	19.0

从表 10-8 中数据可以看出，小汽车和摩托车单位乘客运量（人·km）的污染物排放量分别是公共汽车的 19 倍和 27.5 倍、地铁的 27 倍和 39 倍。据有关学者测算，按私人小汽车与单位（公务）小汽车日均行程 40 km 计，出租车日均行程 250 km 计，并设两者合计平均日行程 150 km 计，则 1 万辆小汽车每日将排放 60 t 有害的废气污染物，其对城市环境质量的影响可想而知。

自行车本身虽然没有废气污染物，但作为城市交通的一个组成部分，在混合交通状态下引起机动车行驶速度下降和频繁的加减速而导致的污染物排放量的增加是十分明显的。据有关调查测算，当车速由 32 km/h 降至 16 km/h（车速下降 50%）时，污染物的排放量增加了 82%，假设由自行车引发的混合交通造成了机动车速度 20% 的降低，那么机动车的污染物排放将上升 33%。由此可见，自行车交通能否成为真正的"绿色交通"，将取决于自行车交通是否实现了与机动车交通的分流而互不干扰。

10.2.3　交通工具的选择

1. 自行车和摩托车的选择

1) 自行车的发展策略

自行车作为一种亲环境的交通方式，对环境的污染几乎为零，考虑到其效率问题，应该是除公交之外最值得提倡与鼓励的交通方式。当前，自行车交通的发展却受到了一定的限制，主要原因是其速度慢、费时、费力。此外，为了设立公交专用道而挤占非机动车道，使自行车在非机动车道与公交、在人行道上与人流争路，加大了混合交通流，给交通管理与设计带来更大的麻烦。应当明确自行车在当前和未来城市客运交通结构中的地位及作用，发挥自行车在中短距离出行中的优势，发挥自行车的换乘功能；逐步建立自行车道路网络，在提高自行车交通的舒适性、有序性和安全性的同时，实现机非运行系统的空间分离，减少相互之间的干扰。

2）摩托车的发展策略

传统摩托车在20世纪90年代，是我国城市中发展最快的个体机动化交通方式，有代表性的广州、南宁等城市，摩托车占机动车辆总数分别达到了63%和70%。大量的摩托车虽然方便灵活，但由于传统的摩托车道路利用率低且满足单位交通需求所需单位能耗与环境污染大，因此造成了交通拥挤、交通秩序的混乱和环境污染加剧等现象，其发展方向之一是电动摩托车。

因此，许多城市都制定了严格限制摩托车的交通政策，如南京、苏州等城市实行了限期淘汰的政策。摩托车的发展根据城市规模可采用不同的政策：大城市、特大城市应严格限制摩托车的发展；中小城市适当控制摩托车的发展，并限制其使用范围。

2. 私人小汽车和公共交通工具的选择

1）两种交通方式成本和质量比较

衡量一种交通方式的好坏有两个标准：运输成本（含环境成本）和运输质量（含运输效率）。

以公共汽车为代表的一般公共交通在经营良好、服务质量高的情况下具有安全、迅速、准时、方便、可靠等特点，相对于私人小汽车和自行车，在经济技术上更为合理。各种交通方式的各项比较如表10-9～表10-12所示。

表10-9　私人小汽车和公共汽车经济技术指标的比较表

指标	公共汽车	私人小汽车
运送速度/(km/h)	20～50	20～50
载客量/(人/车)	40～160	1～5
占用道路交通面积/(m^2/人)	1～2.5	30～50
占用停车面积/(m^2/人)	1.5～2	8～16
单位乘客耗油比	1	4
单位乘客运送成本比	1	10～12

表10-10　各种交通工具的速度和费用指标

特性指标	私人小汽车	出租车	公共汽车
正常行驶速度/(km/h)	20～50	20～50	20～50
个人出行费用/元	18	10	1.5

表10-11　各种交通工具排放量的比较　　　　　　　　　　g/(100人·km)

交通工具	碳氢化合物	一氧化碳	氮氧化物
快速轨道	0.2	1	30
公共汽车	12.0	189	95
私人小汽车	130.0	934	128

表 10-12　各种交通工具的效用评价

特性指标	私人小汽车	出租车	公共汽车
可达性	较好	一般	较差
舒适性	好	好	较好
安全性	一般	一般	较好

从表 10-9 中数值可以看出，无论载客量、客运成本，还是占用道路交通面积（道路利用率）等，公共汽车都具有明显的优势，应成为城市公共交通的主体。另外，机动车排气污染已成为我国城市大气污染的主要来源。由表 10-11 可看出，公共汽车比私人小汽车对环境的破坏性小。

公共交通的运输成本低，道路的利用率高，能满足单位交通需求，环境污染小。相对而言，私人汽车的运输成本就高得多，但私人汽车的时间效率、可达性、灵活性与舒适程度都比公共交通高得多，因此其运输质量又高于公共交通。此外，公共交通需要巨额补贴，而私家车的普及将带动汽车工业与相关产业的发展，增加政府税费，可促进公共设施建设与环境保护，还能增加就业。对正常的高质量交通方式的需求进行限制，对于经济与社会的可持续发展是不利的。

2) 小汽车发展策略

从经济发展的角度考虑，私人小汽车目前应该大发展，而非限制。首先，中国经济发展需要新的增长点，汽车工业可以带动一大批相关产业、基础设施和高科技的发展与进步。其次，中国正全面进入小康社会，东部发达地区正逐步向富裕化过渡。收入水平、生活水平的提高，必然要求交通服务质量的提高，随之有欲望也有能力购买私人小汽车。从公平的或者尊重个人权利的角度讲，政府不能强制性地剥夺人的这种自由选择的权利。再次，中国私人小汽车拥有水平很低。国内市场在保证大城市小汽车不过度发展和膨胀的前提下，仍然有巨大的空间，足以支撑汽车工业的市场需求。最后，中国私人小汽车发展主要地域是东部发达的大城市外围郊区、远郊和新城，中小城市及农村地区。在大城市旧城和中心区对私人小汽车发展则必须加强必要的限制和控制。

小汽车发展策略是将法制、财税、教育等政策综合应用，根据我国的汽车产业和城市条件，政府对小汽车的发展应采取引导、控制加管理的发展政策，即引导小汽车的拥有行为、控制和管理小汽车的使用行为，对小汽车实行适度发展和有偿使用。不同城市应制定出控制本地小汽车拥有和使用的具体措施。此外，还应出台各种政策促使汽车厂家提高汽车的环保性能与清洁汽车的研究，促进居民环保意识的提高与对清洁交通方式的选择，提高私人轿车的共载率。用经济手段对其运行范围进行一定的限制，使私家车的发展与环境、与我国社会经济的发展协调适应。

3) 公共交通工具的发展策略

在城市公共交通系统中，城市轨道交通是一种低污染、低能耗、高效率的运输方式。它以快速、运量大、污染小、效率高等特点，成为城市交通结构中不可缺少的组成部分，是解决超大城市、特大城市交通日益增长的供需矛盾，有效地满足城市化需求的交通手段。轨道交通还具有较好的可持续发展特性，它完成单位运输量所排放的污染物及所消耗的能源远低于其他交通方式，尤其是私人交通方式。轨道交通不仅能提供更舒适的乘车环境、更准时的乘车服务，且具有更大的安全性。目前，城市交通需求还在不断增长，对于城市中心区来说，交通流量大，道路有限，发展轨道交通将成为未来城市交通的重要选择。

出租汽车是一种辅助公共交通，它是公共交通的一个组成部分，是为一部分人群服务的。出租汽车具有灵活、速度快等特点。有计划地适度发展出租汽车，提高出租汽车的服务质量，是遏制私人小汽车过度发展的重要途径。

城市交通与城市环境矛盾加剧的主要原因是城市交通结构不合理、公交比例下降、轨道交通比例小、私人小汽车发展迅速、机动车数量增多、交通拥挤严重等。经过半个多世纪的探索与实践，人们逐渐形成了一个共识，即必须通过建立一个"以公共交通为主，多种交通方式并存的城市综合交通系统"，才能满足现代化城市的经济发展和日益增长的各种交通需求。

10.3 车辆污染控制管理体系

即使制定出世界上最严格的排放标准与规范，若没有一定的程序和方法确保其得以实施，该标准也没有任何实际意义和价值。当今发达国家的先进经验表明，一个综合性的机动车污染控制管理体系应该包括新车和在用车的管理。它应该确保汽车在批量生产前的设计阶段就能达到排放标准，即生产线上的质量应该得到保证，它还应当通过可强制推行的保证和召回制度对生产排放超标车的生产商起到威慑作用；此外，应建立一套系统有效的检查和维修（I/M）制度，促进车主对排放设施的保养和维护，而且维修部门也应做到有效管理，以确保对排放控制部分的维护质量。

10.3.1 新车污染控制管理体系

1. 美国的新车管理体系

美国为了确保低排放量，制定了各种管理法规来保证排放法规的贯彻实施。图 10-2 是 1980 年加州新车控制排放物实施的各种法规。

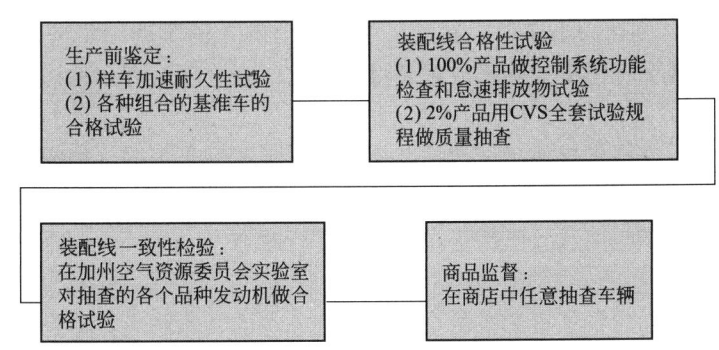

图 10-2 1980 年加州新车控制排放物实施的各种法规

1）生产前鉴定

美国联邦政府制定的汽车排放法规，各州都是强制实施的。在制造厂的生产线投产之前，必须证明此生产线上所用的各种类型发动机都能满足排放物标准。为了简化认证工作，不是每一种车型都要进行认证,美国是按"发动机簇"进行分类:属同一类的各车型,只选定其中一种车型进行认证,以确保产品的一致性。由于有强有力的召回制度保障,美国目前实行的是自愿认证制度,即认证试验和日常的监督试验原则上由汽车制造商自己进行。

美国还对汽车的排放性能提出耐久性要求,实际上是要求汽车在规定的耐久性里程内,其污染物的排放量都要满足法规限值的要求。其具体做法是汽车制造商提供一辆原型车(样车)进行加速耐久性试验,距离范围从 6 000 km(对小型摩托车)到 160 000 km(对客车)或 192 000 km(对轻型卡车)。重型发动机与此类似,但其测试是在发动机测功机上完成的。通过样车的耐久性试验,可以确定每个"发动机簇"的每种污染物的劣化系数。若该生产线上由各种类型的发动机组合的不同重量、不同变速箱的车辆及其他变型车,均用其对应的基本车型进行测定,当排放预测量低于规定的标准限值时,就能给生产线颁发合格鉴定书。

2)装配线合格性试验

装配线合格性试验用来监督产品车辆的质量,保证它们满足排放物标准。包括以下 3 方面的内容。

(1)功能检查。检查每辆产品车所装排放物控制系统的功能。

(2)怠速试验。测定每辆产品车怠速下的排放量,其限值是从产品车中抽样,实测它们的排放量而确定的,这样可检查出怠速排放量过高的汽车。

(3)装配线试验终了时,还要按全套 CVS 试验规程抽试 2% 的产品。此 2% 的抽样车每种污染物的平均排放量必须低于规定的限值。

装配线测试的目的在于使管理机构识别排放超标车,从而可以采取补救措施并防止不符合排放标准的汽车生产。

3)装配线一致性检验

装配线产品一致性检测是对产品进行进一步的质量检测,是在加州空气资源局(California Air Resources Board,CARB)的实验室中进行的。抽取少量能代表 95% 产品车排放质量的新车,其中 1/3 是在鉴定试验、2% 抽查试验和商品监督试验中有问题的,2/3 是没有明显问题的。以 3 辆为一组,连续 3 天每天按 CVS 试验规程做一次测定,取其平均数。如果有 2 辆车的 1 种或 2 种污染物排放量超过限值的 15%,或者有 1 辆车的 3 种污染物排放量超过限值的 15%,则认为不通过。制造厂可以再提供 2 辆车进一步进行试验,如果 5 辆车中的 3 辆有 1 种或 2 种污染物的排放量超过限值,或者 2 辆车有 3 种污染物超过限值,则认为不合格。

进口汽车必须首先提供排放测试数据及样车,被证明满足美国(加州)排放标准的车才准许销售。新车一旦被联邦 EPA 和加州 CARB 证实其排放存在问题,制造商或进口商将会被严厉处罚,同时全部收回这些已销售出的车辆进行改造。

4)商品监督

商品监督则是由加州空气资源委员会的官员到任选的几家商店,检查车辆所装的排放物控制装置的安装情况和调整参数是否符合要求。如果这些检查和试验发现了不合格的车辆,行政官员就要求制造厂商提交一份使所有装这些品种发动机的车辆符合标准限值的计划。计划中包括修复有毛病的车辆和召回已出售车辆的内容。在修复之前将强制暂停出售。

2. 日本和欧洲各国的新车管理体系

日本的汽车排放控制法规是比较严格的,对制造厂产品的要求也是比较苛刻的。日本的排放法规在全国范围内强制执行，对于新开发的车型采用型式认证的方式进行控制。型式认证分为型式认定和型式认可。通过型式认定的车型，在出售时每一辆车都附有汽车厂的认定证书，在车辆注册时不用进行检测。通过型式认可的车型，在车辆注册时还要进行简单的检测。但对于申请产品型式认定资格的汽车厂，要对其试验设备的能力进行认定。新型车的认证试验由运输省的"交通安全和公害研究所"进行，生产厂家进行一定比例的产品检测，但其实验室需经认定，检验结果要上报运输省。为了简化认证手续，日本将整车按车辆型式进行分类。属同一型式的车辆，只要其中一种车辆通过了认证，其他车辆也就通过了认证。日本还建立了尾气排放物控制装置的型式认定制度，以及对进口车的特殊处理办法，这两方面是别的国家所没有的。

日本汽车排放法规的限值有最高值和平均值两种，产品车的比例检验值都要用耐久性试验中得到的劣化系数进行修正，每一辆车的排放量不得超过最高值；而一个季度测得的各辆车的平均值，不得超过法规规定的限值中的平均值。

欧洲各国也按车型对汽车进行分类以简化认证工作，认证也需对汽车厂的质量保证体系进行认定。新车的认证试验和产品车的一致性试验，欧洲许多国家都是由认证权力部门（一般为运输部）授权的试验机构进行。

10.3.2 在用车污染控制管理体系

1. 在用车检查/维修制度（I/M 制度）

1) 在用车检查/维修制度（I/M 制度）概述

I/M 制度可以有效地控制在用车的排放，是新车实行强制性标准的有效补充。英美等发达国家率先提出和实施 I/M 制度，我国也有 20 多个城市开始执行 I/M 制度。它的作用主要表现在两个方面。一是它可以识别出有系统故障从而导致排放超标的高排车。一般这样的车辆占机动车保有量的比例并不高，但是它对污染的贡献率却很大。大量研究表明，5%的高排车的污染物占机动车排放总量的 25%，15%的高排车占总排放的 43%，而 20%的高排放车引起的污染占机动车总排放量的 60%，因此识别出这些车辆具有重大意义。二是它可以确定机动车的故障根源，对车辆进行维修，并督促车主加强维护，从而使机动车在其整个生命周期中，排放控制技术能一直发挥效用。

I/M 制度主要适用于汽油小汽车和轻型卡车，后来部分国家和地区将此扩大到重型卡车和摩托车。测试频率一般为 1 年一次或 2 年一次。I/M 制度分为基本型和增强型两种。

I/M 制度基本型：I/M 项目包括怠速实验、油箱盖/压力检查和目测检查三部分。基本型 I/M 制度在发达国家已经有 40 多年的历史了，1981 年以前检查实验车采用单怠速法，1981 年以后对于安装了催化转化器的汽车，又增加了一个高怠速，即所谓双怠速法。怠速法通常用排气尾管探针测量 HC 和 CO 的排气浓度，能够有效地识别出不合格车辆，对于化油器或机械燃油喷射系统尤其灵敏，但怠速法对电子控制系统的识别很不理想。因此，实验方法由怠速法向模拟车辆的简易工况法过渡。

I/M 制度增强型：I/M 项目最多包括 5 项：目测检查，台架排放实验，挥发吹清气流实验，挥发完整性（泄漏）实验，对 1996 年以后生产车的车载诊断系统的检查。I/M 制度增强型从 1995 年起在美国使用，台架排放试验作为更具有代表性的测试试验，给出了更符合实际的结果，尤其对 NO_x 的排放测定更为准确。目前有许多国家和地区采用加速模拟工况 ASM5015 来进行测试，对识别高 NO_x 排放很灵敏。为了在测功机上更准确地模拟机动车运行的真实情况，美国提出了 IM240 方法，这是该领域最先进的技术。之所以称之为 IM240，因为它是建立在 FTP 测试规程前 240 s 的基础之上的，包含了过渡工况，与整个 FTP 实验有很好的相关性，比稳定负荷工况更容易识别高排车。

I/M 检测方法的改进是与日益严格细化的尾气排放标准相适应的。I/M 制度在日本和美国发展得比较成熟；欧洲则是近年来才开始加强的，并且已经将这一制度扩展到重型卡车和摩托车上。它们的应用经验表明，I/M 制度是机动车污染控制的关键步骤，应受到足够重视。

2）国外在用车 I/M 制度

美国的 I/M 制度是从 20 世纪 70 年代末开始实施的。美国 1977 年《清洁空气法修正案》要求 CO 和 O_3 未达标的地区要在 1982 年前达标；考虑到有些地区的交通污染严重，后又将达标期限推迟到 1987 年，但是要求达标期限推迟到 1987 年的地区实施 I/M 制度。没有 I/M 制度的州将会受到一定的处罚。1990 年，为了将 O_3 浓度控制在安全范围内，美国在《清洁空气法修正案》提出了 I/M 制度增强型的概念，对蒸发排放物和 NO_x 进行检测，并提出测试方法采用与实际工况排放较为接近的 IM240，以适应汽车技术的发展。

发展至今，西方发达国家在用车的 I/M 制度已经形成较为完善的体系。仍以美国为例，美国的 I/M 制度不仅用于保证在用车辆得到正确维护，而且是促进新车质量管理的重要手段。美国 I/M 制度可为新车质量监督工作提供信息，即在 I/M 制度实施过程中若发现某一车型的达标率偏低，通过把这一信息反馈到有关部门，有关部门将加强对该车型生产的质量监控。此外，I/M 制度还有助于保证新车质量担保制度的顺利实施。例如，美国对 1981 年及以后出厂的新车实行排放控制系统保质期制度。该制度要求所有生产厂家必须保证：①产品按有关规定进行设计、制造和安装；②材料没有缺陷，在 5 年之内始终满足有关规定。如果车主按照厂家的使用说明使用车辆，但在 5 年之内出现了超标现象，则生产厂家有义务维修这些车辆。其中，污染控制装置是否出现故障以 I/M 制度的检测结果为依据。

2. 担保、监督与回收制度

美国的排放法规要求，汽车制造商在规定的耐久行驶里程内应对汽车的排放质量负责。如果车主一直按照厂家详细说明书的要求进行使用、维护、保养，若在规定的期限内发现与排放有关的某一零部件出现故障，从而影响到排放性能，则制造商必须根据担保制度的有关规定，对机动车进行免费修理。若故障出现的次数超过规定的比例，制造商必须对所生产的该车型的全部车辆实施召回；并通过采取修理、更换或赔偿的方式来纠正车辆存在的缺陷与不符，保证经认证的车辆能安全行驶，且污染排放合格。

因排放不合格被召回而产生的额外花费和消费者的不满会监督生产者去开发更持久、更有效的排放控制系统，并建立起比法定标准限值严格得多的内部排放目标。大多数生产厂家将机动车设计成为有把握的排放指数与标准间至少有 30%（较好的 50%）的富裕度，以给在用车损坏提供一个合理的允许度。例如，为保护在用车符合 NO_x 0.2 g/m 的标准，大多数生产厂家建立一个 0.1 g/m 的开发目标，结果在用车的排放行为便大大改善了。

排放监督制度给汽车排放提供了现实行驶的可靠数据，恰好可弥补原型车试验的不足，通过把这些重要的信息提供给大气质量计划机构、汽车管理机构和制造厂家，能够使排放控制制度更切合实际，也能促进技术的进步。监督制度已在美国对高排放车的原因识别方面发挥了重要的作用,它使管理者和生产者轮流采取行动纠正这些错误。

3. 加速淘汰制度

在国外淘汰在用车是很平常之事,而且多属于自然淘汰。例如,美国是汽车工业高度发达的国家,高产出,高消费,一些有钱人几乎每年都要更换新车;而中产阶层一般2~3年也要更新一次汽车。中产阶层更换下来的车再转移到下层社会,通常花数千甚至数百美元就能买一辆旧车使用。至于那些贫苦人,则是从垃圾场花数百美元买一辆旧车,稍加修理之后,再供自己使用或者转卖。

美国汽车已趋饱和,平均每户家庭2~3辆。高汽车保有量使得在用车的淘汰不是一个专门的问题;但综合考虑生产、贸易等因素,国外也鼓励在用车的淘汰,大体上是通过执行严格的排放标准或增加年检的费用等方法来非强制性淘汰在用车。如日本采用增加老车的年检频率,降低新车的免检期限,增加检查费用等措施,来加快旧车的淘汰。

10.3.3　其他机动车排放控制管理方法

1. 排放标准的变通办法

排放法规和标准是控制机动车排污的基本方法,但因其存在的强制性和普遍性,使它可能导致比其他那些更灵活的方法投入了更高的费用,可效益却反而很低。为统一市场,普遍的标准必须处于一个几乎所有机动车都能达到的水平上,这就意味着有些机动车的用途对排放标准带来的影响均忽略不计。例如,在高度污染的市中心行驶的出租车和在偏远农村地区行驶的小汽车要遵从相同的排放限值,而后者的排放控制几乎没有社会效用,由此所涉及的社会资源则被浪费了。

目前,美国已在采取一些措施来弥补这种不足,引入了排放均化、交易和累积规划。如果汽车制造商开发出新的汽车或发动机模型,其排放比标准限值低,则排放超标的生产厂家可以从他们手中获得"许可证"。既可以在同一年使用许可证(均化),或者把它们卖给另一制造商(交易),也可以把它们储存起来以备来年的需要(累积)。

另外一种有效的方法是在高度污染地区对大量使用的车辆制定不同的排放标准。例如,在美国,在大城市城区行驶的机动车必须满足"清洁燃料车"规划——一个确保汽车通过低排放认证的规划;在墨西哥的高污染区对以汽油为燃料的小巴建立了特别严格的排放标准;在智利、圣地亚哥要求公共汽车先于其他汽车满足排放标准。

2. 经济手段

税收是经济刺激的一个重要手段,它可应用于许多方面。在一些发展中国家,由于购买新车税率较高,但若购买旧车则随着车辆使用年限的增长,税率下降,因此形成大量的旧车积累,使得加速淘汰的制度难以推行。若将利率调节为利率随着车龄增长而增长,势必会有效地改变现在的状况。另外,还可通过对淘汰旧车的车主给予税收补贴金的方法来鼓励人们购买现代技术的新车。一些西欧国家,比较有代表性的是德国,已经采取有效的利税刺激来鼓励买方选择具有比最严格的排放限值更低排放的汽车;美国则通过提供方便的服务来鼓励顾客购买低排放的车辆,如购低排车者可免除强制性的禁止行驶日等。这些原则和方法被墨西哥城所采用,用以鼓励商用汽车转向使用清洁燃料系统,如液化石油气和天然气等。

征收汽车排放税是理想的经济刺激手段。它能有效地鼓励车主购买清洁车,并且会督促车主较好地维护其汽车，使其持续保持在清洁排放状态。和排放税相当的另一个方面是征收高额直接税（如燃料税），然后再根据汽车在检测程序中的排放实际给予一定回扣，这也将促使车主为了得到回扣而精心维护车辆，并且积极参加测试而不是逃避它。

在理论效果上与汽车排放税相当的是"提供流动源排放削减许可证"，它可以作为替代达标的手段，在固定源和其他车主间进行转让。这种制度与严格的排放限值配合使用，将会有效地刺激车主为减少排放而努力。这一方法目前已在美国的部分地区推行；CO_2 税已在瑞典、丹麦、英国等许多国家采用。这种通过财政刺激鼓励人们改善他们的交通运输行为是非常可行的，一个普通家庭的用车次数可通过更优化的计划而得到降低。

3. 交通管理法规和措施

有助于控制汽车排放污染的交通管理手段主要有以下几种。

（1）限速。高速行驶会导致 NO_x 排放的大幅度增加。若没有催化转化器，还会导致 CO 的大量排放。该措施较为经济，但实施起来较难以控制。

（2）规定最长怠速时间。规定最长怠速时间这一措施已在部分国家中采用，允许的时间范围为 1~5 分钟。虽然这一行为的直接环境效益尚待商榷，但其对公众提出了一种警告信号。

（3）扩大公共运输。采用对公共交通有利的标准与限制私家车相结合，并注意城市功能分区，合理安排交通量。这一措施多依赖于各地方政府，已在欧洲各城市中广泛采用。

（4）大力推行智能交通系统。智能交通系统是将先进的信息技术、数据通信传输技术、电子控制技术，以及计算机处理技术等有效地综合运用于整个交通管理系统而建立起来的一种在大范围内、全方位发挥作用的实时、准确、高效的运输综合管理系统。发达国家从 20 世纪 70 年代末就开始着眼于"保障安全、提高效率、改善环境、节约能源"的目标，竞相发展智能交通系统，美国、日本和欧洲各国在开展智能交通系统研究及开发工作中已经获得了丰富的实践经验，并取得了较好的经济效益。亚特兰大等城市的实践表明：智能交通系统可优化城市交通量的区域分配，从而有效降低城市机动车排放造成的空气污染。

习 题

1. 交通需求管理的理念是什么？
2. 公交优先具体体现在哪些方面？
3. 简述各种城市交通方式的特征。
4. 简述小汽车与公共交通工具的优缺点。
5. 美国的新车管理体系包括哪些内容？
6. 国际上在用车的管理体系有哪些？

附录 A 模拟试题

A.1 模拟试题一

一、名词解释（每个 4 分，共 16 分）
1. 航空运输的湿租业务 2. 交通运输政策主体 3. 交通环境容量
4. 稀薄燃烧

二、简答题（每个 8 分，共 64 分）
1. 简述交通运输政策内涵的 4 个组成部分。
2. 交通运输外部性的内容包括哪些方面？
3. 简述交通运输法规的特点。
4. 环境管理的手段有哪些？
5. 道路交通噪声的监测数据如何处理？
6. 船舶对水域污染的排放规定是什么？
7. 按燃料种类分，代用燃料汽车分为哪几类？
8. 简述公共交通优先发展的手段。

三、论述题（每个 20 分，共 20 分）
从税收政策的角度分析我国大城市征收道路拥挤费的可能性。

A.2 模拟试题二

一、名词解释（每个 4 分，共 16 分）
1. 交通运输政策客体 2. 污染分担率 3. 燃料前处理
4. 路径诱导系统

二、简答题（每个 8 分，共 64 分）
1. 政府规制的目标包括哪些内容？
2. 简述交通运输法规的作用。
3. 英国铁路私有化的形式及对我国的启示。
4. 环境管理的对象有哪些？
5. 航空运输中机场污水如何处理？

6. 城市交通环境评价的要素有哪些？
7. 影响催化净化转换装置的效率和寿命的因素有哪些？
8. 简述美国的新车污染控制管理办法。

三、论述题（每个 20 分，共 20 分）

以轨道交通为例说明交通运输价格的职能。

参 考 文 献

[1] 高家驹. 综合运输概论 [M]. 北京：中国铁道出版社，1993.
[2] 季令. 交通运输政策 [M]. 北京：中国铁道出版社，2003.
[3] 宋瑞. 交通运输设备 [M]. 北京：中国铁道出版社，2003.
[4] 黄民，张建平. 国外交通运输发展战略及启示 [M]. 北京：中国经济出版社，2007.
[5] 申金升，雷黎，卫振林. 城市交通环境管理与控制 [M]. 北京：机械工业出版社，2004.
[6] 聂宝璋，朱荫贵. 中国近代航运史资料 [M]. 北京：科学出版社，2016.
[7] 黄家城. 交通与历史横向发展变迁 [M]. 北京：人民交通出版社，2000.
[8] 孙启鹏. 综合运输理论与方法：运输方式动态技术经济特性 [M]. 北京：经济科学出版社，2010.
[9] 中华人民共和国交通运输部，《中国交通运输改革开放 30 年》丛书编委会. 中国交通运输改革开放 30 年：综合卷 [M]. 北京：人民交通出版社，2008.
[10] 中华人民共和国交通运输部，《中国交通运输 60 年》编委会. 中国交通运输 60 年 [M]. 北京：人民交通出版社，2009.
[11] 胡思继. 交通运输学 [M]. 北京：人民交通出版社，2011.
[12] 叶文虎，张勇. 环境管理学 [M]. 2 版. 北京：高等教育出版社，2006.
[13] 张玉芬. 交通运输与环境保护 [M]. 北京：人民交通出版社，2003.
[14] 李兴虎. 汽车环境保护技术 [M]. 北京：北京航空航天大学出版社，2004.
[15] 中国环境与发展国际合作委员会环境与交通工作组. 交通与环境 [M]. 北京：中国环境科学出版社，2001.
[16] 徐慰慈. 城市交通规划论 [M]. 上海：同济大学出版社，1998.
[17] 郭怀成，尚金城，张天柱. 环境规划学 [M]. 2 版. 北京：高等教育出版社，2009.
[18] 陈玲，赵建夫. 环境监测 [M]. 2 版. 北京：化学工业出版社，2014.
[19] 蔡凤田. 汽车节能与环保实用技术 [M]. 北京：人民交通出版社，1999.
[20] 张志华. 内燃机排放与噪声控制 [M]. 哈尔滨：哈尔滨工程大学出版社，1999.
[21] 邹祖烨. 国外代用燃料汽车发展概览 [M]. 北京：中国铁道出版社，1998.
[22] 国家发展和改革委员会综合运输研究所. 中国交通运输发展改革之路 [M]. 北京：中国铁道出版社，2009.
[23] 陈元. 现代综合交通运输体系建设研究 [M]. 北京：研究出版社，2008.
[24] 王庆云. 交通运输发展理论与实践 [M]. 北京：中国科学技术出版社，2006.
[25] 郑国华. 交通运输法教程 [M]. 2 版. 北京：中国铁道出版社，2006.
[26] 张永杰. 交通运输法规 [M]. 2 版. 北京：人民交通出版社，2009.
[27] 张晓永. 交通运输法 [M]. 北京：清华大学出版社，北京交通大学出版社，2008.
[28] 秦四平. 运输经济学 [M]. 2 版. 北京：中国铁道出版社，2007.

[29] 徐剑华. 运输经济学 [M]. 北京：北京大学出版社，2009.

[30] 简新华，杨艳琳. 产业经济学 [M]. 2 版. 武汉：武汉大学出版社，2009.

[31] 荣朝和. 西方运输经济学 [M]. 2 版. 北京：经济科学出版社，2008.

[32] 荣朝和，彭兆琪，宗刚. 简明市场经济学 [M]. 2 版. 北京：高等教育出版社，2004.

[33] 何玉宏. 中国城市交通问题的理性思考 [J]. 中州学刊，2005 (1)：103 - 106.

[34] 陆建，王炜. 面向可持续发展的城市交通系统综合评价方法研究 [J]. 土木工程学报，2004 (3)：99 - 104.

[35] 宋传平. 道路拥堵问题分析及解决的途径 [J]. 城市车辆，2003 (4)：21 - 23.

[36] 北京交通发展研究中心. 2006 年北京市交通发展年度报告 [EB/OL]. http：//www.bjtrc. org. cn/Show/download/id/13/at/0. html.

[37] 许光清. 北京交通拥堵的外部性及其政府解决方法初探 [J]. 地理科学进展，2006 (4)：129 - 136.

[38] 兰秉洁，刁田丁. 政策学 [M]. 北京：中国统计出版社，1994.

[39] 刘吉发. 产业政策学 [M]. 北京：经济管理出版社，2004.

[40] 吴金明，荣朝和. 对运输业属性认识的理论综述 [J]. 铁道学报，2004 (5)：107 - 114.

[41] 刘延平. 中国交通运输外部性的影响及对策 [J]. 经济学动态，1999 (8)：24 - 26.

[42] 罗霞，刘澜. 交通管理与控制 [M]. 北京：人民交通出版社，2008.

[43] 吴兵，李晔. 交通管理与控制 [M]. 4 版. 北京：人民交通出版社，2009.

[44] 陆化普. 解析城市交通 [M]. 北京：中国水利水电出版社，2001.

[45] 胡启洲，邓卫. 城市常规公共交通系统的优化模型与评价方法 [M]. 北京：科学出版社，2009.

[46] 王刚. 实施有效交通需求管理：TDM 在美国 [M]. 北京：中国人民公安大学出版社，2004.

[47] 莫露全，刘毅，蓝相格. 城市公共交通运营管理 [M]. 北京：机械工业出版社，2004.

[48] 张生瑞，严海. 城市公共交通规划的理论与实践 [M]. 北京：中国铁道出版社，2007.

[49] RICHARDS BRAIN. 潘海啸译. 未来的城市交通 [M]. 上海：同济大学出版社，2006.

[50] 王新声. 城市公共交通服务管理 [M]. 北京：中国铁道出版社，2001.

[51] 任刚. 交通管理措施下的交通分配模型与算法 [M]. 南京：东南大学出版社，2007.

[52] 郭继孚，毛保华，刘迁. 交通需求管理 [M]. 北京：科学出版社，2009.

[53] 陈旭梅. 智能运输系统 [M]. 北京：中国铁道出版社，2007.

[54] 王炜. 城市交通系统可持续发展理论体系研究 [M]. 北京：科学出版社，2004.

[55] 彭利人，何民，毛海虓，等. 我国城市交通发展特征分析 [J]. 北京工业大学学报，2004 (3)：323 - 328.

[56] 丁卫东，刘明，杜胜品. 交通方式与城市绿色交通 [J]. 武汉科技大学学报（自然科学版），2003 (1)：50 - 53.

[57] 李亚军，杨忠振. 城市交通规划中的交通方式结构 [J]. 大连海事大学学报（社会科学版），2005 (4)：38 - 42.

[58] 赵丽萍，靳文舟，杨亚璪. 城市摩托车交通出行特征分析 [J]. 交通运输系统工程与信息，2007 (4)：143 - 147.

[59] 李杰,王富,何雅琴. 交通工程学 [M]. 北京:北京大学出版社,2010.

[60] 郭亮. 城市规划交通学 [M]. 南京:东南大学出版社,2010.

[61] 郝吉明. 城市机动车排放污染控制 [M]. 北京:中国环境科学出版社,2001.

[62] 邵祖峰. 国外机动车污染控制管理体系分析 [J]. 客车技术与研究,2003 (6):41-44.

[63] 李晔,张红军. 美国交通发展政策评析与借鉴 [J]. 国外城市规划,2005 (3):46-49.

[64] 王济钧,田芳,刘玥彤. 美国、欧盟、日本和俄罗斯交通发展变迁规律研究 [J]. 中国市场,2019 (13):4-12.